俄语构词语义学研究

孙淑芳 著

北京大学出版社
PEKING UNIVERSITY PRESS

图书在版编目（CIP）数据

俄语构词语义学研究 / 孙淑芳著. ——北京：北京大学出版社，2025.3. —— (国家社科基金后期资助项目). ——ISBN 978-7-301-36064-4

Ⅰ．H354.1

中国国家版本馆 CIP 数据核字第 2025YZ5779 号

书　　　名	俄语构词语义学研究
	EYU GOUCI YUYIXUE YANJIU
著作责任者	孙淑芳　著
责任编辑	李　哲
标准书号	ISBN 978-7-301-36064-4
出版发行	北京大学出版社
地　　　址	北京市海淀区成府路 205 号　100871
网　　　址	http://www.pup.cn　新浪微博：@北京大学出版社
电子邮箱	编辑部 pupwaiwen@pup.cn　总编室 zpup@pup.cn
电　　　话	邮购部 010-62752015　发行部 010-62750672
	编辑部 010-62759634
印　刷　者	北京溢漾印刷有限公司
经　销　者	新华书店
	720 毫米 ×1020 毫米　16 开本　25.25 印张　440 千字
	2025 年 3 月第 1 版　2025 年 3 月第 1 次印刷
定　　　价	108.00 元

未经许可，不得以任何方式复制或抄袭本书之部分或全部内容。
版权所有，侵权必究
举报电话：010-62752024　电子邮箱：fd@pup.cn
图书如有印装质量问题，请与出版部联系，电话：010-62756370

国家社科基金后期资助项目
出版说明

后期资助项目是国家社科基金设立的一类重要项目，旨在鼓励广大社科研究者潜心治学，支持基础研究多出优秀成果。它是经过严格评审，从接近完成的科研成果中遴选立项的。为扩大后期资助项目的影响，更好地推动学术发展，促进成果转化，全国哲学社会科学工作办公室按照"统一设计、统一标识、统一版式、形成系列"的总体要求，组织出版国家社科基金后期资助项目成果。

全国哲学社会科学工作办公室

序

《俄语构词语义学研究》是黑龙江大学俄语学院孙淑芳教授倾注大量心血完成的一项重大研究成果。相信国内俄语学界同仁与我一样，是第一次读到如此全面、完整的构词语义学理论著述。这部40余万字的著作覆盖了俄罗斯语言学界从19世纪至今构词学领域几乎全部的理论和观点，以及与此相关的浩繁语料。然而展现在我们面前的并不是各种观点和众多例证的简单罗列，而是一个条理清晰、语料详实、分析可靠、理论阐释深刻且全面的俄语构词语义学系统。孙淑芳教授独到且有前瞻性的学术探索、广阔的学术视野、严谨的学术态度和精益求精的科研精神，让人尤感钦佩。应该说，她站到了语义学领域的前沿，综合性地运用构词学与语义学前沿理论与方法，一方面，聚焦理论研究，几乎涵盖了构词学与构词语义学理论的所有内容；另一方面，聚焦实证研究，通过大量语料分析，从多维视角描述俄语词素语义与构词语义现象及其在汉语中的体现，具有鲜明的特色和独创性。

德国著名语言学家洪堡特关于"构词学是最深奥和最神秘的一门语言学分支学科"的经典评价，彰显出构词学这门学科的深邃性和复杂性。构词学研究始于俄国喀山语言学派创始人博杜恩·德·库尔特内，迄今已有百余年的历史，在构词学发展的不同阶段，涌现出一批又一批著名学者，产出了一部又一部经典著作。作者条分缕析地梳理了俄语构词学形成与发展路径，指出构词学在不同发展阶段所呈现的不同特征。19世纪中叶至20世纪初，构词学仅是形态学的从属部分，鲜见构词学专门研究。俄国学者沃斯托科夫、布斯拉耶夫、福尔图纳多夫等把构词学归入形态学范畴。20世纪40年代至50年代中叶，构词学成为语法学和词汇学，甚至是语义学的从属部分，各类语法书和教材或是把构词学归入词法学领域，或是归入词汇学领域，有时还将其视为语义学的组成部分。沙赫马托夫、谢尔巴、列福尔马茨基、洛帕京等学者认为构词学属于句法学研究对象；列夫科夫斯卡娅、果拉诺夫、诺维茨卡娅、斯米尔尼茨基等学者认为构词学属于词汇学的一部分；维诺库尔认为构词学属于语义学范畴。20世纪60年代末至70年代初，库布里亚科娃、泽姆斯卡娅、戈洛温、扬科—特里尼茨卡娅等学者主张，构词学应该成为语言学独立分支学科，因为它与词汇学、词法学、句法学、语义学等语言学各分支学科一样，具有自己独立稳定的研究对象，即生产词与派生词。研究者需要关注生产词与派生词各组成要素之间的相互关系、派生词构建典型模式、构成规则以及语义结构等。

跨学科属性贯穿于构词学研究的各个阶段和领域。构词语义学就是构词学与语义学相互渗透、相互借鉴的结果，成为语义学新的分支领域，主要聚焦生产词与派生词之间的语义关系。这部分内容是本著作的重点与难点，也是构词语义学聚焦的核心。作者认为，构词语义实际上包含了词素语义与构词语义两部分内容。其中，以苏联科学院《俄语语法》（1980）、洛帕京的《俄语构词词素学：问题与描写原则》等为代表的著作，主要聚焦俄语词素语义；乌卢哈诺夫的《俄语构词语义学及其描写原则》《俄语构词系统单位及其词汇体现》、克龙加乌兹的《俄语前缀与动词：语义语法》《动词前缀与前缀动词》，主要聚焦俄语构词语义。可以说，在构词学与构词语义学领域，俄罗斯走在了世界前列。相比较而言，国内俄语构词学研究虽然散见一些论文，但缺乏全面、系统和深入的研究，而构词语义学研究成果更是阙如。从这一意义上说，俄语构词语义学研究是一个崭新的课题，在国内学界属于开拓性领域。该著作从构词学到构词语义学跨学科研究，从前沿理论引介与诠释到大量详实的语料分析，再到把前沿理论运用到俄汉语词素语义对比中，并从配价与认知视角比较它们的共性与差异，一定程度上形成了在该领域的突破。

面对构词学与构词语义学两个学科包罗万象的内容、纷繁复杂的术语和概念体系，作者做了以下几个方面的富有挑战性和开拓性的尝试。

第一，通过全方位动态描写和数量统计分析方法，从构词学多达上百个术语中选取66个核心术语加以阐释，包括构词学、构词系统、构词聚合体、构词理据、构词模式、构词意义、构词派生、构词链、构词标志、构词观念、词素语义与构词语义、生产词与派生词等。在俄语构词方法主要类别上，囊括了构词标志形式层面的所有构词方法，包括词缀构词法、复合构词法、缩略构词法和转换构词法以及这些构词方法内部的各种亚类，体现出完整性与系统性。语义构词方法也是本著作聚焦的重点，阐释了后缀变异意义、突变意义、转换意义和组合意义以及动词前缀语义的多义性及其语义类别。

第二，对词素语义与构词语义进行了深入的理论研究与实证探索。在词素语义方面，聚焦词素语义与语义网、词义、词典释义之间的相互关系以及词素语义多义性等问题，认为词素语义网是一个系统，可以作为意义模式。在这个网中，意义之间直接抑或间接地彼此联系；词义由词素语义构成，两者之间存在生成关系；词典释义应体现词内部隐含的深层语义组配。在构词语义方面，聚焦生产词与派生词之间的语义联系、构词词素与生产词干的组合关系、词缀与派生词的各种语义类别等，着重探讨了派生词与构造语义学的关系、派生词语义与生产词语义、派生词的理据性等问题。

第三，派生词语义区分出生产词干意义与构词标志意义。根据派生词生产词干意义与构词词缀组合的特点，分为语义常体词缀与语义变体词缀。作者依托乌卢哈诺夫的构词语义学理论与方法，对俄语语义常体词缀和语义变体词缀内涵进行了阐释，对这两大类词缀内部各自的语义关系以及它们彼此之间的语义关系进行了深入分析，选取俄语国家语料库大量语料，系统梳理并揭示了聚合关系与组合关系中构词语义现象。聚合关系中，常体词缀语义关系主要指常体词缀完全同义或部分同义。组合关系中，主要探究构词词缀与生产词词干组合时体现的各种规律。

第四，在配价理论框架内，对俄汉语谓词性词素语义现象的分析体现出较大独创性。一方面，基于配价理论，系统描述了词素语义配价与配位结构、俄语词素配价限制类别、派生词语义熟语性及其成因等理论问题；另一方面，通过对俄汉语谓词性动词语义配价和形容词语义配价的深入剖析，指出俄汉语构词中都存在谓词性词素省略现象。囿于语义增值在构词上没有相对应的词素表达，所谓派生词的熟语性特征形成了。派生词熟语性体现为一种规律，而派生词非熟语性则是对普遍规律的偏离，因为词汇单位语义多数情况下并不能从其组成成分中推断出来。

第五，在认知语言学框架内，对词素称名与词素语义称名、词素语义与范畴化、非范畴化、隐喻意义以及转喻意义等问题的探讨同样表现出较大独创性。作者认为，词素语义演变在构词过程中表现为一种复杂的认知活动。词素语义具有范畴化特征，俄汉语均可用基本范畴词素派生新词，用以指称那些新的下一级范畴事物；非范畴化是范畴化的重要组成部分，应该从动态视角探究词素语义与非范畴化之间的内在联系；隐喻是构词语义衍生的重要认知机制，因为派生词既与生产词的直义相关联，又与生产词的形象意义，尤其是隐喻意义相关联。俄汉语大多数词素能够通过隐喻认知方式获得隐喻意义，俄汉两种语言都存在隐喻与转喻共同参与构词的现象。

孙淑芳教授的《俄语构词语义学研究》涵盖了构词学与语义学两大复杂且又深奥的学科领域，这种跨学科研究挑战性极强。孙淑芳教授以一部既有严谨的理论阐述又有应用价值的学术专著，为这个领域贡献了独到的、创新的学术思想,这是中国学者在该领域研究的一个重要突破。

蒋国辉
于德国,法兰克福
2024年10月

前　言

　　语言是人类最重要的交际工具和信息载体。在世界语言学大格局中，俄罗斯语言学占有重要一席之地，拥有一大批举世闻名的语言学家，研究范围辐射语言学所有分支领域，彰显出独树一帜的魅力，对世界语言学作出了巨大贡献。构词学是20世纪新兴的一门语言学分支学科，德国著名语言学家洪堡特生动地指出："迄今为止，构词学是最深奥和最神秘的一门语言学分支学科。"索绪尔在《普通语言学教程》中指出："在此之前，传统语法对语言的有些部分，例如构词法，毫无所知……"俄国喀山语言学派创始人博杜恩·德·库尔特内首次提出了词素这一术语用以分析俄语词根和各种词缀，促进了俄语构词学的建立。迄今，俄语构词学研究已有百余年历史，形成了独有的理论体系，建立了科学的术语系统和研究方法，涌现出一大批著名学者，取得了丰硕的研究成果，对世界语言学产生了重要影响。

　　19世纪中叶至20世纪初，构词学仅是形态学和词汇学的从属部分，尚未成为语言学独立分支学科，这一时期也鲜见构词学方面专题研究。构词学理论体系形成于20世纪40—70年代之间，主要是对构词系统、生产词、派生词、构词理据、构词派生、构词规则、构词机制、构词聚合体、构词词族、构词模式、构词意义、构词标志等核心概念内涵进行理论阐释和解读。克鲁舍夫斯基首次提出了构词系统这一术语；福尔图纳多夫区分了共时构词学与历时构词学；维诺库尔解释了历时构词学分析原则；维诺格拉多夫提出构词学应成为语言学独立分支学科，他还率先对俄语构词法进行了分类；斯米尔尼茨基关注了派生词可切分性和语义特殊性等问题。60—70年代，库布里亚科娃、戈洛温、萨哈尔内、扬科—特里尼茨卡娅等学者主张，构词学应像语音学、词汇学、词法学、句法学一样成为语言学独立分支学科，因为构词学与上述学科一样，具有自己独有的研究对象，即生产词与派生词。80年代之后，构词学研究呈现出多元化态势，跨学科、多维度、多视角、多层次成为这一时期的主要特点。正如泽姆斯卡娅所言："构词学在类似俄语这类语言中的作用是无法估量的。得益于构词学，语言才能经常不断地扩充大量具有各种结构和语义的新词，以反映人类生活的方方面面。正是构词机制能够优先保证语言具有无限的各种各样的词汇，以满足交际的全部需要。"21世纪，随着构词学研究向纵深发展，学科之间划分也越来越精细。构词学与语义学、句法学、认知语言学、语料库语言学、术语学等学科交叉融合，衍生出构词语义学、词素组配学、认知构词学、构词术语学等交叉学科，对构词学术语的理论阐释也已相当成熟。涅姆琴科、洛帕京、泽姆斯卡娅、乌卢哈诺夫、季洪诺夫、克雷辛等学者是这一时期俄语构词学研究的优秀代表。

　　语言学中构词学概念至少涵盖两个方面内容：一是作为构词系统，即语言的构词层面、构词机制、构词法、生产词本身的总和；二是作为语言学分支学科。构词学聚焦生产词与派生词各成素之间的组成及其相互关系、构成派生词的典型模式、构成规则及其语义结构。构词学具有自身的研究对象和对象物，前者把构词学作为语言学分支学科，以使构词学研究系统化，后者是确定词的结构语义特征及其构成方式，区分词的各组成要素特点，它们所处的位置以及关系性质。现代俄语构词学研究主要表现为两个视角：一是静态视角，关注构词行为结果的分析；二是动态视角，任务是描写和解释构词过程本身。传统构词学在静态中解释构词学的词典释义，而现代构词学理论关注把构词过程置于动态语境中去讨论和分析。简言之，就是探究派生词语义构成机制和过程。

　　构词语义学形成与发展是构词学与语义学之间相互渗透、相互融通、进一步深化的结果，构词语义学成为语义学研究的新领域。构词语义学研究对象为构词单位语义特征及语义组成特点，明确构词链中词义之间联系类型及理据关系，主要涵盖生产词与派生词之间语义关系和语义构词法两个方面内容。生产词语义仅指词干意义，派生词语义既指词干意义，又指词缀意义。具体而言，构词语义学研究生产词与派生词之间语义联系、构词词素中同义现象和同音异义现象、构词词素与生产词干组合关系，以及词缀与词干所构成的语义类型等。词素语义学某种程度上等同于构词语义学。词素语义学理论包括词素概念及其相关概念的区分、各词素间语义关系及符号聚合体、词素语义系统形成及其符号结构等问题。传统词素语义研究仅限于语言本身的内部结构，很少涉及语言之外的事实。如果将词素语义关系视为一个语义网，那么在该语义网系统中，不仅包括词素的各种具体意义、语义机制，即由一个意义转为另一个意义的规则，还包括词素在语境中实现意义的规则，必须根据词干与语境结合情况加以确定，以及更高程度的意义抽象等。随着配价理论应用于构词学研究，词素组配学成为构词学新的分支学科，聚焦的是词素语义配价性质，以及各词素之间的相互关系。词素组配学具有语言集成描写特点，与构词学、词素学、句法学、语义学、语用学等学科密切相关。词素语义配价的任务是描写和解释派生词语义结构及其在构词模式中的体现。

在理论研究上，本书以构词学、词素学、句法学、语义学、语用学、构词语义学、词素组配学、认知语言学、称名学、术语学、语料库语言学等相关学科理论为支撑，在继承和发展俄罗斯构词学研究优良传统的基础上，注重全面引介和系统诠释构词学理论，尤其是构词语义学、词素语义学、词素组配学理论方面的最新成果。通过全方位动态描写和数量统计分析方法，本书系统阐释构词学理论中的核心术语，对构词学、构词系统、构词聚合体、构词理据、构词模式、构词意义、构词派生、构词链、构词标志、构词观念、生产词与派生词等66个重要术语进行了界定和解读，揭示了聚合关系与组合关系中构词语义、后缀构词语义和动词前缀构词语义、感知动词语义构建机制、外来动词形式语义构词模式。同时，对俄汉语词素语义配价及认知进行了分析，比较了它们的共性与差异。

在研究方法上，本书运用词素分析和构词分析方法系统描写和深入解释了俄语派生词语义结构及其相互关系。语料来源丰富，包括俄语国家语料库（Национальный корпус русского языка）、北京大学汉语语言学研究中心语料库、国家语委现代汉语语料库、中俄文学作品、大众传媒文献等，从中选取真实语料支撑和旁证俄汉语派生词语义构成特点及其组成规律，未标注出处的俄语语料主要选自俄语国家语料库，未标注出处的汉语语料主要选自北京大学CCL语料库。构词语义学研究既有助于明晰构词过程中内在的语言规律，揭示词汇系统内部的横纵关系，更有助于揭示生产词与派生词之间各种理据关系。

尽管本书主要研究对象是俄语构词语义学，但我们还是尝试把构词语义学理论、语义配价理论以及认知语言学相关理论应用于俄汉语词素语义比较分析，并通过大量翔实的语料分析，揭示俄汉语词素语义组成特征。首先，立足于语义配价理论和词素组配等理论，描述了词素配价限制类别，对语义配价与配位结构、俄汉语谓词性词素语义配价、派生词语义熟语性成因等问题进行了专门讨论。其次，系统分析了词素语义称名以及词素语义与范畴化、非范畴化、隐喻意义、转喻意义的相互关系，指出俄汉语词素语义共性与差异特征。希冀本研究能够为汉语构词学研究提供可借鉴的思路和操作路径。同时，俄语构词语义学理论和研究方法对汉语构词语义学研究也具有重要的指导意义。

构词语义学具有很强的前瞻性、创新性和科学性。除了在斯拉夫语中偶有这方面论著外，涉及其他语言的构词语义学研究凤毛麟角，国内在该领域研究更是鲜见。构词语义学属于系统性和综合性研究，具有理论性强、跨学科、内容庞杂、多视角、多层面等特点，国内可借鉴文献有限，这些诸多因素无疑增加了本课题研究的难度，很多问题研究几乎从零起步。本课题在国内学界属于开创性研究，在构词学核心术语理论阐释、明晰生产词与派生词语义关系、确定各种词素语义类型、厘清语义构词法标志，以及探赜俄汉语词素语义配价与认知等方面有所突破和创新，为构词语义学研究提供了新视角，对汉语构词语义学研究具有一定启迪和借鉴作用。

本书各章节作者及分工：

孙淑芳（黑龙江大学俄语学院）——前言、第一章至第七章、第十章至第十一章、结束语、俄汉术语对照表；

孙敏庆（华南师范大学外国语言文化学院）——第八章；

张珮琪（台湾政治大学斯拉夫语学院）——第九章。

本书由孙淑芳教授负责修改、审核，统一定稿，对部分章节进行了调整和增删。本书是国家社科基金后期资助项目"俄语构词语义学研究"（项目批准号：12FYY008）的最终成果，得到全国哲学社会科学工作办公室、黑龙江大学、北京大学出版社的鼎力支持，谨致衷心谢意！同时，诚挚地感谢为本书顺利出版付出辛勤努力的课题组成员及相关人员。

孙淑芳

黑龙江大学俄语学院

2024年8月

目 录

第一章 绪 论 ··· 1
- 第一节 构词学形成与发展的脉络 ························ 1
- 第二节 构词学与语言学分支学科 ························ 11
- 第三节 构词学研究的多维视角 ···························· 27

第二章 构词学理论核心术语 ································ 35
- 第一节 共时构词学理论核心术语 ······················· 35
- 第二节 构词系统中的核心术语 ···························· 41
- 第三节 词素系统中的核心术语 ···························· 51

第三章 词素语义与构词语义 ································ 65
- 第一节 词素语义 ·· 65
- 第二节 构词语义 ·· 78
- 第三节 构词意义及类别 ····································· 85
- 第四节 词素分析与构词分析 ······························ 95

第四章 聚合关系与组合关系中的构词语义 ············ 98
- 第一节 语义常体词缀与语义变体词缀 ·················· 98
- 第二节 聚合关系中的词素语义 ························· 105
- 第三节 组合关系中的词素语义 ························· 114

第五章 构词方法主要类别 ·································· 126
- 第一节 词缀构词法 ··· 127
- 第二节 复合构词法 ··· 132
- 第三节 缩略构词法 ··· 136
- 第四节 转换构词法 ··· 138

第六章　后缀构词语义类别·· 141
　　第一节　后缀变异意义·· 141
　　第二节　后缀突变意义·· 152
　　第三节　后缀转换意义·· 162
　　第四节　后缀组合意义·· 165

第七章　动词前缀构词语义·· 170
　　第一节　动词前缀语义及其多义性·· 170
　　第二节　动词前缀变异意义与突变意义······································· 176
　　第三节　单形素前缀语义类别··· 178
　　第四节　双形素前缀语义类别··· 194

第八章　感知动词构词语义·· 208
　　第一节　感知动词构词词族概念·· 208
　　第二节　感知动词构词能力统计·· 225
　　第三节　感知动词构词语义描写·· 239

第九章　外来动词构词语义·· 255
　　第一节　形式语义构词模式建构·· 255
　　第二节　外来动词词缀发展及分布··· 258
　　第三节　第一级构词链形式语义模式·· 268
　　第四节　第二级构词链形式语义模式·· 277
　　第五节　其他级构词链形式语义模式·· 285

第十章　俄汉语词素语义与配价·· 288
　　第一节　词素语义配价理论·· 288
　　第二节　词素配价限制类别·· 294
　　第三节　俄汉语谓词性词素语义配价··· 298
　　第四节　派生词语义熟语性及其成因·· 308

第十一章　俄汉语词素语义与认知·· 318
　　第一节　词素称名与词素语义称名··· 318
　　第二节　词素语义与范畴化·· 324
　　第三节　词素语义与非范畴化··· 329

第四节　词素语义与隐喻意义……………………………… 332
　　第五节　词素语义与转喻意义……………………………… 350

结束语……………………………………………………… 358

参考文献…………………………………………………… 361

俄汉术语对照表…………………………………………… 375

第一章 绪　论

第一节　构词学形成与发展的脉络

构词学是20世纪新兴的一门语言学分支学科。在此之前，"传统语法对语言的有些部分，例如构词法，毫无所知……"①关于构词学，德国语言学家洪堡特生动地指出："迄今为止，构词学是最深奥和最神秘的一门语言学分支学科。"

1. 构词学的缘起与发展

俄语构词学（словообразование）研究已有百余年历史。早在1881年，俄国著名语言学家、喀山语言学派创始人博杜恩·德·库尔特内（И.А. Бодуэн де Куртенэ）首次提出词素（морфема）这一术语，"表达词根和词缀概念的总和，用以分析俄语词根和各种词缀"。②他认为词素概念满足以下基本特征："1）形态上不能再切分的形态学单位；2）活的现实的语言单位；3）形态语义单位，即表义单位；4）词的组成部分；5）依附于词的单位；6）属于历时范畴，在语言发展进程中不断演变；7）分为词根、前缀、后缀、词尾、词干等。"③莫斯科语法学派创始人福尔图纳多夫（Ф.Ф. Фортунатов）同样较早关注到语言中的构词现象，提出了派生词干和非派生词干等重要概念，"派生词干分出词干和词缀"。④构词学核心术语也在逐步形成，1883年，俄国著名语言学家克鲁舍夫斯基（Н.В. Крушевский）的《语言

---

① 索绪尔，普通语言学教程[M]，高名凯译，北京：商务印书馆，1985，第121页。
② Поливанова А.К. Морфема[A]//Лингвистический энциклопедический словарь[Z]. Под редакцией Ярцевой В.Н. М.: Большая Российская энциклопедия, 2002. С. 312.
③ Бодуэн де Куртенэ И.А. Некоторые общие замечания о языковедении и языке. Избранные труды по общему языкознанию И.А. Бодуэн де Куртенэ[С]. Т. I. М.: Изд-во АН СССР, 1963. С. 7.
④ Фортунатов Ф.Ф. Избранные труды[M]. Т. I. М.: Учпедгиз, 1956. С. 141.

学选集》（Избранные работы по языкознанию）首次提出了构词系统（словообразовательная система, система словообразования）等术语①。

构词学原本并非语言学独立分支学科。由于生产词具有双重功能，长期以来人们未能确定其在语言学中的归属与定位。构词学最早依附于形态学（морфология）②，后来又作为语法学或词汇学的组成部分。事实上，构词学在语言学中的归属与定位具有深刻的历史渊源，这与构词学研究的不同阶段和不同任务密切相关，且每个阶段都呈现出各自的特点和发展趋势。纵观俄语构词学的形成与发展脉络，大体分为以下几个重要阶段。

19世纪中叶至20世纪20年代，构词学仅是形态学的从属部分。沃斯托科夫（А.Х. Востоков）、布斯拉耶夫（Ф.И. Буслаев）、福尔图纳多夫、库兹涅佐夫（П.С. Кузнецов）等学者把构词学归入形态学范畴。这一时期鲜见构词学专门研究，构词学与形态学往往不被明确地加以区分，派生词构建行为在词素组配术语框架下进行，词素被认为是构词的最小单位。

40至50年代中叶，构词学成为语法学和词汇学，甚至是语义学的从属部分。各类语法书和教材把构词学或是归入词法学领域，或是归入词汇学领域，有时还视其为语法学和语义学的组成部分。沙赫马托夫（А.А. Шахматов）、谢尔巴（Л.В. Щерба）、列福尔马茨基（А.Л. Реформатский）、洛帕京（В.В. Лопатин）等学者认为构词学属于句法学研究对象；列夫科夫斯卡娅（К.А. Левковская）、果拉诺夫（И.Г. Голанов）、诺维茨卡娅（В.Н. Новицкая）、斯米尔尼茨基（А.И. Смирницкий）等学者认为构词学与词汇学密切相关，属于词汇学的一部分；维诺库尔（Г.О. Винокур）认为构词学属于语义学范畴。维诺格

---

① Крушевский Н.В. Избранные работы по языкознанию (Очерк науки о языке. Заговоры как вид русской народной поэзии)[M]. М.: Наследие, 1998.

② 形态学这一术语内涵复杂，不同时期、不同学者和不同流派对其内涵界定和阐释不尽相同。形态学作为描写语法的一部分，与古希腊时期语言学传统同时产生。文艺复兴时期，人们开始关注与词的结构相关的概念体系，如词根、词缀和后缀等。起初，该术语隶属于生物学领域，以研究生物有机体的"物种"，直至19世纪，在语言学中得到广泛使用。（孙淑芳、党晖，梅里丘克的形态学思想及其语言符号观[J]，当代语言学，2020（1），第135页）。可以认为，历史比较语言学时期，morphology (морфология) 被称为形态学，现代语言学则称其为词法学，与句法学共同构成语法学组成部分。

拉多夫（В.В. Виноградов）著有《现代俄语构词学问题》（Вопросы современного русского словообразования）（1951）、《构词学与语法学和词汇学的关系》（以俄语和亲属语言为语料）（Словообразование в его отношении к грамматике и лексикологии）（на материале русского и родственных языков）（1952）等，梳理并明晰了构词学、语法学和词汇学之间的关系，首次提出"构词学在语言学中居特殊地位"这一富有建设性的论点，为后来构词学成为语言学独立分支学科提供了学理支撑。同时他还率先对俄语构词法进行分类研究。

60年代末至70年代初，学者们开始对构词学进行深入细致全面的研究，就构词学隶属于词汇学，抑或是语法学的问题展开讨论。库布里亚科娃（Е.С. Кубрякова）（1965）、戈洛温（В.Г. Головин）（1967）、萨哈尔内（Л.В. Сахарный）（1980）、扬科-特里尼茨卡娅（Янко-Триницкая）（1969）等学者提出了一种全新观点，他们认为，构词学应该像语音学、词汇学、词法学、句法学、语义学等学科一样，成为语言学独立分支学科，因为构词学与这些语言学分支学科一样，具有自己独立稳定的研究对象，即生产词和派生词。苏联科学院《俄语语法》（Грамматика русского языка）（1952）的出版成为构词学独立研究的标志，构词学不再是形态学或词汇学的从属部分。构词学理论也逐渐形成并发展成熟，主要涵盖构词系统、生产词、派生词、构词理据、构词派生、构词规则、构词机制、构词聚合体、构词词族、构词模式、构词意义、构词标志等核心概念的理论阐释。现代俄语构词学理论成果应归属维诺格拉多夫、维诺库尔、谢尔巴、斯米尔尼茨基、索博列娃（П.А. Соболева）、扬科-特里尼茨卡娅、金兹堡（Е.Л. Гинзбург）、叶尔马科夫（О.П. Ермаков）、泽姆斯卡娅（Е.А. Земская）、库布里亚科娃、洛帕京、帕诺夫（М.В. Панов）、季洪诺夫（А.Н. Тихонов）、阿鲁秋诺娃（Н.Д. Арутюнова）、乌卢哈诺夫（И.С. Улуханов）、尚斯基（Н.М. Шанский）、斯捷潘诺娃（М.Д. Степанова）、涅姆琴科（В.Н. Немченко）、莫伊谢耶夫（А.И. Моисеев）等语言学家。其中，洛帕京的《俄语构词词素学》（Русская словообразовательная морфемика）（1977）研究了词素语义问题，阐释了词素的语法意义、词汇意义和构词意义，并对词素的语法意义与构词意义分类进行了翔实描述；涅姆琴科的《现代俄语构词学》（Современный русский язык. Словообразование）（1984）对构词学系统中的重要术语进行了理论阐释。

80至90年代，构词学研究发展迅猛，呈现出多元化态势，跨学科、多维度、多层次、多视角成为这一时期的主要特点。1991年，苏联解体导致俄罗斯在政治、经济、文化、社会生活等领域发生了巨大变革，在语言中的体现就是词汇的快速变化和更新，正如泽姆斯卡娅所言："构词学在俄语这类语言中的作用是无法估量的。得益于构词学，语言才能经常不断地扩充大量具有各种结构和语义的新词，以反映人类生活的方方面面。正是构词机制首先保证了语言具有无限的各种各样的词汇，以满足交际的全部需要。"①这一时期，涌现出一大批构词学研究创新性成果：苏联科学院《俄语语法》（1980）；泽姆斯卡娅的《构词是一种活动》（Словообразование как деятельность）（1992）；库布里亚科娃的《语言意义类型·派生词语义》（Типы языковых значений. Семантика производного слова）（1981）；乌卢哈诺夫的《俄语构词语义学及其描写原则》（Словообразовательная семантика в русском языке и принципы ее описания）（1977/2004）、《俄语构词系统单位及其词汇体现》（Единицы словообразовательной системы русского языка и их лексическая реализация）（1996）、《俄语构词语义学》（Словообразовательная семантика в русском языке）（2001）；扬科－特里尼茨卡娅的《现代俄语构词学》（Словообразование в современном русском языке）（1972/2001）；索博列娃的《构词多义和同音异义现象》（Словообразовательная полисемия и омонимия）（1980）；盖革（Р.М. Гейгер）的《共时与历时视域下的构词结构与语义问题分析》（Проблемы анализа словообразовательной структуры и семантики в синхронии и диахронии）（1986）；戈洛温的《俄语词素学和构词学概论》（Очерки по русской морфемике и словообразованию）（1990）；莫伊谢耶夫（А.И. Моисеев）的《现代俄语标准语中构词学基本问题》（Основные вопросы словообразования в современном русском литературном языке）（1987）。这些成果对现代俄语构词学发展产生了积极影响。

21世纪至今，随着构词学研究向纵深拓展，学科之间的划分也更加精细。构词学与语义学、句法学、认知语言学、语料库语言学、

---

① Земская Е.А. Словообразование как деятельность[M]. М.: Книжный дом «ЛИБРОКОМ», 2009. С. 5.

术语学、心理语言学等学科不断交叉融合，衍生出构词语义学、词素组配学、认知构词学、构词术语学等诸多交叉学科。与此同时，对构词学术语的解释已相当成熟。主要代表性成果有阿拉耶娃（Л.А. Араева）的《构词模式》（Словообразовательный тип）（2009）、多布鲁什娜（Е.Р. Добрушина）的《俄语词素语义、语法意义和词汇语义语料库研究》（Корпусные исследования по морфемной, грамматической и лексической семантике русского языка）（2014）、彼得罗娃和谢维尔斯卡娅（З.Ю. Петрова, О.И. Северская）的《国际斯拉夫协会斯拉夫构词学研究国际学术会议：构词学与互联网》（Международная научная конференция «Словообразование и Интернет» Комисии по славянскому словообразованию при Международном комитете славистов）（2016）、福罗洛娃（О.П. Фролова）的《现代汉语术语词构词》（Словообразование в терминологической лексике современного китайского языка）（2011）、萨哈尔内的《构词学理论心理语言学层面》（Психолингвистические аспекты теории словообразования）（1985）、奥布拉兹佐娃（М.Н. Образцова）的《同根词词族的认知话语描写》（Когнитивно-дискурсивное описание гнезда однокоренных слов）（2016）、穆萨托夫（В.Н. Мусатов）的《零后缀动名词派生与构词多义现象》（Деривация и словообразовательная полисемия отглагольных существительных с нулевым суффиксом）（2017）、格林金娜（Л.А. Глинкина）的《俄语构词学历时阐释》（Русское словообразование в историческом освещении）（2018）、奥西里别科娃（Д.А. Осильбекова）的《现代俄语构词词缀意义与功能的相互关系》（Соотношение значений и функций словообразовательных аффиксов в современном русском языке）（2018）、叶夫谢耶娃和波诺马廖娃（И.В. Евсеева, Е.А. Пономарева）的《词汇构词词族：认知模型》（Лексико-словообразовательное гнездо: когнитивное моделирование）（2018）、克留奇科娃（О.Ю. Крючкова）等的《俄语构词学动态视角》（Динамические аспекты русского словообразования）（2021）、尼科利娜和拉茨布尔斯卡娅（Н.А. Николина, Л.В. Рацибурская）的《现代俄语构词学：功能动态视角》（Современное русское словообразование: функционально-динамический аспект）（2023）等，

甚至涵盖了构词词典方面的成果，如季洪诺夫主编的《俄语构词词典》（Словообразовательный словарь русского языка）（1985）、叶夫列莫娃（Т.В. Ефремова）主编的《新编俄语构词详解词典》（Новый словарь русского языка. Толково-словообразовательный）（2000）等。

2. 构词学作为语言学独立分支学科

早在20世纪初，俄国语言学家沙赫马托夫（А.А. Шахматов）就提出俄语构词学应独立研究的观点，但遗憾的是，这长期以来并未被学界所接受。在漫长的历史发展进程中，构词学始终依附于形态学、词汇学或语法学等学科，直至20世纪中叶，才真正开始成为语言学独立研究对象，这与维诺库尔、维诺格拉多夫、斯米尔尼茨基等学者致力于研究共时构词学理论问题密切相关。维诺库尔的《俄语构词学概论》（Заметки по русскому словообразованию）（1946）确定了共时构词分析原则以及现代俄语中词的派生方法，从结构语义视角阐释生产词与派生词的相互关系。同时，他还注意到构词模式的能产性与非能产性、惯用模式和非惯用模式等。维诺格拉多夫的专著《俄语·词的语法学说》（1947）（Русский язык. Грамматическое учение о слове）率先把构词学从语法学中独立出来。斯米尔尼茨基的《词干形态分析原则探赜》（Некоторые замечания о принципах морфологического анализа основ）（1948）聚焦派生词语义及可切分性问题。70年代，共时构词学理论基本形成，"构词学正式脱离词法学和词汇学，成为语言学独立分支学科"[①]，构词学开始具有自己独立的研究对象、研究方法和术语系统。库布里亚科娃（1965）、戈洛温（1967）、扬科－特里尼茨卡娅（1969）、萨哈尔内（1980）等学者认为，构词学属于语言学分系统，既包括词素、词素组成这样的最小意义单位，也涵盖构词模式、构词词族等最复杂的综合单位。其中，对有些单位的研究历史久远，积淀深厚，如喀山语言学派早已明确的词素概念；而对有些构词现象的研究则刚刚起步，如构词链、构词语义、动态视角下的词素语义问题等。构词学作为语言学独立分支学科，尽管与语言学其他分支学科具有本质上的区别，但应该承认，它与语法学和词汇学依然保持紧密的联系，主要体现在三个方面："首先，词作为语法学、

---

① Белошапкова В.А. и др. Современный русский язык[M]. 3-е изд., испр. и доп. М.: Азбуковник, 1997. С. 286.

词汇学和构词学的研究对象是词汇意义等同词形的总和,即形态聚合体;其次,它是各种词义的总和,即词汇语义聚合体;最后,它是词素的有序排列,即词的形态结构。"① 新词产生过程中,都会发生明显的和直接的词形变化。构词学与词汇学的密切关系表明,两个学科都要研究词汇语义,不研究词汇语义不可能进行构词分析,只有借助词汇语义才能明晰词与词之间的各种派生关系,从而区分出词干,确切地说是区分出构词标志、构词方式、构词模式等。

尽管构词学本身具有很强的系统性,然而已有研究成果并不能证明共时构词学理论可以全面地解释该系统中所有新现象和全部规律。从这一方面来看,俄语构词系统的描写和研究还远远不够全面和完善。究竟哪些问题是现代俄语构词学研究亟待解决的现实问题?目前,俄语构词学所面临的最现实问题之一,就是对现有构词学理论机制进行重新解读和扩充,对其功能赋予新的内涵解释。构词学具有多元化、角度多、层面复杂等特点,因此任何单一的视角都无法对构词学进行全面系统的研究,同时也制约构词学自身的发展。库布里亚科娃指出:"构词学最具有说服力的研究方法是,基于自身模式,对构词表达手段和语义因素进行综合考量。"② 据此,构词学的首要任务是,探究构词模式在各个层面的规律和特点,包括形式上的和意义上的。

综上所述,我们认为,构词学作为语言学独立分支学科,具有自己独有的研究对象(предмет)和对象物(объект)。华劭指出:"对客观现象的认识,发展到一定程度,都会产生一个问题:人们所探究的对象究竟是什么?这往往标志着从感性经验总结过渡到科学理论的研究。科学史的发展表明,对某一科学研究对象认识上的变化与飞跃,往往导致形成新的学派或进入更高的阶段。……科学研究的对象物是指在观察、实验、研究过程中与之打交道的东西,简单地说,就是研究的材料;科学研究的对象往往与某门科学研究的宗旨和遵循的方法有关。"③ 科学研究可以是同一对象物的不同侧面,即不同对

---

① Янко-Триницкая Н.А. Словообразование в современном русском языке[M]. М.: Индрик, 2001. С. 3.

② Кубрякова Е.С. Теория номинации и словообразование[M]. М.: Книжный дом «ЛИБРОКОМ», 2016. С. 52.

③ 华劭,语言经纬[M],北京:商务印书馆,2005,第1页。

象，也可能是同一对象，却分属于不同对象物。华劭还从哲学视角区分了这两个概念，他指出："对象物属于本体论范畴，而对象却属于认识论范畴；不同的学科可用同一现象的同一物质材料作为其研究的对象物，但却各有其不同的研究对象。"[①]构词学研究的对象物是词的结构语义性能及其构成方式，它要求区分出词的各组成要素之间的特点、它们所处的位置，同时确定各组成要素之间关系的性质；而构词学的研究对象是把构词学作为语言学一个独立分支，如此可以使构词学研究系统化。构词学研究生产词与派生词各成素之间组成及其相互关系、派生词构建的典型模式、构成规则，对它们的语义结构进行分析。构词学具有自己专门的组成单位，如构词模式、构词意义、构词聚合体、构词词族、构词链、构词标志、构词语义、构词理据等，这些单位与语言学其他领域没有直接关系。构词学中构词规则所具有的一切特征有别于词汇规则和语法规则。这一时期，构词学关注从结构上研究派生词。构词学研究对象还包括各种构词标志（构词手段）、构词词缀和生产词干等。构词学是所有构词结构、构词关系和类型的总和，既包括词本身的构成成分及其相互关系，又包括词与词之间在构词上的结构联系。

3. 共时构词学与历时构词学

派生词构词结构作为构词手段系统是整个语言所固有的，历史上也是不断变化的。福尔图纳多夫在《构词学选集》（Словообразование. Избранные труды）（1956）中提出应区分共时构词学和历时构词学，因为它们分属构词学的两个不同领域。

共时构词学（синхронное словообразование），亦称描写构词学（описательное словообразование）是"关于作为语言构词系统成分的派生词词素和构词结构的学说，是在语言发展的某一阶段亲属词之间相互关系的学说"。[②] 共时构词学研究共存单位的相互关系以及一个单位向另一个单位转换的历时过程。[③] 换言之，"共时构词学研究

---

① 华劭，语言经纬[M]，北京：商务印书馆，2005，第1页。
② Немченко В.Н. Современный русский язык. Словообразование[M]. М.: Высшая школа, 1984. С. 5.
③ Земская Е.А. Современный русский язык. Словообразование[M]. 3-е изд., испр. и доп. М.: Флинта, Наука, 2011. С. 6.

某一特定历史时期的构词手段系统以及这一历史阶段所固有的派生关系决定的构词结构。对于共时构词学而言，最重要的是这一历史时期生产词干与派生词干之间在形式和语义上的相互关系，因为正是通过对词在形式和语义上的简单性与复杂性进行比较，才能明确词的生产词干与派生词干。因此，词的生产与派生在共时构词学中不是过程性的，而是功能性的，即两者处于一定的相互关系中"。[1]共时构词学的主要任务，是对俄语构词系统历史发展进行综合性研究。为此，"首先要描述已有构词系统结构关系中所发生的演变。派生词作为构词系统主体部分，保留了与相应生产词在构词过程中形成的形式语义关系（формально-семантические отношения）"。[2]也就是说，共时构词分析需要确定在两个同根词干中，哪个充当生产词干，哪个充当派生词干，哪个在形式和意义上更加简单（生产词），哪个在形式和意义上更加复杂（派生词）。试比较：зонт→зонтик（小伞），нос→носик（小鼻子），стол→столик（小桌子），стул→стулик（小椅子）；артист→артистка（女演员），аспирант→аспирантка（女研究生），дояр→доярка（女挤奶员），официант→официантка（女服务员）等。所比较的两个词具有相同词干，前面的为生产词，后面的为派生词，派生词在形式和意义上更加复杂，在生产词干上分别附加了后缀-ик, -к-(а)，表达"小的"和"女性"意义，由初始词зонт, нос, стол, стул; артист, аспирант, дояр, официант派生而成。

历时构词学（диахроническое словообразование），亦称历史构词学（историческое словообразование），是"关于构词过程、构造新词的规律、已有派生词结构的变化以及整个语言构词系统形成、变化和发展的一门学说"。[3]"历时构词学实际上相当于词源学，或确切地说，是派生词的词源学，研究派生词在语言发展不同时期的构成方法和它们原始的构词结构以及这些结构在历史上的变化。它探究的是生产词和派生词发展的具体历史，确定哪个词历史上产生得更早，哪个词在历史上是由另一个词构成的，从而判断两者之间的派生关系，说明

---

[1] 李勤、孟庆和，俄语语法学[M]，上海：上海外语教育出版社，2006，第53页。
[2] Тихонова Е.Н. Современный русский язык. Морфемика. Словообразование[M]. М.: Изд-во МГУП им. Нвана Федорова, 2014. С. 46.
[3] Немченко В.Н. Современный русский язык. Словообразование[M]. М.: Высшая школа, 1984. С. 5.

哪个词拥有的是生产词干，哪个词拥有的是派生词干。"① 简言之，历时构词学研究词在历史发展中的构词联系（словообразовательные связи），确立词的最初词素结构、构成方式以及在结构中发生的变化。"历时构词学聚焦生产词与派生词在历史发展过程中的相互关系。如доярー（挤奶员）一词是由доярка（女挤奶员）派生而来的，时间上要晚于后者，因为集体农庄中挤奶工作不再是女性专属职业。зонтик（小伞）一词出现的时间要早于зонт（伞），源自荷兰语zonnedek，-ик用来表达指小意义。зонт是作为不表达指小意义的名词出现的。"②

在共时构词学与历时构词学框架内，用同一个术语称谓的很多概念被赋予不同的内涵。泽姆斯卡娅指出："派生性（производность）这一概念与派生词干和生产词干概念均密切相关。"③别布丘克（Е.М. Бебчук）比较并区分了共时与历时层面的派生性概念。他认为："派生性是构词学的基本概念，在共时层面具有功能意义（функциональное значение），即把派生词干与生产词干置于某种关系中加以研究。派生词在共时层面通常具有复杂的结构。派生性概念在历时层面具有过程性质。这表明，为了确定一个词是否为派生词，必须研究其历史，明晰该词词素组成在发展过程中的演变，以及什么充当该词的生产词干。"④

共时构词学与历时构词学并不是完全脱离、互不相干的，两者之间存在着某种必然联系。派生词共时与历时构词结构可能相同，如домик（小房子），мячик（小球）等；也可能会不同，путн-ик（旅行者，行人）历史上由形容词путный（道路的）加后缀-ик构成：путный→путн-ик，但在共时层面，由名词путь（道路）加后缀-ник构成：путь→пут-ник。共时构词学聚焦词的共时构词结构，而不考虑历时构词过程。-ник是共时构词学能产后缀，构词模式"名词词干＋后缀-ник"派生大量表人或表物名词：айтишник（IT专家），

---

① 李勤、孟庆和，俄语语法学[M]，上海：上海外语教育出版社，2006，第53页。
② Земская Е.А. Современный русский язык. Словообразование[M]. 3-е изд., испр. и доп. М.: Флинта, Наука, 2011, С. 7.
③ Там же. С. 6.
④ Бебчук Е.М. Морфемика и словообразование современного русского языка[M]. Воронеж: ВГУ, 2007. С. 10.

виновник（责任者，肇事者），воспитанник（受教育者，学生），высотник（高空作业者），десантник（空降人员），зожник（养生达人），механик（机械师，力学专家），озорник（淘气的孩子），охотник（猎人），пожарник（消防队员），поклонник（崇拜者，粉丝），помощник（助手），садовник（园丁），техник（技术员），тиктокерник（抖音达人），ученик（学生）；градусник（温度计），ежегодник（年刊），купальник（游泳衣）等。

共时构词学与历时构词学的发展并不是均衡的。20世纪80年代末，相较于语音学、形态学、句法学等语言学其他学科，历时构词学研究明显不足。反观共时构词学，已然形成大量具体研究，为揭示语言深层规律提供了前提条件，而这在以往研究中被认为是不可能实现的。乌卢哈诺夫指出："探究共时构词学与历时构词学以及它们与句法学、形态学、词汇学等语言学其他分支学科之间的相互关系具有重要的前景。实现这种前景的先决条件就是对具体语料进行全面综合性描写，构建语言单位与术语系统，以适用于这类描写并确定描写结构。"[①]

第二节　构词学与语言学分支学科

语言学是研究语言的一门科学，涉及语言的方方面面，包括语音学（фонетика）、音位学（фонология）、形态学、构词学、词素学、语法学、词汇学、语义学、语用学等众多分支学科。语言学作为一个完整的体系，其体系中各分支学科之间的联系非常密切。构词学与语言学各分支学科在研究目的、对象、内容、手段和方法等方面都具有密切联系。较之于语音学和音位学，构词学与形态学、词素学、词汇学、称名学、语义学以及语言学交叉学科的联系更为密切。这种联系表现在，尽管词是构词学、形态学、词素学、词汇学、称名学、语义学等学科共同的研究对象，但不同学科对词的研究却有不同的视角和立场。构词学研究对象是词，但与语言学其他分支学科研究的词不

---

① Улуханов И.С. Состояние и перспективы изучения исторического словообразования русского языка[A]//Исследования по историческому словообразованию[C]. М.: Ин-т рус. яз. РАН, 1994. С. 4.

同，"构词学并不研究语言的全部词汇单位，而仅仅研究派生词"。[①]

1. 构词学与形态学

形态学（морфология），又称词法学，是语言学的一门分支学科，研究词的内部结构，包括屈折变化和构词法。构词学与形态学的密切联系是多方面的。首先，形态学聚焦的重点是词类，根据词类可以组成若干个构词分系统。每一种词类都有自己的构词方法和构词手段，如只有名词才有缩略构词法：вуз（高等学校），РФ（俄罗斯联邦），МИД（外交部），ШОС（上海合作组织），ЕГЭ（国家统一考试），ЕР（统一俄罗斯党），КНР（中华人民共和国），ВАК（最高学位评定委员会）等；只有动词和代词才有尾缀法：подготовить-ся（准备），волновать-ся（激动，不安），обнимать-ся（拥抱），садить-ся（坐下），поднять-ся（登上），гордить-ся（骄傲）；где-то（某处），какой-то（某种），что-то（某物），кто-то（某人），что-нибудь（随便什么），кто-нибудь（任何人），когда-нибудь（任何时候），что-либо（随便什么）等。其次，构词学与形态学的联系还表现在，一方面，派生词构词标志既可以确定其词类归属，如后缀-ец, -тель, -ость, -ств(о)只构成名词，同时还能够确定该名词性范畴：-ец, -тель为阳性, -ость为阴性, -ств(о)为中性；而后缀-н-, -ск-, -ов-只构成形容词：лес-н-ой（森林的），мор-ск-ой（海上的），город-ск-ой（城市的），берез-ов-ый（白桦树的）等。另一方面，派生词构词标志也可以表达构词意义。后缀-ец构成表人名词：кита-ец（中国人），нем-ец（德国人），молод-ец（好汉），мудр-ец（智者），дел-ец（生意人）。后缀-тель既构成表人名词：дея-тель（活动家），наблюда-тель（观察者），покупа-тель（顾客，买主），потреби-тель（消费者，用户），也构成表物名词：бели-тель（漂白剂），выключа-тель（开关），нагрева-тель（加热器），осуши-тель（干燥剂,干燥器），отража-тель（反射器）。后缀-ость, -ств(о)构成抽象名词：артистичн-ость（技艺精湛），асимметричн-ость（不对称性），вежлив-ость（礼貌），высокомерн-ость（高傲），безопасн-ость（安全），благодарн-ость（感谢），глуп-ость（愚蠢），личн-ость（个性），

[①] Немченко В.Н. Современный русский язык. Словообразование[M]. М.: Высшая школа, 1984. С. 5.

осторож-ость（小心），скромн-ость（谦虚），смел-ость（勇敢），честн-ость（诚实）；агент-ство（代办处），богат-ство（财富），брат-ство（兄弟情谊），воров-ство（偷窃），издатель-ство（出版社），наслед-ство（遗产），консуль-ство（领事馆），сообще-ство（集团，共同体），посоль-ство（大使馆），представитель-ство（代表处），отцов-ство（父辈），трудоустрой-ство（就业）等。

  构词学与形态学最直接的联系在于，两者都与词义的最小单位词素打交道，都研究词素的功能。词与派生词形式构建是形态学的研究对象，而派生词是构词学的研究对象。可以说，构词学与形态学研究词素的不同方面，前者研究构词词素（словообразовательная морфема）；后者研究语法词素（грамматическая морфема），如构形词素（формообразующая морфема）和词变词素（словоизменительная морфема）。构词词素与语法词素有许多相近之处。词素及其特征通常是形态学和构词学的研究对象，前者关注语法词素，即词变内容；后者侧重非语法词素，即非词变词素分析。构形词素-ся, -сь构成未完成体和完成体不及物动词：беспокоить-ся（担心），боять-ся（害怕），бросать-ся（互相投掷），вертеть-ся（旋转），веселить-ся（高兴，开心），печалить-ся（忧愁），оглядеть-ся（环顾），стучать-ся（敲门），торопить-ся（忙着做某事），трясти-сь（摇摆，晃动）等。构形词素-ану-(ть)构成完成体动词第一式变位，表达"一次性、猛烈的动作"：долб-ану-ть（猛撞一下），рез-ану-ть（痛打一下），руб-ану-ть（采伐），трях-ану-ть（抖搂一下），хлест-ану-ть（重重地打一下），чес-ану-ть（抓挠一下）等。有时构词词素与构形词素也相互交叠，因为俄语某些词素具有构词和构形双重功能，尾缀-ся(-сь)构成动词被动态意义时，体现构形词素功能：строить → строить-ся（建设），而构成新词时则体现构词词素功能：гнать（驱赶）→ гнать-ся（被驱赶）等。

2. 构词学与词汇学

  词汇学（лексикология），又称词汇语义学（семасиология），是语言学的一门分支学科，研究一种语言的词汇组成，即该语言中所有词的总和。词汇学研究词的意义、来源、功能和使用等。在语言学各分支学科中，构词学与词汇学的联系最为直接，马尔科夫（В.М.

Марков）甚至认为："构词学只与词汇学相关，因为每一个词都是语言构词的组成部分，都是词汇分析的对象。"①虽然词是构词学最直接和具体的研究对象，但是构词学并不局限于研究个别和具体的词汇单位，而是通过对不同类型词的分析与归纳来认识整个构词系统，探究构词手段、方法和规则，揭示构词系统的演变规律和发展趋势。维诺格拉多夫指出："在新词产生过程中都会找到明显的和直接的词形变化。"②他对生产词与派生词之间语义关系进行梳理，使词的构词分析更接近于词汇分析，尽管词的构词意义与词汇意义并不是一回事。构词时，生产词的词汇意义是派生词词汇意义的基础，派生词的构成须以生产词的存在为前提，派生词的语义变异恰好印证了这一点。只有考虑生产词的词汇意义，才能确定词与词之间的构词派生关系、确定生产词干和构词手段、明确构词方法，从而完成构词分析。对构词而言，词的多义性（语义聚合体）作为词的一大特征并非无关紧要，因为同一个多义词中区分出的词可能在意义上相去甚远，从而表现为不同的语义：лист（张，页；印张），листва（叶，簇叶），лиственный（阔叶的；阔叶树的），безлистый（无叶的，落下叶子的）；листать（翻，掀），листаж（用纸量，印张量）等。

  构词学与词汇学的密切联系也是多方面的。首先，同一个语义成素可进入词汇语义和构词语义系统中。如столик（小桌子）既表示"小"的词汇语义，同时还是构词语义的组成成分，后缀-ик表达"小"的构词模式意义：арбузик（小西瓜），дождик（小雨），ковшик（小水勺），лобик（小额头），слоник（小象），ножик（小刀），мостик（小桥），прудик（小池塘），холм-ик（小山丘），хвостик（小尾巴），коврик（小毯子），столбик（小柱子），пляжик（小浴场），самоварчик（小茶炊），анекдотик（小笑话）等。其次，构词是丰富和扩充词汇的主要途径，所有派生的新词均会进入构词系统，成为构词系统中的一部分。"一方面，派生词被认为是词汇扩充的主要途径；另一方面，派生词依据自身的使用范围、修辞属性

---

① Моисеев А.И. Основные вопросы словообразования в современном русском литературном языке[M]. Л.: Изд-во ЛГУ, 1987. С. 13.

② Виноградов В.В. Об основном словарном фонде и его словообразующей роли в истории языка[A]//Известия АН СССР. Отд. литературы и языка[C]. Вып. 3. М.: Изд-во АН СССР, 1951. С. 210.

等特征进入现有的词汇语义群（лексико-семантическая группа）。还有的派生词，与语言中已存在的词形成同义、反义、同音异义等聚合关系。"①

构词学与词汇学的密切联系还表现在，历时构词学研究新词产生的过程。"的确，构词学的研究对象不是纯粹的词汇意义，而是派生词的构词意义。然而，派生词的构词意义是在生产词词汇意义基础上形成的。脱离了生产词词义，就无法确定词的构词派生关系，无法区分生产词干，无法确定构词手段、构词方式和构词模式，其结果是无法进行构词分析。"②因此，派生词表达词汇语义时，接近于所有非派生词的其他特征，并按照词汇的普遍规律使用、变化和发展。尽管构词学与词汇学都把词作为自己的研究对象，且聚焦词的词汇意义，但构词学与词汇学毕竟分属语言学不同分支学科，两者之间必然存在实质性差别：构词学以词的构造和结构等为研究对象；词汇学的研究对象则是"语言中词汇组成的方方面面：词作为语言的基本单位、词汇单位类型、语言中词汇组成结构、词汇单位的使用，以及词汇丰富和发展路径等问题"。③构词研究必须要考虑语义因素，如果词与词之间在语义上没有共指，这是不可思议的。斯捷潘诺娃（М.Д. Степанова）认为："构词过程的自身特点使其具有某种区分性特征，从而使构词学与词汇学区分开来。"④

尽管语言学家们的研究几乎辐射到构词学与词汇学联系的各个层面，但乌卢哈诺夫认为："仍有一些问题尚未得到充分重视，如生产词意义对与其组配的构词标志的影响、不同词汇语义群中理据词与非理据词的相互关系、同义或反义理据词、不同词汇语义群中构词聚合体的共性与差异、构词模式的词汇组成、派生词多义性等。"⑤其中，构词模式的词汇组成和派生词多义性这两个问题对从词汇学视角描写

---

① 孙淑芳，俄语构词学研究综观[J]，俄罗斯语言文学与文化研究，2014（2），第6页。
② Немченко В.Н. Современный русский язык. Словообразование[M]. М.: Высшая школа, 1984. С. 12.
③ Гак В.Г. Лексикология[A]//Лингвистический энциклопедический словарь[Z]. Под редакцией Ярцевой В.Н. М.: Большая Российская энциклопедия, 2002. С. 259.
④ Степанова М.Д. Словообразование современного немецкого языка[M]. М.: Изд-во литературы на иностранных языках, 1953. С. 53–54.
⑤ Улуханов И.С. Словообразование. Морфонология. Лексикология[M]. М.: Изд-во «Логос», 2012. С. 284.

构词学甚为重要。

3. 构词学与词素学

词素学（морфемика）形成于20世纪70年代，是一门年轻的语言学分支学科。这一术语最早见于苏联科学院《现代俄语标准语语法》（1970）中，该书独辟"词素学导论"（Введение в морфемику）一章，系统地揭示了词素学研究对象、任务和内容，提出"词素学是研究词的表义部分（形素和词素）的学科；这些表义部分可以从各种视角加以分析；词素学成为构词学研究的组成部分"等重要思想。[1] 正是该权威语法书首次确立了词素学在语言学中的重要地位。苏联科学院《俄语语法》（1980）的出版使词素学研究初具规模，在该语法书"词素学基本概念"一章中，对词素与形素、词与词形的一般概念、词素类型、构造和切分原则等问题进行了翔实的描述。[2] 洛帕京的专著《俄语构词词素学：问题与描写原则》（Русская словообразовательная морфемика: проблемы и принципы описания）（1977）被认为是词素学研究的里程碑。事实上，从该专著名称就不难看出，构词学与词素学存在紧密关联和相互依存关系。洛帕京认为词素学具有两个意义："一指语言的词素机制，即从词中分离出来的词素及其类型的总和；二指词素的类型、结构，词素与词素以及词素与词之间相互关系的语言学分支学科。"[3] 进而他明确地界定了词素学的研究对象："1）是关于实词素、虚词素、前缀、后缀、尾缀、中缀等词缀类型、状况和功能的理论；2）是关于词素所表达的词汇意义、语法意义、构词意义、语法意义和构词意义的各种变体等意义类型理论；3）是关于词素单位线性组合和非线性聚合关系的理论；4）是关于最小线性意义单位形素划分原则和形素组合原则的理论；5）是关于小于词的表义单位组合的音变理论，如词素和形素范围内音位交替、词干截音和增生、在有重音变化的语言中执行词素功能作

---

[1] Грамматика современного русского литературного языка [M]. M.: Наука, 1970. С. 30.
[2] Русская грамматика АН СССР[M]. Т. I. M.: Наука, 1980. С.123–132.
[3] Лопатин В.В. Морфемика[A]//Лингвистический энциклопедический словарь[Z]. Под редакцией Ярцевой В.Н. M.: Большая Российская энциклопедия, 2002. С. 313.

用的重音等；6）是关于不同层级形素模式的理论。"① 可以说，洛帕京提出的词素学概念具有很强的理论性，促进了词素学学科的形成与发展。80年代之后，术语морфемика经常被独立使用，《俄语语法》（1980）、《语言学百科词典》（1990/2000）等著作都有专门论述。季洪诺夫主编了《词素正字法词典·俄语词素学》（Морфемно-орфографический словарь. Русская морфемика）（1996），在该词典中他界定了词素学的研究对象，区分了词素与形素，阐释了词素变体、词素分类以及词素与构词等理论问题。

构词学与词素学具有较大关联性，如根据词素类型确定构词方法、根据词素语义确定词义和构词模式等。构词方法在很大程度上依赖于词素，前缀构词法、后缀构词法等都是以缀词素为核心的。乌卢哈诺夫指出："词缀意义是构词意义的基础。"② "构词学与词素学之间的关系就像词法学与句法学之间的关系。词法学是所有语法手段的总和，句法学是这些手段的运用，而词素学是所有构词手段，包括词变手段和构形手段的总和，构词学则是这些手段的运用。"③ 词素学在许多方面依赖构词学，词素切分和词素分类都离不开构词分析。"词的词素构成是词凝结在词素中的构词历史。"④

构词学与词素学在研究任务、方法和目标等方面既有共性又有差异。首先，两者都从共时视角研究词的构成，但关注点不同。相对而言，构词学侧重词的表达层面，即词素构成与组合、词的形式结构与类别、构词机制与方法以及词与词之间的构词联系等；词素学侧重词的内容层面，即词素作为词的表义部分的构造机制、组成规律以及词素的分布、系统和语义类型、词素与词素之间和词素与词之间相互关系等问题。词素学的研究对象覆盖所有的词，聚焦词素及其形式变体（形素）以及它们的线性组合，其任务是构建词素系统；而构词学

---

① Лопатин В.В. Морфемика[A]//Лингвистический энциклопедический словарь[Z]. Под редакцией Ярцевой В.Н. М.: Большая Российская энциклопедия, 2002. С. 313.

② Улуханов И.С. Словообразовательная семантика в русском языке и принципы ее описания[M]. Изд. 5-е, испр. и доп. М.: Книакный дом «ЛИБРОКОМ», 2011. С. 126.

③ Моисеев А.И. Основные вопросы словообразования в современном русском литературном языке[M]. Л.: Изд-во ЛГУ, 1987. С. 36.

④ Моисеев А.И. Основные вопросы словообразования в современном русском литературном языке[M]. Л.: Изд-во ЛГУ, 1987. С. 88.

的研究对象仅局限于派生词，聚焦派生词的构词机制等。在研究方法上，构词学使用构词分析方法，研究派生词的构造。对构词学而言，所有派生词都由两部分组成：生产词干和构词标志；而词素学使用词素分析方法，研究词的词素构成情况。在研究目标上，构词学是从生产词到派生词的过程，词素学则是从词到词素的过程。

4. 构词学与称名学

称名学（ономасиология），又称专名学（наука об именах），是"关于名称本质及其本体实质的科学"[①]，研究事物的称名与称名性质、类型、手段及方法等，被认为是语义学的一个分支学科。现代称名学发轫于布拉格语言学小组（Пражский лингвистический кружок），他们认为："从词所完成的称名功能上看，词应该视为语言称名活动的结果，称名活动实现认知过程的分类，并保证具体语言称名系统的建立。"[②] 现代称名学有狭义和广义的解释。库布里亚科娃对两者进行了界定和区分："狭义称名学是关于事物称名和概念词汇化过程的学说，广义称名学研究语言中所有称名活动，这些称名活动反映并客观地表达事物及事物之间的相互联系，以及在这一过程中对世界的划分。"[③] 称名学与词汇语义学并列为语义学的两大主要方向：前者遵循从内容到形式方向探究词义，回答"怎样表达某一意思"的问题；后者遵循从形式到内容方向探究词义，回答"某一称名是什么意思"的问题。称名学"研究和描写语言单位构成的普遍规律，语言单位构成过程中思维、语言与现实的相互关系，选择称名基础特征时人的因素（语用因素）所起的作用，称名行为、手段、方式

---

① Кубрякова Е.С. Части речи в ономасиологическом освещении[M]. М.: Наука, 1978. С. 13.

② Кубрякова Е.С. Ономасиология[A]//Лингвистический энциклопедический словарь[Z]. Под редакцией Ярцевой В.Н. М.: Большая Российская энциклопедия, 2002. С. 346.

③ Кубрякова Е.С. Ономасиология[A]//Лингвистический энциклопедический словарь[Z]. Под редакцией Ярцевой В.Н. М.: Большая Российская энциклопедия, 2002. С. 346.

和类型等问题,以及描写称名的交际功能机制等"。① 简言之,称名学指语言中有哪些表达手段,如何给客观事物称名,如何通过词或其他语言单位表达意义。对称名学而言,先有词的意义,再聚焦意义的表达手段。

构词学与称名学的联系尤为密切,两个学科的交叉融合在派生词研究上甚为突出,它们所面临的共同任务是,揭示语言中新词产生的过程以及现有派生词的存在规律。"构词学是为派生语言符号创建新名称的学说,可以视为称名学的一部分。"② 郑述谱认为:"派生词可以被看作一种特殊的称名单位,它们是所谓二次称名的产物。构词学就是研究如何将这种特殊称名单位模式化的领域。它应该揭示派生词与生产词之间形式与内容或者说结构与语义的关系,并在这一基础上确定派生词的构成手段、方法以及构词类型等问题。称名学更关心的是一种语言构词过程中所表现出的称名方法的特征,而构词学则要对具体语言词的派生体系进行实际描写。前者自然也无法取代后者。"③

20世纪90年代起,基于称名学理论解释构词现象成为构词学研究的一种新趋势。从称名学视角研究构词现象主要源于波兰和捷克语言学家的思想。现代构词学理论中称名学派(ономасиологическое направление),亦称表义学派,把语言中称名活动视为一种言语思维活动(речемыслительная деятельность)、语言结构或言语结构与思维结构,或者说认知与概念之间总是相辅相成的。对言语活动称名层面的关注,表明人们更加注重对构词学而言的一些重要因素,如话语总体构想、说话人具体意图和意向、言语所指对象以及语境制约等。在动态语境中,称名或曰表义首先关注的是语义,然后是语义表达形式。一般而言,一个称名单位在结构上可以区分为基础与特征两个部分,称名单位等同于称名基础(ономасиологический базис)与称名特征(ономасиологический признак)的相加。"随着称名学方

---

① Телия В.Н. Номинация[A]//Лингвистический энциклопедический словарь[Z]. Под редакцией Ярцевой В.Н. М.: Большая Российская энциклопедия, 2002. С. 336.

② Кубрякова Е.С. Словообразование[A]//Лингвистический энциклопедический словарь[Z]. Под редакцией Ярцевой В.Н. М.: Большая Российская энциклопедия, 2002. С. 467.

③ 郑述谱,俄汉词汇对比引论[A]//张会森,俄汉语对比研究(下卷)[C],上海:上海外语教育出版社,2004,第9页。

法广泛应用于构词学研究中,构词意义开始被看作结构复杂的意义,它是表达词的称名基础与称名特征之间相互关系的专门意义类型,被现实存在或潜在谓词所规定。"①库布里亚科娃是俄罗斯较早将称名学理论应用于俄语构词现象分析的学者之一,她指出:"构词学的主要功能就是形成和使用新名称,所有构词手段、构词方法和构词模式的形成与存在都是以实现称名任务为目标的。"②库布里亚科娃认为:"一个称名单位的称名范畴(ономасиологическая категория)与称名结构(ономасиологическая структура)是称名学理论机制的重要组成部分,这些概念在构词学中得到最充分的体现,用以描述构词中的称名行为,即把所指事物归入某一称名范畴,如事物性、过程性或者特征性以及它们的变体。因此,与未来称名行为最为相关的是形成称名基础。通过构词学研究,可以得出结论,我们的思维如何划分语言以外的现实,所指动机是怎样的?哪些称名范畴在构词、语法或者词汇层面得到了反映。往往正是称名范畴构成语言中独特的称名领域。称名范畴与概念范畴以及人的认知活动之间的联系毋庸置疑。"③"称名基础是称名依据,而称名特征则是对称名依据的某种加确或限定。充当称名基础的通常是表示主体(如事物、现象、动作)的概念,而称名特征传达的是事物、现象、动作等的性质以及它们之间的相互关系。语言中称名基础通常由表示属概念的词素充当,而称名特征通常由表示区别性特征的种概念词素充当。对某一主体,人们往往会抽取不同的特征来为同一事物、现象、动作等称名,这就出现了称名基础相同,称名特征不同,但指称同一事物、现象、动作等的现象。"④如汉语中的运动鞋、休闲鞋、旅游鞋、凉鞋、便鞋、草鞋、绣鞋、跑鞋、钉鞋、舞鞋、拖鞋、僧鞋;胶鞋、皮鞋、布鞋、牛津鞋;高跟鞋、平底鞋、单鞋、棉鞋等词语,语素"鞋"作为称名基础,意为

---

① Кубрякова Е.С. Словообразование[A]//Лингвистический энциклопедический словарь[Z]. Под редакцией Ярцевой В.Н. М.: Большая Российская энциклопедия, 2002. С. 468.

② Кубрякова Е.С. Теория номинации и словообразование[M]. М.: Книжный дом «ЛИБРОКОМ», 2016. С. 4.

③ Кубрякова Е.С. Ономасиология[A]//Лингвистический энциклопедический словарь[Z]. Под редакцией Ярцевой В.Н. М.: Большая Российская энциклопедия, 2002. С. 346.

④ 孙淑芳等, 俄汉语义对比研究[M], 北京:商务印书馆, 2015, 第104页。

"鞋的统称",把根据鞋的功能、材质和性能等构成的限定成分作为称名特征。又如,网吧、酒吧、咖啡吧、茶吧、冰吧、氧吧、陶吧、话吧、贴吧等词语的称名基础为"吧",称名特征为"网、酒、咖啡、茶、冰、氧、陶、话、贴"等。

类词缀(аффиксоид)①,又称"准词缀",指在构词上起词缀作用,词汇语义有所虚化但尚未完全虚化的词素。在复合词或复合缩略词中,类词缀充当称名基础附着在词干之后参与构词。俄语类词缀-метр(米)由词根词素-мер-(计量)经过语义渐进泛化向新范畴"表,计"过渡而成:абсорбциометр(液体溶气计),акселерометр(加速表,加速计),водометр(水量计),вольтметр(电压表),газометр(煤气表),дозиметр(辐射计量计),квантометр(量子计),радиометр(射线探测仪),реометр(电流计),фотометр(光度表),спектрометр(光谱分析仪),телеметр(遥测计),темометр(温度表,温度计),шагометр(计步器),экспонометр(曝光表)等。较之纯词缀,类词缀的词汇语义成分充当称名基础时,对作为称名特征的词干依赖性较小;而纯词缀充当称名基础时,其词素语义往往借助于词干才能具象化。倘若复合词两个成分之间具有限定关系或种属关系,也可以从称名基础与称名特征两个方面加以解释,如复合名词第二部分-склад(仓库)充当称名基础时,其前面的限定成分充当称名特征:автосклад(车库),зерносклад(粮仓),кормосклад(饲料仓),нефтесклад(油库),сеносклад(干草储存仓库),углесклад(储煤场)等。复合词素-провод-由词素про-和-вод组成,作为一个整体充当称名基础,其前面附着不同词根词素作为称名特征,如复合词 бензопровод(汽油管道),водопровод(自来水管道),воздухопровод(通风管道),газопровод(煤气管道),мусоропровод(垃圾管道),нефтегазопровод(石油天然气管道)等。

在后缀构词法中,后缀充当称名基础,词干充当称名特征。后缀-тель加在动词词干之后构成表人阳性名词,为最能产构词模式,表示与生产词所指称行为有关的男性,意为"人、者、家、

---

① 类词缀指派生词组成中获得虚词素特征(词缀词素特征)的词根词素。类词缀又分为类前缀(префиксоид)和类后缀(суффиксоид)。类前缀兼有词根和前缀两者特征,功能相当于前缀;类后缀指兼有词根和后缀两者特征,功能相当于后缀。

员"等，如благотвори-ть（行善）+ -тель → благотворитель（慈善家），созда-ть（创造）+ -тель → создатель（创始人），исполни-ть（执行）+ -тель → исполнитель（执行者），завоева-ть（征服，占领）+-тель → завоеватель（征服者，占领者），исследова-ть（研究）+ -тель → исследователь（研究人员，研究者），мечта-ть（幻想）+ -тель → мечтатель（幻想家），отправи-ть（发送）+ -тель → отправитель（发送人），облада-ть（拥有）+ -тель → обладатель（拥有者），освободи-ть（解放）+ -тель → освободитель（解放者），победи-ть（战胜）+ -тель → победитель（胜利者），посети-ть（访问，参观）+ -тель → посетитель（访问者，参观者），страхова-ть（投保）+ -тель → страхователь（投保人），цени-ть（估价，评价）+ -тель → ценитель（估价员，鉴赏家），распространи-ть（传播）+ -тель→распространитель（传播者），сея-ть（播种）+ -тель →сеятель（播种者）等。词的义项为"进行某一动作的人"时，后缀-тель语义抽象，具有高度概括意义，具体意义须由与之结合的词干确切、限定。通俗地讲，称名特征语义内容为какой（怎样的），как（怎样、如何）；称名基础语义内容则为кто（谁），что（什么）等。后缀充当称名基础时，其词素语义须借助称名特征才能明晰，否则词素语义不具体，就会产生歧义，甚至可能不是同一类词素，只是同形词素，因为后缀-тель既表示"进行生产词所指称动作的执行者"，还表示"理据动词所指称生产动作的事物"，如工具、附属用具、机器等：выключа-ть（关闭，断电）+ -тель→ выключатель（开关，断路器），чисти-ть（使干净）+ -тель→чиститель（清洁器），гаси-ть（熄灭，减弱）+ -тель→гаситель（减震器，灭火器），излуча-ть（放出，辐射）+ -тель→ излуча-тель（辐射器），предохрани-ть（预防）+ -тель → предохранитель（保险装置），распыля-ть+ -тель（喷射）→распылитель（喷雾器）。又如，后缀-ин-(а) 表示"用作食物的动物肉"，свин-ин-а（猪肉），говяд-ин-а（牛肉），баран-ин-а（羊肉），утят-ин-а（鸭肉），гусят-ин-а（鹅肉），лебедят-ин-а（天鹅肉），ослят-ин-а（驴肉），кон-ин-а（马肉），голубят-ин-а（鸽子肉），собач-ин-а（狗肉），пс-ин-а（狗肉），белуж-ин-а（鲸鱼肉），лосос-ин-а（鲑鱼肉），осетр-ин-а（鲟鱼肉）等词中，后缀-ин-(а)充当称名基础时，具体表达"哪种动物的肉"须通过称名特征加以

确切、限定。试比较：-ин-(а)作为同（音）形异义后缀表示事物名称"地域"，равн-ин-а（平原），лугов-ин-а（草甸子），цел-ин-а（处女地），болот-ин-а（沼泽地带），овраж-ин-а（多峡谷地带），дол-ин-а（山谷），пуч-ин-а（[沼泽中的]深坑，漩涡），мохов-ин-а ＜方＞（长满苔藓的沼泽地）等。-ин-(а)作为同（音）形异义词素，究竟表达何种意义，只能借助充当称名特征的词素语义来确定。

在前缀构词法中，词干充当称名基础，前缀表示所指变化的称名特征，前缀是对词干的一种确切：взо-йти（向上走），вы-йти（出来），во-йти（进入），ото-йти（离开），подо-йти（走近），при-йти（走来），у-йти（离开），до-йти（走到），со-йти（走下），за-йти（顺路去），по-йти（开始走），про-йти（走过）等词中，-йти是词干，充当"走"的称名基础，体现词的核心意义，所附加的前缀表示"走"的不同空间方式，并对-йти加以确定和限定。

5. 构词学与语义学

语义学（semantics, семантика）作为语言学独立分支学科的时间并不长。通常认为，19世纪末，法国学者米歇尔·布雷阿尔（Michel Bréal）创立了语义学。1897年，他的《论语义学》（Essai de sémantique）首次提出了语义学术语，semantics来自希腊语词干，原义与表物（обозначать）和表义（означать）有关。斯捷潘诺夫（Ю.С. Степанов）对语义学界定如下："1）聚焦语言或任何语言单位（词、词的语法形式、词组、句子）所传达的全部内容和信息；2）研究内容和信息的语言学分支学科；3）作为符号学的主要分支之一。"[①]

20世纪70年代，由于语言学家对分布分析法的批评，人们确立了对语义现象更加恰当、全面、综合的研究方法。"一方面，研究词、其他符号、语句所具有的客观的、语言外的指物联系以及现实在语义中的反映，为此采用类义词典、概念分析等专门方法。另一方面，研究词的语言内联系，采用转换分析、分布分析、意释方法。"[②]现代语义学进入了新的历史阶段，研究范围有了较大拓展，呈现出多元化发展态势，多学科、跨学科、多维度和多层次是这一时期的显著特点，

---

① Степанов Ю.С. Семантика[A]//Лингвистический энциклопедический словарь[Z]. Под редакцией Ярцевой В.Н. М.: Большая Российская энциклопедия, 2002. С. 438.

② Там же. С. 440.

不仅辐射语言学自身的各个层面，还包括语言学其他分支领域，从而对包括形式语义学、言语行为理论、涵义理论、指称理论等在内的句子语义学、词汇语义学、语篇语义学、结构语义学、认知语义学、计算语义学等语言意义进行多层次考察。人们对语言意义的关注从词汇层面扩展到话语层面，而且还开始关注静态的词义描写，并重视组合关系中语法、语用、交际等因素的影响。

　　语义是语言学研究中难度很大的问题。结构主义学派尽力避开语义去进行纯粹的结构形式分析，构词被认为是简单的结构形式问题，只关心构词形式而不管其语义内容。语言实践证明，不管语义而去做纯粹的结构形式研究是片面的。以美国语言学家乔姆斯基（A.N. Chomsky）为代表的转换生成学派开始重视语义在结构形式研究中的地位和作用。构式语法（Construction Grammar）理论在这一背景下应运而生，它以认知语言学为理论背景，以美国语言学家菲尔墨（C.J. Fillmore）的框架语义学为理论来源，由美国语言学家阿黛尔·戈德堡（Adele E. Goldberg）推动并发展起来。"构式语法明确提出要把词汇、语法、语义甚至语用作为一个整体来分析。它既发展出一套基于合一约束的严格的形式描写系统，又注重在认知语义基础上对各种语言现象进行解释。其重要贡献表现在突破了单纯结构分析的局限，使语言中'形式—意义'关系能够得到充分的解释与说明，从而把描写与解释很好地结合起来。"①

　　随着语义学和构词学的深度融合，越来越多的学者将语义学理论与方法运用到构词学研究中。构词语义学（словообразовательная семантика, семантика словообразования）与传统语言学已经存在的词素语义学（морфемная семантика, семантика морфемы）共同成为语义学新的分支领域，主要聚焦生产词与派生词的语义联系、构词词素中同义现象与同音异义现象、构词词素与生产词干的组合关系、词缀与词干所构成的各种语义类型等。概言之，通过语言学分析可以确定词的语素语义本质。"实词词素包括词根和词缀，表达两种不同类型的意义。词根表达所谓的实质意义（вещественное значение），即词的词汇意义基本部分，如俄语词根красн-表示"红色"，двиг-表示"运动"等。词缀还表达语法意义，语法意义分为两类：一类称为范畴意义（категориальное значение），用以对实质意义加以概括，把各种实

---

① 孙淑芳等．俄汉语义对比研究[M]．北京：商务印书馆，2015，第15—16页。

质意义分别纳入高度概括的范畴；另一类称为关系意义（реляционное значение）。"①

6. 构词学与认知语言学

  认知语言学（cognitive linguistics, когнитивная лингвистика）属于语言学交叉学科，形成于20世纪80年代初。以西方第二代认知科学和体验哲学为理论背景，辐射语言学、心理学、认知科学、信息科学、人工智能等多个学科，聚焦作为普遍认知机制的语言，研究语言与意识的相互关系、语言在世界概念化和范畴化中的作用、语言掌握的精神机制及其结构化原则表征以及语言生成与理解等问题。简言之，认知语言学探究理解的心智基础，探究语言知识结构是如何表征并参与信息加工的，其任务是"把语言作为人的思维与意识的基本组织形式加以分析，把语言作为研究思维与意识的最可靠工具加以分析"。②随着认知语言学思想在世界范围内得到广泛的普及和传播，日益彰显出强大的生命力和广阔前景。无论西方，还是俄罗斯在这一领域的研究都取得了重大突破，如对概念化（conceptualization; концептуализация）与范畴化（categovization; категоризация）内涵的阐释，对语言形式最复杂的语义问题所进行的剖析，对与知识和人的经验密切相关的语言自身意义的确定以及人对客观世界的意识等。美国语言学家维诺格拉德（T. Winograd）著有《语言是一个认知过程》（1983）（Language as a cognitive process）。认知语言学主要研究人所特有的认识结构和认识过程，系统地描写和理解人类掌握语言的内部机制及这些机制构成的原则。"语言作为普遍认知机制和认知工具，是一个符号系统，在信息处理和传递中发挥着重要作用。语言符号系统与人类其他符号工具相对立，同时又是主体的外部和内部对象，不依赖于主体而存在，应在个体发展中掌握它。语言的这种二重

---

① Степанов Ю.С. Семантика[A]//Лингвистический энциклопедический словарь[Z]. Под редакцией Ярцевой В.Н. М.: Большая Российская энциклопедия, 2002. С. 438.
② Кубрякова Е.С. Когнитивная лингвистика[A]//Лингвистический энциклопедический словарь[Z]. Под редакцией Ярцевой В.Н. М.: Большая Российская энциклопедия, 2002. С. 665.

性（двойственность）使语言区别于其他认知活动类型。"①

俄罗斯认知语言学具有厚重的理论底蕴和坚实的实践基础，肇始于对语言与思维相互关系问题的探索以及言语心理学（психология речи）的研究传统，其理论主要源自心理语言学的言语活动论、称名学理论、语义学理论等。"称名学理论被视为一种能够对贯穿于世界万物称名行为中的言语思维活动特点进行解释的理论。不仅用于解释派生词形成的特点，也用于解释语句组成的特点。"②也就是说，事物的称名可以借助人对世界的概念化与范畴化过程得到解释。与西方认知语言学各学派观点不同的是，俄罗斯认知语言学认为，不同语言形式意义背后存在不同概念或认知结构（知识结构和信念结构），意义等同于这些结构，意义与其说是在"按本来面目"反映客观世界过程中形成的，毋庸说是透过人的主观感知棱镜形成的。值得一提的是，西方和俄罗斯认知语言学研究具有共性特征，都认为语言是意识活动，语言能够理性认知世界并对周围世界概念化与范畴化。因此，"形成了这样一种趋势：把语言具体形式所表达的意义与不同类型的活动和信息联系在一起，把信息处理与在心理词库中尽量有序排列信息、存储信息和便捷提取信息联系在一起。"③所有这些学派还有一个共同特征：他们都将语言看作了解意识活动、正确认识世界、将周围世界概念化和范畴化的途径。

借鉴认知语言学原子粒（atomic globule）理论和蜘蛛网（cobweb）理论，"以词素为节点的词汇语义网络结构提醒学习者，以概念节和子概念节为词汇语义网络结构极富能产性，可以据此做出词汇推理，由此而节省认知能源。"④对构词学而言，认知语言学原型理论、基本范畴、概念整合理论、隐喻意义与范畴化和非范畴化、转喻意义等，可以用来指导词素语义分析。在现代语言学理论中，派生词占词汇总量的大多数，研究派生词词缀、构词模式对于研究语言整体，研

---

① Кубрякова Е.С. и др. Краткий словарь когнитивных терминов[Z]. М.: Изд-во МГУ, 1996. С. 53.

② Кубрякова Е.С. Когнитивная лингвистика[A]//Лингвистический энциклопедический словарь[Z]. Под редакцией Ярцевой В.Н. М.: Большая Российская энциклопедия, 2002. С. 666.

③ Там же. С. 666.

④ 赵彦春，认知词典学探索[M]，上海：上海外语教育出版社，2003，第231–237页。

究人如何借助于语言对现实世界进行概念化与范畴化具有重要价值。

第三节　构词学研究的多维视角

任何单一视角都无法满足对构词学全面系统深入的研究，同时也制约构词学自身的发展。较之于传统构词学，现代构词学具有跨学科、多视角、内涵复杂等特点。在语言系统发展进程中，对构词语义分系统秉承了多层面、综合性分析的原则，受到语义结构、词汇语义、体裁风格、社会文化以及认知等多重因素的影响。

1. 构词被视为一种活动

语言活动（языковая деятельность）这一概念广泛应用于语言学不同领域，语言的活动特征也得到了积极研究。泽姆斯卡娅的专著《构词作为一种活动》（Словообразование как деятельность）被视为构词学研究里程碑式的突破，其目标是"把现代构词学理解并描述为语言最重要的运行机制之一，说话人在交际中运用该机制表达不同的目的"。[1]俄罗斯学者主张从动态视角分析构词现象，认为构词机制和过程不是作为静态不变的理论，而是置于话语生成与理解的动态语境中，把具体的构词过程置于话语结构中，以研究语言本身的动态行为特征。构词学首要任务就是厘清构词与话语之间的相互关系，即构词的话语功能以及在话语结构中的作用，哪些话语条件有助于促进派生词的构成，哪些因素能够激发人在交际活动中创造新词。泽姆斯卡娅"把构词在言语生成与理解中的作用解释为一种活动"[2]，这一论断是把构词机制置于动态语境中考察的一个强有力依据，她强调两个互为补充的新视角：一是构词在话语中的作用和功能；二是在话语研究中揭示构词机制。这样，构词与话语之间至少体现为两类关系："1）话语构词（словообразование для текста）；2）构词话语（текст

---

[1] Земская Е.А. Словообразование как деятельность[M]. М.: Книжный дом «ЛИБРОКОМ», 2009. С. 5.

[2] Там же. С. 5.

для словообразования）。"① 她对构词与话语之间的相互关系进行了翔实阐释："其一，构词在话语中完成各种功能。派生词作为词汇单位被赋予一定词汇意义的同时，还是承载派生意义的结构，是实现词与词之间话语联系的内在手段，并根据词汇意义和概括意义两个路径实现派生词之间各种联系，如反义、同义、对立；其二，话语是实现构词机制不同层面的手段。派生词在话语中拥有自己独具一格的特性，即结构性质。话语建构过程指在言语行为中构造派生词，构词的活动性质体现得尤其鲜明。"② 泽姆斯卡娅立足于两个视角，区分并描写了构词在话语中的行为特点，分析了各种构词手段在语境中的使用和功能，在此基础上，针对构词机制和功能提出了许多新的理论和论点。

2. 认知话语范式视角

对语言新的认识始于20世纪80年代初，大多数学者开始认同语言在交际中完成认知过程。构词体现了人的一种重要认知能力，通过已有知识描述新的知识，将现有知识结构（структура знания）进行组合、拼接，以表达新的知识结构，派生词是构词的最终结果。库布里亚科娃将派生词视为一种特殊的认知话语结构，决定了认知话语范式框架下分析派生词的基本方法。库布里亚科娃是俄罗斯认知语言学莫斯科学派的优秀代表，她提出的认知话语范式（когнитивно-дискурсивная парадигма）被认为是俄罗斯认知语言学研究的新范式，主张语言现象应从认知和话语两个维度来解释："对任何语言现象的科学研究或是基于认知分析，或是基于语用或交际（话语）分析。"③ "对语义的重视同样反映在认知话语范式理论阐释中。认知话语范式中语言的认知主要指认识和解释语言现象在人脑中是一种什么样的知识结构，库布里亚科娃将其等同于语言单位（语言符号）的意义。换言之，研究语言单位的认知就是研究其意义。知识结构存在于人脑中，无法直接显明于受话人，因此说话人必须借助语言表达式将大脑中的知识结构显明。知识结构借助语言表达式由说话人传递给受话人的过程即为交际过程，也是认知话语范式中的话语维度。意义

---

① Земская Е.А. Словообразование как деятельность[M]. М.: Книжный дом «ЛИБРОКОМ», 2009. С. 50.
② Там же.
③ Кубрякова Е.С. В поисках сущности языка[M]. М.: Знак, 2012. С. 33.

是连结语言单位认知维度和话语维度的纽带。"① 她认为："交际是一个认知过程，因为它与人的思维经验和认识世界密切相关，同时也与人的交际活动紧密相连。没有交际活动人就无法积累经验，亦无法对他人的经验进行评价。交际过程是认知的，因为有三种认知类型在交际中交替出现：认知世界（знание о мире）— 认知语言（знание о языке）— 认知语境（знание о ситуации）或称言语情境：这一过程是交际的，因为它是在言语生成和理解中完成的；这一过程也是语言的，因为语言是认识世界和认识自我的手段。"② 语言系统中已经存在或即将进入该系统的所有单位都应该同时满足认知和交际需求，构词学也不例外，情境中的词素语义是构词学研究一个最重要和非常现实的问题。"用认知语言学理论解释各种构词现象是现代构词学研究的新趋势。尽管这一趋势目前尚处于尝试阶段，但运用认知论观点和理论解释构词现象，的确为构词学研究注入了新的活力。"③ 库布里亚科娃提出了非常重要的思想："对认知语言学而言，必须从交际或交际语用视角分析语言现象。这种对语言整合研究的观点同样适合重新解读构词学理论的诸多重要概念。"④

从认知视角看，引起词类变化的构词过程主要有三种情况："1）语义过程（семантический процесс），即词汇语义派生、语义发展和有规律的多义化；2）语法过程（грамматический процесс），指把较为具体的词汇意义凝练为更具概括性、更具抽象意义的过程。通过分析这一过程，可以明晰哪些新的意义不是语义过程中产生的词汇意义，而是语法过程中产生的语法意义；3）语用过程（прагматический процесс），即从某种具有概念化能力的词类中产生新的词类，该过程

---

① 孙淑芳、毛京京，俄罗斯认知话语范式理论阐释与应用探索[J]，外语学刊，2024（2），第102页。

② Кубрякова Е.С. Язык и знание. На пути получения знаний о языке: Части речи с когнитивной точки зрения. Роль языка в познании мира[M]. М.: Языки славянской культуры, 2004. С. 391.

③ 杜桂枝，20世纪后期的俄语学研究及发展趋势1975-1995[M]，北京：首都师范大学出版社，2000，第78页。

④ Кубрякова Е.С. Язык и знание. На пути получения знаний о языке: Части речи с когнитивной точки зрения. Роль языка в познании мира[M]. М.: Языки славянской культуры, 2004. С. 391–392.

不仅与语义偏离有关,而且与语义混合也有关。语用过程指在词汇称名结构中,包括两种不同的范畴起源:物体与行为本身的称名以及物体与行为的主观情态。"①"在语义、语法和语用构词过程中,所派生新词既可以解释其语义和认知上的独特性,也尽可能从新的视角描述构词过程。其新意表现在,明确人在进行词类转换过程中要表现什么样的知识结构,何种知识结构以派生词形式固定下来,并以此来描述和评定构词过程的目的和结果。"②构词是人的认知活动的最佳选择和保障,是人的精神生活写照和人对世界的理解,这一切都是在创建足够的构词范畴与构词模式中完成的。因此,构词应包括参与语言世界图景的形成,参与范畴化行为,是对传递给人的信息进行认知加工的过程。

3. 社会标记视角

构词模式和词素专门化(специализация морфем)是构词学系统发展的主要趋势。在语言的不同领域,构词模式和词缀都有自身的特点,如后缀-щик/-чик在专业技术领域的能产性明显高于其他活动领域。因此,借助后缀-щик/-чик构成的派生词多表示职业称谓:авиационщик(航空专家),биолокаторщик(生物雷达专家),вакуумщик(真空焊接工),настильщик(铺砌工),кузовщик(车厢工),мебельщик(家具工),судосборщик(船体装配工),текстильщик(纺织工人),ядерщик(核物理学家),электронщик(电子专家),запарщик(蒸煮工人),завальщик(装料工人),осмотрщик(检查员),обувщик(制鞋工人);насадчик(安装工人),нефтегазоразведчик(油气勘探者),макетчик(制模工),угледобытчик(采煤工),ракетчик(火箭发射专家),докладчик(报告人),переводчик(译员)等。

俄罗斯学者克雷辛(Л.П. Крысин)把语言不同领域中的构词模式视为社会标记性(социальная маркированность),即不同交际风格和不同交际领域中的构词模式。他认为:"从语言的社会性及其表

---

① Кубрякова Е.С. Язык и знание. На пути получения знаний о языке: Части речи с когнитивной точки зрения. Роль языка в познании мира[M]. М.: Языки славянской культуры, 2004. С. 391.

② 孙淑芳等, 俄汉语义对比研究[M], 北京:商务印书馆, 2015, 第22–23页。

达手段的社会标记性上看，构词手段的专门化极为重要。无论是地区方言、社会行话，还是标准语中的构词模式都在语言分系统（各个交际领域）中形成。……根据X模式构成的词，可能在Y交际领域比在Z、W等领域更为常见，更为通用。"① 在体育、医学、物理、化学、数学、物理、地理、生物学、艺术、文化等不同专业领域，或者公文事务语体、口语体、政论语体等不同功能语体范畴，构词模式与标准构词模式可能有所不同。此时，现实交际需求这一动机对说话人更为重要，甚至说话人可能不受制于语言构词系统中某些词素之间搭配的限制。前缀раз-+дышать+尾缀-ся 为标准构词模式，构成不及物动词 раздышаться（喘喘气，歇一口气），但在医生职业用语中构成及物动词模式：раздышать кого что（使呼吸）。例如：

① *Как раздышать нос*? И терпеть просто не могу, я по работе должна много говорить. 如何**使鼻子通气**？简直无法忍受，工作中我还得说很多话呢。

② В таких случаях лечащие врачи чаще всего стараются разными способами раскашлять и *раздышать больного*. 这种情况下，主治医生常常想尽各种办法**让病人咳一咳，呼吸一下**。

③ В затруднениях с дыханием не спешите пользоваться лекарством. Постарайтесь *раздышать нос*, часто это удается.（Известия науки — Здоровье）呼吸困难时不要急于用药。尽量**使鼻子通气**，往往这一点可以办得到。

④ Однако изредка в силу анатомических особенностей больного, неопытности анестезиолога или неисправности ларингоскопа трубку установить не удается, чаще всего она оказывается в пищеводе, тут главное не теряться и принудительно *раздышать пациента* через маску с мешком, иначе при отсутствии дыхания больной попросту может погибнуть. 然而，由于病人的解剖特点、麻醉师的经验不足或者喉镜故障，有时无法成功置入气管插管，通常它会进入食道。在这种情况下，最重要的是不要慌

---

① Крысин Л.П. Социальная маркированность языковых единиц[A]//Современный русский язык. Социальная и функциональная дифференциация[C]. М.: Языки славянской культуры, 2003. С. 89.

张，并通过面罩**强制患者呼吸**，否则如果患者没有呼吸，他可能会直接地窒息而亡。

大量语言事实表明，派生动词 раздышать 不用于其他交际领域。作为医生职业用语，其语义组配受到限制，通常只与表示人体器官、患者等意义的词连用：раздышать больного（使病人呼吸），раздышать пациента（使患者呼吸），раздышать ребенка（使小孩呼吸），раздышать раненого（使伤者呼吸），раздышать нос（使鼻子通气）等。

4. 功能语义视角

构词现象分析必须关注其语义层面，聚焦派生词结构与语义之间的相互关系，这一观点得到大多数学者的充分认同。现代语义学发展进入了新阶段，研究范围几乎辐射到语言学所有分支领域，词汇语义类别、词汇语义场（лексико-семантическое поле）等概念广泛应用于构词学研究。一方面，人们着眼于派生词形式结构与生产词之间的联系，关注它们在语义上的相互关系，以及在语义场中的地位和作用；另一方面，人们从构词视角揭示语义类别、语义场中的词汇单位在语义上相互联系的内部根源和机制。"功能语义构词学（функционально-семантическое словообразование）的首要任务是，运用动态表义方法研究派生词和复合词在活的言语和话语中的语义、构建和使用。"[①] 从功能视角分析构词现象时，必须注意以下两个方面："一是各种类型的派生变体都具有称名功能；二是在交际实践中，有些派生词可能同时具有不止一种功能，即派生词具有多功能特征。"[②] 由于不断出现新的词汇语义变体（лексико-семантические варианты），前缀派生动词语义结构亦变得更加复杂。比如，"现代俄语中，动词 ходить（走），проходить（通过，穿过），расходиться（走散）有17个语义变体；переходить（通过，越过）有16个语义变体；отходить（离开）

---

① Кубрякова Е.С. Словообразование[A]//Лингвистический энциклопедический словарь[Z]. Под редакцией Ярцевой В.Н. М.: Большая Российская энциклопедия, 2002. С. 468.

② 杜桂枝，20世纪后期的俄语学研究及发展趋势1975-1995[M]，北京：首都师范大学出版社，2000，第68页。

有10个以上义项。"①

5. 构词学定量研究

构词学定量研究方法（количественный метод изучения словообразования）始于20世纪70年代。此前，鲜有构词学定量研究。80–90年代，构词学定量研究取得丰硕成果，如巴尔特科夫（Б.И. Бартков）的《俄语构词分系统量化表达与100个构词标志实验词典》（Количественное представление деривационной подсистемы и экспериментальный словарь 100 словообразовательных формантов русского языка）（1982）、《构词学中的定量方法》（Количественные методы в дериватологии）（1983）、涅希缅科（Г.П. Нещименко）的《构词学研究中静态图形方法的使用》（О некоторых аспектах применения графико-статических методов в деривационном исследовании）（1986）、乌卢哈诺夫的《俄语构词法某些定量特征》（Некоторые количественные характеристики способов русского словообразования）（1997）、《俄语纯构词法构词标志量化》（О количестве словообразовательных формантов чистых способов русского словообразования）（1999）和《俄语构词系统理据》（Мотивация в словообразовательной системе русского языка）（2005）等成果都是这方面的代表。应该说，构词单位的量化与系统或文本密切相关。系统规定语言中某些单位的数量，而文本确定具有某些构词特点的词在文本中的使用频率（частотность）。"系统首先体现为语言中理据词与非理据词的数量关系。"② 尽管语言中词的数量无法统计，但是根据一些经典数据和资料，学者们还是做了一些有益的尝试。季洪诺夫的《俄语构词词典》统计出126690个理据词和18118个非理据词。其中，理据词与非理据词所占比率分别为87.5:12.5。③

---

① Дмитриева О.И., Янковский О.И. Синхронно-диахронный анализ словообразовательных гнезд глаголов движения (на примере корневых морфем -ход-, -ид, -шед-)[J]. Учебные записки Казанского ун-та. Серия: Гуманитарные науки. 2017(5). C. 1307.

② Улуханов И.С. Словообразование. Морфонология. Лексикология[M]. М.: Изд-во «Логос», 2012. C. 307.

③ Тихонов А.Н. Словообразовательный словарь русского языка[Z]. Т.1. М.: Русский язык, 1985. C. 4.

在语言词汇组成各个分系统中，理据词与非理据词的相互关系值得专门关注。乌卢哈诺夫以军事词汇为例，对军队和军衔名称与称号进行了量化统计分析。他认为："在这个词汇语义类别中，матрос（水兵），офицер（军官），солдат（士兵），лейтенант（中尉）等非理据词占比80%；полковник（团长），подполковник（中校），рядовой（士兵）等理据词占比20%。这些数据表明，军事词汇具有约定俗成的特点，外来词占有较大比例。"① 乌卢哈诺夫还对从事生产与经济活动工作者的称谓进行理据词与非理据词量化研究，并得出与军事词汇不一样的结论。他认为："表达生产与经济领域工作者称谓的非理据词仅占6.2%，而理据词高达93.8%。其中，最典型的语义类别是行为完成者：приемщик（验收员），кораблестроитель（造船工人）等；还有活动的对象：вертолетчик（直升机驾驶员），лифтер（电梯工）等。"②

苏联科学院《俄语语法》（1980）、乌卢哈诺夫、阿维洛娃（Н.С. Авилова）等对词类的构词分系统、构词模式数量进行了定量研究。定量分析的主要对象是语义常体词缀构词模式（словообразовательный тип с семантически инвариантными аффиксами）、能产构词模式（продуктивные словообразовательные типы）、非能产构词模式（непродуктивные словообразовательные типы）、惯用词构词模式（узуальные словообразовательные типы）、外来后缀和前缀（заимствованные суффиксы и префиксы）等。

---

① Улуханов И.С. Словообразование. Морфонология. Лексикология[M]. М.: Изд-во «Логос», 2012. С. 308.

② Там же.

第二章　构词学理论核心术语

第一节　共时构词学理论核心术语

20世纪40年代中叶至80年代，俄语构词学研究取得了长足发展与进步，为构词学理论的建立奠定了坚实基础。然而，构词学理论的形成并非一蹴而就，从术语的提出到科学概念的确定，直至形成相对完整的理论体系，构词学经历了漫长而艰难的探索历程。共时构词学理论，最核心组成部分就是术语系统，涵盖数量众多的术语，既包括像形素、词素、词素组成这类最小的意义单位，也包括像构词聚合体、构词链、构词理据、构词模式、构词意义等更加复杂的综合性单位。这些术语的内涵和本质深刻体现了共时构词学理论精髓，对这些术语进行描写与阐释成为构词学理论研究的主要内容。

1. 构词学

构词学（словообразование）是构词学理论中最核心的术语，对其进行概念界定和解释是构词学理论研究的主要问题。从构成上看，术语словообразование包括词（слово）和构造（образование）两部分内容。从内涵上看，现代语言学中构词学概念具有多义性特征。一种观点认为，构词学指在现有词汇单位基础上构造新词的过程，是语言词汇中新词不断得以扩充和丰富的最重要途径之一。另一种观点认为，构词学指语言中根据某种规则、手段、模式、功能等构造新词的语言机制，主要聚焦派生词与生产词之间的形式语义关系，也就是它们的构词结构。还有观点认为，"构词学指全部构词系统，是研究构词系统和构词过程（словообразовательный процесс）的语言学分支学科"。[①] 简言之，构词学就是关于词的构造和结构的学说。作为语法学组成部分，构词学是所有构词结构、关系和类型的总和，既包括词

[①] Тихонова Е.Н. Современный русский язык. Морфемика. Словообразование[M]. М.: Изд-во МГУП им. Ивана Федорова, 2014. С. 44.

本身的构成成分及其相互关系，也包括词与词之间在构词方面的结构关系。①

　　构词学概念多义性特征给通过构词描写和研究语言现象带来不便。在已有构词学概念界定中，库布里亚科娃的观点被视为经典，她综合众家之说，对构词学进行了全面解释："1）构词学指在同根词基础上根据语言中存在的样式和模式，通过词缀、合成、转换以及其他形式手段构成派生词和复合词；2）构词学是语言学的分支学科，研究派生词和复合词的构造、使用、结构和分类等所有层面。"② 盖革同样对构词学内涵进行了界定，他认为："语言学中构词学涵盖两方面内容：一是构词系统，指语言的构词层面、构词机制、构词法、生产词本身的总和；二是研究构词系统的语言学分支学科。"③ 根据这一定义，前者指"构词"，来源大致等同于образование слова（词的构造），表示在另一个同根词基础上借助专门构词手段和构词模式构造意义和形式上有联系的新词以及整个构词系统；后者专指"构词学"，是专门研究语言中的新词，主要是派生词的构成规律、手段及其功能和分类等问题的语言学分支学科。④ 扬科—特里尼茨卡娅的观点也旁证了这一结论，她写道："一方面，构词学概念揭示了语言学分支内容，因为构词学的确研究词的构造问题；另一方面，这一术语还直观地揭示了词的诸多特征，即词义并不总是与它的各个组成部分意义相吻合，因为构词学不仅研究构词，还研究语言中已有词汇单位的结构及其相互关系问题。"⑤ 学者们对构词学内涵的解释不尽相同，而我们认为，构词学更多地用来描写构造新词的过程，表示与构造新词有关语言机制的某种行为。

---

① 李勤、孟庆和，俄语语法学[M]，上海：上海外语教育出版社，2006，第51页。
② Кубрякова Е.С. Словообразование[A]//Лингвистический энциклопедический словарь[Z]. Под редакцией Ярцевой В.Н. М.: Большая Российская энциклопедия, 2002. С. 467–468.
③ Гейгер Р.М. Проблемы анализа словообразовательной структуры и семантики в синхронии и диахронии[M]. Омск: Изд-во ОГУ, 1986. С. 6.
④ 孙淑芳，俄语构词学的术语问题[J]，俄罗斯语言文学与文化研究，2012（3），第1页。
⑤ Янко-Триницкая Н.А. Словообразование в современном русском языке[M]. М.: Индрик, 2001. С. 11.

季洪诺娃（Е.Н. Тихонова）明确提出，构词学作为一门学科要完成以下特定任务："1）研究构词过程、构词机制及适用范围；2）确定构词系统及其与语言学其他分系统的联系，以及构词学与语言学其他分支学科的相互影响；3）确定构词学研究各个层面，创建构词学研究的方式方法及术语系统；4）确定并描述构词系统中的单位及其在语言和言语中的使用；5）探究构词系统发展和完善路径；6）理论研究与实践应用并重，包括编写构词学教材、编撰构词学词典。"①

从术语名称上看，除了通用的словообразование，涅姆琴科、阿拉耶娃等学者使用术语деривация, дериватология表达构词学之意。②③ 从研究视角上看，研究者们早已注意到，现代俄语构词学研究主要表现为两个视角："一是静态视角，关注构词行为结果的分析；二是动态视角，把描写和解释构词过程本身视为自己的任务。传统构词学研究在静态中解释构词学的词典释义，现代构词学理论关注把构词过程置于动态语境中去讨论和分析，即探究派生词的语义构成机制和过程。"④

2. 构词系统

构词系统（словообразовательная система, система словообразования; деривационная система, система деривации）是语言总系统中的一个分系统，是该系统中相互联系的构词单位（словообразовательная единица）的总和。⑤ 构词单位主要包括派生词、构词链、构词模式、构词意义、构词标志、构词派生等一些重要语言事实。派生词被看作基本构词单位，是构词分析的直接对象，其他构词单位用在派生词组成中（生产词干+构词词素）或者通过某些具体词加以明确，如构词对偶、构词词族、构词聚合体、构词模式等。可以说，构词系统是研究

---

① Тихонова Е.Н. Современный русский язык. Морфемика. Словообразование[M]. М.: Изд-во МГУП им. Ивана Федорова, 2014. С. 45.

② Немченко В.Н. Современный русский язык. Словообразование[M]. М.: Высшая школа, 1984. С. 7.

③ Араева Л.А. Словообразовательный тип[M]. М.: Книжный дом «ЛИБРОКОМ», 2009. С. 23.

④ 孙淑芳，俄语构词学的术语问题[J]，俄罗斯语言文学与文化研究，2012（3），第2页.

⑤ Русская грамматика АН СССР[M]. Т. I. М.: Наука, 1980. С. 137.

派生词的系统，通过某种方式来确定派生词的总和。派生词在构词过程中常常形成某种模式和类型，进而又细分出构词词群（словообразовательная группа）、构词序列（словообразовательный ряд）、构词类别（словообразовательный класс）等概念。实际上，语言构词系统具体而言是一种构词模式系统。

　　派生词在构词上应作为语言系统的某种单位加以分析，语言系统成为派生词构词分析的基础。对构词现象必须进行系统研究早在苏联语言学中就已经被强调，"科学地揭示构词系统的本质就是顺利解决历时构词学与共时构词学一些具体问题。"① 现代俄语派生词具有典型的区分性特征："1）派生词具有词汇语法属性，即派生词归属某一词类；2）相应的生产词具有词汇语法属性；3）共时层面的派生词构词方式；4）派生词具有体现其构词模式的构词标志；5）确定派生词构词模式中的构词意义。上述特征成为构造派生词系统的基础，派生词是进入语言总系统中的构词分系统。"②

　　构词系统狭义解释指某一词类的派生词，如名词构词系统、形容词构词系统、动词构词系统、副词构词系统等。每一词类又具有自己的分系统（подсистема）或曰微系统（микросистема），如带后缀-ск-的形容词分系统、外来名词分系统、外来动词分系统、性质副词分系统等。根据构词模式，狭义构词系统还分为带前缀的构词模式系统和带后缀的构词模式系统等。

3. 构词理据

　　构词理据（словообразовательная мотивация）是共时构词学理论中的核心术语，因为共时构词学研究对象是理据词。"构词理据指两个同根词从形式和语义上看，有一个是第一性、起派生作用的，另一个是第二性，是被派生的，构词理据体现生产词与派生词在形式和语义上的理据关系。"③ 通常情况下，生产词干与派生词干最典型的关系

---

① Зенков Г.С. Вопросы теории словообразования[M]. Фрунзе: Изд-во Киргизского ун-та, 1969. С. 10.

② Немченко В.Н. Современный русский язык. Словообразование[M]. М.: Высшая школа, 1984. С. 143–144.

③ Улуханов И.С. Словообразовательная семантика в русском языке и принципы ее описания[M]. Изд. 5-е, испр. и доп. М.: Книжный дом «ЛИБРОКОМ», 2011. С. 7.

是，生产词干在形式和语义上比同根派生词更加简单。"派生词词干结构上要比生产词复杂，形素数量也更多。几乎所有派生词结构上都是二元的，分为生产词干与构词标志两个部分。第一部分在形态上与生产词词干相似，第二部分作为最小的形式构词手段使该派生词区别于生产词。在语义上，派生词语义结构要比生产词复杂。同理，所有派生词语义上也都是二元的，相对于生产词干与构词形式成素两个部分，生产词干语义是派生词语义的基础部分，而构词形式成素则作为最小的语义构词手段使该派生词增加新的语义信息并使其区别于生产词。"① 生产词与派生词之间的构词关系可以从聚合与组合两个视角来考察和分析。"派生是一个复杂的词义运动现象。有的词只派生新的义项，派生的新义项长期依附于生产词而成为其常用义项之一；有些词派生的新义项后来独立成词了，就与生产词逐渐分立门户；有的是直接从生产词派生新词，一开始就形成了互有区别的同源词。因此，派生并不等于构词，而构词是派生的主要内容之一。"②

4. 构词聚合体

构词聚合体（словообразовательная парадигма）是共时构词学理论中的核心术语，属于构词系统中的综合性单位，聚焦派生词构词系统机制以及派生词之间的聚合关系。"构词聚合体是构词学理论中一个新概念，该术语的形成与探究语言系统中不同结构的类质或曰同构现象（изоморфизм）密切相关。"③ 马努恰良（Р.С. Манучарян）较早提出了构词聚合体这一术语，他又称其为构词语义聚合体（словообразовательно-семантическая парадигма）。④ 而泽姆斯卡娅、洛帕京、季洪诺夫等学者沿用构词聚合体这一术语。⑤⑥ 季洪诺夫的定义

---

① 孙淑芳等．俄汉语义对比研究[M]．北京：商务印书馆，2015，第48页。
② 万献初．汉语构词论[M]．武汉：湖北人民出版社，2004，第7页。
③ Земская Е.А. Словообразование как деятельность[M]. М.: Книжный дом «ЛИБРОКОМ», 2009. С. 17.
④ Манучарян Р.С. К типологии словообразовательных значений[J]. Известия АН СССР. Серия литературы и языка, 1974（6）. С. 516–526.
⑤ Земская Е.А. Современный русский язык. Словообразование[M]. 3-е изд., испр. и доп. М.: Флинта, Наука, 2011, С. 205–206.
⑥ Лопатин В.В. Русская словообразовательная морфемика: проблемы и принципы описания[M]. М.: Наука, 1977.

是："构词聚合体指由某一生产词直接派生全部派生词的总和。"①

在构词聚合体中，聚合体成员应具有同一个生产词干，处于同一个构词层面，并拥有与构词词群相关的共同概念（общее понятие），这些概念的变化由名词和形容词情感评价功能来决定，试比较：

волос（头发）
черный（黑色的）
волосок（绒毛[指小]）
черненький（黑色的[指小，表爱]）
волосик（头发[指小，表爱]）
чернехонький（黑黑的）
волосенки（一根毛[指小，表卑]）
чернешенький（黑黑的）
волосинки（短头发）
волосищи（头发[指大]）

聚合体成员通过共同语义要素相互关联，但在构词标志和构词意义上相互区别。如син-ий（蓝色的，青色的）→сине-в-а（蓝色，青色），син-юх-а（青紫），син-юшн-ость（青紫），син-юшн-ый（青紫的），син-еньк-ий（蓝蓝的），син-еват-ый（浅蓝色的），син-еть（发蓝，发青），син-ить（使变成蓝色），син-як（青伤痕）等。在这一构词聚合体中，生产词为син-(ий)，派生词共同语义要素为"蓝色、青色"，具有不同的构词标志：-в-、-юх-、-юшн-ость、-юшн-、-еньк-、-еват-、-еть、-ить、-як等，表达不同的构词意义。

一个生产词可以构成呈辐射关系的派生词词群，生产词不进入聚合体中。在生产词干为动物名称的构词聚合体中，派生词通常具有以下典型特征：1）雌性名称；2）幼崽名称；3）动物肉名称；4）与动物有关的地点或空间名称；5）与动物有关的人的名称；6）指小表达构成；7）指小评价构成；8）指大构成；9）构成物主形容词；10）构成关系形容词等。如生产词олень（鹿）的构词聚合体成员有：оленуха（母鹿），олененок（幼鹿，小鹿），оленина（鹿肉），оленище

---

① Тихонов А.Н. Словообразовательное гнездо как единица системы словообразования и как единица сравнительного изучения славянских языков[A]//Сопоставительное изучение славянских языков[C]. М.: Наука, 1987. С. 47.

（养鹿场），оленевод（养鹿人），олешек（小鹿[指小，表爱]），олений（鹿的），оленевый（鹿的）等，这些派生词分别对应上述的语义特征。

第二节 构词系统中的核心术语

俄语构词系统内部术语主要包括生产词与派生词、构词标志、构词模式、构词链、构词对偶、构词词族等。

1. 生产词与派生词

生产词（производящее слово, мотивирующее слово），亦称原始词、原词（исходное слово）或基础词（базовое слово），是构词系统中最核心的单位，通常指"带有生产词干（производящая основа）的词"。[1]任何一个生产词都由两个要素组成：理据部分（мотивирующая часть）+ 构词标志（构词手段）。因此，生产词各组成部分之间的关系是线性组合，亦即关系组合：по- ←→ темнеть, учи←→-тель, дорож-←→-к-(а)等。

派生词（производное слово），亦称理据词（мотивированное слово）[2]或выводимое слово[3]，通常指"带有派生词干（производная основа）的词"[4]，不带派生词干的词称为非派生词（непроизводное слово）或非理据词（немотивированное слово）。关于这些术语在用法上的区别，李勤、孟庆和认为："同样的术语在历时构词学和共时构词学中表示的是不同的概念。例如，производный和производящий在历时构词学中在意义上相当于动词производить的形动词（производящий 本身就是形动词，производный相当于произведенный），体现的是'过程'的理念，因为历时构词学研

---

[1] Земская Е.А. Современный русский язык. Словообразование[M]. 3-е изд., испр. и доп. М.: Флинта, Наука, 2011. С. 8.
[2] Русская грамматика АН СССР[M]. Т. I. М.: Наука, 1980. С. 134.
[3] Янко-Триницкая Н.А. Словообразование в современном русском языке[M]. М.: Индрик, 2001. С. 533.
[4] Земская Е.А. Современный русский язык. Словообразование[M]. 3-е изд., испр. и доп. М.: Флинта, Наука, 2011. С. 8.

究的就是构词在历史上的进化和演变；而这两个词在共时构词学中展现的是功能意义，即它们处于一定的关系中，以一定的相互关系互为依存。"① 为了突出这两个词的共时意义，学者们选择使用不同的术语。季洪诺娃对这些术语的使用进行了严格区分，得出结论："производящее слово, производное слово, производность 这些术语就其内涵而言，在历史和共时维度上具有很大差异。因此，在共时研究中，它们常常被 мотивируюшее слово; базовое слово, мотивированное（выводимое）слово, мотивированность（мотивация, выводимость）等术语所替代，甚至人们还用源自拉丁语的术语деривация替代словообразование。"②

2. 构词标志

构词标志（словообразовательный формант）作为构词意义载体是语言结构的基本单位，是使派生词区别于生产词所有构词手段的总和，是派生词在构造上与生产词相区别的部分，是形式和语义的最小构词手段。构词标志即为构词单位（словообразовательная единица）、构词手段（словообразовательное средство）、构词词缀(словообразовательный аффикс)。语言是随着社会发展而发展的，词汇数量由少增多，词汇意义也由简单到复杂。在语言发展最初阶段，人们使用的是简单的原生词、原始词，也叫基本词汇或词根。俄语原生词可能是单音节词：рот（口），звук（声音），гриб（蘑菇），пол（地板），таз（盆），шкаф（柜子），снег（雪），мост（桥）等；双音节词：вода（水），луна（月亮），гора（山），небо（天空），солнце（太阳），огонь（火），земля（地球），камень（石头），закон（法则），белый（白色的），малый（小的）等。

3. 构词模式

构词模式（словообразовательный тип）并非仅仅是一个简单的术语，它是构词学理论体系中一个重要组成部分。阿拉耶娃的专著《构词模式》（Словообразовательный тип）被视为构词模式理论

---

① 李勤、孟庆和，俄语语法学[M]，上海：上海外语教育出版社，2006，第53页。
② Тихонова Е.Н. Современный русский язык. Морфемика. Словообразование[M]. М.: Изд-во МГУП им. Ивана Федорова, 2014. С. 48-49.

研究的经典。"在现代语言学中，构词模式被认为是构词系统中基本的、最重要的综合性单位，是构词学研究的核心。"① 这不难理解，因为所有语言单位的构造都是根据反映在说话人语言意识中的某种模式进行的。构词模式这一术语最早由捷克语言学家多库里尔（Wiloš Dokulil）和俄罗斯语言学家泽姆斯卡娅、洛帕京、乌卢哈诺夫等人提出并使用，用来指构成派生词的模式。构词模式拥有一些同义或近义的称谓，如"словообразовательная модель，словообразовательный образец，словообразовательная схема等"。② модель源于拉丁语 modulus，意为"模式"（образец）。"构词模式亦称构词类型。"③ 所谓构词模式是指从词的具体特征中抽象出来的某一词类派生词所构成的形式语义模式，"是对构词系统进行分类的基本单位，属于某一词类词的组成模式，从某种具体词汇单位中抽象出来"。④

传统观点认为，属于同一构词模式的派生词应具备三个特征：1）派生词由同一个词类的生产词派生而来，或者说生产词词类属性相同；2）生产词与派生词在语义上具有共同性，即构词意义相同；3）生产词与派生词在形式上具有相关性，即构词标志相同。通常情况下，同一构词模式的派生词必须满足上述全部特征。阿拉耶娃总结道："生产词词类属性相同、构词标志相同、构词语义相同成为进入

---

① Немченко В.Н. Современный русский язык. Словообразование[M]. М.: Высшая школа, 1984. С. 143.

② Земская Е.А. Современный русский язык. Словообразование[M]. 3-е изд., испр. и доп. М.: Флинта, Наука, 2011. С. 11.
Ермакова О.П. Лексические значения производных слов в русском языке[M]. М.: Русский язык, 1984. С. 110.
Немченко В.Н. Современный русский язык. Словообразование[M]. М.: Высшая школа, 1984. С. 138.
Янко-Триницкая Н.А. Словообразование в современном русском языке[M]. М.: Индрик, 2001. С. 86.
Сидорова Т.А. Взаимосвязь членимости, производности и мотивированности внутренней формы слова[J]. Филологические науки, 2006 (1). С. 52.

③ 李勤、孟庆和，俄语语法学[M]，上海：上海外语教育出版社，2006，第99页。
郑述谱，构词的语义问题[A]//张会森，俄汉语对比研究（下卷）[C]，上海：上海外语教育出版社，2004，第57页。

④ Русская грамматика АН СССР[M]. Т. I. М.: Наука, 1980. С. 135.

同一构词模式的三个标准。"[①]见下例。

  模式A 名词+人的属性+后缀-ист

  属于这一构词模式的生产词都是名词；构词意义相同，表达"人的属性"；构词标志相同，带后缀-ист：гигиен-ист（卫生工作者），бадминтон-ист（羽毛球运动员），интур-ист（外国游客），очерк-ист（特写作家），программ-ист（程序设计员），пушкин-ист（普希金研究者），самб-ист（桑勃式摔跤运动员），связ-ист（通信员），такс-ист（坦克兵），теннис-ист（网球运动员），трактор-ист（拖拉机手）等。

  模式B 名词+事物的特征+前缀под-和后缀-ник

  属于这一构词模式的生产词都是名词；构词意义相同，表达"事物的特征"；构词标志相同，带前缀под-和后缀-ник：под-зеркаль-ник（镜台），под-лед-ник（冰下捕鱼用具），под-сош-ник（犁架），под-яточ-ник（后跟垫），под-крыш-ник（盖下垫圈），под-солнеч-ник（向日葵），под-снеж-ник（雪花莲），под-фар-ник（汽车的小光灯）等。

  模式C 动词+一次性动作+后缀-нуть

  属于这一构词模式的生产词都是动词；构词意义相同，表达"一次性动作"；构词标志相同，带后缀-нуть：прыг-нуть（跳一下），толк-нуть（推一下），крик-нуть（喊一声），хлоп-нуть（拍一下），топ-нуть（跺一下脚），зев-нуть（打一个哈欠），зырк-нуть（瞅一下），шаг-нуть（跟跄了一下）等，它们的生产词分别为прыгать（跳），толкать（推），кричать（喊），хлопать（拍），топать（跺脚），зевать（打哈欠），зыркать（注视，瞅），шагать（迈步）等。

  模式D 复合词+特征+后缀-н-

  属于这一构词模式的生产词为复合词；构词意义相同，表达"特征"；构词标志相同，带后缀-н-：белоснеж-н-ый（雪白的），быстроход-н-ый（高速的），высоковакуум-н-ый（高度真空的），высокогор-н-ый（高山的），горнолыж-н-ый（山地滑雪的），глубоковод-н-ый（深水的），дальневосточ-н-ый（远东的），железнодорож-н-ый（铁路的），звукозащит-н-ый（隔音的），

[①] Араева Л.А. Словообразовательный тип[M]. М.: Книжный дом «ЛИБРОКОМ», 2009. C. 62.

узкоколей-н-ый（窄轨的）等。

模式E 复合词+特征+后缀-и-和尾缀-ся

属于这一构词模式的生产词为形容词；构词意义相同，表达"特征"；构词标志相同，带后缀-и-和尾缀-ся：близ-и-ться（走近，接近），кудряв-и-ться（卷起来），резв-и-ться（玩耍，嬉戏），скуп-и-ться（舍不得），упрям-и-ться（固执），храбр-и-ться（给自己壮胆），шир-и-ться（变宽）等。

倘若派生词在上述三个特征中的某一特征上有所不同，应视为不同构词模式。试比较：бронзо-в-ый（青铜的），желез-н-ый（铁的），металл-ичес-кий（金属的），серебря-н-ый（镀银的）等派生词的后缀不同；за-речный（河对岸的），при-морский（滨海的），под-московный（莫斯科近郊的）等派生词的前缀不同；свое-временный（及时的），судо-строительный（造船的）等派生词的第一要素不同。因此，这些派生词分属不同的构词模式。

针对构词模式的三个传统特征，泽姆斯卡娅提出了不同观点。她认为："派生词是否属于同一构词模式主要取决于派生词的构词意义与构词标志是否一致。同一构词模式中派生的最终结果是派生词词类属性相同，而初始产品（基础词干）却可以源于不同词类。"[①] 具体而言，泽姆斯卡娅强调的是最终派生结果的一致性。不同于传统观点，此时生产词词类属性并不是判定派生词是否进入同一构词模式的必备条件。"只要构词意义相同，且构词标志也相同，这类派生词就应归入同一构词模式。如此看来，建立某一类构词模式时，仅需关注派生词构词意义与构词标志两个方面，即使用了哪些词缀和构词法。"[②]

根据同一构词模式构造的派生词具有鲜明的构词理据及典型性特征。当然，也有少部分新词并不是按照构词模式构造的，而是根据个别词的结构构造新词样板，它们同样成为分析相应派生词和生产词的重要依据。在俄语语法理论中，相对于句子结构模式化，构词模式化研究相对滞后，至少还没有符号化。我们认为，这方面是需要深入探讨的。李勤、孟庆和把работник（工作者）和разговорник（会话手

[①] Земская Е.А. Словообразование как деятельность[M]. М.: Книжный дом «ЛИБРОКОМ», 2009. С. 39.

[②] 孙淑芳等，俄汉语义对比研究[M]，北京：商务印书馆，2015，第43页。

册）这两类词的构词模式用符号公式表示如下：

$$ИС_{пд} = О_{ис} + С\ (\text{-ник})$$
$$ИС_{п} = О_{ис} + С\ (\text{-ник})$$

在上述符号公式中，ИС（имя существительное）为名词，其下标字母代表派生词构词意义，пд和п分别表示行为发出者（производитель действия）和事物（предмет），О为生产词干，其下标字母表示生产词干词类属性，ис为名词，С表示使用了后缀法，括号内字母为所使用后缀。① 构词模式符号化具有重要意义，既可以简单明了地呈现俄语构词模式清单，又可以与其他语法学科符号化趋势一致，以保持语法系统和理论的严谨性和一贯性。

构词手段不同所表达的构词意义也会不同，有时构词手段相同也可能表达不同的构词意义。事实上，很多学者在区分同一类派生词时，常把它们划归为数量不等的构词模式。巴赫图林娜（Р.В. Бахтурина）把名词派生的带后缀-и-的动词分为七种构词模式，② 阿维洛娃（И.С. Авилова）把名词派生的带后缀-ова-及其变体-ирова-/-изирова-/-изова-的动词分为15 种构词模式。③ 一些学者认为带后缀-тель的表人与表非活物名词分属不同构词模式，而另一些学者则认为它们属于同一构词模式，具有共同的构词意义"完成生产词所指称动作的人或事物"。带后缀-и-的派生动词分属两种构词模式，一是动作与生产词所指称的人或事物有关；二是动作与生产形容词所指称特征有关。带后缀-ник的派生名词分属三种构词模式：其一，广义上，表示完成生产动词所指称行为的事物，或用于实施该行为的事物：салатник（[拌凉菜用的]盘子），соусник（盛调味汁的器皿），чайник（茶壶），супник（汤碗），разменник（自动兑币机）等；其二，表示生产形容词所指称事物的特征：терновник（黑刺李）；

---

① 李勤、孟庆和，俄语语法学[M]，上海：上海外语教育出版社，2006，第100页。

② Бахтурина Р.В. Значение и образование отыменных глаголов с суффиксом -ø-/-и-(ть) [A] //Развитие словообразования современного русского языка[C]. М.: Наука, 1966. С. 74–112.

③ Авилова Н.С. Глаголы с суффиксом -ова- и его вариантами -ирова-, -изирова-, -изова- в русском языке[A]//Исследования по грамматике русского литературного языка[C]: М.: Изд-во АН СССР, 1955. С. 42–73.

其三，表示与生产名词所指称事物有关，个别名词由数词派生：три[数词]（三）—трёх→трешник（三卢布纸币）；或是副词派生：сообща[副词]（共同地）→сообщник（同谋者）。

即便是同一种构词模式，亦可分出若干语义子类。比如带后缀-ник的派生名词，其语义子类包括：1）表人意义（значение лица）：грибник（采蘑菇者），изменник（叛徒），истопник（锅炉工），молчальник（沉默寡言的人），шутник（爱开玩笑的人），охотник（猎人）等；2）日常生活用品和设备（предметы быта и устройства）：ночник（小灯），пододеяльник（被套），подсвечник（烛台）；3）动物圈舍（помещение для животных）：коровник（牛棚），телятник（牛犊舍），курятник（鸡窝）；4）印刷出版物名称（названия печатных изданий）：вопросник（问题汇编），сборник（论文集），справочник（手册，指南）；5）活动和菜肴名称（названия мероприятий и блюд）：утренник（早场活动），девичник（姑娘们的晚会），мальчишник（单身汉们的聚餐或晚会）；рыбник（鱼肉馅饼），сырник（乳渣馅饼），творожник（煎乳渣饼）等。

4. 构词链

构词链（словообразовательная цепочка）是构词系统中较为复杂的综合性单位，表示处于依次派生关系中的同根词序列。① "一系列同根词处于连环派生关系时就形成了构词链。把不同层次的构词关系连接起来就形成了不同的构词关系链，这时同根词按照相互之间构词派生关系在横向水平轴上排列。构词链起首一环是非派生词，链内的派生词距起首词越远，派生级别就越高"，② 如желтый（黄色的）→желтить（使变黄，使发黄）→желтеть（变黄，发黄）→пожелтеть（变黄，发黄）→пожелтение（变黄，发黄）。构词链通常用水平线表示，体现线性组合关系（линейное синтагматическое отношение）。事实上，词的一次派生与二次派生很难穷尽，因此构词链长度是有限的，位于最后一环上的词的词干不再参与构成任何派生词，表明派生能力的终止。这样，制约组配的构词因素就可以理解为某些类型的派

---

① Русская грамматика АН СССР[M]. Т. I. М.: Наука, 1980. С. 133.
② 孙淑芳等. 俄汉语义对比研究[M]. 北京：商务印书馆，2015，第34—35页。

生词词干不能用作生产词词干，старый（老的）→ стареть（变老）→ устареть（衰老）→ устарелый（非常老的）→ устарелость（过时）；греть（发暖；保暖）→ грелка（热水袋；加热器）；мир（和平）→ мирить（使讲和）→ примирить（使讲和）→ примирение（使讲和）→ примиренец →（调和分子），примиренческий（调和的）→ примиренчески（愿意和解地，愿意妥协地）等，位于上述构词链中的最后一个词 устарелость, грелка, примиренчески 均不能再派生新词。又如，表示"幼崽"后缀的名词 ребенок（小孩），слоненок（小象），медвежонок（幼熊，小熊），котенок（猫崽，小猫）；带后缀-енк-(ий), -охоньк-(ий)/-ощеньк-(ий), -ущ-(ий), -енн-(ый)的形容词，беленький（白白的），хорошенький（好好的），большущий（极大的），высоченный（很高的）等都是构词链上的终结词，使词根词素与其他词缀词素无法再组配。

构词缺环（словообразовательная лакуна）指构词链中处于依次派生关系中的同根词序列存在空缺环。① 构词链分为完整构词链（полная словообразовательная цепочка）与不完整构词链（неполная словообразовательная цепочка），前者指构词链中无构词空缺环，所有构词环都被填充；后者指构词链中存在构词空缺环。② 处于构词链中的同根词具有以下特点："1）一个词的构词标志是某些具体构词手段的总和，这些构词手段又是另一个词及其生产词的构词标志；2）构词手段区别于派生词的生产词属于同一词类。"③ 通过前缀法构成的两个派生动词 по-чернеть（变黑），по-светлеть（天亮起来）分别由动词 чернеть, светлеть 派生而成，черный→чернеть→почернеть, светлый→светлеть→посветлеть 为完整构词链。动词 по-серьезн-е-ть（变得认真），по-красив-е-ть（变漂亮）通过前缀后缀法派生而成，由于现代俄语词典中并不存在 серьезнеть 和 красиветь 这两个词，因此 серьезный→посерьезнеть, красивый→покрасиветь 为不完整构词链。посерьезнеть, покрасиветь 这类派生动词构词标志 по-+-е-既是构词手段

---

① Русская грамматика АН СССР[M]. Т. I. М.: Наука, 1980. С. 133.
② Улуханов И.С. Единицы словообразовательной системы русского языка и их лексическая реализация[M]. М.: Изд-во РАН, 1996. С. 19.
③ Там же. С. 19.

的总和，同时也是派生动词почернеть, посветлеть及其生产词чернеть, светлеть的构词标志，它们的生产词属于同一个词类，分别为形容词серьезный, красивый；черный, светлый。在посерьезнеть, покрасиветь这类派生动词中，形容词是直接生产词，而在почернеть, посветлеть这类派生动词中，形容词则是间接生产词。

又如，结构上相近的两个派生词о-кур-ок（烟头），об-рез-ок（切边）词素组成相近，由前缀о-(об-)+动词词根+后缀-ок-(-к-)构成，但它们分属不同的构词法。о-кур-ок为前缀后缀法，直接生产词为курить（吸烟），构词链为курить→окурок；обрезок为后缀法，直接生产词为обрезать（剪短），构词链为резать→обрезать→обрезок。

通过对上述两组派生词почернеть, посерьезнеть与обрезок, окурок的观察与分析，我们认为，这两组词结构上相近，但每组中两个词所使用的构词法却不尽相同，两者之间涉及构词链中被填充构词环与未被填充构词环。почернеть, обрезок所在构词链为完整构词链，使用惯用词чернеть, обрезать，构词环全部被填充，没有缺失。посерьезнеть, окурок所在构词链为不完整构词链，存在缺失的构词环серьезнеть, окурить，还可以解释为这样一个事实，即посерьезнеть与окурок构词标志分别包含了两个构词手段：по-+-е-; о-+-ок-，每一个构词手段都出现在构词链中，具体通过这些词的构词标志表示，前缀по-是почернеть构词标志，后缀-е-是чернеть构词标志；前缀об-是обрезать构词标志，后缀-ок-(-к-)是обрезок构词标志，构词链由почернеть, обрезок完成。不完整构词链的存在往往以完整构词链为前提，前者可以视为后者的分构词链，或曰被缩短的构词链。完整构词链与不完整构词链的划分并非泾渭分明，因为惯用词与随机词之间的界限也并不十分严格。

在构词系统中，构词链与构词序列（словообразовательный ряд）这两个术语有时被不加区分地使用，构词序列是根据构词派生关系排列的，指具有相同词根的词的总和。

5. 构词对偶

构词对偶（словообразовательная пара）是构词系统中较大的、结构上更加复杂的单位，指处于构词理据关系中的两个同根词：темнеть（发黑，暗淡）→ потемнеть（发黑，暗淡）；гора（山，山脉）

→ гористый（多山的）；лес（森林；木材）→ лесник（护林员）；умный（聪明的）→ умник（聪明人）等。处于构词对偶关系中的成员由两部分组成：共同成素部分（词的理据部分）和区分成素部分（词缀形式、构词标志、构词手段）。通过两个部分对比与对偶词的分析，有助于从聚合关系与组合关系视角对其进行分类。构词学中广义理据关系指各种聚合关系的变体，具有两方面的特点："一是在表达层面，构词对偶成员保持最大的相近性；二是在内容层面，一个构词对偶成员由另一个成员中引出。"① 这两个特点原则上不改变构词对偶聚合关系的本质。

6. 构词词族

构词词族（словообразовательное гнездо）是构词语义分系统中的综合性单位，在结构语义关系以及语言载体心智范畴等方面具有重要价值。20世纪70年代，探究构词词族的结构呈现一种积极态势。金兹堡（1967，1979）、索波列娃（1970，1980）、季洪诺夫（1971，1974，1985）、乌卢哈诺夫（1996，2005）、希尔绍夫（И.А. Ширшов）（1999，2004）等学者为构词词族理论研究奠定了扎实基础。构词词族内部区分出构词类别（словообразовательный класс）和构词种类（словообразовательный разряд）两大类别，两者划分的标准不同。

构词类别是构词词族中最基本的也是最大的一类，主要指向派生词词类属性。根据派生词词汇语法特征，不同词类派生词各自独有的特征多数情况下需要依靠构词手段、生产词词汇语法特征、构词手段集合、构词意义性质等体现。根据派生词的词类数量，构词种类划分为派生名词、派生形容词、派生数词、派生副词、派生动词、派生代词等。

---

① Гейгер Р.М. Проблемы анализа словообразовательной структуры и семантики в синхронии и диахронии[M]. Омск: Изд-во ОГУ, 1986. С. 12.

第三节　词素系统中的核心术语

俄语词素系统内部术语数量众多，内涵丰富、意义复杂、称谓多样。其中，词形、词素、词干、形素为核心术语，分属语言不同层级单位。词素、词干及其相关术语属于语言单位，而词形、形素、形干及其相关术语则属于言语单位。我们尝试对俄语词素系统中的术语进行穷尽式统计分析，涵盖了32个常用术语。

1. 词形

词形（словоформа）指言语中最小的、可以自由运用的、构筑符号系列的称名单位。①词形作为词的一种存在形式、具体表现形式，体现为言语中的线性单位（линейная единица）。词形是由形素构成的，每个词至少要包含一个形素。语言单位的分离性（отдельность）肇始于词的分离，确切地说是词形的分离。斯米尔尼茨基指出："词的分离性问题可以分解为两个方面：一是分离词，同时也是区分词与词的组成要素问题；二是词的整体性，同时也是区分词与词组的问题。"②词形在语流中作为表义部分被分离出来，具有两个特性：1）相对自由性，可以在不同位置上相对自由移动；2）不可渗入性，其他具有相对自由性的言语表义部分不可以随意插入其中。如Словарь лежит на столе（词典放在桌子上）这个句子由4个词构成：словарь（词典），лежать（躺，放），на（在……上），стол（桌子）。毋庸置疑，这个句子中的每个词都具有一定的意义。同时，словарь, лежит, на..., столе 这些言语片段可以在句中不同位置上相对自由移动，构成下述句子：На столе лежит словарь（桌子上放着词典）；Лежит словарь на столе（词典放在桌子上）等。然而，на столе 这个片段还可插入具有第一特性的片段，на круглом столе（在圆桌子上），на большом столе（在大桌子上），на маленьком столе（在小桌子上），на длинном столе（在长桌子上），на коротком столе（在短桌子上），на квадратном столе（在方桌子上）等，表明на столе不是词形。词形与词是两个不同的概念，词形是在言语中线性体现出来的具体语言单位，词作为词的形式的完整系统不能线性地体现出来，因此词是非线性的、概括性

---

① 华劭，语言经纬[M]，北京：商务印书馆，2005，第62页。
② Смирницкий А.И. Лексикология английского языка[M]. М.: Альянс, 2018. С. 28.

单位。区分线性单位与非线性单位并不意味着线性单位不属于语言单位，并不意味着只是言语链的片段。从语流中区分出来的线性单位就其实质而言是一种语言现象：它有形式，也有意义，甚至表达若干意义，并按照一定的规律在语言中运用，成为具有类似形式构造和意义系统单位中的一员。

通过比较прост-оват-ый（有几分稚气的）的不同形式（-оват-ая, -оват-ого, -оват-ым...）等，可以找出它们的共同表义部分：прост-和-оват-。通过对простоват-ый与красн-оват-ый（微红的，淡红的），бело-ват-ый（微白的）及прост-ой（-ая, -ое, -ые, -ую, -ого...）（简单的）等词形加以比较，不难发现，прост-оват-包含прост-和-оват-两个表义部分。-ый, -ая, -ого, -ым...这些表义部分在стар-ый（-ая, -ые, -ого, -ую...）（年老的）等词形中区分出来。由此得出结论，прост-оват-ый包括三个最小表义部分：прост-, -оват-, -ый。

2. 词素

词素（морфема），英语为morpheme，"源自希腊语morphē, 意为形式（форма），是语言基本单位之一，通常被定义为最小的符号单位。某一意义（所指）固定在某一语音形式上（能指），本身不能再切分成同质的更简单的单位。"[①] 1881年，博杜恩·德·库尔特内首次提出词素这一术语，此后词素概念受到布拉格语言学派、布龙菲尔德为代表的美国描写语言学派和苏联语言学家的关注。布龙菲尔德指出："在词汇形式里，最小的有意义单位规定为语素，而把语素意义规定为义素。"[②] 苏联科学院《俄语语法》（1980）把词素界定为"词中可以分离出来的最小表义部分"。[③]《俄语详解词典》（2006）具有相似的定义："词素是词中最小的有意义部分（词根、前缀、后缀、尾缀）。"[④] 泽姆斯卡娅对词素的界定更加翔实具体：

---

① Поливанова А.К. Морфема[A]//Лингвистический энциклопедический словарь[Z]. Под редакцией Ярцевой В. Н. М.: Большая российская энциклопедия, 2002. С. 312.
② 布龙菲尔德，语言论[M]，袁家骅、赵世开、甘世福译，北京：商务印书馆，1985，第201页。
③ Русская грамматика АН СССР[M]. Т. I. М.: Наука, 1980. С. 125.
④ Ожегов С.И., Шведова Н.Ю. Толковый словарь русского языка[Z]. 4-е изд., доп. М.: ООО «А ТЕМП», 2006. С. 366.

"词素是词中表达意义的部分，可充分揭示该词词义，不存在不表达意义的词素；词中不表达意义的部分不能称为词素。"① 如аспирнт-к-а（研究生）结构上可分解出词根、后缀和词尾3个词素；при-мор-ск-ий（滨海的）结构上可分解出前缀、词根、后缀和词尾4个词素。最简单的词只有一个词素，а（而），и（和），но（但是），вдруг（突然），опять（又，再一次），через（经过，通过），сквозь（透过，通过），рядом（并排，并列），сегодня（今天），теперь（现在）等。

与语言中其他表义单位一样，词素具有二重性特征。② 马斯洛夫（Ю.С. Маслов）持有类似观点，他认为："词素是最小的具有双层层面的语言单位。"③ 这意味着词素具有内容和形式两个层面。从内容上看，词素与表义单位的词接近，可能构成同义关系：самый умный（最聪明的）/умн-ейш-ий（最聪明的）。"作为语言的最小表义单位，词素与词的不同在于，不能继续分解为更小的表义成分，不能独立使用，在词中的位置是严格固定的。而绝大多数词都可以切分为更小的表义成分，能够独立使用，在句中的位置相对自由。"④ 从形式上看，一方面，词素切分与非表义单位的音节切分不相吻合，试比较：подо-ш-л-а/по-до-шла（走近）。另一方面，所谓词素不能分解为更小的表义成分也是针对形式层面的。

综合各家之所长，现把词素的五个基本特征概括如下：1）是语言符号层级单位中的一员；2）是表义单位，指词素表达意义；3）是最小的表义单位，指词素形式上不能再切分成更小的意义单位；4）是词的构造单位，用以构造新词；5）是复现单位，指词素是语言中可以重复出现的单位。在所有自然语言中的词素数量都是相对固定的。我们对叶夫列莫娃主编的《Новый словарь русского языка. Толково-словообразовательный》（《新编俄语构词详解词典》）（2000）中的

---

① Земская Е.А. Современный русский язык. Словообразование[M]. 3-е изд., испр. и доп. М.: Флинта, Наука, 2011. С. 3.

② Поливанова А.К. Морфема[A]//Лингвистический энциклопедический словарь[Z]. Под редакцией Ярцевой В.Н. М.: Большая российская энциклопедия, 2002. С. 312.

③ Маслов Ю.С. Морфология глагольного вида в современном болгарском литературном языке[M]. Л.: Изд-во АН СССР, 1963. С. 150.

④ 张家骅，新时代俄语通论（第2版）[M]，北京：商务印书馆，2023，第261页。

词素数量分布情况进行了统计。"该词典共收录25万个语义单位。其中，构词前缀共计53个，构词后缀共计472个，复合词词首（开头或第一部分）共计326个，复合词词尾共计67个。"①

3. 词素分类

词素根据意义性质和在词中所处的位置，分为不同类型（виды），每种类型都遵循各自的原则和标准。词素类型划分主要考虑以下因素："1）词素在词中的功能；2）词素的语义特点；3）词素在词中所处的位置。"② 根据词素在词的结构中的作用和表达的意义，分为词根词素和词缀词素两大主要类型。

3.1 词根词素

词根词素（корневые морфемы），亦称实词素（самостоятельные морфемы），指的词根（корни）或曰词干部分，是每个词必需的表义部分，是词的词汇意义基本表达部分。词根词素还称为词汇词素（лексические морфемы）或非语法词素（неграмматические морфемы）。词根词素能独立表达语义，意义较为具体。根据词根词素在构词中的作用和功能，词根词素分为自由词根与黏着词根。

1）自由词根

自由词根（свободные корни, радиксы）既能自由地与各种构词词缀组合成新词，又能作为一个完整的词独立使用，自由词根往往与非派生词干相吻合。试比较：дом（房子）— дом-ик（小房子），студент-к-а（女大学生）— студент（大学生），карман-н-ый（衣兜的，裤兜的）— карман（衣兜，裤兜）等。

2）黏着词根

黏着词根（связанные корни），亦称类词根（радиксоиды）。列福尔马茨基（А.А. Реформатский）把术语радиксоиды引入语言学中。该术语由拉丁语radix和希腊语oid组合而成，意为"词根+类似的"。③ 黏着词根不能独立成词或单独使用，只能与构词词缀组合成词：дикт-ант（дикт-ова-ть, дикт-овка）（听写）；репорт-ер（采访记者）；до-

---

① 孙淑芳等，俄汉语义对比研究[M]，北京：商务印书馆，2015，前言，第Ⅱ页。

② Тихонов А.Н. Словообразовательный словарь русского языка[Z]. Т. I. М.: Русский язык, 1985. С. 19.

③ Реформатский А.А. Введение в языковедение[M]. М.: Аспент Пресс, 1996. С. 249.

бав-и-ть（添上，增补），от-бав-и-ть（分出，减去），при-бав-и-ть（添加）；с-верг-ну-ть（推翻），от-верг-ну-ть（拒绝），низ-верг-ну-ть（掷下）；об-у-ть（给穿鞋），раз-у-ть（给脱鞋），на-де-ть（带上，穿上），о-де-ть（给穿衣服），раз-де-ть（脱衣服）；агит-ирова-ть（агит-аци-я）（宣传，鼓动）等。黏着词根除不能独立成词外，还必须有规律地复现于一系列的词中。从这一点来说，它们并非完整意义上的词根：нем→нем-ец（德国人）→нем→ка（德国女人）。"有的黏着词根只能同一个词缀（通常是后缀）组合，如ежев-ик-а（悬钩子），круш-ин-а（鼠李皮）等，这类黏着词根又被称为孤类词根（унирадиксоиды）。"①

3.2 词缀词素

词缀词素（аффиксальные морфемы），亦称虚词素（служебные морфемы）。词缀在词的结构中所处的位置是围绕着词根的，处于各种非核心位置。作为词的非必需表义部分，词缀词素表达附加的词汇意义或语法意义。因此，词缀词素还被称为语法词素（грамматические морфемы），词缀意义较为抽象，须与词根词素结合才能表达语义。正如列福尔马茨基所言："如果词是直接对现实称名……那么词缀则总是间接对现实称名。" 词缀词素根据不同标准又分为不同类型。

3.2.1 词缀

根据词缀词素在词中所处的位置，分为前缀、后缀、中缀、词尾和尾缀。

1）前缀（префиксы, приставки）位于词根前，在线性排列中位于词根左侧：анти-вещество（反物质），анти-искусство（反艺术）；а-типичный（非典型的）；без-действие（无所事事），без-участие（漠不关心），без-опасный（安全的），бес-порядок（无序，骚乱）；при-ходить（走来），при-летать（飞来），при-носить（带来）；со-автор（合著者）等。

2）后缀（суффиксы）位于词根后，在线性排列中位于词根右侧，同时又介于词根与词尾（如果有的话）之间。俄语后缀非常丰富，主要的几种实词构造都离不开后缀：двор-ник（看守院子的人），договор-ник（合同工），совет-ник（顾问），пляж-ник（浴

---

① 李勤、孟庆和，俄语语法学[M]，上海：上海外语教育出版社，2006，第73页。

场游客），пут-ник（行人），целин-ник（垦荒者），измен-ник（叛徒），путешествен-ник（旅行者）；баран-ин-а（羊肉），говяд-ин-а（牛肉），осят-ин-а（驴肉）；активн-ость（积极性），личн-ость（个人），серьезн-ость（严肃），осторожн-ость（谨慎）；мор-ск-ой（海的），городск-ой（城市的）等。

3）中缀（интерфиксы），亦称间缀，位于两个简单词根中间，用以连接两个词根。中缀是虚词素，不表达任何附加意义，在复合词构造中只起连接作用，因此是一种特殊类型的词素。特鲁别茨科伊（Н.С. Трубецкой）称其为连接词素（морфемы связи）。① 俄语中缀数量有限，主要包括-o-, -e-：мяс-о-комбинат（肉联厂），лес-о-комбинат（木材厂），молок-о-комбинат（乳品厂），верх-о-лаз（高空作业工人），бел-о-мраморный（汉白玉的），латин-о-американский（拉丁美洲的），восточн-о-славянский（东斯拉夫的）；земл-е-трясение（地震），нефт-е-провод（石油管道），средн-е-азиатский（中亚细亚的），средн-е-возрастной（中年的）等。

4）尾缀（постфиксы）有广义和狭义的解释。广义尾缀指词或词形中任何位于词根后面的部分，也可解释为"后缀"。狭义尾缀在词尾后，在线性排列中位于词尾右侧，构词学普遍使用其狭义意义。俄语有5个尾缀：-ся/-сь, -те, -то, -нибудь, -либо：спать-ся（想睡），думать-ся（想），казать-ся（好像是，显得），считать-ся（清账）；учи-сь（学习），вести-сь（进行）；кто-то（某人），что-то（某物），где-то（在某处），куда-то（往某处）；кто-нибудь（无论谁），что-нибудь（无论什么），где-нибудь（无论在何处），куда-нибудь（无论往何处）；кто-либо（无论谁），что-либо（无论什么），какой-либо（无论什么样的）等。

5）词尾（окончания, флексии）是词的形式中的变化部分，位于词的末尾，表达词形的词法和句法意义。词尾后出现的词素只能是尾缀：учить-ся（学习），идем-те（走吧）等。

值得一提的是，词缀及其意义大多数情况下具有特定的物质表达形式，但是有时也可能没有。没有特定物质表达形式的词缀叫做零位词缀（нулевые аффиксы），与具有相关物质表达形式的词缀构成聚合关系。俄语只存在零位后缀、零位间缀和零位词尾，没有零位前缀。

---

① Реформатский А.А. Введение в языковедение[M]. М.: Аспент Пресс, 1996. С. 266.

3.2.2　构词词缀与构形词缀

词缀根据意义和功能分为构词词缀（словообразовательные аффиксы, деривационные аффиксы）与构形词缀（формообразовательные аффиксы, реляционные аффиксы, словоизменительные аффиксы）。构词词缀用于构成新词，是整个词所固有的，可出现在词的所有形式中，表达构词意义，同时还与词根词素共同表达词汇意义，属于构词学研究对象。构词词缀表示词的归类，具有聚合关系，前缀和后缀是最普遍的构词词缀。

构形词缀是个别词形所固有的，通过词形变化表达语法意义，用来构成同一词的不同语法形式手段。词尾是最普遍的构形词缀：полк-а（-и, -е, -у, -ой...）（书架）；желт-ый（-ая, -ое, -ые）（黄色的）；дела-ю（-ешь, -ет, -ем, -ете, -ют）（做）等，构形词缀具有组合关系，属于词法学研究对象。

3.2.3　常规词缀与非常规词缀

词缀根据组合功能分为常规词缀（регулярные аффиксы）与非常规词缀（нерегулярные аффиксы）。常规词缀指出现在绝大多数词中的词缀，可以与各种词根、词缀组合。如后缀-онок/-ёнок: тигрёнок（小老虎），лисёнок（小狐狸），львёнок（小狮子），мышонок（小老鼠），котёнок（小猫），медвежонок（小熊）等；前缀вы-: выбежать（跑出），выскочить（跳出），вытащить（拉出），вылететь（飞出），вынести（拿出），вывезти（运出）等。

非常规词缀指只与特定词根组合的词缀，孤立地存在于个别词中，不在其他词中重复出现。如前缀па-: па-водок（洪水），па-губа（危害）；后缀-овь: люб-овь（爱情），морк-овь（胡萝卜），свекр-овь（公婆），церк-овь（教堂），ят-овь（[鲤鱼、鲟鱼等过冬的]河中深坑），后缀-альон, -их, -ух: почт-альон（邮递员），жен-их（未婚夫），паст-ух（牧人）等。

3.2.4　简单词缀与复合词缀

词缀根据参与构词数量，分为简单词缀（простые аффиксы）与复合词缀（сложные аффиксы）。简单词缀指单一词缀，复合词缀，亦称复合词素，是语言构词层面上的单位，通常由两个或三个词素组成，前缀和后缀同时参与构词，其构词意义模式固定，充当称名基础，词干（通常是词根词素）用作称名特征。复合词缀под-+ -ник为能产型双词缀，加在名词词干前后构成名词，表示与生产词所指称事物相关的次级事物：под-+-бород-/а/（胡子）+-ник→подбородник（腮托，护颈），под- +-голов-(а)（头）+-ник → подголовник（头托），под- +-локот-/ь/（肘部）+-ник → подлокотник（扶手），под- + -окно（窗）+ -ник →подоконник（窗台）等。

复合词缀 о-...-ся 加在未完成体动词前后构成相应完成体动词，表示完成的生产词行为是错误的，о-...-ся 充当称名基础，生产词用作称名特征：о+говорить（说话）+ся→ оговориться（说错），о+писать（写）+ся→описаться（写错），о+слышать（听）+ся→ослышаться（听错），о+ступить（走）+ся→оступиться（走错，失足），о+считать（计算）+ся→осчитаться（算错）等。值得注意的是，充当称名基础的复合词缀同时与生产词组合构成派生词，如 о-...-ся 分别置于писать前后，构成описаться。倘若описать+ся→описаться不表达"写错"之意，则为описать（描写）的被动形式。

复合词缀 на-...-ся 属于能产型双词缀，分别加在未完成体动词词干前后，构成完成体不及物动词，在口语和俗语中尤为能产，表示动作达到主体所能承受的最大极限，意为"充分，足够"：на-воевать-ся（打仗打够），на-глядеть-ся（看够），на-горевать-ся（痛苦到极点），на-гулять-ся（玩够），на-говорить-ся（说够），на-пить-ся（喝足），на-смотреть-ся（看够），на-страдать-ся（历尽苦难），на-терпеть-ся（饱尝，受尽），на-читать-ся（读够），на-писать-ся→написаться（写够）等。值得一提的是，написаться$_1$词典释义为"大量写、写很多"，用在口语中，*разг.* вдоволь, много пописать，义素 вдоволь（大量），много（很多）借助合缀 на-...-ся 来实现，构词分析形式是 на-писать-ся→написаться。написаться$_2$词典释义为"写出来；画出来"，构词分析形式是 на-+писать→написать→написаться，如 Рассказ *написался* легко（短篇小说很轻松地就**被写好了**）；За четыре года у меня *написались* 1600—1700 страниц（4年里，我**写完了**1600-1700页）。尽管 на-...-ся 词典释义为"充分、行为的穷尽、动作主体的心理充足感"，但进入言语交际构成某一具体词时，词典释义中某些义项就会减少：Мальчики уже *наслушались* таких рассказов（男孩们已经**听腻了**这样的故事）；Наверное, вы уже *наслушались* историй про очередное «чудодейственное средство» и больше не верите в пустые обещания чуда?（也许，你们已经**听腻了**常常提及的所谓"奇效方

法",不再相信会出现奇迹的空头承诺?)

吴克礼主编的《俄语构词词素词典》(1991)列举了约480个双词缀词素模式。俄语还存在双前缀置于词根之前构词模式,即前缀₁+前缀₂+词根+:пере-вы-брать(改选),пере-про-дать(转卖)等,例如:Более того, если покупатель захочет на следующий же день участок *перепродать*, никто ему препятствовать не сможет(何况,如果买家想在第二天**转售**该地块,没有人能阻止他);Он *перепродал* мне свою фирму и работал за оклад с момента слияния, ты не в курсе?(他已经把自己的公司**转卖**给我,并从合并之日起,开始运营,你不知道吗?);К тому же квартиры почти все приватизированы, многие *перепроданы*(况且,几乎所有的公寓都私有化了,很多都被**转售**)。

4. 形素与形素变体

4.1 形素

形素(морф)指在言语中能从词形中分离出来的最小的表义单位。①换言之,形素是从词形中切分出来的最小表义片断,由一个或若干个音位(фонема)组成。1947年,美国语言学家霍凯特(Charles Francis Hockett)提出形素概念,将其作为与音位变体(аллофон)平行的术语。霍凯特认为:"音位变体与音位的关系近乎于形素与词素的关系。"② 形素通常被看作词形的直接组成成分,如词形стуликом(小椅子)区分出词根形素стул-(椅子)、后缀形素-ик(表指小意义)和词尾形素-ом(表单数、第五格意义)。一个词可能由若干个形素构成:преподава-тель(老师),соврем-енн-ый(现代的),с-делать(做),хорош-о(好),也可能只由一个形素构成:вдруг(突然),на(在……上),бац(啪的一声)。形素一般具有两个特征:"其一,意义相同;其二,形式上的差别受限于在词中的位置。词中的形素不能占据同一个位置。"③

如同词素分为词根词素与词缀词素,形素分为词根形素与词缀形

---

① 华劭,语言经纬[M],北京:商务印书馆,2005,第61页。
② Поливанова А.К. Морфема[А]//Лингвистический энциклопедический словарь[Z]. Под редакцией Ярцевой В.Н. М.: Большая российская энциклопедия, 2002. С. 311.
③ Земская Е.А. Современный русский язык. Словообразование[М]. 3-е изд., испр. и доп. М.: Флинта, Наука, 2011. С. 21.

素。苏联科学院《俄语语法》（1980）指出："词根形素是每个词形中必须存在的，是含有该词基本意义成分的形素。词缀形素并不存在于每一个词形中，仅表达可能的附加意义，……其意义比词根形素要抽象得多。"① 词缀形素分为：前缀形素、后缀形素、中缀形素、尾缀形素和词尾形素。词尾形素位于词形末尾，其后只能出现形素 -ся, -сь, -те, -то, -либо, нибудь: пиш-ет-ся（写）、катал-а-сь（滚动）、ид-ем-те（咱们走吧）、какой-то（某个，某种）。

形素从词形中分离出来，一方面表明它不同于虚词，试比较：при-пасти（储存）、за-пасти（贮藏，储存）中的前缀 при、за 与充当前置词的 при、за 意义功能不同；另一方面强调它的意义与词形的意义密切相关，如 свин-ин-(а)（猪肉）、фазан-ин-(а)（野鸡肉）表示用作食物的"肉"，但 -ин-(а) 作为同音后缀在 равн-ин-(а)（平地）、лугов-ин-(а)（草地）、цел-ин-(а)（生荒地）一类词中却表示"地域"。对那些没有充分表义功能的形素有各种称谓，如词根相似物（подобие корня）、非常规词缀、次形素（субморф）或类词素（морфемоид），它们所指的现象有些细微差别，可把它们统称为准形素。②

4.2 形素变体

形素变体（алломорф）指语义相同的词素受词中的形态音位制约而具有不同变体形式，涉及形素位置分布。所谓形素位置分布指某一具体形素的使用受邻接形素制约，如后缀 -ств-(о)/-еств-(о) 同属一个词素的两个形素。形素 -ств-(о) 出现在以其他辅音位结尾之后：богат-ств-о（财富）、удаль-ств-о（勇敢）等。形素 -еств-(о) 只能出现在以辅音位唏音结尾之后：ничтож-еств-о（贫乏）、изящ-еств-о（精致，优雅）。形素变体受两种位置制约。其一，受相邻形素形式结构制约，如开头或末尾音位组成、音节结构或重音性质等。后缀形素 -овк-(а) 在阴性名词中只出现于单音节根形素后：вор-овк-а（小偷）、плут-овк-а（骗子），而形素 -к-(а) 则没有这种限制：внуч-к-а（孙女）、лентяй-к-а（懒女人）、перепел-к-а（雌鹌鹑）等。不定式词尾形素 -ти 只与非重读词干结合，пас-ти 受相邻形素重音性质制约。其二，不受相邻

---

① Русская грамматика АН СССР[M]. Т. I. М.: Наука, 1980. С. 124.
② 华劭, 语言经纬[M], 北京：商务印书馆, 2005, 第61—62页。

形素形态结构制约，而是受作为一定意义载体的整个相邻形素制约。如形容词后缀形素-н₁-不能依附在名词词干表人后缀形素-ис｜т｜/-ис｜т'｜之后，这种情况只能使用形素-ичн-：пессим-ист-ичн-ый（悲观的），идеал-ист-ичн-ый（唯心的），尽管后缀形素-н₁-可以依附在其他以-ист结尾的形素或形素组合之后：оч-ист-н-ый（净化的）ненав-ист-н-ый（可恨的），безл-ист-н-ый（无叶的）等。

把两个以上的形素概括为同一个词素的条件是："a）意义基本同一；b）音位组成相近；c）使用的位置条件或不同，或相同。"① 同一词素的不同形素在意义上的同一性是相对的，可能仅限于分别表达多义词素的不同语义变体，这些形素被称为词素变体（варианты морфемы）。如俄语名词和形容词单数、阴性、第五格词尾为-ой，-ою，后者为前者的变体，试比较：весной（在春天）和весною（在春天），зимой（在冬天）和зимою（在冬天），горой（山）和горою（山）；бедной（贫穷的）和бедною（贫穷的），доброй（善良的）和доброю（善良的）等。"词素变体之间往往为自由变体关系，形素变体之间则为互补分布关系。词素变体与形素变体都属于词素在形式上（表达层面）的变化，它们在意义上（内容层面）并无差别。也就是说，词素变体与形素变体是词素形式上的变化，而不是词素意义上的变化。"②

5. 形素与词素

形素与词素的区分是语言单位动态与静态研究的两个层面或者两个视角。逻辑学广泛把认识过程分为两个阶段或层次，即直接与感性材料打交道的可见层次（уровень наблюдения）和建筑在概括归纳基础上的构拟层次（уровень конструкта）。人们通常把在言语中出现的看得见、听得见的语言单位叫做可见层次上的线性单位；而把语言系统中出现的经过理性概括的语言单位叫做构拟层次上的集合单位。③

形素是出现在可见层次上的线性单位，而词素则是出现在构拟层次上的非线性的、概括性单位。在现实的语流中，形素是词素的代

---

① 张家骅，新时代俄语通论（第2版）[M]，北京：商务印书馆，2023，第265页。

② Земская Е.А. Современный русский язык. Словообразование[M]. 3-е изд., испр. и доп. М.: Флинта, Наука, 2011. С. 22-23.

③ 华劭，语言经纬[M]，北京：商务印书馆，2005，第58页。

表，是词素的具体体现形式。由于词素是概括性单位，而形素是可以直接观察得到的具体单位，具有相同语义、在音位形式上相近的形素总和构成词素，词根形素总和构成词根词素（词根），同名的词缀形素构成词缀。在不同的词和词的不同语法形式中，同一个词素往往体现为若干个不同形素。如果同一称名形素意义相同并且形式上（音位组成上）相近，出现于不同词形中的同一名称形素构成一个词素，мороз（寒冷，严寒），морозить（-жу）（冷冻），замораживать（使冰冻）等词形中，可区分出词根形素мороз-，моро│з'│-，морож-，мораж-，它们构成一个词根词素。换言之，所有这些词形都包含同一个词根词素（词根），它们在不同的词形中体现为4个形素：мороз-，моро│з'│-，морож-，мораж-。另外，一个词素可能只体现为一个形素，前缀вы-，за-，про-，при-，из- 等；词尾-│у│，书写上为 -у，-ю：нес-у（拿，提，举），смотр-ю（看）等。

6. 词干与形干

词干属于构拟层次上的非线性的、概括性的语言单位，形干则属于可见层次上的线性言语单位。

6.1 词干

词干（основа）是词的一系列语法形式去掉构形标志（词尾形素、构形后缀形素和构形尾缀形素）后剩余的共同部分，表达词的词汇意义（词根表达词汇意义的基本成分），在词的结构中是必不可少的，内容和形式都不变化的部分。① 在有词形变化的词类中，词干与构形标志相对应，构形标志是词的变化部分。俄语动词читать（读）的不同词形中区分出两个词干：一是现在时词干чита-（чита-ю，чита-ешь，чита-ет，чита-ем，чита-ете，чита-ют，чита-ю-щий，чита-й）；二是过去时词干чита-（чита-л，чита-ла，чита-ли，читавший），过去时词干与不定式词干（чита-ть）相吻合。莫依谢耶夫（А.И. Моисеев）认为："词干不是词素，词干是词素的联合，由词根词素和构词后缀共同组成。非派生词干在语音形式上与词根相同仅是个例。"②

---

① 张家骅，新时代俄语通论（第2版）[M]，北京：商务印书馆，2023，第266页。
② Моисеев А.И. Основные вопросы словообразования в современном русском литературном языке[M]. Л.: Изд-во ЛГУ, 1987. С. 52.

6.2 形干

形干（основа словоформы）是词的特定形式去掉构形形素后余下的部分。在现实的语流中，形干是词干的具体表现形式，在没有词尾和尾后形素的情况下，形干等同于词干。词形пишется的形干是пиш...ся，而词形чью-то的形干则是｜ч'j｜...-то。这表明含有构词尾后形素的形干在俄语中是断裂式的。根据词中的形干数量，形干分为简单形干与复合形干，前者只有一个词根形素，后者有一个以上的词根形素。构成复合形干的简单形干除词根形素外，可以带前缀与后缀形素，如词形лесозаготовка（木材采伐）有两个形干：лес-, -заготовк-。

7. 词干分类

俄语词干根据不同标准划分为不同类型。

7.1 简单词干与复合词干

根据词干中的词根数量，词干分为简单词干（простая основа）与复合词干（сложная основа）。简单词干只有一个词根：лед（冰），сон（梦），день（日子），рот（嘴），ложь（谎言），весн-а（春天），лет-о（夏天），зим-а（冬天），высот-а（高度）等；复合词干有两个或更多的词根：пят-и-днев-н-ый（五天的），глух-о-нем-ой（聋哑的），вод-о-провод（供水设施），слеп-о-глух-о-нем-ой（盲聋哑的）等。

7.2 生产词干与派生词干

从构词派生上看，词干分为生产词干（производящая основа, мотивирующая основа）与派生词干（производная основа, мотивированная основа）。生产词干是派生词词干中与生产词干相重合的部分：молочн-ый（产奶量高的），молоч-ник（牛奶壶），молоч-к-о（牛奶）←молок-о（牛奶）；лесной（森林的），лесок（小树林），лесник（护林员）←лес（树林）等。派生词词干意义借助在形式和意义上更加简单的同根词词干来解释，如лесок的意义可以借助лес来解释：лесок＝маленький лес（小树林）。

7.3 不可切分词干与可切分词干

根据词素组成，词干分为不可切分词干（нечленимая основа）与可切分词干（членимая основа）。不可切分词干往往由一个词根词素组成：раб（奴隶），карандаш（铅笔），мой（我的），чуж-ой（别人的），говори-ть（说）。可切分词干除词根外，还包括一个或若干个词缀：город-ск-ой（城市的），за-город-н-ый（郊外的），при-город（市郊）；рук-ав（衣袖），на-руч-ник（手铐），по-рук-а（担保，保证）等。

7.4 异根词干

异根词干（супплетивная основа）指由不同词根构成的词干：ребенок（小孩）/дети（孩子们）；человек（人）/люди（人们）等。

第三章 词素语义与构词语义

第一节 词素语义

在语言单位语义梯级中,词素处于最末端,是最小的语义单位。就表义功能而言,词素是最小的语义载体。相应的,词素语义也是语言单位符号层级系统中最低一级的语义单位。

1. 词素语义与语义网

词素语义(морфемное значение)指词素表示的概念意义或者语法意义,在语言中地位极为重要。无论是布龙菲尔德的美国结构主义语言学分析方法,还是欧洲大陆的词素分析方法,词素都被认为是最小的、不可进一步切分的音义结合体。"语素义是话语片断中不能再切分的最小的语义单位。从语法角度看,词的构成单位是语素;从语义角度看,词义构成单位是语素义。语素不仅是语法形式的底层,也是语义结构的底层。语义的基础性研究,应当从语素开始。一是语素本身也存在一个大小、层级问题;二是语素在组合成复合词的过程中还存在一个融合与变异的问题。"[1] 语素义具有指称标记客观世界的功能,在语言中有自己的作用,也可以反映主体对客观现象的感情态度等,因而,语素义同样包含了词汇义、语法义和色彩义。[2]

克龙加乌兹(М.А. Кронгауз)把词素语义形象地比喻为语义网(семантическая сеть),他指出:"语义网可以作为一种意义模式。在这个网中,意义之间直接或间接地彼此联系在一起。直接联系表现在:首先,意义具有某些共同部分;其次,意义的分布既依托动词词干的语义和语用类型,也依托语境。为了直接体现意义之间的相互关系,还可以进行语义操作(семантическая операция),使这些意义相互关联,以解释更加抽象的常体意义(более абстрактное инвариантное

---

[1] 苏宝荣,论语素的大小与层级、融合与变异[J],中国语文,2007(3),第266页。
[2] 杨振兰,试论词义与语素义[J],汉语学习,1993(6),第24页。

значение）为什么且以何种方式存在于不同的语义和语用环境中。两个意义的间接联系表明，成对的意义之间存在一种直接相互关联的间隔链。"① 词素语义网体现为一个系统，包括以下内容："单个词素具体意义、语义操作（一个意义转为另一个意义的规则）、语篇中实现意义的规则（意义分布依托词干的语义和语用类型以及语境）、更高程度上的意义抽象。"②

词素语义界定具有两种原则上完全不同的方法：一是通过对比生产词与派生词来明确词素语义之间的差别；二是词素语义分析并非仅仅基于生产词与派生词，还要依靠由该词缀构成的众多派生词。这时，构词意义成为众多派生词所具有的普遍意义，是一系列成员在语义上的共同意义，即带该词缀派生词的常体意义。词素语义与词义在功能上的差别取决于两者之间存在的层级差异。

2. 词素语义与词义

词素分析既是确定词素组成的实现手段，又是揭示词素语义与词义之间相互关系的前提。王艾录、司富珍指出："语素语义与词义之间有着千丝万缕的联系，所以抓住了语素语义就等于抓住了探究复合词理据整体工作的基础，而且抓住了考察语素语义与复合词内部形式及词义的关系的基础。"③ 词素语义与词义的关系始终是词汇语义学聚焦的理论问题。确定词素语义经过内在整合转化为词义的规则，不仅对望文（字）生（词）义识读新词语具有重要指导作用，而且成为计算机语言信息处理中未登录词语的识别以及语义理解的重要依据。

在语义学理论中，词素语义与词义是语言中存在的两级语义单位。词素是构词手段，用来构成新词，词素语义功能是构造词义；词用以组句，而词义功能在于构造句子意义。事实上，词素语义描写类似于词义描写。不同的是，词素语义描写须附加一个条件：同时兼顾语境语义与生产词干语义。许多学者认为词素语义近似于虚词义，即语义虚化。伊萨琴科（А.В. Исаченко）认为："词素这种释义

---

① Кронгауз М.А. Семантика[M]. 2-е изд., испр. и доп. М.: Издательский центр «Академия», 2005. C. 179.

② Там же. C. 179–180.

③ 王艾录、司富珍，语言理据研究[M]，北京：中国社会科学出版社，2002，第187页。

方法更准确地说是用于描写同音异义词缀（омонимичный аффикс）的。"①"倘若词素语义与词义相同，也仅仅是个例，而并非规则。"② 从这方面来说，词素语义不是词义的一部分，两者之间并非简单的一一对应关系，因为还存在着形式上没有表现出来的语义部分，即语义增值（смысловые приращения）。吴克礼主编的《俄语构词词素词典》提出通过词素分析培养词感这一重要观点。"所谓词感就是从语言学的角度推测词的正确意义和用法能力。培养词感应十分注意词的表义部分，不仅重视词根，还要注重构词词素的表义部分。构词词素才能指明词义的细微差别和修辞色彩。"③

通常情况下，动词前缀от-, у-在"离开"意义上被视为同义前缀，与谓词性词素идти（走）构成от-ойти（走开），у-йти（离开），一定条件下两者可以相互替换：Гость *отошел (ушел)* от меня（客人离我而去）。尽管от-, у-为同义前缀，但两者仍具有细微的语义差别。首先，от-表示运动的物体与始发点的距离是渐次增加的，强调位移过程；у-表示运动的物体已完全离去，强调行为结果，即位移过程量达到最大值后确定下来。其次，在"数量"语义配价上，от-ойти与у-йти的"量"却不尽相同。俄罗斯科学院主编的《俄语词典》（四卷本）释义是："отойти表示暂时离开（отлучиться），离开一会（уйти на время）：Я не смела *отойти*, думала что вы проснетесь, а то бы давно сбегала（我不敢离开，以为你快醒了，不然早就走了）。"④ "уйти表示离开某地（удалиться），前往某地（отправиться куда）：уйти домой（回家），уйти на работу（去上班），уйти в магазин（去商店），уйти на охоту（去打猎），уйти в туристический поход（去旅游）。"⑤

① Так мне обидно стало. Не смогла ей ничего сказать. Отвернулась, *отошла, ушла*, не попрощавшись, дуюсь второй день.

---

① Кронгауз М.А. Семантика[M]. 2-е изд., испр. и доп. М.: Издательский центр «Академия», 2005. C. 179.

② Там же. C. 179.

③ 吴克礼，俄语构词词素词典[M]，上海：上海外语教育出版社，前言，1991.

④ Евгеньева А.П. Словарь русского языка[Z]. 3-е изд., стереотип. T. II. М.: «Русский язык», 1986. C. 696.

⑤ Там же. C. 477.

我很气恼。什么也不想对她说。扭过脸去，**离开时**招呼没打就**走了**，第二天还在生气。

② Медведь понюхал ему лицо, подумал, что мертвый и *отошел*. Когда медведь *ушел*, тот слез с дерева и смеется: — Ну что,— говорит,— медведь тебе на ухо говорил? (Л. Толстой) 熊嗅了嗅他的脸，认为是个死人就**离开了**。当熊**走远**后，那个人从树上爬下来，笑道："喂，熊冲你耳朵说啥了"？

词义由词素语义构成，两者之间存在生成关系，词素语义在构成词义时发挥着主导作用。分析词素语义与词义之间复杂的语义关系，既有助于揭示词素组配规律，又有助于确立义子（сема）。"义子是内容层面（意义层面）的最小单位。在聚合关系上形成对立，而在组合关系上体现为最小组配特征。"[1] 如果词根相同，但前缀或后缀不同，就会形成不同的义子。试比较вы-мыть（擦，洗）与про-мыть（洗涤，冲洗）。俄罗斯科学院主编的《俄语词典》（四卷本）释义是："вымыть指通过清洗使变得干净：вымыть посуду（洗碗），вымыть руки（洗手）。"[2] "промыть指用某物擦拭：промыть глаз（清洗眼睛）；Раны же ребенку *промыли* раствором борной кислоты（用硼酸溶液清洗婴儿伤口），或者用于医学领域，指用医疗器械向某个空腔器官注入液体：промыть желудок（洗胃）等。"[3]

① Я отошла *вымыть посуду*, а когда вернулась, обнаружила, что она спит. 我去**洗碗**了，回来时发现，她在睡觉。

② Есть подозрение на отравление промышленным ядом, следует *промыть желудок* и сделать клизму. 如果怀疑有工业中毒迹象，应该**洗胃**并灌肠。

③ Сняли окровавленную одежду, *промыли рану* и хорошо перевязали полосами чистой ткани. 脱下沾血的衣服，**清洗了伤**

---

[1] Новиков Л.А. Сема[A]//Лингвистический энциклопедический словарь[Z]. Под редакцией В.Н. Ярцевой. М.: Большая российская энциклопедия, 2002. С. 477.

[2] Евгеньева А.П. Словарь русского языка[Z]. 3-е изд., стереотип. Т. I. М.: «Русский язык», 1985. С. 267.

[3] Евгеньева А.П. Словарь русского языка в четырех томах[Z]. 3-е изд., стереотип. Т. III. М.: «Русский язык», 1987. С. 477.

口，用干净布条仔细地包扎了一下。

同理，形容词词根相同，但后缀-ат-, -аст词素意义不同。-ат-表示"具有某种特征的"：рог-ат-ый олень（有角的鹿）；-аст-表示"某种特征程度最高的"：рог-аст-ый олень（大角鹿）。

① Вукол видел кругом себя *бородатые*, большею частью еще молодые лица. (Скиталец) 武科尔看到周围都是些**留胡子**的人，大部分还是年轻的面孔。

② Муж-то у меня пузастый да *бородастый*. (А. Островский) 我的丈夫肚子很大，而且留着**大胡子**。

3. 词素语义与词典释义

从某种意义上说，释义是词典编纂的核心工作，是词典学研究的主要任务。一部词典的质量高低很大程度上取决于释义的质量。为提高词典释义质量，应借鉴其他相关学科的研究成果，系统地提高词典科学释义的方法。借鉴构词学研究成果能够使词典释义更具科学性。现代构词学研究聚焦的一个热点问题是派生词构词意义与词汇意义之间的相互关系。派生词词汇意义中是否存在熟语性增生，这是明确派生词构词意义与词汇意义之间相互关系的依据。据此可分为无熟语性语义成分派生词与有熟语性语义成分派生词。针对前者，词典释义要秉承以简驭繁和认知省力原则，尽可能描述派生词与生产词的语义联系。派生词语义中熟语性增生产生的主要原因是词的内部语义配价未词素化。词内部的、隐含的、深层的语义间的组配在词典释义中应展现出来，这是反映词义本质的语义成分，释义中不能漏掉。"即使在派生词中包含了生产词不曾有的、属于联想的语义成分时，释义中使用生产词也是合理的。"① 由此可见，无论派生词是否具有熟语性，词典释义都离不开生产词，生产词作为派生词构词成分的同时，也成为派生词其中的义子。"词典编纂中用得最多的释义方法，还是语素义的意合释义法。……几乎没有一种释义法能置语素释义法于不顾。这种方法一般能切中词义，使被释词和训释词的语义场范围大体

---

① Улуханов И.С. Словообразовательная семантика в русском языке и принципы ее описания[M]. 5-е изд., испр. и доп. М.: Книжный дом «ЛИБРОКОМ», 2011. С. 246.

相同，且行文简洁，容易明白，令人信服，故此种释义法深受编写者和读者的欢迎。有的审稿者在审读释文是否贴切时，几乎就用语素义复合来检验，看释文的意义要素是否与该词的语素义相应相合，或看语素义复合是否较所释内容更简明。"①现以俄语实例解释生产词与派生词之间的语义联系。派生词учитель（教师）词典释义为：тот, кто преподает какой-л. учебный предмет в школе; преподаватель（在中小学教授某门课程的人；导师）②；лицо, которое обучает чему-н., преподаватель（教授某种东西的人，导师）。③第一个释义为概念释义，第二个释义通过具有相同语义词根的обучать（教）呈现派生词учитель与生产词учить之间的语义联系。"在释文中使用被释词的词根或必要成分是一种可取的做法。现代词典编者已接受这种做法并在许多词典中广泛使用。这种方法可以省去一些雷同的文字叙述和例证，节省篇幅，避免循环释义，有助于了解词与词的内部联系和构词规律。"④派生词учитель由生产词учить派生而来，构词意义与词汇意义相同，此时учитель并没有增加熟语性语义成分。

《俄语详解大词典》《俄语详解词典》《俄语词典》（四卷本）对сажалка（种植器，播种机）释义如下：сельскохозяйственная машина для посадки картофеля; рассады и сеянцев деревьев（用于栽种土豆；插秧、种植树苗的农机具）⑤；сельскохозяйственная машина для посадки картофеля, овощей, семян кукурузы, сеянцев（用于栽种土豆、蔬菜、玉米种子、幼苗的农机具）；сельскохо-зяйственная машина для посадки картофеля и высадки рассады（用于栽种土豆和

---

① 李开，现代词典学教程[M]，南京：南京大学出版社，1990，第290、302页。
② Кузнецов С.А. Большой толковый словарь русского языка[Z]. СПб.: Норинт, 2008. С. 1412.
③ Евгеньева А.П. Словарь русского языка[Z]. 3-е изд., стереотип. Т. IV. М.: «Русский язык», 1988. С. 543.
Ожегов С.И., Шведова Н.Ю. Толковый словарь русского языка[Z]. 4-е изд., доп. М.: ООО «А ТЕМП», 2006. С. 846.
④ 姚喜明、张霖欣，英语词典学导论[M]，上海：复旦大学出版社，2008，第98页。
⑤ Кузнецов С.А. Большой толковый словарь русского языка[Z]. СПб.: Норинт, 2008. С. 1141.

移栽秧苗的农机具）。① 根据上述词典释义不难看出，сажалка共性语义部分为"栽种土豆的农机具"，但在"栽种其他客体"方面则体现出一定差异。派生词сажалка由生产词сажать（栽种）派生构成，саж-/сад-充当谓词性词根词素，-лк-(a)充当构词后缀。派生词сажалка构词意义指进行生产词所指称行为的工具，增加了生产词сажать中没有的表示"工具"的熟语性语义成分，而其客体用于所有能够栽种的植物，但这一语义成分并没有出现在构词层面，如此增加的熟语性语义成分可否不体现在词典释义中？换言之，сажалка词典释义是否可以简化为сельскохозяйственная машина для посадки（用于栽种的农机具）？倘若如此，就会面临一个问题：для посадки чего？（栽种什么？）在名物词词典释义中，"用途"是必不可少的义子。"用品类名物词的释义主要由用途、形状、材料三个要素组成，在这三个要素中'用途'最重要，是不可或缺的，因为认识一种用品，最主要的是要知道它的用途。"②

4. 词素语义多义性

美国人类学家、语言学家萨丕尔（Sapir Edward）把语言所表达的意义分为四类："1）基本意义（основное значение），亦为具体意义，包括事物、行为、特征等，这些意义用独立的词或者词根表示；2）派生意义（деривационное значение），亦称构词意义，比第一种意义抽象，比第三种意义具体。词根具有附加意义，通过词缀或词根变化表示；3）具体相关意义（конкретно-реляционное значение），与第二种意义不同，这类意义直接或隐含地表明与其直接相关词以外的关系，通过词缀或词根变化表示；4）纯相关意义（чисто реляционное значение），是最抽象的意义。通过词的具体要素之间的相互联系，赋予句子完整的句法形式。词缀和词根变化是主要表达手段，也可能借

---

① Ожегов С.И., Шведова Н.Ю. Толковый словарь русского языка[Z]. 4-е изд., доп. М.: ООО «А ТЕМП», 2006. С. 692.
Евгеньева А.П. Словарь русского языка[Z]. 3-е изд., стереотип. Т. IV. М.: «Русский язык», 1988. С. 13.

② 谭景春，词典释义中的语义归纳与语法分析——谈《现代汉语词典》第6版条目修订[J]，中国语文，2012（2），第561页。

助个别词或词位表示。"① 萨丕尔也承认这种分类具有一定局限性，各个类别之间的界限并非泾渭分明。多数情况下，一个词素的语义并不是单一的，往往具有多个义项。词素语义多义性本身就是一个范畴，其内部划分为核心意义与边缘意义。那么如何确定词素语义中的核心意义，亦即原型意义？德国语言学家德温（R. Dirven）、荷兰语言学家韦斯珀（M.Verspoor）提出了三种解决方法：一是经验方法，如说到某个词时，首先就会想到的那个意义；二是统一方法，多义词中使用频率较高的那个意义；三是扩展方法，可以成为扩展其他意义基础的那个意义。② 据此，我们认为，确定某一词素语义中的核心意义，首要使用频率较高的那个意义。其次，可以扩展其他词素语义的意义。词素语义多义性可以借助本义与引申义来解释。本义往往被人们首先意识到，通常无需借助更大的语言环境，而引申义可以通过隐喻与转喻方式实现，通常需要其他词素的广泛参与。认知语言学原型理论有助于解释词素语义多义性现象。原型（прототип）是对一个类别或范畴的所有成员的概念表征，反映一类客体所有的基本特征。原型意义在于为人类认知外部世界提供简洁的认知框架，体现认知行为和语言使用的经济原则。借助原型可以用较少的认知成本获取较大的认知效益。"原型范畴主要指具有家族相似性范畴，是范畴的典型代表，即为原型样本或焦点样本、突显例样、典型成员、中心成员和最好的例样。原型成员，范畴成员中最清晰的例子，一类事物中最具代表性的等，它是基本层次范畴的代表，具有最大的家族相似性。"③ 原型意义往往是具体的，它是抽象意义的基础，从具体到抽象过程隐喻成为主要认知方式。

　　词素是最小的语义单位，具有语义范畴。词素作为语言中最小意义单位或元素也具有原型意义与边缘意义。词素义项成员之间地位不是同等的，而是区分为核心义项与边缘义项。核心义项被认为是语义范畴中最具代表性的义项，往往是人们首先认知到的，也是语言符号最早获得的义项，是直接意义，通过家族相似性不断向外扩展，从而

---

① Кронгауз М.А. Семантика[M]. 2-е изд., испр. и доп. М.: Издательский центр «Академия», 2005. С. 168.

② Dirven R., Verspoor M. Cognitive Exploration of language and Linguistics[M]. Amsterdam/philadelphia: John Benjamins Publishing Company, 1998. P. 31.

③ 王寅，认知语言学[M]，上海：上海外语教育出版社，2007，第113页。

形成语义网络。

俄语词素语义具有多义性特征，大部分前缀是多义的，单义前缀的数量较少。如形容词前缀все-作为构词单位，表示词干特征最高程度：всепокорнейший（最诚恳的），всесильный（有无限权威的），всеславный（最光荣的），всесовершенный（完美无缺的）等。形容词前缀им-、ир-作为构词单位，表示否定词干特征，通常用于科学术语中：имматериальный（没有物质基础的），иммобильный（不移动的，固定的）；иррациональный（非理性的），ирреальный（不现实的，虚幻的），иррегулярный（不规则的，非正规的），иррелигиозный（不信教的）等。

动词前缀пере-作为构词单位，语义上具有多义性：①越过、超过、跨过、转换位置，即从一个地方越过某物或空间到达另一个地方：перейти（越过），перевезти（[用车、船等从一处]运往[另一处]，运送），перенести（搬过[某空间]）；②再次、重新、改变：переделать（重做），перезарядить（重新装好，再装入），пересеять（重新播种），перерешить（用另一种方式解决）；③使成为，改变状态：пережечь（烧断，烧坏），переплавить（熔化），переименовать（改名，更名）；④超过、胜过、压过：переспорить（驳倒），перекричать（大声说话），переговорить（说多了），перехитрить（过于狡猾，狡猾过头），перемучиться（吃尽苦头）；⑤过多、过分、过度：пересолить（放很多盐），переварить（煮得太老），пережарить（炸、煎、烤、炒得过老），перенаселить（居民过多，人口过于稠密），перекипеть（煮过火；煮坏），переспорить（说得过；驳倒）；⑥全部，许多（指动作的主体或客体是大量的、所有的）：переболеть（患很多病），перечитать（读遍，阅读许多），переловить（捕获[全部或许多]），переплясать（跳[所有或许多舞]）；⑦相互行为，与-ся共同构成新的动词：переписываться（誊写，重抄）；⑧终止原生动词延续较长时间或者表现较为强烈的行为：перебояться（不再害怕[长期害怕之后]）等。动词前缀пере-各义项之间的语义联系图示如下：

```
        ↗ ②→④→⑤→⑧
   ① → ③
        ↘ ⑥
        ↘ ⑦
```

该图中，①为基本意义或曰核心意义，与②③⑥⑦在派生理据方面存在语义联系，而④由②衍生，以此类推，④→⑤→⑧，构成了一个语义链。①是原型意义，表示一种空间概念。"相应的，与身体经验直接相关的概念，尤其是空间概念，成为对人来说首要的概念。这些概念借助于隐喻、转喻等认知模式反映到其他抽象的概念结构中，并赋予这些概念相应的结构。"① ②至⑧则为①的边缘意义，它们与原型意义具有家族相似性，彼此之间具有理据性，每个边缘意义地位不完全相同。

词素语义多义性是一个词素具有多种相互联系的意义范畴。多义性是通过人类隐喻和转喻等认知手段由一个词素的基本意义向其他意义延伸的过程。在认识新事物的过程中，语义范畴围绕原型不断扩大，形成放射性结构，抽象程度也不断提高。②实际上，边缘意义距离原型意义越远，相似性就越小，其原型特征就越不明显。如果边缘意义与原型意义之间相似性趋于零，语义之间的理据也就接近零，最终脱离该词素的多义性范畴。

глуб（深）以词根词素为原型意义，可以引申出其他边缘意义，其核心意义是从上到下的距离，与"浅"相对，这一词素语义往往是人们首先感知的。随着人们对世界体验认知的深入，глуб衍生出引申意义，用以指称某种由表及里的认知上或者程度上的深入。

① Вид покидавшего станцию поезда лишь более *углубил* радостное и тревожное впечатление. 驶离车站的列车的外观只是**加深了**高兴和不安的印象。

② Взаимные чувства женщины и мужчины *углубляют любовь*. 男女之间的相互情感能**加深**爱情。

③ Собственный тяжелый опыт, как мне думается, выковал ее характер и *углубил* ее замечательный талант. 我觉得，个人的苦难经历锻炼了她，让她**更加**才华横溢。

верх词素语义指高处的最上层，引申义为停留在某物的最上层，没有往下纵深发展，即"肤浅，表面"：поверхностный（肤浅

---

① Гак В.Г. Пространство вне пространства[A]//Логический анализ языка. Языки пространства[C]. М.: Языки русской культуры, 2000. C. 127.
② 孙淑芳等. 俄汉语义对比研究[M]，北京：商务印书馆，2015，第137页。

的，浅薄的，表面的），поверхностные знания（肤浅的知识），поверхностный взгляд（浅薄的看法）。

一个词素从基本意义引申出其他诸种意义，引申方式是多种多样的。据此，"可以把所谓的引申义区分为类似义、近似义、虚化义、动化义、名化义、相反义等"。① 类似义指引申义与基本意义或常用意义在功能、形态、性质等方面具有类似之处。如动词охватить（搂住，抱住）词素分析形式是о-хват-и-ть。其中，词根词素-хват-表示"拿"，前缀о-表示"环绕""从四周"，位于-хват-之前修饰、限定-хват-拿的方式，复合词素-о-хва-语义是"环抱"。

① Один стоял рядом, другой сидел на кирпичной стене, *охватив* руками колени. 一个人站在一旁，另一个坐在砖墙上，双手**抱膝**。

② Он мог *охватить* рукою всю голову, от затылка до подбородка. 他能用一只手**环抱**住整个头部，从后脑勺到下巴。

охватить引申义表示"箍上"：охватить бочку обручами（用箍儿箍上大桶）。除了"箍上"这一语义外，还表示衣服、鞋等紧紧包住，裹住。复合词素-о-хва-"环抱"义项与"箍上""包住""裹住"义项在"围"这一功能上相似。

③ Сверху юбка очень плотно *охватывает* и облегает бедра, а книзу расходится пышными, крупными волнами. 裙子上边**紧裹着**大腿，往下则是呈蓬松式的大波浪散开。

④ Гамаши похожи на чехлы, которые *охватывают* ногу от колена до стопы. 护腿套像是从膝盖到脚掌都**紧紧箍上**的布套。

动化义指引申义与基本意义所表示的事物有关的动作。рука（手）的词根词素рук-作为名词性词素，表示事物性（предметность）意义。而在в-руч-и-ть（面交，递交），вы-руч-и-ть（赎回）中，руч-作为动词性词素，表示"拿"之意。前缀в-，вы-修饰、限制"拿"的方式，分别表示"往里拿"和"往外拿"，进一步引申为"交到……手里"，在此基础上，形成转义"托付"和"拯救"。

---

① 吴仁甫，语素和词义[J]，华东师范大学学报（哲学社会科学版），1995（3），第89–90页。

① Все мы (дети) были *вручены* попечению няни. 我们这些孩子全都**托付**给保姆照管。

② Попали мы в беду при этой засухе — государство *выручило*, помогло хлебом, семенами. (Шолохов) 这次旱灾我们受了害，政府**救了**我们，救济了粮食和种子。

защитить（保护，保卫）词素分析形式为за-щит-и-ть。其中，词根词素-щит-是名词性词素，古代作战时用于进攻时的防御，可以掩蔽身体，防卫敌人的兵刃矢石的杀伤，与这一义项相关的动作为"遮蔽"。前缀за-表示"在……之后"，与-щит-共同构成复合词素за-щит-，表示"在盾之后"，引申为"保护"之意。

① В пустотах подо льдом утки *защищены* от холода. 野鸭躲在冰下空隙处**避**寒。

② Таким образом, мы *защитили* наш телефон от кражи и разобрали принцип работы программы. 因此，我们**避免**了电话被盗打，并制定了计划实施规则。

名化义指引申义从基本意义所表示的动作转化而来的工具或事物。俄语详解词典（2006）对точило（磨石，磨床，砂轮）释义如下：Точильный камень или круг, а также инструмент, станок для точки, обработки чего-н. точением.① （磨石或者砂轮，或者是以磨的方式用于打磨、加工某物的工具、机床）。该释义表明，义项"用于打磨、加工某物"揭示了生产词точить（磨）的语义，表示工具的语义配价与词根词素-точ-（磨）组配，派生出точило。词根词素-точ-还蕴含方式配价，即"以磨的方式"，用точением表示。точ-и-л-о中的后缀и-л-(о)表示进行точить这一动作所使用的工具，词义是"磨（快）[武器、工具]）"。

① *Точило* подходит точить ножи, максимум топоры. **磨轮**适合于磨各种刀具、最大可以磨斧子。

② Благодаря надежности и высокой производительности, электрическое *точило* получило большую популярность, и стало

---

① Ожегов С.И., Шведова Н.Ю. Толковый словарь русского языка[Z]. 4-е изд., доп. М.: ООО «А ТЕМП», 2006. C. 805.

одним из самых незаменимых инструментов. 由于安全高效，电**磨轮**非常普及，成为最不可替代的工具之一。

相反义指引申义是从基本意义相反方向延伸而来的，这就形成了一个词包含两个相反的意义，也就是语义对立，这种现象称作反训现象（энантиосемия），具有同词反义现象的词称作反训词（энантиосемичные слова），指"同一个词兼有两个相反义项的现象"。① 反训词就其相互矛盾、相互对立的两个相反意义而言，是一种矛盾统一现象，即对立统一。部分客观现实的事物概念包含相互矛盾、相互对立且又互为依存、互为条件的两方面，表达这一概念的词也就具有同词反义特点。俄语大部分前缀具有多义性，个别前缀兼有两个相反的义项，导致词汇内部产生相反的义素（сема）。如前缀про-兼有两个相反义项："义项a指事物完全被动作所包围或动作完成得充分、细致；义项b指完成行为时不准确或有过错。"② 不言而喻，义项a表示"彻底""透彻""完全遍及""仔细""细心"；义项b表示（因疏忽大意）"错过""漏掉""造成损失或损坏"等。由此，派生动词про-смотреть两个相反义项分别是"仔细查看"和"看漏、忽略过去"，试比较：

① *Просмотрите* винтовки, нет ли там грязи, масла.（Погодин）把枪**仔细查看**一下，看看是否有脏东西和油污。

② Вы же мне говорили, что во всех углах обыскивали, как же в этом самом главном месте *просмотрели*?（Достоевский）您对我说过，您找遍了所有的角落，怎么连这最主要的地方都**漏过**了呢？

综上所述，我们认为，类似义、近似义、虚化义、动化义、名化义的词素语义隶属同一个语义范畴。原型意义是基本意义，是很容易被人所感知的具体意义。即便引申义往往较为抽象，但也能从抽象引申义中把握其"原型"，可以使用频率较高的意义和扩展其他词素语义，也可以借助隐喻与转喻认知方式帮助理解更加抽象的事物或现象。

---

① 戚雨村等，语言学百科词典[Z]，上海：上海辞书出版社，1993，第76页。
② Кузнецов С.А. Большой толковый словарь русского языка[Z]. СПб.: Норинт, 2008. С. 997–998.

第二节　构词语义

语义学为构词语义研究提供了重要理论支撑，从语义学视角研究俄语构词语义或许可以摸索出构词过程中内在的语言规律。构词语义是一个极其复杂的问题，包含了众多的内容与信息，对其研究对象、内涵及任务的理解与解释也是众说纷纭。首先，构词语义研究对象主要包括生产词与派生词之间的语义关系、构词词素中同义现象与同音异义现象、构词词素与生产词干的组合关系、词缀和派生词的各种语义类别等。构词语义聚焦构词单位的语义特征及其组成特点，明确构词链中词义之间的联系类型及理据关系。其次，从内容上看，构词语义至少涵盖两个方面：一是生产词与派生词之间的语义关系，生产词语义指词干意义，派生词语义既指词干意义，也指词缀意义；二是语义构词法。克龙加乌兹认为，构词语义应聚焦四个领域："1）前缀的综合研究；2）整个前缀的研究；3）前缀与动词基本语义相互作用的研究；4）前缀与宽泛语境中语义相互作用的研究。"[①]

1. 派生词语义与构造语义学

派生词语义（семантика проиозводного слова）首先是一种结构单位，这种结构本身至少是两个，有时可能是三个具象化程度不同的范畴意义组合：一个范畴意义借助前缀表示；另一个范畴意义借助意思完整的词或词干表示；第三个范畴意义通过理据分析或推理方式表示。库布里亚科娃认为："符号理据概念对构词学理论至关重要，需要对其进行重新界定，因为理据概念与其意义组成部分构成复合符号意义的概念完全不同。因此从复合符号语义中能够汲取什么内容，说话人此时使用何种策略，仍然是构词学理论中最重要的问题。"[②] 这意味着以往对派生词构词意义的界定及所观察词的各个部分（理据部分及构成部分）之间的关系还需进一步明确和解释。

从认知视角研究词汇语义有助于解释符号语义构造的各种规则，

---

① Кронгауз М.А. Семантика[M]. 2-е изд., испр. и доп. М.: Издательский центр «Академия», 2005. С. 171.

② Кубрякова Е.С. Язык и знание. На пути получения знаний о языке: Части речи с когнитивной точки зрения. Роль языка в познании мира[M]. М.: Языки славянской культуры, 2004. С. 443.

但同时必须承认，分析每个复合单位时，需要明确该单位及其各组成部分之间的意义究竟是如何相互作用的，以及各种复合符号相互作用的类别。随着认知科学和认知语言学的出现，对构造语义学（композиционная семантика）内涵的理解进入一个崭新的阶段：这里，不同语言单位语义结构组织是作为这些单位对不同知识结构的客观化以及它们参与世界概念化与范畴化过程来研究的。构造语义学肇始于认知层面上的意义研究，作为语言学一个新的方向，聚焦语言中的复合符号（комплексный знак）、单个符号单位意义在整个意义组成中的地位，以及语言单位之间语义的相互作用，并从新的视角考察词的语义结构和词汇类别（同义词、反义词、上下义词）在语言系统中的地位。构造语义学秉承两个核心思想：其一，词的意义不仅包含在词本身中，还包含在言语链上的语言单位中。其二，选择所需意义和构建整体意义时，受话人依靠语言存储和百科知识式存储。美国认知语言学家兰盖克（Ronald W. Langacker）较早就基于认知视角提出了构造（composition, композиция）这一术语。他在《认知语法基础》中专门解释了"构造"的内涵，兰盖克认为："在语法句型构造层面要注意两个彼此关联，又相互区别的概念，即语言形式的可分析性（可分解性）与构造性。前者指说话人在形态结构中把个别成素置于内容中，而后者作为语言形式特征根据语言中通用的各成素组配原则事先把内容组成一个整体。"[1] 从构造语义学视角揭示派生词语义既有别于在词的内部研究词的组配及其局限性，如乌卢哈诺夫、泽姆斯卡娅、米洛斯拉夫斯基（И.Г. Милославский）等学者的研究，又有别于生成语法的研究者们。他们认为，词的形态结构对句法而言具有不可渗透性，即派生词内部句法无法表现更为扩展的结构，词汇单位进入语篇或曰话语中都与这些单位是单独的还是综合的形式无关。[2]

派生词具有内部形式对其使用至关重要，因为派生词所表达的特殊意义恰恰可以反映在活的言语中，体现在其符号组配中。构造语义学概念扩展至派生词本身的组配，并参与到一定的结构中。一方面，这种研究有助于更加明晰派生词这类语言单位的知识结构和经验结构是以何种方式表征的，这些单位的概念结构包括哪些内容；另一

---

[1] 孙淑芳等，俄汉语义对比研究[M]，北京：商务印书馆，2015，第117–118页。
[2] Ronald W. Langacker，认知语法基础（Ⅰ）理论前提[M]，北京：北京大学出版社，2004，第13页。

方面，有助于评价构造语义学概念本身的重要性，进一步明确语言学这一新方向的发展趋势。库布里亚科娃提出这样的问题："究竟生产词哪部分语义用在构造派生词行为过程中，并在派生词结构中延续这一语义，同时说话人使用派生词时能否感觉到该语义的存在？"① 回答这一问题，首先要确定派生词语义究竟指派生词哪部分内容？传统构词学理论认为，派生词语义通常与词素语义密切相关。随后，还有学者认为，派生词语义与派生词结构中称名部分或与派生词理据和形式部分相关。派生词语义部分被解释为认知结构（когнитивная структура）和概念结构（концептуальная структура）。

在词汇单位派生新义过程中，继承过程（inheritance, процедура наследования）起着至关重要的作用。该术语首次出现在构词学理论中，与派生词理据单位密切相关，也就是说，派生词继承了生产词所特有的理据意义。在传统构词学研究中，维诺库尔把"继承过程"解释为援引生产词（отсылка к мотивирующему слову）。

派生词在语言系统中的独特地位表明，情境是影响所使用符号语义的一个重要因素，这表现在两个方面：其一，派生词自身结构影响了其内在情境：对词缀而言，词干就是词义情境，而词缀则是词干情境；其二，言语活动中的派生词语义受其周边成素影响。奥热戈夫、什维多娃（С.И. Ожегов, Н.Ю. Шведова）主编的《俄语详解词典》把生产词лес（林，树林，森林）释义为"有茂密树冠，在很大空间有许多树木生长的地方"。②但лесная поляна（林中旷地）中，лес并不表示"被树木所覆盖或长满树木"意义，而表示"土地面积"，语义聚焦于"处所概念"：поляна в лесу（林中不长树木的地方）；лесные материалы（木材，木料）中，лес意为"木材"；лесная полоса（林带）中，лес则意为"被树木所包围"；лесное хозяйство（林业）中，лес语义覆盖了与"树木"有关的所有意义。上述例证表明，可以运用组合关系中符号之间的语义协调（семантическое согласование）理论来解释关系形容词具体义子，明确它们可能表示的常规意义。库

---

① Кубрякова Е.С. Язык и знание. На пути получения знаний о языке: Части речи с когнитивной точки зрения. Роль языка в познании мира[M]. М.: Языки славянской культуры, 2004. С. 452.

② Ожегов С.И., Шведова Н.Ю. Толковый словарь русского языка[Z]. 4-е изд., доп. М.: ООО «А ТЕМП», 2006. С. 317.

布里亚科娃认为："这些意义是事先就确定下来的，与对лес知识结构的理解密切相关。显然，лес知识结构包含了像森林总体位置、住在该地区的居民、木材在人们生活中的作用等观念。"[1] 为了描述符号组配之间的语义协调，库布里亚科娃建议引入符号组配共指意义（кореферентные значения）这一概念，她解释说："若要正确解释复合符号语义就必须找到其共指意义，如果违背共指意义规则，复合符号之间组配就有可能是不正确的。组配后产生的整合一体意义继承了源于生产词的、对所确定词的意义具有共指的那部分意义。"[2]

2. 派生词语义与生产词语义

词类是派生词分类的主要原则，某一词类的派生词具有不同的构词关系。俄语只有个别前缀或后缀（-оньк-）同时用在不同词类中，其他大部分词缀仅属于一种词类。探究派生词不同语义的相互作用、完全同义和部分同义、借用不同构词手段构成派生词之间的相互关系等通常都是在同一词类范围内进行的，表明按词类原则研究派生词具有科学性。同时，同一词类派生词还能够以不同方式与不同词类生产词高度关联。因此，构词学研究秉承的原则是派生词词类属性，据此分为名词派生词（слово, мотивированное именем существительным）、形容词派生词（слово, мотивированное прилагательным）、动词派生词（слово, мотивированное глаголом）和数词派生词（слово, мотивированное именем числительным）等。词类与词类之间或词类内部之间理据关系往往通过构词标志表示，生产词所指称事物或一类事物体现为总体中的部分。乌卢哈诺夫认为："表示同一个常体意义的词缀可以通过其在语境中所体现的最典型意义进行辨别：-н-, -ов, -ск-；-и-, -оват-；-ик-, -щик等。"[3]

对语言构词系统的任何描写都应包括构词词素语义及组配特征，这种最便捷的描写方法是从形式出发的，而从意义出发能够建立语言

---

[1] Кубрякова Е.С. Язык и знание. На пути получения знаний о языке: Части речи с когнитивной точки зрения. Роль языка в познании мира[M]. М.: Языки славянской культуры, 2004. С. 53–454.

[2] Там же. С. 454.

[3] Улуханов И.С. Словообразовательная семантика в русском языке и принципы ее описания[M]. 5-е изд., испр. и доп. М.: Книжный дом «Либроком», 2011. С. 126.

单位不同的语义类别、同一语义的不同表达手段。俄语构词系统和构词机制研究离不开派生词语义构成和类型分析。一般而言，派生词语义是有理据性的，可以从生产词那里得到相关的解释和依据。但是，派生词语义构成并非如此简单，因为其间并非仅使用一种模式或一种方法。根据派生词语义的性质，可分为句法派生和词汇派生。

2.1 句法派生

波兰语言学家库里洛维茨（J. Kurylowicz）提出了句法派生（синтаксическая деривация）或曰句法构词（синтаксическое словообразование）概念，指派生词语义与生产词语义相同，但词类属性不同，因此句法功能也不同，相应派生词则被称为句法派生词（синтаксические дериваты）: белизна（白色，洁白）— белый（白色的），перемешивание（混合）— перемешивать（混合）。句法派生主要包括以下构词模式：1）表示抽象行为的动名词：добавка（补充，添加），смешивание（混合），приход（到来），ходьба（步行）；2）表示抽象特征，由形容词派生的名词：красота（美丽），ширь（旷野，原野），звонкость（响亮）；3）表示抽象属性，由名词派生的形容词：лесной（森林的），деревянный（木制的），яблочный（苹果的），каменный（石头的）等。句法派生词与生产词词类属性不同，范畴意义也不一样，因而在句子中的功能也有所区别。

2.2 词汇派生

库里洛维茨把派生词与生产词语义不同的现象称为词汇派生（лексическая деривация）或曰词汇构词（лексическое словообразование），相应派生词叫做词汇派生词（лексические дериваты），还叫做构词变异（словообразовательная модификация）。派生词除了具有理据词干的基本词汇意义外，还附带有女性、未成年、相似、集合、个体、主观评价等变异意义以及修辞变异意义。试比较：

продавать（销售）— продавец（售方；售货员）

нагревать（加热）— нагреватель（加热器）

лететь（飞）— прилететь（飞来）

борода（胡子，胡须）— бородатый（留胡子的）

школьный（学校的）— дошкольный（学前的）

белый（白色的）— белок（蛋白）

лес（树林，森林）— лесистый（多林的）

词汇派生词既可以与生产词同属一个词类（第三组同为动词；第五组同为形容词），也可以属于不同词类（第一组和第二组同为动词和名词；第四组和第七组同为名词和形容词；第六组为形容词和名词）。

所有构词模式都可以分成句法派生和词汇派生两大类，这是整个构词系统最基本的也是最主要的分类。相比较而言，词汇派生形容词比句法派生形容词所表示的特征更加明确，在脱离语境情况下也容易做出正确判断。句法派生词语义会影响词的构成，尽管句法派生词语义与生产词语义相同，但实际上生产词语义只是形式上的，而派生词语义来自构词链上的第一个成分。

派生词语义组成包括两种类别：其一，派生词语义是构成词干各组成部分意义的简单加和：чита-тель（读者），стол-ик（小桌子），книж-н-ый（书的），при-лете-ть（飞抵）；二是派生词语义不是构成词干各组成部分意义的简单加和，而是在其基础上增加了附加意义，试比较：водитель（司机）— водить детей в школу（带孩子去学校），писатель（作家）— писать письмо（写信）。这类附加意义并不是构成该词干表义部分中本身所包含的，因而与派生词构造无关，与词的构词意义也没有必然联系。这种词汇语义特点被称为语义熟语性（фразеологичность семантики），也就是约定俗成意义。不应认为具有语义熟语性的派生词只是少数，俄语派生词组成中基本的和典型的部分就是这种具有语义熟语性的词汇单位。

3. 词的理据

词的理据（性）（motivation; мотивация, мотивированность），亦称词语理据，指词的构成形式与意义之间的某种内在的必然联系，是语义学一个重要而又复杂的问题。"理据有历时和共时之分。历时理据表现在词源对现有词义的影响，共时理据表现在现代词汇语义系统（如构词系统）对词义的影响。"[1]对词的理据概念许多学者都有所定义。"所谓词的理据是指事物与现象获得名称的依据，说明词义与

---

[1] 曹勇，英汉词汇理据性差异及其构词体现[J]，郑州大学学报（哲学社会科学版），2007（1），第148页。

事物或现象之间的关系。"①② "所谓词义理据是指词义形成的缘由，是从发生学视角探求词义的来源。"③ "词的表达形式与词义之间有时具有某种内在联系，我们可以从这些表达形式中推断出词的含义，这就是所谓的词的理据性。"④ 词的理据分析意指词义的可释性，是以词素语义为切入点的。单纯词的词素语义即为词义，合成词的词义与词素语义关系复杂。一般说来，词的理据分析与词素语义分析是一致的。针对汉语词的理据这一概念，万献初精辟地总结道："我们分析一个汉语词的内部构成（internal construct），常常要追索这个词的构成理据。词的构成理据，是指构词命名时所依托的理由和根据。词的理据为不同事物的得名和同类事物的异名区别提供了重要的依据。对构词理据的分析，有助于人们对新词的认识和对词义的准确理解，有助于辞书的编纂，也有助于对构词法的认识和应用。构词理据的分析和探求，又是与构词材料的语义分析分不开的，语义是词的内容，也是词的灵魂，离开语义的分析去谈词的理据和内部构成，那只能是空泛地研究，得不到实际的结果。"⑤

语言符号与语言成分之间存在某种必然联系，这种联系如果是任意的，则是无理据的；如果不是任意的，就是有理据的。词的形式与意义之间没有必然联系，它们之间的关系是约定俗成的，词的无理据性是现代语言学原则之一。另一方面，也应该看到，在一些词语中，形式与意义之间确实存在种种不同联系。正是基于此，著名的罗曼语语文学家、语义学奠基人之一斯蒂芬·乌尔曼（Stephen Ullmann）把词分为隐性词和显性词。他指出："每一种语言都包含着语音与语义之间毫无联系的约定俗成的隐性词，同时也含有至少在一定程度上有理据的、因而是显性的词。"⑥

乌卢哈诺夫（1996, 2000）、格尔德（А.С. Герд）（1996）、泽姆斯卡娅（1992）、库布里亚科娃（1990）、谢苗纳斯（А.Л. Семенас）

---

① 陆国强，现代英语词汇学[M]，上海：上海外语教育出版社，1983，第67页。
② 邵志洪，英汉语研究与对比[M]，上海：华东理工大学出版社，1997，第4页。
③ 曹炜，现代汉语词义学[M]，上海：学林出版社，2001，第54页。
④ 许余龙，对比语言学[M]，上海：上海外语教育出版社，2002，第137页。
⑤ 万献初，汉语构词论[M]，武汉：湖北人民出版社，2004，第10–11页。
⑥ Ullmann S. *Semantics: An Introduction to the Science of Meaning*[M]. Oxford: Basil Blackwell. 1962. P. 57.

（1992，2000）、哈玛托娃（A.A. Хаматова）（1988）以及《俄语语法》（1980）的作者们对俄语词的理据进行了深入研究。库布里亚科娃指出："理据（мотивация）是构词学理论的核心概念，指派生词和复合词意义对其组成部分意义的语义制约性（семантические обусловленности）。在构词行为中，一些单位充当理据来源，因此其他作为结果的单位被视为制约派生。试比较：Он носит письма（他递送信件）；Он письмоносец（他是一名邮递员）。运用理据和构词概念可以探究俄语派生词结构的内部形式与其表达内容的相互关系。词的内部形式表现为二元对立关系（бинарное образование），即援引部分（отсылочная часть）与词缀部分（форматная часть）。援引部分由派生词词根或词干组成，是词义理据性来源，是派生词结构中保留完整意义单位的方式。Он учится в школе（他在中学读书）派生出школьник（中学生）；Он преподает（他教书）派生出преподаватель（教师）。在词缀部分，школьник中的后缀-ник, преподаватель中的后缀-тель是构词行为中的词缀或曰构词标志。"[①]

第三节　构词意义及类别

　　早期构词学能够成为语言学独立分支学科，与必须揭示派生词词缀类型特征有关。随着构词学的不断发展，研究内容转到分析派生词形态变化上，也就是说，用特定派生词素（词缀）来解释派生词语义特征。正是对派生词词素语义特征的高度关注，使"构词意义"这一术语应运而生。准确地说，1955年，构词意义这一术语由列福尔马茨基提出，戈洛温对其内涵进行了深入解释。

1. 构词意义

　　构词意义（словообразовательное значение, деривационное значение）指根据某一构词模式构成的派生词与生产词之间的语义相关性，是使同一构词模式的所有派生词区别于生产词的概括意义。构词意义既是构词模式所使用的构词手段意义，又是某一类派生词的共

---

① Кубрякова Е.С. Словообразование[A]//Лингвистический энциклопедический словарь[Z]. Под редакцией Ярцевой В.Н. М.: Большая Российская энциклопедия, 2002. С. 467.

同意义。由此，词除了具有词汇意义或称词根意义和语法意义外，还具有构词意义。构词意义从词汇意义中分离出来，是一类词所固有的结构意义，即与词的生产词干和构形成素密切相关的一种意义。如带后缀-ник的派生名词共同构词意义为"事物特征载体"，但它们的词汇意义并不相同：будиль-ник（闹钟），второкурс-ник（二年级学生），кишеч-ник（肠管），кустар-ник（灌木丛），малин-ник（马林丛），источ-ник（源泉），свинар-ник（猪圈），шипов-ник（野蔷薇），паяль-ник（烙铁），празд-ник（节日），провод-ник（导管），соус-ник（盛调味汁的器皿），чай-ник（茶壶）等。

  构词意义分析依据不同的对象、任务和目标而不同，因此它的意义概念不十分明确。通常的观点认为，构词意义大体包括四个方面："1）对构词而言，重要的不是每一个词具体的词汇意义，而是一类词在其结构中所反映出的共同意义；2）根据生产词与派生词的语义相关性，以及相同的构词标志来确定构词意义；3）一类派生词所具有的意义与词缀意义相同；4）构词意义具有不同程度的抽象性。"[①] 具体构词意义有表示"幼崽"的：тигре-нок（幼虎，小虎），медвежо-нок（幼熊，小熊），коте-нок（小猫崽），ребе-нок（小孩）；表示"小的"：кот-ик（小猫），кусо-чек（小块）；表示"大的"：кот-ище（大猫），кус-ище（大块）。抽象构词意义有表示"关系和属性"的，如由名词派生的带后缀-н-, -ов-, -ск-的形容词：реч-н-ой（河流的），газ-ов-ый（气体的），институт-ск-ий（学院的）。

  梅里丘克（И.А. Мельчук）用派生词干（дериватема）这一术语替代构词意义。同时，他把构词意义与词汇意义加以区分。他认为："构词意义接近词汇意义。严格从语义角度看，构词意义应算作词汇意义，两者唯一的区别是它们的表达手段不同。"[②] 构词意义与词汇意义接近，使构词意义具有熟语化或曰成语化（фразеологизация）的典型特征，因为绝大多数情况下，构词意义进入熟语化单位，即词干中。换言之，词干意义相对稳定，具有成语化特征，派生词词干意义即为该词的构词意义。梅里丘克用以下公式来说明构词意义与词汇意

---

① Земская Е.А. Словообразование как деятельность[M]. М.: Книжный дом «ЛИБРОКОМ», 2009. С. 27–28.

② Мельчук И.А. Курс общей морфологии[M]. Т. I. М.: Языки русской культуры, Москва-Вена, 1997. С. 274.

义的区别[①]：

'Rd'' ≠ 'R' + 'd'.

这里，'d'是借助后缀-d表达的构词意义，'R'是词干R所表达的词汇意义。通常情况下，Rd表达'Rd''，也就是Rd并不等于简单的'R'+'d'之和。换言之，Rd'最终的结果意义通常包含附加语义要素，用公式表示为：'Rd'' = 'R' + 'd' + 'x'，而且'x'∩'R'，x为附加语义要素。国内外大多数研究者都支持了这一结论。"如果词汇意义与构词意义的区别不是它们所表达的意义，而是表达意义的方式，那么构词意义的必备标志就是它是否具有构词表达手段或曰词素手段。"[②] 试比较：

① a. У нас *директор* строгая женщина. 我们**经理**是一位严厉的女性。

b. Наша *директорша* строгая. 我们**经理的妻子**很严厉。

② a. Андрей очень *модный*. 安德烈很**时尚**。

b. Андрей *супермодный*. 安德烈**非常时尚**。

显然，例①a和②a中的директор（经理），модный（时尚的）为词汇意义，例①b和②b中的директорша（经理的妻子），супермодный（非常时尚）为构词意义。

从形式上看，词可以说是由词素构成的；从语义上看，词汇意义也与组成它的词素语义具有密切关系。但是，词汇意义绝不仅仅是组成它的词素语义相加之和。实际上，"当下一级语言单位构成上一级语言单位时，后者的意义往往不是前者意义的简单相加，因此，不仅在词素构成词、词构成词组时，会产生'熟语性'问题，句子也存在熟语性"。[③]

---

① Мельчук И.А. Курс общей морфологии[M]. Т. I. М.: Языки русской культуры, Москва-Вена, 1997. С. 274.

② Земская Е.А. Словообразование как деятельность[M]. М.: Книжный дом «ЛИБРОКОМ», 2009. С. 31.

③ 郑述谱，构词的语义问题[A]//张会森，俄汉语对比研究（下卷）[C], 上海：上海外语教育出版社，2004，第50页。

构词意义另一个重要特征是语法意义，语法意义指更大的一类意义（如名词单复数、动词过去时、现在时、将来时意义等）。通过比较构词意义与语法意义的关系，梅里丘克梳理出构词意义所具有的七个典型特征："1）具体性，构词意义比同一语言中的最小语法单位更为具体。当然也多见非常抽象的构词意义，如动名词、名词化的形容词等纯粹的句法派生词；2）相对受限的题元关系；3）非标准表达手段，从逻辑上看，很多表达构词意义的手段不够规范；4）与句法具有一定的联系；5）与词汇意义交叉重叠；6）线性分布接近词根；7）词类改变。"①

如果说在语言中根据存在的形式，构词意义似乎具有语法意义特征，那么就其与物质世界的联系，就某种表示物性和具体性而言，构词意义更接近词汇意义。可以说，"构词意义是介于词汇意义和语法意义之间的一种意义"②。通过以上分析，我们认为，构词意义是不同于词汇意义和语法意义的意义单位。构词意义不同于词汇意义的特点是："1）是一组词的共同意义成分，而词汇意义是个别词的个别意义；2）有构词标志这样的专门形式表达手段，而词汇意义没有专门的形式表达手段。"③构词意义不同于语法意义的特点是："1）为同一词类的部分词所共有，而词类的概括范畴意义属于同一词类的全部词；2）不构成意义对立关系，而语法范畴意义都由对立的意义方面构成。"④

构词意义包括普遍构词意义（общее словообразовательное значение）和具体构词意义（частное словообразовательное значение）。普遍构词意义指某一构词模式最典型、最宽泛、最抽象的意义；具体构词意义指比普遍构词意义更细微的、更具体的意义。如带后缀-лк-(а)的名词，普遍构词意义表示"与生产词动作有关的人或物"，具体构词意义分为四类：其一，表动作主体的人：сиде-лк-а（助理护士），гада-лк-а（女占卜者）；其二，表动作主体的动物：бе-лк-а（松鼠）；其三，用于完成动作的工具：зажига-лк-а（打火机），копи-

---

① Мельчук И.А. Курс общей морфологии[M]. Т. I. М.: Языки русской культуры, Москва–Вена, 1997. С. 278–281.
② Там же. С. 273.
③ 张家骅，新时代俄语通论（第2版）[M]，北京：商务印书馆，2023，第281页。
④ 同上书。

лк-а（储钱匣），молоти-лк-а（脱谷机），пои-лк-а（饮水机），сея-лк-а（播种机），цеди-лк-а（过滤器）；其四，用于完成动作的场所：кури-лк-а（吸烟室），ожида-лк-а（候诊室），пари-лк-а（蒸浴室），раздева-лк-а（存衣室）等。

2. 构词意义类别

不同构词模式中派生词表达不同的构词意义。乌卢哈诺夫把构词意义分为三种类别："变异意义、转换意义和突变意义。"① 此后，《俄语语法》（1980）以及其他语法著作中又补充了派生词组合意义。②

2.1 变异意义

变异意义（модификационное значение）指派生词语义结构中，除生产词意义外，还附加了变异特征。如派生名词стол-ик（小桌子），столик（小椅子）的生产词意义分别为"桌子""椅子"，且附加了"小"的变异意义。派生形容词пре-высокий（最高的）生产词意义为"高的"，附加了"最"的变异意义。派生动词за-петь（唱起来），за-кричать（喊起来）生产词意义分别为"唱""喊"，前缀за-附加了"开始行为"变异意义等。

2.2 转换意义

转换意义（транспозиционное значение）指派生词语义结构中，所有意义要素都与生产词意义相吻合，区别仅体现为词类的不同。换言之，这类派生词语义与生产词意义完全相同，不同的只是词类属性发生了改变：смелый（勇敢的）[形容词]—смелость（勇敢）[名词]；невежество（无知）[名词]— невежественный（无知的）[形容词]；читать（读）[动词]— чтение（读）[动名词]；ремонт（修理）[名词]—ремонтировать（修理）[动词]；выходить（走出）[动词]— выход（出口）[名词]等。

---

① Улуханов И.С. Единицы словообразовательной системы русского языка и их лексическая реализация[M]. М.: Изд-во РАН, 1996. С. 149.
② Русская грамматика АН СССР[M]. Т. I. М.: Наука, 1980. С. 139.

2.3 突变意义

突变意义（мутационное значение）指派生词语义结构中，派生词的性质、特征、行为与生产词完全不同：чай（茶叶）—чайник（茶壶）；белый（白色的）—белеть（刷白）；жир（脂肪）—жирный（臃肿的）等。

2.4 组合意义

组合构词意义（соединительное словообразовательное значение）指由于派生词构词结构具有多种类别，因此构词意义也表现出不同类别。以上构词意义仅仅是针对简单词而言。复合词、缩写词的构词意义则体现为另一种性质，因为这类词是由若干个简单词词干组合构成的。组合构词意义最为抽象，常见于复合词干中：хлеб-о-завод（面包厂），мор-е-продукты（海产品），мяс-о-комбинат（肉联厂），хим-продукты（化工产品），северо-восточный（东北的），светло-синий（淡蓝色的）等。

3. 语义构词法与构词意义

语义构词法（семантический способ словообразования, семантика способов словообразования）指构词法作为构词学整体系统中一个分系统，本身体现出一定的语义特点和规律。一方面，语义构词法以某一具体构词标志（即某一词缀）语义特点为研究对象，另一方面，又聚焦某一类独立构词标志的语义特点，如前缀语义和后缀语义。传统构词学研究视角相对单一，仅专注于某一具体构词标志语义特点，而探究众多构词标志语义特点具有高度概括性，是对构词方法整体语义组成特点及规律进行的一种全面的综合性描写。语义构词法与构词意义密切相关，通过剖析构词标志语义，揭示构词过程中某一类构词法的全部构词标志所表达的构词意义，而构词意义类别有助于在一定范围内有规律、有条理地实现构词标志的语义表达，但上述内容仅涉及语义构词法的某一部分，尚未涵盖整个构词法系统以及全部构词法类型中构词标志的语义特点。语义构词法的研究对象应该是整个构词方法系统，亦即构词方法作为一个统一整体的语义组成特点。构词标志语义是语义构词法的主要手段，因为构词标志是构词意义载体，通过分析某一类构词方法中所有构词标志的语义特点，从而把握该类构词方法的语义组成规律。

需要注意的是，语义构词法与词素语义并非同一个概念。词素语义等同于词缀语义，而语义构词法具体体现为构词标志语义，即构词词缀表达的构词意义，因此涉及词缀表达的构词意义，两者的内容在这一部分有所交叠。单一语义构词法还涉及无词缀构词法的语义表达。

俄语构词法类型与构词意义类型表现为如下对应关系：

	变异意义	突变意义	转换意义	组合意义
后缀法	дом-ик（小房子）	чай-ник（茶壶）	смел-ость（勇气）	
前缀法	вы-бежать（跑出去）	вы-давить（榨出）		
尾缀法	мыть-ся（洗澡）			
缩略法	спец（专家）			
名词化		больной（病人）		
复合法				лесо-парк（森林公园）
融合法				тяжело-раненый（负重伤的）

从上表不难看出：一种构词法可能表达多种构词意义，如后缀法表达变异、突变和转换意义，前缀法表达变异和突变意义。一种构词法也可能只表达一种构词意义，如尾缀法和缩略法只表达变异意义；名词化构词法只表达突变意义，复合法与融合法只表达组合意义。概言之，每一种构词法的全部构词标志表达一种，抑或是几种抽象概括的构词意义。具体而言，每一种构词法中单独的构词标志表达具体构词意义。

后缀作为构词意义载体是后缀语义构词法标志。只有后缀可以表达变异、突变和转换三种构词意义，但大多数后缀只表达三种构词意义中的一类。派生词表达变异意义：горох（豌豆）→горошина（豌豆粒）[单个意义]，пионер（少先队员）→пионерия（少先队员们）[集合意义]，говорить（说）→заговорить（开始说）[行为开始意义]等。派生词表达突变意义：салат（沙拉）→салатник（沙拉盘），снег（雪）→снежник（雪堆），угол（角）→угольник（角尺）等。派生词表达转换意义：читать（读）→чтение（读），посылать（寄出）→посылка（寄出），благодарный（感谢的）→благодарность

（感谢）等。但也有相当的多派生词后缀同时表达两种构词意义：тройня（三胞胎）→тройнята（三胞胎儿童）[变异意义"幼崽"+突变意义"与生产名词指称的人相关"]等。

前缀作为构词意义载体是前缀语义构词法标志，主要表达变异和突变意义。前缀法可以派生动词、名词、形容词和副词，其中尤以动词前缀语义最为复杂和多样，前缀语义构词法具有多义性特征。苏联科学院《俄语语法》（1980）梳理出动词前缀可以表达的八种变异意义："1）动作空间方向；2）动作强烈程度；3）存在一定数量主体或客体的动作；4）主体或客体与动作的关系；5）动作完成时间上的特点；6）达到某种状态；7）其他构词意义；8）未完成体和完成体意义。"[①]名词前缀под-、суб-意为"从属、隶属"，под-：подгруппа（亚组、子群），подполковник（中校），подсистема（分系统），подмастер（助手）；суб-：субконтинент（次大陆），субтропики（亚热带），субклеточка（亚细胞）。前缀не、без-、де-、дис-、ре-意为"缺少生产词所指称事物或与之相反"，не-：неправда（不真实），непроводник（非导体），несчастье（不幸）；без-：безпорядок（无序），безучастие（漠然）；де-：демонтаж（拆除），демобилизация（解除战时状态）；дис-：дисгармония（不和谐），диспропорция（不成比例）；ре-：реэвакуация（遣返原地），реэкспорт（再出口）。前缀за-、при-、под-表达"空间"意义，за-：затакт（<音乐>上拍、弱起），заграница（国外）；при-：пригород（市郊），Прибалтика（波罗的海沿岸）；под-：подпочва（下层土壤），подтекст（潜台词）等。上述例词表明，动词前缀和名词前缀法构词语义标志具有多义性特征。形容词前缀法构成的派生词常见于文学语言、科技语言或政论语言中。相较于名词前缀语义，形容词前缀表达的变异意义更为丰富。与名词前缀一样，形容词前缀同样表达"缺少或相反""相对"等意义，небез-：небезопасный（不是没有危险的），небезызвестный（不是无名的），небезвредный（不无危害的）等。"特征程度"体现了形容词前缀最典型的语义特征，如前缀по-表示"特征程度适中"：получше（更好一些），похуже（稍差一些），послабее（稍弱一些）；前缀наи-、пре-、раз-、архи-、сверх-、супер-、ультра-表示"特征程度高、最高或过度"，

[①] Русская грамматика АН СССР[M]. Т. I. М.: Наука, 1980. С. 395–397.

наи-: наилучший（最好的）, наивысший（最高的）, наименьший（最少的）; пре-: предобрый（非常善良的）, премилый（非常可爱的）, превеселый（非常愉悦的）, раз-: развеселый（非常快乐的）, разнесчастный（非常不幸的）, разпрекрасный（极为美妙的）; архи-: архиреакционный（最反动的）, архисложный（最复杂的）, архинелепый（最荒谬的）; сверх-: сверхсовременный（超现代化的）, сверхнизкий（超低的）; супер-: суперсовременный（超现代化的）, супермодный（超时尚的）; ультра-: ультрасовременный（超现代化的）, ультрафиолетовый（紫外线的）, ультравысокий（超高的）。副词前缀构词标志多为非能产的，只有не-为能产前缀，表达"否定"意义：невдалеке（不远）, недаром（没有白白地）, незамужем（未嫁人）, ненадолго（时间不长）等。

尾缀法构词标志有动词尾缀-ся以及代词尾缀-то, -нибудь, -либо, 它们与词而不是与词干结合。动词尾缀-ся表达"主体和客体与动作的相互关系"，语义上是变项：мыться（洗澡）表示"纯反身意义"；целоваться（接吻）, обниматься（互相拥抱）表示"相互反身意义"；прибираться（收拾）表示"间接反身意义"。代词尾缀-то, -нибудь, -либо属于非能产词缀，表示"生产词所指称的事物或特征不确定"。

缩略构词法广泛用于口语和俗语中，派生词往往被视为生产词修辞上的同义词，这类词的共性特征是具有典型的低俗和非正式修辞色彩，试比较：специалист（专家）— спец <口语>, председатель（主席）— пред <口语>, заместитель（副手）— зам <口语>等。

名词化构词法主要指形容词或形动词名词化，构词语义标志是突变意义。名词化构词法不表达变异意义，因为这种构词法的生产词与派生词所属词类不同。名词化也不表达转换意义，因为派生词出现语义增值（смысловое приращение），导致生产词与派生词词义不同。名词化构词法表示以下具体突变意义：1）人物：больной（病人）, взрослый（成年人）, слепой（盲人）, немой（哑巴）, глухой（耳聋者）; 2）动物：косой（兔子）, косолапый（熊）; 3）场所：детская（儿童室）, душевая（淋浴室）, операционная（手术室）, столовая（食堂）; 4）整体中的部分：патая（五分之一）, сотая（百分之一）, тысячная（千分之一）; 5）现象：новое（新事物）, старое（旧事物）, прекрасное（美好的事情）, плохое（不好的事情），страшное（可怕的事情）等。

复合法与融合法构词标志表达组合意义：лесопарк（森林公园）是лес借助中缀-о-与парк的组合，тяжелораненый（负重伤的）是тяжел-借助中缀-о-与раненый的组合。

4. 构词意义与构词观念

派生词作为构词意义载体具有心智形象，体现为一种构词观念（словообразовательный концепт）结构。构词观念这一术语最早由俄罗斯语言学家西多罗娃（Т.А. Сидорова）提出，以生产词与派生词在语言上的相互关系为基础，同时，又以同一结构词的相互关系为学理依据。构词观念结构大体包括以下要素："1）构词模式普遍意义；2）派生词、生产词及构词标志的系统特征；3）超语言因素（包括文化知识、历史知识、社会环境等）；4）词的使用范围；5）词素模式；6）词素组成规则；7）理据类别；8）派生词语义结构中功能意义过程等。"①

受认知语言学思想的影响，构词观念更强调理据对词的内部形式的认知。理据对重新解读词素语义具有重要的作用，因为它表达一种特征，是称名的基础。理据指重新审视词的内部形式、构词意义、词的内部关系制约性等，反映词的内部形式与词汇意义的相互关系。词区分为三种结构类型："1）词素结构（морфемная структура）；2）构词结构（словообразовательная структура）；3）理据结构（мотивационная структура）。"② 进而，她又具体解释了这三种结构的内涵。"构词意义模式、构词模式、具体构词意义、词的题材属性、词素原型意义（词根、后缀和前缀）、构词模式语义要素系统关系、重新释义的基础、典型称名结构、称名原则、情境知识、了解该语言社团所接受的称名符号等词的一系列特征构成理据结构。"③ 词素结构、构词结构和理据结构共同组成构词观念结构要素，对任何一个派生词都可以进行这三种结构类型的分析。因此，构词语义分析离不开对构词观念、构词模式、构词意义等要素的分析。

---

① Сидорова Т.А. Взаимосвязь членимости, производности и мотивированности внутренней формы слова[J]. Филологические науки, 2006 (1). С. 51.
② Там же. С. 52.
③ Там же. С. 52–53.

第四节　词素分析与构词分析

现代俄语构词系统对词的分析立足两个视角：其一，从词到词素的分析聚焦词的结构，属于词素分析（морфемный анализ）；其二，从词到词的分析聚焦词的构词联系，属于构词分析（словообразовательный анализ）。在现代语言学文献中，对词素分析与构词分析关系的讨论众说纷纭，见仁见智。一些学者认为，词素分析应独立进行，无需考虑构词分析；另一些则学者认为，词的词素组成与构词分析密切相关。洛帕京完全不认同词素分析能够独立进行，认为词素分析与构词分析存在严格的依存关系。然而，多数语言学家认为，倘若词素分析不能独立进行，就不能对更多的词进行切分。"程度不同的可切分性（членимость）与派生性（производность）的关联只有在一系列二元对比情况下才能既证实词素分析对于构词分析的相对独立性，也说明两者在目标、任务和结果方面的不同。"[①]词素学与构词学从各自视角揭示词的构造及其规律，词素分析与构词分析分别对应词素学与构词学两个学科，它们的目的、任务、对象、方法和分析结果不同，因此对词的结构组成、构词标志和构造方法的认识和解释也大相径庭。如词素分析对派生词подтип（亚类），подход（态度）的切分结果相同，即它们的词素构造一样：под-тип-ф，под-ход-ф；但构词分析的结果和词的构造却有不同解释：подтип由名词тип通过前缀法派生而成，подход由动词подходить（对待，持某种态度）通过无词缀法派生而成。

卡扎科娃（Т.Е. Казакова）明确了词素分析与构词分析的目的与任务。她认为："词素分析的目的是确定词中的词素边界，具体任务包括：1）提取词中最小意义元素或形素；2）根据共同意义和形式上的相近，把它们归为同一个语言单位，即词素；3）描写形素组合规则；4）根据词中的位置和功能对词素进行分类。构词分析目的则完全不同，其任务是确定词的构词结构，厘清生产词干和词缀的语义关系。"[②]

[①] Бакшеева М.Г. К вопросу о связи морфемного и словообразовательного анализов[J]. Вестник Югорского гос. ун-та. 2016 (1). С.15.

[②] Казакова Т.Е. Словообразование в вузе и в школе[M].Тобольск: Изд-во «Полиграфист», 1999. С.132.

词素分析与构词分析被看做是词的结构分析中的两级，词素分析是第一级，构词分析是第二级。相对而言，词的构词分析更加重要，因为只有正确分析词的构成及其与理据词（生产词）的关系，才能正确地进行词素切分。动词важничать（自尊），скромничать（谦虚）分别由形容词важный（重要的），скромный（谦虚的）派生而成，切分出的后缀是-ича-(ть)。然而，动词слесарничать（当钳工），лентяйничать（偷懒）分别由名词слесарь（钳工），лентяй（懒人）派生而成，切分出的后缀则是-нича-(ть)。

词素分析与构词分析体现的是两种分析方法。词素分析法（способ морфемного анализа）指切分出词或其某个词形中全部起构造作用的形素并确定它们的意义。严格意义上讲，词素分析法是一种词的直接成分分析法，即把词的全部词素切分后，这种分析就结束了。构词分析法（способ словообразовательного анализа）主要用于确定词是派生的还是非派生的，聚焦派生词的构词结构、构词标志、构词方法、构词模式和构词类型以及派生词与生产词之间的关系。这里，切分并不是构词分析法的终极目的，其终极目的是确定派生词与生产词之间的相互关系。对派生词进行构词分析时，最简单的方法是切分出派生词的生产词干和构词标志，如派生词устарел-ость（陈腐）中，устарел-为生产词干，后缀-ость为构词标志。构词分析较为复杂的方法是，既要切分出派生词的生产词干和构词标志，还要确定派生词与理据词之间的关系、使用的构词模式、构词标志以及构词链中出现在该词前面所有环节上的词。

无论是词素分析法，还是构词分析法都是通过与其他词的比较进行的，只是所比较的对象词不同。词素分析法所比较的对象词之间不一定具有派生关系，它们往往是非同根词。如通过对художник（画家），школьник（中学生）等词的比较，可以确定它们共同的后缀词素-ник及其在这类词中的构造作用和意义。构词分析法所比较的对象词之间则一定具有派生关系，它们都是同根词。如устарелый（陈腐的）→ устарелость（陈腐）之间具有派生关系，抽象名词устарелость（陈腐）由形容词устарелый（陈腐的）派生而成，两者是同根词。用构词分析法进行切分的只能是派生词。然而，并非所有派生词都可以进行切分，对маг（录音机），удаль（勇敢）等派生词，词素分析法就无能为力了，因为词素分析的对象必须是可切分词，但这不影响派生词的构词分析：магнитофон（录音机）→ маг（录音机），удалой

（非常勇敢的）→удаль（勇敢）等。

  词素分析法与构词分析法有助于探究词的历史发展轨迹，揭示词的演变规律。词的历时研究实际上是词源研究，主要聚焦某个词是俄语本身固有的，还是外来的。如果是外来词，则确定来自哪种语言，借用到俄语时其结构和语义发生了哪些变化。如果是俄语本身固有词，则需要探究其初始结构，分析其结构在历史上的变化以及变化的原因和类型。现以подарок（礼物）为例，进行词素分析与构词分析。首先进行词素分析，通过比较подарок与该词其他形态变化（подарка,подарку, подарком, подарке, подарки...等），可以确定подарок为名词单数第一格形式、零词尾，是该词聚合体的初始形式。通过比较подарок与意义相近的同根词дарить（赠送），подарить（赠送），одаривать（分赠），дарственный（赠与的）等，切分出词根дар-。通过比较подарок与具有相同后缀的词заработок（工资），набросок-ф（素描；提纲），отпечаток（印迹，痕迹）等，切分出后缀-ок。通过比较подарок与相同前缀的词посторойка（建筑物；工地），покупка（购买；买到的东西），похвала（称赞）等，切分出前缀по-。其次进行构词分析，对构词分析而言，重要的不是把по-дар-ок-ф切分成前缀、词根、后缀和词尾等词素，而是认识到подарок由动词дарить（赠送）派生而成，生产词干是подар-，构词标志是后缀-ок。通过比较与其相近的生产词与派生词отпечатать（印出）→отпечаток（印迹），заработать（挣钱）→заработок（工资），确定该词通过生产词干加后缀-ок，表示"作为动作客体的物体"构词意义。以上为最基本的构词分析，完整的构词分析还要考查подарок所在的构词链，找出构词链上在这个词前面的其他词：дарить → подарить → подарок。最后进行词源分析，通过词源分析确定подарок为俄语固有词，在历史发展过程中有过一定的变化。词根дар-最早从动词дати派生而来，да-是词根，-ръ是后缀，дар-是一个派生词干，后来后缀-ръ从俄语构词系统中消失，于是дар-通过简化法由最初的派生词干演变为非派生词干。

第四章　聚合关系与组合关系中的构词语义

第一节　语义常体词缀与语义变体词缀

俄语派生词语义中可区分出生产词干意义与构词标志意义或曰构词词缀意义。根据派生词生产词干意义与构词词缀组合特点，可分为语义常体词缀与语义变体词缀，前者亦称常体构词词缀、常体构词标志、语义常体构词标志、语义不变词缀；后者亦称变体构词词缀、变体构词标志。

1. 语义常体词缀

1.1　概念界定

语义常体词缀（инвариантный аффикс）指词缀意义通过把带有该词缀词的非生产词部分中的不同语义成素简化为语义常体，该词缀意义表示常体意义，即词缀本身在语义上不发生改变。①

带后缀-и-, -ова-/-ирова-/-изирова-/-изова-, -нича-, -ствова-的动词具有非标准意义（нестандартные значения），表示与生产词有关的各种不同行为，带这类后缀的动词不具有共同语义成素，它们与带后缀-е-的动词不同，后者共同语义成素是"变成，变得"：алеть（变成鲜红色），буреть（变成褐色），наглеть（变得蛮横无理），неметь（变哑），рыжеть（变成红褐色），свежеть（变得新鲜），твердеть（变坚硬），краснеть（变红），зеленеть（变绿），темнеть（暗淡起来），хмелеть（醉酒状态），холодеть（变冷），худеть（变瘦），толстеть（变胖），хорошеть（变得更漂亮）等，也不能形成一定数量的、具有共同词汇语义的类别。它们的意义不等同于带该类后缀动词的词汇意义中的语义成素，而是通过两个步骤来实

---

① Улуханов И.С. Словообразовательная семантика в русском языке и принципы ее описания[M]. 5-е изд., испр. и доп. М.: Книжный дом «ЛИБРОКОМ», 2011. С. 86.

现：一是从派生词意义中去掉生产词意义，然后在剩下的部分中抽象概括出语义常体（семантический инвариант）。"语言学中常体（инвариант）这一术语用于解释那些从具体言语单位中抽象出来的系统单位。就语义而言，常体是从具体文本中提炼出的语言单位的共同意义。"① 如此，可以从带后缀-и-, -ова-的动词或者带后缀-н-, -ск-, -ов-的形容词多样语义关系中简化出它们的语义常体，即"表达与生产词相关的行为或特征"。二是根据在一系列动词中重复出现的部分划分出关系类型，但是有些生产词与派生词之间的语义关系具有唯一性，也就是说它们只能出现于固定组合中，而不在其他组合中复现：шиковать（穿戴讲究，摆阔），морализировать（劝谕，训诫），роскошествовать/роскошничать（过奢侈生活），сумерничать（黄昏时不点灯闲坐着），комиссовать（[经医务委员会体检后]出具健康证明），бюллетенить（休病假），скользить（滑行），дорожить（珍视、重视）等。

常体词缀-и-, -н-, -щик等的系统意义在于，指出其参与构成的词是行为、特征、实体的称名，指出这些行为、特征、实体与生产词具有某种关系。常体词缀意义在文本中的体现是标准的。кожанка意为"皮大衣，皮夹克"，但不表示其他皮制品，这里的"大衣、夹克"不能认为是后缀-к-(а)的系统意义，因为-к-(а)还表达其他意义，并且这些意义的数量基本是无限的，如果这些意义都被附记，就无法直观地描写后缀-к-(а)的语义，也无法建立起其功能系统，即表示与生产词相关的任何事物的称名，而不是特定行为或特征的称名。

生产词在语义关系和构词关系中可以组成完整的有限数量类别时，对带这些后缀的派生词意义可以进行多种解释，如由复合形容词однолетний（一年的），двухлетний（两年的），трехлетний（三年的），пятилетний（五年的）等可以派生出带后缀-к-(а)的名词：однолетка（一年），двухлетка（两年），трехлетка（三年），пятилетка（五年）等，以此类推。从系统视角上看，它们可以指称与生产词年限相关的任何事物：баран-двухлетка（两岁的公绵羊），дубок-двухлетка（两年的小橡树），институт-двухлетка（两年制学院）等。从语义上看，这些派生词主要具有三个意义：1) 特定数

---

① Улуханов И.С. Словообразовательная семантика в русском языке и принципы ее описания[M]. 5-е изд., испр. и доп. М.: Книжный дом «ЛИБРОКОМ», 2011. С. 89.

量年限的计划：пятилетка（五年计划），семилетка（七年计划），десятилетка（十年计划）等；2）特定教育期限的学校：семилетка（七年制中学），восьмилетка（八年制学校），десятилетка（十年制学校），одиннадцатилетка（十一年制普通中学）；3）特定年限的动植物：однолетка（一岁的动物，一年的植物），двухлетка（两岁的动物，两年的植物）等。

1.2　常体词缀动词语义分类

根据语义要素，常体词缀（主要是后缀）动词主要分为四类。

1.2.1　为了某人或某物而完成行为

这类动词共同语义要素是"完成行为"，主要由名词或形容词派生而成，包括四个具体范畴：1）由某人或某物完成行为：плутовать（欺骗），столярничать（做木工活），учительствовать（教书），парусить（承受风力）；2）在某物体上完成行为：базарить（在集市上做小买卖），шлюзовать（放闸）；3）在某段时间内完成行为：штормовать（在风暴中挣扎航行）；4）由具有生产形容词意义特征的人完成行为：хитрить（耍滑头），лютовать（逞凶），важничать（妄自尊大），свирепствовать（胡作非为），хромать（瘸，跛）。例如：

① На экзаменах *плутовали*, покупая у старшеклассников шпаргалки.（В. Кожевников）考试中[一些学生]用向高年级同学买的小抄条儿**作弊**。

② Встречным вихрем *парусило* на нем полы барань его полушубка.（Салтыков-Щедрин）迎面吹来的风**吹起**了他的羊皮袄下摆。

③ Оба мы *хитрили* — дай бог, чтоб я его перехитрил, на деле; а на словах, кажется, я перехитрил.（Шушкин）我们俩都在**耍滑头**——愿上帝保佑，让我事实上胜过他；口头上我似乎已经占了上风。

④ Чиновники эти поначалу сильно *лютовали*, драли с мужиков три шкуры.（М. Алексеев）这些官员一开始就**大耍威风**，让那些男人剥了三层皮。

1.2.2 为了达到某种目的而完成行为

这类动词共同语义要素是"为了达到目的而做",包括六个具体范畴:1)把……分配给客体,为了让客体有……而做:финансировать(提供资金,拨款),вощить(打蜡);2)给予客体某种特性:калечить(损坏),математизировать(使……数字化),веселить(使……快活,使……开心);3)表示把客体放到……里/上,为了使客体在……里/上而做:складировать(入库,仓储);4)获得、弄到,为了……而做:калымить(捞外快),барышничать(倒卖);5)创造,使其与客体相关联:рецензировать(写评论文章),копнить(堆垛,码垛);6)创造,为了……存在而做:дымить(冒烟,漏烟),бликовать(照出亮点)。例如:

① Калеча немецкую связь, он чувствовал, что посильно участвует в войне, помогает товарищам.(Б. Полевой)他**毁坏了**德军的通讯设施,感到真正参加了战争,帮助了战友们。

② Ну, и но лошадиной части *барышничал*, по ярмаркам рыскал, когда деньги водились.(Чехов)有钱的时候,也干些**倒卖**马匹的**行当**,经常进出于各种集市。

③ Потолок закопчен, как в курной избе, ясно, что здесь зимой *дымят* печи.(Чехов)天花板熏黑了,好像在用没有烟囱的炉子取暖的木屋里一样——显然,这里,冬天炉子**漏烟**。

1.2.3 共同完成行为

这类动词共同语义要素是"借助工具做":боронить(耙地),гарпунить(用大鱼叉或鱼镖捕猎),гильотинировать(用剪断机剪断,切断),циклевать(刮光,刨光),костылять(用拐杖打,揍)等。这里,生产词干语义均表示"工具"。

1.2.4 由名词派生完成行为

这类动词共同语义要素是"由名词派生,表示行为完成":салютовать(致敬,敬礼),ремонтировать(修理)等。

从上述常体词缀语义分类不难看出,在每个语义类别次范畴中,动词后缀构成与动词及物或不及物密切相关。例如,在1.2.2部分,"为了达到目的而做"这一范畴中,次范畴1)、2)、3)、5)动词均为及物动词,而4)、6)均为不及物动词。相应,只有次范畴1),

2）、3）、5）可以使用-и-, -ова-/-ирова-/-изирова-/-изова-, -а₁-等后缀。

2. 语义变体词缀

2.1 概念界定

语义变体词缀（неинвариантный аффикс）指词缀意义通过区分带有该词缀词的非生产部分中相同意义成素而形成，该词缀意义属于可变意义，词缀本身在语义上是变体词缀。[①]变体词缀亦称变体标志（неинвариантный формант）。"倘若一个词缀只出现在像пастух（牧人）、стеклярус（玻璃串珠）等单个的词中，则该词缀被认为是词去掉生产词部分的全部意义要素。"[②] 但如果一个词缀在一系列词中都有体现，这些词缀则进入派生词词干，而不是生产词词干，即通过这些词缀能够区分出派生词与生产词。此时需要明晰在这些词的非生产词部分语义中是否存在共同语义要素。研究结果表明，具有同一个构词标志的词，其非生产词部分包含共同语义要素。如后缀-е-在роз-ов-е-ть（呈现浅红色）、холод-е-ть（变冷）等词中共同语义要素为"变成，获得某种特征"。在这一非生产词部分共同意义上，-е进入所有其他带该后缀的词中。试比较：

розоветь→становиться розовым или более（变得红润或更红润）
зеленеть→становиться зеленым или зеленее（变得绿油油或更绿）
холодеть→становиться холодным или прочнее（变冷或更冷）
веселеть→становиться веселым или веселее（变得快乐或更快乐）
А+-е-(ть)→становиться А или А компаратив（变成А或更А）

通过类似方法也可以确定后缀-ик (дом-ик), -ну₁-(слеп-ну-ть), -ну₂-(толк-ну-ть), -ость, -от-(а), -изн-(а), -ениj-, -б-(а), -анин, -оныш, -оньк-, -ущ-, -ейш-/-айш; без-, не-, анти-, архи-, наи-等表达的语义。

[①] Улуханов И.С. Словообразовательная семантика в русском языке и принципы ее описания[M]. 5-е изд., испр. и доп. М.: Книжный дом «ЛИБРОКОМ», 2011. С. 87.

[②] Земская Е.А. Унификсы (об одном виде морфем русского языка)[A]//Вопросы филологии. К семидесятилетию со дня рождения профессора И.А. Василенко[С]. М.: Московский гос. педагог. ин-т им. В.И. Ленина. 1969. С. 7.

第四章　聚合关系与组合关系中的构词语义　103

带这类构词标志的词可以组成一个或若干构词词群（слово-образовательная группа），其中，词的标志部分具有共同语义要素。带同一个前缀的动词还分成若干类别，如带前缀 по- 的动词包括五类：1）完成行为，但强度不大：поостеречься（提防一点），попридержать（稍稍扶住），поотстать（稍稍落后）；2）由多个主体完成或涉及多个客体的多次行为，行为有时是依次进行：померзнуть（冻死，冻坏），попадать（[全部或许多一个接一个地]落下，倒下），повывезти（运出[全部或许多]），побросать（乱扔[全部或许多]），посажать（让[全体或许多人]坐下）；3）在一段时间内完成行为：побеседовать（谈一会儿），позаниматься（学一会儿），покурить（抽一会儿烟），полюбезничать（客套一下）；4）开始行为：побежать（开始跑），подуть（吹起来）；5）完成行为并达到结果：поблагодарить（感谢），построить（建成）。例如：

① Ну, Родя, подымайся. Я тебя *попридержу*.（Достоевский）喂，罗佳，站起来。我**扶住**你。

② Ударил гулкий орудийный выстрел...Несколько человек в страхе *попадало* на землю .（Фадеев）轰的一声炮响……好几个人吓得**跌倒**在地。

③ Французы, не успев опомниться, *побросали* оружие и побежали.（Л. Толстой）法国兵还没回过神来，就**扔下**武器，落荒而逃。

④ Если она вам и не нравится, так вы хоть для виду, из приличия *полюбезничайте* с ней.（А. Островский）如果您不喜欢她，至少也做个样子，出于礼貌同她**客套几句**。

⑤ Кучер пискнул фальцетом—и лошади *побежали*.（Тургенев）车夫用假音叫了一声，马就**跑了起来**。

2.2　起始动词与语义变体后缀

起始动词（инхоативный глагол, инхоатив, инцептив, или ингрессив）是一种动词范畴，用于描述动作、行为、状态的开始或形成，通常由形容词或名词派生。起始动词具有"获得某种特征"（приобретение признаков）意义，借助构词标志 -е- 与形容词词干组合为能产后缀，与名词词干组合为非能产后缀，如 -ну$_1$-, -а$_2$- 等。带后缀-e-的动词通常由形容词或名词派生，其他后缀只与形容词词干组配。俄语大多数表示颜色意义的形容词与后缀-e-组配为派生动词，表示所描写事物的外在特征：алеть（变成鲜红色），багроветь（呈深红色，变红），багрянеть（变成深红色），белеть（呈现白色，发白），буреть（呈现褐色，变成褐色），голубеть（呈现浅蓝色，变成浅蓝色），сереть（呈现灰色，变成灰色），сизеть（呈现蓝灰色），синеть（变成青色），смуглеть（变成淡褐色），темнеть（现出黑色），желтеть（显露黄色，变黄），рыжеть（呈现红褐色，变成红褐色）等。

有些起始动词也有类似的意义组配，但这些动词并不表示颜色意义，而是事物其他的外在特征：пестреть（变得色彩斑斓），темнеть（变暗，天暗下来），светлеть（明亮起来），тускнеть（亮度、色彩变得暗淡起来），мутнеть（变浑浊，变模糊），мрачнеть（变昏暗，变黑暗），круглеть（变圆，成为圆的），редеть（变得稀疏，变得稀薄），яснеть（发亮，转晴）等。但上述特征对起始动词而言并不十分典型，其特征往往并不拘泥于表层：беднеть（变穷），глупеть（变糊涂），дешеветь（落价，跌价），добреть（变得和善），жаднеть（变得贪婪），злеть（变得凶恶），леветь（变得左倾），милеть（变得可爱），наглеть（变得厚颜无耻），подлеть（日益堕落），пошлеть（变得庸俗下流），праветь（变得右倾），прочнеть（变得坚固），смелеть（变得勇敢）等。

起始动词由名词派生的数量并不多见，其能产度远远低于相应的形容词派生。有些动词表示获得部分特征，试比较：зверь（野兽）→звереть（发狂，发怒），сатан（撒旦，魔鬼）→сатанеть（变得极凶恶，凶狠得像恶魔）等；有些动词则表示获得全部特征：сирота（孤儿）→сиротеть（成为孤儿）等。

形容词派生带后缀-ну$_1$-和-а$_2$-的动词表示特征是绝对或相对的：тихий（安静的）→тихнуть（安静下来），ветхий（陈旧的，陈腐的）→ветшать（变陈旧，变陈腐），слепой（盲的）→слепнуть（失明），глухой（聋的）→глохнуть（变聋）；дорогой（贵的）→дорожать（涨价），крепкий（结实的）→крепчать（变得更加猛烈或剧烈），легкий（容易的）→легчать（减弱，减轻），мелкий（小的）→мельчать（变小），нищий（行乞的）→нищать（陷入贫困），тонкий（薄的，细的）→тончать（渐渐变薄或变细）等。

根据上述分析，俄语动词后缀语义场中具有三个独立的语义范畴：1）动词带变体后缀-е-, -ну₁-, -а₂-表示获得某种特征；2）动词带变体后缀-а₃-/-ка-表示发出音响；3）其他全部类型生产词与派生词语义关系借助常体后缀-и-, -а₁-, -ова-/-ирова-/-изова-/-изирова-；-нича-, -ствова-表达，且带后缀-и-, -а₁-, -ова-派生动词语义子场与带后缀-нича-, -ствова-派生动词语义子场一致。研究表明，多数后缀既见于及物动词中，也见于不及物动词中，而后缀-нича-, -ствова-仅见于不及物动词中。详见下表。

动词后缀语义子场

1. 获得某种特征：-е-, -ну₁-, -а₂-	белеть（呈现白色），слепнуть（失明），ветшать（变陈旧，变陈腐），сиротеть（成为孤儿）
2. 发出音响：-а₃-/-ка-	акать（把非重读音节的 о 读作 а 或近似 а 的音），ахать（发出啊声）（表示惊叹、高兴、忧伤等时发出一声"啊、唉、哎哟"）
3. 其他语义 及物动词：-и-, -а₁-, -ова- 不及物动词：-и-, -а₁-, -ова-, -нича-, -ствова-	маслить（涂油，抹油），грязнить（弄脏）；асфальтировать（铺沥青），активизировать（激活）；пятнать（玷污），ровнять（弄平，弄直）；хитрить（耍滑头），лютовать（逞凶，发威），хромать（瘸，跛），важничать（妄自尊大），свирепствовать（逞凶），шоферить（当司机），дезертировать（开小差），слесарничать（当钳工）

第二节 聚合关系中的词素语义

聚合关系（парадигматическое отношение）指语言结构某一位置上能够相互替换，并执行相同功能的单位之间的垂直关系、纵向垂直关系，又叫联想关系。①简言之，聚合关系指符号与符号之间的替代关系。华劭概述了语言单位之间聚合关系的特点："1）通过聚合关系联结起来的单位，因为有某种引起联想的共同点，因而在一定条件下可以彼此代换，但在话语链条的同一位置上，它们不能同时出现，彼此之间有着互斥性（альтернативность, дизъюнктивность）；2）聚合关系存在于有共同特点单位之间，这些单位一般都没有固定出现的

---

① 华劭，语言经纬[M]，北京：商务印书馆，2005，第81页。

顺序，甚至数目也可能不定；3）可以从不同角度将语言单位聚合在一起，因而基于共性所形成的各种集合或类别也较多，又由于形成聚合类所依据的共同特点不一，各聚合类包含的单位数目也不尽相同；4）聚合关系的核心是同异关系，所谓同异主要是指能指方面（如音响、结构等）和所指方面（如功能、意义等）的同异；5）聚合关系把各个单位纳入不同的集合、类别和系统；6）聚合关系具有广义和狭义的解释。"[1]就构词语义聚合关系而言，乌卢哈诺夫指出："构词语义聚合关系（парадигматические связи）指语言系统中构词单位之间语义和形式上的同异特征。"[2]相较于词、词组、句子等语言单位，词素语义十分抽象，不能切分为更小的表义部分。"构词词缀之间的语义相互作用多由语义常体或语义变体词缀确定。"[3]乌卢哈诺夫主要以语义常体后缀-ова-/-ирова-/-изова-/-изирова-, -и-, -а₁-, -нича-/-ича-, -ствова-/-ествова-和语义变体后缀-е-, -ну₁-, -а₂-, -а₃- / -ка-为例，从聚合关系视角对这些词缀之间的语义关系进行了系统分析和阐释。

1. 常体词缀之间的语义关系

常体词缀之间的语义关系主要指聚合关系中常体词缀完全同义或部分同义。完全同义词缀指语义上完全一致的词缀，如后缀-ов-/-н-等，但这类词缀相对较少；部分同义词缀指语义上只有部分重合的词缀。俄语大多数语义相同或相近的构词词缀均属部分同义词缀。多义词缀可以在一个语义上同义，或在若干语义上同义。

完全同义词缀表达的构词意义与生产词具有某种关系，并按照一定规则与生产词干组配。某些意义只可借助一个词缀表示，而不能借助其他词缀表示。后缀-н-通常表达性质意义（качественные значения）：шум-н-ый（嘈杂的，喧闹的），жир-н-ый（油脂的，多油的）和关系意义（относительные значения）：апельсин-н-ый（橙子的，用橙子制的）。而后缀-ов-只表达关系意义：шум-ов-ой（噪音的，杂音的），жир-ов-ой（含脂肪的，脂肪的），апельсин-ов-ый（橙子的，橙色的）等。

---

① 华劭，语言经纬[M]，北京：商务印书馆，2005，第81—83页。
② Улуханов И.С. Словообразовательная семантика в русском языке и принципы ее описания[M]. 5-е изд., испр. и доп. М.: Книжный дом «ЛИБРОКОМ», 2011. С. 198.
③ Там же. С. 199.

后缀-нича-/-ствова-和-и-/-ова-属于部分同义词缀。而后缀-и-/-ова-的语义比-нича-/-ствова-更加宽泛，这些后缀既具有共同意义：важничать（妄自尊大），упорствовать（固执），хитрить（耍滑头，耍花招），лютовать（逞凶，发威）等，也具有不同意义，只有后缀-и-/-ова-表达"分配意义"，而-нича-/-ствова-不能表达该意义。试比较：

① *Важничал* в дворне, не давал себе труда ни поставить самовар, ни подмести полов.（Гончаров）他在仆人中间**妄自尊大**，既不屑于摆茶炊，也不屑于扫地。

② Принялись мы торговаться; Филофей сперва *упорствовал* потом стал сдаваться, но туго.（Тургенев）我们开始讨价还价；起初菲洛费伊坚决**不让步**，后来开始让步，但是不爽快。

③ *Хитрит* перед всяким покупщиком.（Шушкин）在所有买主面前都**耍花招**。

④ Кричит, *лютует*, то на того, то на другого кидается с бранью, с руганью.（Печерский）他大喊大叫，**发威耍彪**，一会儿骂这个，一会儿骂那个。

2. 变体词缀之间的语义关系

变体词缀之间的语义关系主要指聚合关系中变体词缀为完全同义或部分同义关系。① 此时，变体词缀可能在所有义项上都是同义的，也可能仅在个别义项上是同义的。变体词缀之间的语义关系大多是通过动词前缀来实现：о-/об-, вы-/из-, из-/ис-, за-, вз-, пере-, по-等。

前缀о-/об-在以下意义中完全同义：1）围绕，包围某物：обежать（围跑），осыпать（从四面撒上，洒满），объехать（环绕而行）；2）经过某物：оплыть（游泳或航行绕过），обойти（绕过）；3）行为分布在多个客体上或一个客体范围内多个地方：обегать（跑遍各处），облетать（飞遍各地）；4）完成体结果意义：обеспокоить（烦扰，打搅），обменять（交换），огрубеть（变粗糙）等。此外，前缀об-还具有两个义项：一是"借助生产词行为超过行为的另一个完

---

① Улуханов И.С. Словообразовательная семантика в русском языке и принципы ее описания[M]. 5-е изд., испр. и доп. М.: Книжный дом «ЛИБРОКОМ», 2011. С. 199.

成者": обыграть（赢，获胜）；二是表达"给……带来损失"：обсчитать（故意算错少给），обмерить（少量尺寸欺骗[买主]），而前缀о-则没有这两个义项。例如：

① Шутя и балагуря, хозяин старался *обсчитать*.（Горький）老板一边开着玩笑，一边想方设法**故意算错**。

② — Чего не вылезаешь-то. *Обмерил*? — *Обмерил*, — сердито ответил Митька. 你怎么不出来呢？**短斤少两**了吧？——是**短斤少两**了，米特卡生气地回答。

前缀вы-/из-具有三个共性意义：1）借助生产动词指称行为"把……分出来"：выгрузить（卸下，卸载），выгнать（逐出，赶出），изгнать（驱逐），излить（洒出，流出）；2）生产动词指称行为的强度或精确度：вылизать（舔光，舔净），вымазать（涂上，抹上），иззябнуть（冻透），иссохнуть（干涸，枯萎）；3）完成体结果意义：вылечить（治愈），вызубрить（背熟），излечить（治愈），изжарить（煎好）等。除上述意义外，вы-/из-在其他义项上并不相同。前缀вы-独有的义项：1）借助生产动词指称行为表示"获得、找到某物"：выиграть（赢），высудить（打赢官司而获得），Помнишь, как играли в шашки; ведь я *выиграл*.（Гоголь）（还记得吗，有一次我们下跳棋，要知道，可是我**赢了**）；2）完成生产动词指称行为时，在某一时间内经得起、忍受某事：выжить（[重病、重伤之后]活下来，经受），высидеть（坐[若干时间]），выстоять（经受住，忍受住）等。Все, что я *выжил* в первые дни моей каторги, представляется мне теперь как будто вчера случившимся.（Достоевский）（我服苦役最初的那些日子终于**熬过去了**，现在想起来恍如隔日）。前缀из-独有的义项：1）生产动词指称的行为扩大至多个客体上或一个客体的多个方面：избегать（跑遍），избороздить（犁出许多犁沟）等；2）借助生产动词指称行为消灭、花费或使用完某物：исстрелять（射尽，打完），*Избегав* три улицы..., Стрижин побежал в аптеку: авось поможет аптекарь.（Чехов）（斯特里任**跑遍了**三条街……，又跑到了药店：万一药剂师能帮上忙呢）。

前缀за-, вз-共同语义成素是"行为开始"：взволноваться（起波浪，掀起波涛），заволноваться（波动起来，骚动起来），взвыть（动物嗥叫起来）等，两者的区别在于，вз-意为"程度强或者突然、意外"：вздорожать（涨价），взмокнуть（湿透，浸透）等。вз-这一义项可以通过比较вздорожать, подорожать两个词体现。同为"涨价"之意，可以说сильно вздорожать（涨得厉害），сильно подорожать（涨得厉害），但不能说*немного вздорожать（有点涨价），немного подорожать（有点涨价）。

前缀пере-, по-语义成素相近，指"全部或多个客体或者由全部或多个主体完成的多次行为"：переглотать<口语>（几口吞下[全部或许多]），перепробовать（尝[许多]），перегаснуть（[所有或许多灯]一个接一个熄灭），перебывать（[所有或许多人]到，访问），передороваться（与[全体、许多人或彼此间]打招呼，问好）；повывезти（运出[全部或许多]），померзнуть（[全部或许多]冻死，冻坏），повскакать（[全体或许多人]跳起来），полопаться（[全部或许多东西]破裂），повыбежать（[全体或许多人]一个个地跑出来）等。除相近意义外，前缀пере-, по-还表示其他义项：1）动词词干仅与前缀по-组配。大多数带前缀по-的起始动词表示完全或相对变化：покраснеть（变红），помрачнеть（变得昏暗），посмелеть（变得勇敢）等，而前缀пере-不具有这个语义成素；2）动词词干仅与前缀пере-组配。某些无前缀动词在"分布意义"（дистрибутивное значение）义项上只与пере-组配，而不与по-组配：белить（刷白，漂白）→перебелить（重新粉刷），брить（刮，剃）→перебрить（重刮，重剃），гасить（熄灭）→перегасить（熄灭[全部或许多]），гаснуть（熄灭）→перегаснуть（[所有或许多灯火]一个接一个地熄灭），гибнуть（消失）→перегибнуть（[许多人等]一个一个地死去），гладить（熨平）→перегладить（重新熨平），губить（毁坏，毁灭）→перегубить（杀死，杀害[全部]），дарить（赠予，赠送）→передарить（[陆续]赠送[全部或许多]），браться（抓住；拿起；着手）→перебраться（迁移，换一个地方），жалеть（怜悯）→пережалеть（怜悯[全部或许多]人），жертвовать（捐献，捐赠）→пережертвовать（捐献，捐赠[全部或许多]），знакомить（介绍认识）→перезнакомить（介绍[许多人]彼此认识），золотить（镀金，涂成金黄色）→перезолотить（把[全部或许多]都镀上金），кормить（喂养，供养）→перекормить（喂[全部或许多]），мыть（洗）→перемыть（洗净）[全部或许多]，пробовать（尝，尝试）→перепробовать（尝）[许多]，стирать（洗濯；擦去）→перестирать

（洗好[全部或许多]），целовать（吻）→перецеловать（吻遍，吻[许多人]），чистить（清洁）→перечистить（洗净，擦净[全部或许多]）等。上述动词与前缀по-组配时不表达分布意义，仅表示完成意义。

许多动词可以与不同词缀搭配。在这种情况下，与一个词缀组配产生的意义可能会阻碍与另一个词缀组配时的意义。同样以前缀пере-, по-为例，переарестовать（逮捕[全部或许多]）= поарестовать всех；перебить（打死[全部或许多]）= побить все；перевалять（滚动[全部或许多]）= повалять все；переграбить（抢劫，洗劫[全部或许多人]= пограбить все；передавить（压死，压坏[全部或许多]）= подавить всех；переделать（做，改造[全部或许多]）= поделать все дела；переколоть（劈开，破开[全部或许多]）= поколоть все дрова；перекосить（割掉[全部或许多]草）= покосить всю траву；переклевать（啄光[全部或许多]）= поклевать все зерна；переморить（饿死，弄死[全部或许多]）= поморить всех；перепачкать（弄脏，弄污[多处]）= попачкать все белье；перерубить（砍死，砍伤[全部或许多]）= порубить всех；перештопать（织补，补缀[全部、许多或多处]）= поштопать все носки等。例如：

① Если не пойдете, сейчас же на месте всех *переарестуем*!（Н.Островский）如果你们不去，我们立即把**所有人**就地**抓起来**！

② Катюше было много дела по дому, но она успевала все *переделать* и в свободные минуты читала.（Л.Толстой）喀秋莎有许多家务事，但她还是能抽出时间把一切都**做好**，并且在空闲的时候读书。

前缀по-与一些词组配时还表示"大量"意义：побелить все потолки（把全部天花板刷白），погасить все свечи（熄灭所有蜡烛），все цветы погибли（花全部凋谢了），погладить все белье（熨烫所有衣物）等。为什么前缀по-与某些动词组配表示分配意义，而与另一些动词组配却表达行为完成意义？不言而喻，这一问题只能从历时视角分析。共时方法仅仅说明，前缀по-与生产词词干搭配时表示单纯完成行为，该行为也可以通过其他方式表达，在这种情况下，по-多表达分配意义，试比较：побудить（叫醒[全体或许多人]）—

разбудить（будить 的完成体），повянуть（[全部或许多]枯萎，干枯）— завянуть（вянуть, завядать 的完成体），пограбить（抢劫，掠夺[全部或许多]）— ограбить（грабить 的完成体），подавить（压倒[全部或许多]）— раздавить（压坏，挤坏），поделать（完成，办成[全部或许多]）— сделать（делать 的完成体），подушить（掐死，憋死[全部或许多]）— задушить（душить 的完成体），поколоть（砸碎，弄碎[全部或若干]）— расколоть（劈开，砸开），порубить（砍掉[整个或许多]）— зарубить（砍死，劈死），поштопать（织补好[全部或许多]）— заштопать（织补）等。

3. 常体词缀与变体词缀之间的语义关系

  常体词缀语义往往通过简化出带该词缀词的非生产词部分中的语义常体来确定。①但是，区分带后缀-и-的动词或者带后缀-н-的形容词与生产词关系时，可能很难回答这样的问题：该后缀能否表达任何行为关系或者生产词特征，是否存在这些后缀不能表达的关系？这个问题可以通过分析这些词类借助变体后缀表达的意义来解决。如前所述，带变体后缀-и-, -нича-, -ствова-, -ова-的动词不能表达行为起始意义，也就是说，它们不能表达-е-, -ну₁等变体后缀意义；也不能表达发生意义。换言之，带常体后缀的动词和同种构词类别的带变体后缀的动词表达不同构词语义。如果派生动词生产词干相同，但一个带语义常体后缀，另一个带语义变体后缀，则不可能表示相同语义。如后缀-и-, -е-：веселить（使快活，使开心）— веселеть（快活起来，开心起来）；-и-, -ну₁-：слепить（使失明，晃眼）— слепнуть（失明）；-и-, -а₂-：мельчить（弄碎）— мельчать（变小，缩小）；-ова-, -е-：жировать（[鸟、兽、鱼等]觅食吃饱长肥）— жиреть（发胖，肥胖起来），пустовать（空闲）— пустеть（变空）；-ствова-, -е-：свирепствовать（逞凶）— свирепеть（变得凶残）；-а₁-, -е-：хромать（瘸，蹩脚）— хрометь（瘸起来）等。试比较：

  ① Слово за слово, и они ссорились серьезно: Маша быстро *свирепела* и бросалась на Илью с намерением поцарапать его.

---

① Улуханов И.С. Словообразовательная семантика в русском языке и принципы ее описания[M]. 5-е изд., испр. и доп. М.: Книжный дом «ЛИБРОКОМ», 2011. С. 205.

（Горький）话赶话他们吵得很厉害：玛莎很快**暴怒起来**，向伊利亚扑去，企图挠他。

② В Сибири *свирепствовали* карательные отряды. （А. Новиков）讨伐队在西伯利亚**胡作非为**。

③ Я с тоской смотрел, как *пустела* моя квартира, из нее понесли мебель. （Гончаров）我惆怅地看着我的房子**变空**，里面的家具被搬走。

④ Весна пришла, земля *пустует*; сеять нечем. （Л. Толстой）春天来了，地还**闲着**；没有种子可种。

在上例中，派生词生产词干相同，如例①②中的свиреп-，例③④中的пуст-，但它们的语义常体后缀-ствовать-，-ова-和语义变体后缀-е-不同，因此，语义上彼此差别。

然而，语义常体词缀与语义变体词缀之间可能还存在另外一种关系，它们可能是部分同义关系，这种现象多见于形容词和名词后缀中，但不出现在动词后缀中。变体后缀-н-(я)的部分意义（表人意义）也可以用常体后缀-ник-，-тель表达；语义变体后缀-чанин-"居民或者从某地移来的人"也可以用语义常体后缀-ец表示。

4. 同一词缀之间的语义关系

同一词缀意义（значения одного и того же аффикса）之间也是彼此关联的，可以表达不同的义项。同一词缀全部语义成素及其在不同义项下的组配原则在动词前缀中具有最为充分的体现。乌卢哈诺夫通过描述前缀вз-的四个语义成素，揭示了它们之间在语义上的相互关系，详见下表①。

	взлететь（飞起）	вспениться（起泡沫）	взволноваться（起波浪，激动）	взмокнуть（出汗）	вспотеть（出汗）
行为向上	+	+	+	−	−
行为强度大	−	+	+	+	−
行为开始	−	+	+	−	−
行为完成	+	+	+	+	+

---

① Улуханов И.С. Словообразовательная семантика в русском языке и принципы ее описания[M]. 5-е изд., испр. и доп. М.: Книжный дом «ЛИБРОКОМ», 2011. С. 205.

从上表不难看出，只有动词вспениться涵盖全部四个语义成素：Облака *вспенивались* ввысь, в зенит. (Д. Холендро. Пушка)（云朵**翻滚**，直冲云霄）。

前缀вы-借助生产词行为表示"到外面，出去"：выйти（走出），вывезти（运出），выгнать（逐出），вылететь（飞出）等，而在动词выиграть（赢得，中奖），高сидеть（[在一个地方、家里坐着] 获得）中表达"获得，得到"意义。有些带该前缀的动词在特定语境中同时表达以上两种意义：выловить бревна из реки（从河里打捞出原木）既包含了从河里"捞出来"义项，又包含了"获得"原木意义。再如，выварить соль из морской воды（从海水里熬出盐来），вырыть клад из земли（从地下挖出宝藏），высверлить（钻出），Рядом лежали *высверленные* из глубины степных недр круглые столбики — керны энергетических и коксующихся углей (Л. Волынский. Кустанайские встречи)（一旁放着从草原深处**挖出**的小圆木桩，它们是焦煤和能量核心）。

乌卢哈诺夫把带前缀вы-的三类动词语义关系通过下表呈现。[1]

	выгнать（逐出）	выловить（打捞出）	выиграть（赢得）
到外面，出去	+	+	−
获得，得到	−	+	+
行为完成	+	+	+

前缀от-也不是单义的，既表达这类动词独有的"分离意义"（значение отделения）：отгнить（因腐烂而掉下），отгореть（烧断而掉下），отколоть（砍下，劈下）等，也表达"结果取消意义"（значение аннулирования результата）：отдумать（改变主意），отсоветовать（劝止），отучить（使戒除）等。有些动词同时包含以上两个意义成素，表示把此前联结在一起的事物分离：отклеить（[把粘着的东西]揭下来），открепить（[把系着的东西]解开），отлепить（揭下[粘着的东西]），отлипнуть（[黏上或胶合的东西]脱落），отсоединить（使[连结在一起的]分开）等。

---

[1] Улуханов И.С. Словообразовательная семантика в русском языке и принципы ее описания[M]. 5-е изд., испр. и доп. М.: Книжный дом «ЛИБРОКОМ», 2011. С. 208.

前缀пере-同样表达两个意义成素：1）从某处经过某物或空间到达另外一处：перепрятать（改藏在别处）；2）再次完成行为：перенацелить（重新瞄准），переотправить（转运）等。例如：

① Надо незамедлительно *переадресовать* нас куда-то, где погода более или менее сносная. (М. Галай. Испытано в небе) 必须立刻把我们**转移到**天气相对宜人的某个地方去。

② Он позвонил мне и сказал, что основную массу авиации придется *перенацелить* на другое направление—в полосу Приморского шоссе. (А. Новиков. В небе Ленинграда) 他打电话告诉我，主要航空力量将不得不**重新瞄准**另一个方向——沿海公路地带。

上述例证提示，无论何种语境下，前缀多个语义成素都可以体现在同一个词中，有些词缀在某种语境下可能仅表达一种意义。如果同一个词中出现多个语义成素，只能在特定动态语境中进行判断：Я надеюсь, что внимательно *передумав* весь вопрос, Петерсон в основном вполне согласится со мной. (Л.В. Щерба. О частях речи в русском языке) 我希望，对全部问题**深思熟虑**后，彼得松能够完全同意我的观点。

在该例中，派生动词передумать的前缀пере-包含两个语义成素：一是"借助生产词行为表示行为反复"；二是"分布在多个客体上的行为"。

第三节 组合关系中的词素语义

1. 组合关系与词素语义

结构语言学认为，语言单位的能指与所指、历时与共时、静态与动态、组合与聚合以及语言层级装置的内部层次等各类关系构成语言的结构，并作为语言系统的组成部分。任何话语的形成都是通过选择以提取其某些语言单位，并经过组合使其构成更高层次、更复杂的语言单位。"组合关系（синтагматическое отношение）指可能体现于连贯话语（话语片段）中各语言单位之间的横向关系、横向水平关系，又叫句段关系。"①简言之，组合关系是符号与符号相互组合起来的线性横向关系。华劭概述了语言单位之间组合关系的特点："1）通过组合关系联系起来的单位必须在言语中同时出现，它们具有所谓的共现性（симультанность, совместная встречаемость），一个单位具有某种组合关系必须以另一个或几个单位在场为前提；2）组合关系存在于两个或两个以上的线性单位之间，且线性单位有连续的顺序和一定的数目；3）组合关系可以在同一话语中反复出现，具有所谓的递归性（рекурсивность）；4）在组合关系中，主从联系处于核心地位，因为只有主从联系才能使组合后形成的单位产生新的性质，使整体大于部分的加和；5）通过组合关系可把言语中低一层次的线性单位递次组成高一层次单位；6）组合关系具有广义和狭义的解释。"②

组合关系几乎体现于语言单位的语音、构词、语法、语义等各个层面。就构词语义组合关系而言，乌卢哈诺夫指出："构词语义组合关系（синтагматические связи）指在派生词组成中构词标志（构词词缀——笔者注）与生产词干的关系。组合关系通过语义、修辞、构词结构（词缀结构）和形式方面的规律加以调整。"③概言之，组合关系中词素语义探究构词词缀与生产词词干组合时体现的各种规律。泽姆斯卡娅持类似观点："在组合关系过程中，区分词缀组合的可能性与不可能性至关重要。根据构词词缀与生产词干组合特点，大体可分出语义、形式、修辞、词汇以及构词方面的限制。"④这五种限制因素决定了构词词素与生产词干的组配能力。其中，词素语义限制在于，这些词素只与具有共同语义特征的词干组配。在语言实践中，不存在与任何词干都能组配的词缀，哪怕它们属于某一特定词类。为了使构词词缀与生产词干成功组配，必须使它们的语义具有相容性。

2. 变体词缀与生产词干的语义关系

相较于常体词缀组合，生产词干与变体词缀组合时体现更多的语

---

① 华劭，语言经纬[M]，北京：商务印书馆，2005，第78页。
② 同上书，第78—80页。
③ Улуханов И.С. Словообразовательная семантика в русском языке и принципы ее описания[M]. 5-е изд., испр. и доп. М.: Книжный дом «ЛИБРОКОМ», 2011. С. 214.
④ Земская Е.А. Современный русский язык. Словообразование[M]. 3-е изд., испр. и доп. М.: Флинта, Наука, 2011. С. 194–207.

义限制。乌卢哈诺夫主要以带变体词缀动词为例（包括具有起始意义的后缀和某些前缀），从组合关系视角，揭示变体词缀与生产词干的语义关系。①

2.1 变体后缀 -e-, -ну$_1$-, -a$_2$- 与生产词干语义关系

后缀-e-与生产词干组合表达起始行为，为能产后缀，带变体后缀-ну$_1$-, -a$_2$-的动词并不多见，主要包括：глохнуть（变聋），горкнуть（发苦），дрябнуть（变为松软），дряхнуть（衰老，衰弱），киснуть（发酸），крепнуть（变得坚固），мокнуть（受潮），пухнуть（浮肿，肿胀），сипнуть（变嘶哑），слабнуть（变弱），сохнуть（变干），тихнуть（安静下来），тускнуть（暗淡下去），тухнуть（渐渐熄灭；腐臭），хрипнуть（渐渐变嘶哑），чахнуть（萎蔫，枯萎）；ветшать（陈旧），дичать（变得荒芜），легчать（减弱，减轻），нищать（陷入贫困），плошать（搞错，疏忽大意），тощать（消瘦，变瘦），холодать（冷起来，受冷）。与后缀-а$_2$-随机组配的数量也不多见：Ночи понемногу *кратчали* (А. Платонов. Ямская слобода)（夜有些**变短了**）；Глаза его *строжали* (Ю. Полунин. По ту сторону добра)（他的眼神**严厉起来**）。

后缀-ну$_1$-显然不是能产后缀。有时后缀-е-与-а$_2$-可以与同一个词干组合：построжать/построжеть（变得严厉）：Потом у нее *построжел* и взгляд и голос. (Н. Жернаков. Белая ночь в окне)（然后她的眼神和声音**变得严厉起来**）。

《俄语语法》（1952）指出："所有性质形容词和大多数名词可以通过后缀-е-构成动词，'成为，变成'是这些动词的共同语义成素。"② 性质范畴无疑有助于研究这类动词的构成，因为性质形容词具有程度变化特征，而关系形容词只在表达性质意义时才能充当生产词：деревянный（木质的，木制的）转义为"呆板的，迟钝的"，派生出同根动词：деревенеть（变硬，僵硬）；каменный（石头的）转义为"无生气的，呆板的"，派生出同根动词：каменеть（变得无生气，变得呆板），而каменеть作为"变得像石头一样坚固"义项时

---

① Улуханов И.С. Словообразовательная семантика в русском языке и принципы ее описания[M]. 5-е изд., испр. и доп. М.: Книжный дом «ЛИБРОКОМ», 2011. С. 217—226.

② Грамматика русского языка[M]. Т. I. М.: Наука, 1952. С. 540.

由名词камень（石头）派生而来；стеклянный（玻璃的）转义为"像玻璃一样的"，派生出同根动词：стекленеть（变得像玻璃一样）；свинцовый（铅的，含铅的）转义为"灰暗的，阴沉的"，派生出动词：свинцоветь（变得阴沉）。例如：

① Все зеленеет и зеленеет на западе, просинь открывается, воздух *стекленеет*. (Ю. Казаков. Никишкины тайны) 西边越来越绿，天空渐渐放亮，空气**变得清新透明**。

② Вода...начинала брать краски у неба, *свинцоветь* на глубинах и на просторе. (В. Фоменко. Память земли) 水面上开始映照出天空的色彩，远处的广阔天空**变得阴沉灰暗**。

乌卢哈诺夫指出："在名词生产词中，大多数在语义上都具有形容词特征，也就是性质特征或评价特征：хам（无耻之徒，下流货）派生出动词хаметь（变得无耻，变得下流），这些义项通常与名词词干意义相关，而并非臆断出来的。名词зверь（野兽）转义为"残酷、凶猛的人"，构成派生动词звереть（变得像禽兽一般，变得粗野、冷酷无情）等。"①

然而，远非任何一个性质形容词都能构成带后缀-е-的相应动词，性质形容词中某些限制是由形容词词汇意义导致的。起始动词表示行为主体是消极的、被动的，因此受到主体积极活动的制约，很难构成"获得某种特征"意义这类动词。②试比较反义形容词：грязный（脏的，不干净的）— чистый（清洁的，干净的），前者构成相应起始意义动词грязнеть（变脏），而后者则不能构成相应动词。值得一提的是，形容词这一语义特征同时也体现在由这类形容词间接派生的反身动词中：грязниться（变脏）等。

再看如下例词：тяжеловатый（有点重的）— тяжелый（重的）— тяжеленный（相当重的）；толстоватый（稍胖的）— толстый（胖的）— толстенный（很胖的），其中只有тяжелый/толстый可以构成带后缀-е-的动词тяжелеть（变重）/толстеть（变胖）。这说明，表示程度特征的形容词后缀-оват-，-оньк-，-енек-/-онек，-охоньк-/-ошеньк-，

---

① Улуханов И.С. Словообразовательная семантика в русском языке и принципы ее описания[M]. 5-е изд., испр. и доп. М.: Книжный дом «ЛИБРОКОМ», 2011. С. 220.

② Там же. С. 220.

-усеньк-, -ущ-, -енн、ейш-/-айш-不能与后缀-е-组合构成相应动词。带后缀-к-的性质形容词表示"容易的,易于的"等特征：ломкий（易折断的,易破碎的）, плавкий（可熔化的,易熔的）, шаткий（不稳的,易摇晃的）, тряский（易受震动的）, липкий（有黏性的）, мылкий（起沫多的）等,也不能与后缀-е组合构成相应动词。

2.2 变体前缀与生产词干语义关系

前缀与生产词词干组合时,前缀语义一定程度上决定了生产词词干与其他词素组合情况。与此同时,生产词词汇意义也会影响它与其他词素的组合。形容词和后缀-е-派生的动词优先与表示完成意义的前缀о-, об-, за- 等组合,而与其他前缀ис-, пере-, про-, раз-, рас-等组合数量不多,主要包括：иструхляветь（朽烂成碎屑）；пережелтеть（变黄,发黄）, перечерстветь（变成又干又硬）; протрезветь（渐渐清醒）, прояснеть（放晴）; разбогатеть（发财）, рассвирепеть（猛烈起来,凶猛起来）, растолстеть（变得非常肥胖）等。

然而前缀о-, об-, за-并非与所有带后缀-е-表示开始、变化意义的动词都可以组合。其中,前缀о-/об-优先与带后缀-е-的具有否定负面评价意义的动词组合：обалдеть（发呆,发傻）, обеднеть（变穷）, огрубеть（变粗糙,变粗硬）, огрузнеть（变得过胖,变得笨重）, одрябleть（变松弛）, одряхлеть（变衰老）, одуреть（变糊涂,变得愚蠢）, ожиреть（发胖,肥胖起来）, окосеть（变成斜眼,变成独眼）, окоченеть（变僵硬）, омертветь（麻木,呆滞,发呆）, омрачнеть（变得阴沉,变得忧郁）, опаршиветь（长癫,变坏）, оподлеть（日趋堕落）, ополоуметь（精神错乱）, опостылеть（使人厌恶,令人反感）, опошлеть（变得庸俗）, опротиветь（使人厌恶,令人厌烦）, опьянеть（喝醉）, оробеть（胆小,羞怯）, освирепеть（变得凶残）, оскудеть（变得穷困）, ослабеть（变得虚弱无力）, отупеть（变得呆滞）, отучнеть（变得肥胖）, отяжелеть（变重）, охрометь（成为跛子）, очерстветь（变得干硬）, очуметь（发傻,发呆）, ошалеть（变得糊涂,变傻）, обмелеть（变浅,变得微乎其微）, обнаглеть（变得蛮横无理）等。前缀о-/об-有时也可以与具有中立或者肯定评价意义的生产词组合,但是数量并不多：оздороветь（恢复健康,痊愈）, округлеть（变得丰满）, осмелеть（变得勇敢起来）, отрезветь（清醒过来）, оледенеть（结冰,冰封），остекленеть（变得呆滞无神，变成玻璃状），обрусеть（俄罗斯化）等。

前缀за-优先与下列带后缀-е的动词组合：загустеть（变稠，变浓），задеревенеть（变硬），задряхлеть（变得衰老），задубеть（变硬），зажиреть（长肥），закаменеть（变硬，变得像石头一样硬），закоснеть（停滞于，陷于），закостенеть（僵化，僵硬），закоченеть（冻僵，冻硬），заледенеть（冻硬），заиндеветь（上霜），занеметь（发麻，麻木），затвердеть（变硬，硬化），затяжелеть（变得沉重起来），зачерстветь（变得干硬），зачугунеть（变得像铁一般沉重），закуржаветь（蒙上霜），заугрюметь（变得忧郁）等：Очень скоро мне стало казаться, что я выпил небольшой тазик новокаина: в груди *занемело, задеревенело, заледенело* и, может быть, даже *заиндевело*. (И. Андроников. Первый раз на эстраде)（喝下了一小杯普鲁卡因后，我很快感觉胸口变得**麻木，僵硬，冰冷**，甚至可能已**经结霜**）。

前缀по-与前缀о-/об-, за-一样，不仅能够与表示完全变化意义的带后缀-е的动词组合，也可以与表示相对变化意义的动词组合。但有些动词不能与前缀по-组合：дуреть（变糊涂，变得愚蠢），злеть（凶恶起来），подлеть（日益堕落），постылеть（令人厌恶），пошлеть（变得庸俗下流），свирепеть（凶猛起来），скверneть（变坏，变得可恶），скудеть（变贫乏），спесиветь（变得骄傲自大），тупеть（变得迟钝），угрюметь（忧郁起来），богатеть（发财），милеть（变得可爱），коснеть（处于停滞状态），мерзеть（变得令人生厌），сытеть（吃饱），юнеть（变年轻），хрометь（成为跛子，变瘸），деревенеть（变硬，发硬），стекленеть（变成玻璃状）等。多数情况下，前缀по-与上述例词存在组合限制。

变体词缀与生产词词干组合的形式不仅取决于生产词词汇意义，还取决于生产词语法意义。除生产词词类以外，动词体范畴也会对组合关系产生一定影响，如表示行为开始意义或者延续意义的前缀只与未完成体动词组合等。

动词特定的语义特征使动词要与特定意义的前缀组配。方位意义前缀只与目标或方向明确的动词兼容，如带前缀пере-的动词表示"行为从某处到某处或者经过某物体或空间"：переехать（越过，穿过），перенести（搬过），пересесть（移坐，挪坐），перелить（[从一个容器]倒到[另一个容器里去]），перебросить（扔过，投过）等。前缀пере-不但可以与表示具体物理行为的动词组合，还可以与表示信息、信号传递的动词组合：пересказать（复述，转达），перешепнуть（小声转告）等；与表示描写意义动词组合：переписать（抄写，重抄），перерисовать（临摹，重画），перечертить（重新绘制）等；也可以与表示破坏意义的动词组合：перерезать（割断，割破），перерубить（砍断）等。前缀пере-以上义项表明，这些义项之间既有一定的理据关系，也存在细微差别，但这些差别并不影响前缀语义，前缀本身基本上不表示动作行为，只表示生产动词行为的特定方向或其他意义。

前缀пере-表示方位意义时与其他表示方位意义前缀一样，与一次体动词组配，与多次体动词组配则表示分配意义。前缀пере-表示"重新完成"意义时，带该前缀的动词通常由具有行为结果导向意义的积极动词派生：клеить（粘，糊）→переклеить（重贴），красить（染）→перекрасить（重新油漆，重新粉刷），утюжить（熨平）→переутюжить（重熨），проверить（检查）→перепроверить（重新检查），сочинить（创作，写作）→пересочинить（重写，改写），звонить（打电话）→перезвонить（重新打电话）等。而像глохнуть（变聋），светать（黎明，变亮），гаснуть（逐渐熄灭，变暗），белеть（发白，变成白色），шуметь（喧嚣，吵闹），гостить（做客）等，这类词不表示有目的、有针对性的行为，所以不能派生出以上类型动词。гладить只有表示"（用熨斗）熨平，熨好"意义时，才能派生出пергладить（重新熨好），表示"抚摸"意义时，则无法派生出相应带前缀пере-的动词。

前缀пере-表示"过于，过度"意义时，带该前缀的动词通常由表示完成行为意义的词派生，且该行为完成并不改变客体的性质：зреть（逐渐成熟）→перезреть（过熟，熟过头），насытить（让吃饱）→перенасытить（使过于饱和），стараться（努力）→перестараться（过于努力），утомить（使疲劳）—переутомить（使疲劳过度）等。而像слепнуть（失明），гаснуть（熄灭），терять（丢失），губить（毁坏），морить（毒死）这些表示单向不可逆行为的词不能与前缀пере-组合派生新词。

前缀пере-表示"超过，胜过"意义时，带该前缀动词通常表示强度不同的行为一方超越、强过另一方：кричать（叫喊）→перекричать（大声喊叫盖下去），спорить（争论，争辩）→переспорить（争赢，说得过）。例如：

① Пышногрудая девица *переплясала* трех парней. (В. Шукшин. Там, влади) 丰满的少女比三个小伙子**跳得**都好。

② Я порадовал своих сожителей сообщением, что могу *перехрапеть* их всех, и завернулся в одеяло. (Б. Полевой. В конце концов) 我向室友们炫耀，我的鼾声能**压过**他们，然后把自己裹在被子里。

3. 常体词缀与生产词干的语义关系

相较于变体词缀，常体词缀与生产词干的组合更加自由，但这种组合也是有限制的。"在名词派生动词过程中，动词常体后缀-и-，-ова-/-ирова-/-изирова-/-изова-，-нича-/-ича-，-ствова-/-ествова-，-а₁-通常不与完全没有呈现构词积极性的名词组合，即不与带主观评价后缀的名词及集合名词等组合。"[①]此外，每个后缀都有自己的选择性，可以说，这些后缀与生产词之间具有某种特定的分配组合规则。俄语大多数动词都带后缀-и-，-нича-，-ствова-，这些后缀在动词派生中最为能产。后缀-ова-及其词素变体-ирова-，-изирова-，-изова-使用率和能产度较低。-ирова-只与少数生产词干组合：паразитировать（寄生），конвоировать（护送，护航），эскортировать（护送），пикетировать（巡查，纠察），патрулировать（巡逻，纠察）等。其也见于个别特殊组合，фонтанировать（喷涌，喷射），экранировать（屏蔽）。后缀-а₁-是不能产后缀，仅参与个别词干组合。

根据卡吉卡洛娃（Э.П. Кадькалова）的观点，与后缀-и-，-нича-组合的动词和与后缀-ствова-组合的动词主要体现两点区别：1）表示手艺、小手工业等倾向于体力因素的动词可以与后缀-и-，-нича-组合：бондарить（制木桶，制木桶为业），бурлачить（拉纤，当纤夫），столярить（当木工，做木工活），шахтерить（干矿工活，当矿工），водовозничать（运水），гончарничать（从事陶器业，当陶

---

① Улуханов И.С. Словообразовательная семантика в русском языке и принципы ее описания[M]. 5-е изд., испр. и доп. М.: Книжный дом «ЛИБРОКОМ», 2011. С. 228.

工），полотерничать（给地板打蜡，当地板打蜡工人），токарничать（当车工，做旋工活），ямщичничать（当马车夫，干马车夫这一行）等；2）表示职务、活动等倾向于智力因素的动词往往与-ствова-组合：президентствовать（任总统），генеральствовать（当将军），ректорствовать（任大学校长），репортерствовать（当记者），режиссерствовать（当导演），редакторствовать（当编辑）等。①

  然而，我们发现，卡吉卡洛娃指出的这两种区别也有例外。如第二种情况中，表示职务和活动的某些动词词干也可以与后缀-и-组合，这种现象在并不常用的一些旧词和新词中比较普遍：княжить（统治公国），царить（当沙皇，称帝），государить（统治国家，当皇帝），атаманить（当首领）；капитанить（当船长），инженерить（当工程师），комиссарить（担任委员），бригадирить（当队长），полководить（当统帅）等。

  同一个生产词干既可以与后缀-и-组合，也可以与后缀-нича-组合：столярить →столярничать（当木工，做木工活），слесарить → слесарничать（当钳工，做钳工活），портняжить → портняжничать（当裁缝，干裁缝活），малярить→малярничать（当油漆粉刷工），скорняжить → скорняжничать（当毛皮匠），кухарить→ кухарничать（当厨师，给人做饭）等。当然，同一个词干既可以与后缀-и-组合，也可以与后缀-ствова-组合：царить — царствовать（为王，称雄，主宰）。试比较：*Царила всемогущая Тамар...*（至高无上的塔玛尔女王**统治一切**）；*Царствовала в Грузии Тамар*（М. Квливидзе. Поэт. Перевод с грузинского）（在格鲁吉亚塔玛尔女王**主宰一切**）。

  乌卢哈诺夫指出："在指称人的行为动词（глаголы поведения）中，后缀-нича-最为普遍和能产，次之是-ствова-，后缀-и-、-ова-能产度最低。"②大多数带后缀-нича-的动词表示否定评价行为：мошенничать（骗人，行骗），жульничать（诈骗，捣鬼），шалопайничать（不务正业，游手好闲），повесничать（调皮捣蛋，

---

① Кадькалова Э.П. Границы и соотношение словообразовательных и оценочных глаголов с суффиксами -и-ть, -нича-ть, -ствова-ть в русском языке[D]. Автореф. канд. филол. наук. М.: МГУ. 1967. С. 8.

② Улуханов И.С. Словообразовательная семантика в русском языке и принципы ее описания[M]. 5-е изд., испр. и доп. М.: Книжный дом «ЛИБРОКОМ», 2011. С. 231.

淘气), нахальничать (胡作非为, 无理取闹), ловеласничать (拈花惹草), двурушничать (耍两面派), похабничать (说下流话), охальничать (耍无赖, 胡作非为), пакостничать (干坏事, 作恶), верхоглядничать (不求甚解, 粗枝大叶) 等。

某些行为动词也带后缀-ствова-：сумасшествовать (举止疯狂), прелюбодействовать (通奸), краснобайствовать (说空话), стихоплетствовать (写拙劣的诗) 等, 但是这个义项使用频率不高。而后缀-и-只出现在个别行为动词中：хулиганить (耍流氓), фиглярить (刻意做作), сумасбродить (举止乖张), фанфаронить (吹牛), франтить (穿戴考究), смутьянить (煽动、闹事) 等。

3.1 同一词缀与不同词干组合构成同义词

бездельничать (游手好闲), лентяйничать (偷懒), лодырничать (游手好闲), лоботрясничать (游手好闲), дармоедничать (好吃懒做), скряжничать (非常吝啬), копеечничать (小气, 吝啬), скупердяйничать (吝啬), жмотничать (抠门儿, 小气), нахлебничать (寄居, 寄人篱下); тунеядствовать (游手好闲), паразитировать (不劳而食) 等。例如：

① Работать лень, трудом хлеба добывать не охота, ну и лезут в скиты *дармоедничать*… [П.И. Мельников-Печерский. В лесах. Книга вторая (1871-1874)] 懒得工作, 不愿意工作谋生, 那就去**混日子**吧。

② Стар стал и к труду совершенно не пригоден, между тем *дармоедничать* стыдно… А если б вы знали, каких неимоверных усилий стоило добрым людям устроить меня в богадельню!(А. А. Нильский. Закулисная хроника.) 我年龄大了, 完全不适合工作, 但**好吃懒做**又觉得丢人。

③ — В колхозе надо работать, а не *тунеядствовать*, — назидательно говорил деду Филату незнакомый представитель. —在集体农庄应该劳动, 而不是**游手好闲**, ——一位陌生的代表告诫菲拉特爷爷说。

3.2 同一词干与不同词缀组合构成同义词

сибаритствовать (过奢侈逸乐的生活) — сибаритничать (过

奢侈逸乐的生活）；сумасбродствовать（举止乖张，喜怒无常）—сумасбродничать（任性）— сумасбордить（喜怒无常）；самоду-рствовать（刚愎自用，恣意妄为）—самодурничать（专横，恣意妄为）；фиглярствовать（装腔作势）— фиглярничать（装腔作势）—фиглярить（装腔作势）；гаерствовать（出洋相）—гаерничать（故作丑态）；скопидомничать（爱财如命，吝啬）—скопидомствовать（吝啬）；крохоборничать（非常小气，舍本逐末）—крохоборствовать（舍本逐末）等。

少数动词由表示动物或非动物名称或自然现象名称的词派生，它们中大多数带后缀-и-：козлить<航>（跳跃，跳动）парусить<风>（吹起，鼓起；承受风力），семафорить（打信号），пружинить（有弹力，有弹性）；вьюжить（风雪大作），буранить（暴风雪肆虐），дождить（下雨，降雨）等，有时也带后缀-нича-, -ова-：попугайничать（鹦鹉学舌），мышковать（捕鼠）等。像пижон（纨绔子弟，花花公子），пустозвон（好说空话的人，好闲扯的人），зубан（爱嘲笑人的人），балда（蠢货，笨蛋）等具有很强表现力的名词也与后缀-и-组合派生相应动词：пижонить<口语>（[服饰或举止]像纨绔子弟，摆阔气），пустозвонить<口语>（闲扯，闲聊），зубанить（空谈，瞎说），балдить（愚蠢）。例如：

① —Ты уже четыре года занимаешься наукой, даже что-то придумал, а я не могу для тебя решить, что самое важное.
— *Пижонишь*. (С. Ласкин. Боль других)
—你已经做了四年的科研，也琢磨出了一些东西，我不能替你决定什么是最重要的。
—你像个**纨绔子弟**。

② Удобрения—первая моя забота. Не все допирают, больше-то *пустозвонят* вместо дела. (Д. Девятов. Будьте здоровы) 肥料是我最担心的。不是所有人能明白，更多的是用**夸夸其谈**代替实际行动。

③ Хватит тебе *зубанить-то*, — одернул его Степан Анд-реевич. (Ф. Абрамов. Две зимы и три лета) 你不要再**瞎说**了，斯捷潘·安德烈耶维奇制止了他。

④ Ну, довольно *балдить*. (В. Андреев. Фокстрот) 嗯，真够**蠢**。

此外，带-ак-, -ач-具有评价意义的名词通常只与后缀-и-组合派生相应动词：чудачить（行为古怪，举止荒诞），лихачить（逞能，争强好胜），левачить（捞取外快，损公肥私）：Он шоферил, да к тому же лихо, до дерзости, любил *левачить*. (А. Адамов. Стая)（他当司机，并且很恶毒，喜欢**损公肥私**）。

并非所有带-ачить的派生动词都由带后缀-ач-的名词与后缀-и-组合而成：ведьмачить（做巫婆，干妖婆勾当）由ведьма（女妖，巫婆）派生而成：Мать Натхина рассказывала соседям, что ее невестка *ведьмачила*.（В. Семин. Сто двадцать километров до железной дороги）（纳希金妈妈给邻居们讲了她的儿媳妇当过**巫婆**）。

лешачить（行为怪诞）或许由方言词лешак（怪物，树妖）派生而来，但通常认为是由俄语标准中的леший（怪物，树妖）派生而成：Вот какая упрямая, вот старушонка!...В ее ли годы под таким дождем *лешачить* в лесу? (Ф. Абрамов. Две зимы и три лета)（真是个固执的老太婆！她这个年纪还顶着这样大的雨在树林里**穿行**）。

乌卢哈诺夫对上述组合关系中词素语义之间的联系进行了翔实分析，大体梳理出生产词干与常体词缀的组合规律。在这些规律中，-н-、-ов-、-ск-; -ник-, -щик-, -автор-, -ист-, -ак-等静词词缀呈现相似的规律性。其中，后缀-ов-(ый)不与表人的词组合，后缀-ск-, -н-则相反，与表人的词组合，但组合后的结果却不尽相同：由表人名词派生的带后缀-ск-的形容词意义较为宽泛，可以是某个具体人的，或某个群体的：кунацкий（盟友的）；或是与某个人物相关的思想流派的：ленинский（列宁的，列宁主义的），толстовский（托尔斯泰主义的，托尔斯泰式的）。由表人名词派生的带后缀-н-的形容词不属于某个具体人，而属于由人来完成的活动类型：слесарный（钳工的），инженерный（工程的），токарный（车床的）等。

第五章　构词方法主要类别

　　世界不同语言对事物或现象的命名方法具有很大相似性。称谓某一事物或现象，即构成新词时，不外乎以下几种方法：在现有词汇单位和词缀基础上构成新词、借用外来词、组成一个合成的名称（即词组）、运用某种方式拓展现有词的语义。任何一种自然语言构词方法大体分为派生法、复合法、转换法和缩合法。其中，派生法与复合法对世界上大多数自然语言来说是最主要的构词方法。构词方法（способ словообразования）是比构词模式更加概括的构词系统分类单位，一种构词方法囊括具有同一个构词标志的一系列构词模式。

　　应该说，现代俄语标准语对构词方法的研究已相当成熟。最早对构词方法进行系统分类的当属维诺格拉多夫，他区分了词缀构词法的基本类型："1）语音形态构词法或曰无后缀法；2）后缀法；3）前缀法；4）前缀后缀混合法；5）其他类型，包括合词、词类转换、缩合等。"[①] 这种分类首次将不同构词方法系统化（以往各类语法书及教材仅限于描写形态构词法）。从这一意义上说，维诺格拉多夫对俄语构词方法的分类具有划时代意义。随后，以俄罗斯科学院俄语研究所主编的《现代俄语标准语语法》（1970）、《俄语语法》（1980）为引领，泽姆斯卡娅、涅姆琴科、乌卢哈诺夫、扬科—特里尼茨卡娅等学者都尝试对俄语构词方法进行分类研究。[②] 其中，乌卢哈诺夫提出的构词方法几乎囊括了所有构词现象。他指出："构词方法是一个系统。对构词方法的全面描述既包括惯用词中的所有构词方法，也包

---

① Виноградов В.В. Вопросы современного русского словообразования[A]//Избранные труды. Исследования по русской грамматике[M]. М.: Наука, 1975. С. 28.

② Грамматика современного русского литературного языка[M]. М.: Наука, 1970. С. 41–43.

　Земская Е.А. Современный русский язык. Словообразование[M]. 3-е изд., испр. и доп. М.: Флинта, Наука, 2011. С. 169-181.

　Русская грамматика АН СССР[M]. Т. I. М.: Наука, 1980. С. 138–140.

　Немченко В.Н. Современный русский язык. Словообразование[M]. М.: Высшая школа, 1984. С. 114–117.

括甄别所有理论上可预测，但在惯用词中尚未实现的所有构词可能性，但或许，这些构词可能性已经随机实现，并成为丰富惯用词词汇量的潜在来源。"① 根据这一思想，乌卢哈诺夫将构词方法分为纯构词法（чистый способ словообразования）与混合构词法（смешанный способ словообразования）。② 纯构词法，亦称简单构词法（простой способ словообразования），指体现在惯用词和随机词中的构词方法，包括词缀法、复合法、缩略法和转换法；混合构词法，亦称随机构词法（окказиональный способ словообразования），是若干纯构词法的各种不同组合，并在语境中随机产生。上述构词方法分类的主要依据是构词标志的形式层面，包括词缀构词法、复合构词法、缩略构词法和转换构词法。

在构词法系统中，还存在语义构词法（семантический способ словообразования），亦称词汇语义构词法（лексико-семантический способ словообразования），指通过现有词的语义变化构成派生词的方法，或者说是通过增加新的意义构成同形异义的独立词，即通过词义分裂产生新词，而不改变其语音组成结构。词义发生改变是这种构词法主要的，也是唯一的手段：баран₁[小船上]（木绞盘），баран₂（公绵羊）；красный₁（红色的），красный₂（美丽的）；найти₁（找到），найти₂（得到）等。关于语义构词法的更多分析我们将在后续章节中详述。

第一节 词缀构词法

词缀构词法（аффиксация, аффиксальное словообразование, аффиксальный способ словообразования），亦称词素构词法（морфематическое словообразование），通过把构形成素与生产词干和生产词相结合的方法构成派生词，构形成素由一个或若干个构词词缀组成。词缀构词法是现代俄语中最能产、最普遍的一种构词方法。词缀构词法传统上被称为形态构词法（морфологическое словообразование; морфологический способ словообразования；

---

① Улуханов И.С. Единицы словообразовательной системы русского языка и их лексическая реализация[M]. М.: Изд-во РАН, 1996. С. 26.

② Там же. С. 26–27.

словопроизводство），是使用词缀（前缀、后缀、尾缀等）形态手段构成派生词的方法。形态构词法通常指"借助形态手段构成新词"（果拉诺夫的定义）；"借助词素手段构成新词"（维诺格拉多夫的定义）；"借助构词词素构成新词"（诺维茨卡娅的定义）；"通过词素组合方式并按照某种规则构成新词"（尚斯基的定义）。从俄罗斯学者对形态构词法的定义不难看出，形态构词法指在词根或词干上添加前缀或后缀构成新词的方法。因此，"将这种构成新词的方法称为词缀构词法或词素构词法更为准确"。①

词缀构词法分为多种类型：前缀法、后缀法、尾缀法、前缀后缀法、前缀尾缀法、后缀尾缀法、前缀后缀尾缀法、逆向构词法等。② 其中，前缀法、后缀法、尾缀法属于简单构词法，前缀后缀法、前缀尾缀法、后缀尾缀法、前缀后缀尾缀法属于混合构词法。"在这些不同的方法中，有的方法（如后缀法、前缀后缀法、后缀尾缀法、前缀后缀尾缀法等）是相对固定地给生产词干附加构词词缀，而有的方法（如前缀法、尾缀法、前缀尾缀法等）则是相对固定地给生产词附加构词词缀。"③

1. 前缀法

前缀法（префиксация; префиксальный способ）构词标志是前缀，指通过给生产词添加前缀的方法构成派生词，普遍适用于构成名词、形容词、副词、代词等各种词类（尤其是动词），同时前缀还表达一定构词意义。如构成动词：вы-работать（制造出，生产出），про-работать（工作若干时间；研究），пере-работать（加工，制造），за-работать（开始工作），про-гулять（散步，游玩），про-стоять（站立一段时间），за-петь（唱起来）；构成名词：анти-роман（别裁小说），де-монтаж（拆除，拆卸），за-город（郊区，近郊），при-город（城郊，郊区），под-группа（分组），пра-внук（曾孙，外曾孙）；构成形容词：раз-веселый（非常快乐的），а-моральный（不

---

① Немченко В.Н. Современный русский язык. Словообразование[M]. М.: Высшая школа, 1984. С. 114.

② Там же. С. 117.

③ 李勤、孟庆和, 俄语语法学[M], 上海：上海外语教育出版社, 2006, 第115页。

道德的），не-нормальный（不正常的）；构成副词：не-давно（不久前），за-просто（不拘礼节地）；构成代词：не-что（某物），ни-кто（无论谁）等。

2. 后缀法

后缀法（суффиксация; суффиксальный способ）构词标志是构词后缀，指通过给生产词干或生产词添加后缀的方法构成派生词，同时通过后缀表达一定构词意义，普遍用于构成各种词类，尤其是构成名词和形容词。构成名词：машина（机器）→ маши-нист（火车司机），читать（读）→ чита-тель（读者），журнал（杂志）→ журна-лист（记者），новый（新的）→ нов-ость（新闻）；构成形容词：сталь（钢材）→ сталь-н-ой（钢材的），вчера（昨天）→ вчера-шн-ий（昨天的）；构成动词：красный（红的）→ красн-еть（变红），красн-ить（使变红），темный（黑暗的，昏暗的）→ темн-еть（黑暗起来），светлый（明亮的）→ светл-еть（明亮起来）；构成副词отличный（极好的）→ отлич-н-о（极好地）等。

3. 尾缀法

尾缀法（постфиксация; постфиксальный способ）构词标志是尾缀，指通过给生产词添加尾缀的方法构成派生词，同时通过尾缀表达一定构词意义。尾缀法是生产能力较低的构词方法，通过这种方法构成反身动词、不定代词和不定副词等。尾缀法通常不改变派生词词类属性，某些词类都有自己固定的尾缀，如动词尾缀是-ся(-сь)，代词和副词尾缀是-то, -нибудь, -либо等：считать（数数；认为）→ считать-ся（清帐），осуществлять（实现，实施）→ осуществлять-ся（实现），держать（拿着）→ держать-ся（抓住，扶住），стучать（敲打）→ стучать-ся（碰，撞）；вести（引导，带领）→ вести-сь（进行）；кто-то（某人），что-то（某物），где-то（在某处），куда-то（往某处）；кто-нибудь（无论谁），что-нибудь（无论什么），где-нибудь（无论在何处），куда-нибудь（无论往何处）；кто-либо（无论谁），что-либо（无论什么），какой-либо（无论什么样的）等。

4. 前缀后缀法

前缀后缀法（префиксально-суффиксальный способ）指通过给生产词干同时添加前缀和后缀的方法构成派生词，同时它们还表达一定构词意义。在这种构词法中，生产词干通常有两种情况：1）"前置词+名词格形式"，这时前置词成为前缀，同时添加后缀构成新词：при-море → при-мор-ье（海边）；без-работы（失业）→ безработ-н-ый（失业的），за-рекой（河对岸）→ за-реч-ье（河对岸的地方）；2）在生产词上添加前缀和后缀：море（海）→ при-мор-ск-ий（沿海的）；менять（交换）→ за-мен-и-ть（代替），из-мен-и-ть（改变），от-мен-и-ть（废除），пере-мен-и-ть（调换），под-мен-и-ть（偷换），с-мен-и-ть（更换）；скакать（跳跃）→ вс-коч-и-ть（跳上），вы-скоч-и-ть（跳出），за-скоч-и-ть（跳起来）；труд（劳动）→ со-труд-ник（工作人员）等。后缀可能是零位的：волосы（头发）/без-волос-ø-ый（没有头发的），борода（胡子）/без-бород-ø-ый（没有胡子的）。

5. 前缀尾缀法

前缀尾缀法（префиксально-постфиксальный способ）指通过给生产词同时添加前缀和尾缀的方法构成派生词，同时通过前缀和尾缀表达一定构词意义：говорить（说）→про-говорить-ся（说走嘴），бежать（跑）→ с-бежать-ся（跑到一起），ехать（乘，坐）→ разъехать-ся（走散），спать（睡觉）→ вы-спать-ся（睡足，睡够），играть（玩）→ до-играть-ся（玩够），терпеть（忍受）→ притерпеть-ся（习惯于）等。

6. 后缀尾缀法

后缀尾缀法（суффиксально-постфиксальный способ）指通过给生产词同时添加后缀和尾缀的方法构成派生词，同时通过后缀和尾缀表达一定构词意义：гордый（有自尊心的）→ горд-и-ть-ся（骄傲），упрямый（固执的）→ упрям-и-ть-ся（固执），красота（美）→ крас-ова-ть-ся（引人注目），скупой（吝啬的）→ скуп-и-ть-ся（舍不得）等。

7. 前缀后缀尾缀法

前缀后缀尾缀法（префиксально-суффиксально-постфиксальный способ）指通过给生产词同时添加前缀、后缀和尾缀的方法构成派生词，同时通过它们表达一定构词意义：банкрот（破产者）→ о-банкрот-и-ть-ся（破产），шутить（开玩笑）→ пере-шуч-ива-ть-ся（互相开玩笑），счастливый（幸福的）→ по-счастлив-и-ть-ся（有幸），хитрый（狡猾的）→ у-хитр-и-ть-ся（巧妙地做到），собака（狗）→ на-собач-и-ть-ся（学到技巧），щедрый（慷慨的）→ рас-щедр-и-ть-ся（慷慨大方）等。

8. 逆向构词法

逆向构词法（обратное словообразование; обратная деривация; дезаффиксация; редеривация），又称逆向派生法，指通过把词素从生产词干上分离的方法构成派生词。逆向构词法传统称谓叫做去缀法，"算作词缀构词法的一种类型"。[①] 逆向构词法通过削减生产词的某个部分构成结构更加简单的派生词，试比较：дояр-ка（女性挤奶员）→ дояр（男性挤奶员），зонт-ик（小雨伞）→ зонт（雨伞），дрейф-овать（偏航）→ дрейф（偏航），подход-и-ть（走一会儿）→ подход（行军），глух-ой（耳聋的）→ глушь（荒凉偏僻的地方），тих-ий（寂静的）→ тишь（寂静）等。除了逆向构词法，前述的其他构词方法在生产词干上构成结构更加复杂的派生词。

在词缀构词法中，除了间缀，所有构词词缀都是构词方法系统中的核心要素。间缀法（интерфиксация）为什么不被视为一种词缀构词法？因为间缀法只是一种形态音位手段，其功能与音位交替相同，在词的构成中用来联结形素，因此不能把它视为与后缀法、前缀法等并列的构词方法。

9. 前缀后缀实词化

词汇是语言中最为活跃的部分，新词构成往往要依据某种构词模式。传统上，俄语前缀和后缀始终都是作为粘着性构词成素参与构

---

① Немченко В.Н. Современный русский язык. Словообразование[M]. М.: Высшая школа, 1984. С. 114.

词，它们在言语中不能独立使用，这种性质至今仍然保留。近年来，随着语言的不断发展，依据传统构词模式，在言语中不能独立使用的前缀和后缀出现了实词化现象，部分前缀和后缀经实词化后转化为可独立使用的形容词或名词，使得同一构词成素具有两种不同性质。其一，它们作为词缀参与构造新词：супер-стар（超级明星），супер-АТС（大型自动电话交换台）；мини-бус（小型公共汽车），мини-книга（袖珍书）；псевдо-стереофония（伪立体声），псевдо-культура（伪文化）；экс-глава（前领导），экс-лидер（前领导），экс-демократ（前民主派人士），экс-кандидат（前候选人），экс-муж（前夫），экс-руководитель（前领导）；топ-лодинг（高级住所），топ-модель（顶级名模）等。其二，它们作为独立的词参与构造词组：зам министра（副部长），зам мэра（副市长），зам начальника отдела（副处长）；супер обслуживание（超级服务），псевдо эксперт（伪鉴定专家），псевдо наука（伪科学）；экс элита（前精英），топ менеджер（高级经理），личный авто（私家车）等。"这类词缀来源主要是外来音译转写词缀：авто- (auto-), супер-(super-), мини-(mini-), вице-(vice-), псевдо-(pseudo-), экс-(ex-), топ-(top-), авиа- (avia-), аудио- (audio-), микро-(micro-), видео-(video-), -гейт (-gate) 等。"①但也有一些是通过俄语固有词汇借助截短法构成的前缀：теле-, зам-, лже-, гос-, мед-, спец-等。这些前缀一方面继续以构词成素身份参与构词，另一方面，它们又以词的身份在句中独立使用，例如：

① Сергей Иванов — *зам председателя* Госкомитета по архитектуре и строительству. 谢尔盖·伊万诺夫是国家建筑工程委员会**副主任**。

② *Экс-премьер* собирается принять участие в выборах московского мэра. **前总理**准备参加莫斯科市长选举。

第二节 复合构词法

复合构词法（словосложение, композиция），亦称合成法，指通过两个或两个以上实词素结合的方法构成新词。通过复合法构成的派生

---

① 徐英平，俄语构词成素衍变与构词模式衍生[J]，外语研究，2007（4），第43页。

词称为复合词（сложное слово）。复合词介于语言单位组合形态与句法手段之间，兼有形态与句法特征。某些复合词结构与词组相近：еле-еле（十分勉强地），синий-синий（蓝蓝的）等。根据复合词各组成要素之间的句法关系，复合词分为两类："1）各组成要素之间为并列关系：глухонемой（聋哑的），врач-прорицатель（预言家医生）；2）各组成要素之间为主从关系：водовоз（运水工人），широкоплечий（宽肩膀的），голубоглазый（蓝眼睛的）。"[①] 通常情况下，复合词中后一部分是最核心、最重要的，是词的形态标志和意义载体。根据构词过程中各组成要素的性质及其作用，复合法又分为纯复合法、合干法、合词法、融合法，这些构词方法相对固定地构成某种词类的派生词，复合法多用于构成名词，融合法多用于构成形容词。

相较于其他构词方法，尽管复合构词法并不能产，但在构成新词时，其内涵与外延不断扩大。徐英平概括为以下五个方面："1）构词成素可能是非同一词类的词：он-лайн（在线），прайм-тайм（黄金时间），хай-тех（高科技），хот-дог（热狗），фаст-фуд（快餐）；2）构词成素可能是非同语词：интернет-магазин（网店），офис-контора（办事处），рок-музыка（摇滚音乐），тест-драйф（驾驶测验），Хеви-метал（重金属[一种摇滚音乐风格]），map-датчик（地图传感器）；3）构词成素可能是非同一性质的词：ВИЧ-инфекция（艾滋病病毒），Гете-Институт（歌德学院），онлайн-обучение（在线教学），T-образный（T字形的），TV-рейтинг（电视排行榜），супер-VIP（超级VIP）；4）构词成素可能均为外来词：ток-шоу（脱口秀），шопинг-тур（购物旅游），шопинг-план（购物计划），шоумен（演出主持人），хенд-мейд（手工制作）；5）构词成素数量可能是两个以上：экс-вице-мэр（前副市长），экс-вице-премьер（前副总理），бело-сине-красный（白蓝红三色的），инди-поп-рок（独立流行摇滚）等。"[②]

[①] Кубрякова Е.С. Словообразование[A]//Лингвистический энциклопедический словарь[Z]. Под редакцией Ярцевой В.Н. М.: Большая Российская энциклопедия, 2002. C. 469.

[②] 徐英平，俄语词语组合分析化趋势解析[J]，中国俄语教学，2006（4），第34页。

1. 纯复合法

纯复合法（чистое сложение），简称复合法（сложение），用这种方法构成的词包含两个组成部分。"基本部分相当于一个完整的词，前一部分是一个或一个以上的词干。构词标志是：a）间缀、包括零位间缀；b）组成部分的固定顺序；c）落在基本部分的主重音。"① 对复合法中派生词组成单位的性质目前学界观点不一。别洛沙普科娃（В.А. Белошапкова）认为："复合法是一个或若干个词干与一个独立的词的组合"②，有的语法书则持传统观点，"组成单位既可以是一个或若干个词干与一个独立的词的组合，也可以是两个完整的词联结成词并称其为合成词（составное слово）"③，如молококомбинат（乳品厂）、мясокомбинат（肉联厂）、снегопад（降雪）等。

2. 合干法

合干法（основосложение）指通过用一个或若干个词干与一个独立的词复合成词的构词方法。在词干复合法中，间缀是很重要的连接成素，尤其在形容词构成中必不可少。在诸词干中，排序最后面的词干或独立词是复合词的基本部分，是整个词的语法标志和语法意义之所在。这类复合词具有一系列明显的构词标志，如生产词干的固定顺序、统一的主重音（多在基本部分上）和使用间缀连接生产词干等：Третьяковская галерея（特列季亚科夫画廊）→Третьяковка，торговое представительство（商务代表处）→торгпредство，заработная плата（工资）→зарплата等。

3. 合词法

合词法（словосложение）指把两个同类的词结合在一起构成新词的方法，在两个词之间通常不用间缀而用连字符连接。合词法主要用于构成名词，同时生产词也是名词。两个被连接名词的作用不同，前面的名词起类似形容词的限定作用，后面的名词是被限定的，统一

---

① 张家骅，新时代俄语通论（第2版）[M]，北京：商务印书馆，2023，第284页。
② Белошапкова В.А. и др. Современный русский язык[M]. 3-е изд., испр. и доп. М.: Азбуковник, 1997. С. 368.
③ 王超尘等，现代俄语理论教程（上册）[M]，上海：上海外语教育出版社，1989，第302–303页。

的主重音一般落在后面的名词上。在词组和句子中，前后两个名词可同时体现形态变化，也可只变化后面一个名词。在语法属性方面，前后两个名词的性可以一致：генерал-полковник（上将），премьер-министр（总理，首相），вагон-ресторан（餐车），выставка-продажа（展销会），дизель-мотор（柴油发动机），завод-изготовитель（生产厂），мать-героиня（英雄母亲）；也可不一致：плащ-палатка（防雨篷布），диван-кровать（沙发床），эксперт-атомщик（原子能专家）等。

4. 融合法

融合法（слияние; сращение）指通过把两个或两个以上词汇单位融合在一起的方法构成新词：вечнозеленый（вечно и зеленый）（长青的，长绿的），малознакомый（мало и знакомый）（不大熟悉的），вышеуказанный（выше и указанный）（上述的），вышеупомянутый（выше и упомянутый）（上述的），нижеследующий（ниже и следующий）（下述的），дорогостоящий (дорого и стоящий)（价格高的），тяжелобольной (тяжело и больной)（重病的）等。融合法构成的词没有间缀，保留生产词组的句法联系。涅姆琴科称这种构词法为"词汇句法构词法（лексико-синтаксическое словообразование）"①，即某些词的组合由于经常固定使用而合二为一，构成一个新词，这种构词方法主要用于历时构词学中。融合法构成新词的典型特征是：1) 词汇意义及词素组成与生产词组合等同；2) 构成的新词在语音和形态方面具有自己的特点，如统一的主重音、失去词形变化、组成成素固定的顺序、体现一定的语义变化等；3) 通常只用于构成形容词。

融合的两个词干主要由形容词和形动词组成，第一词干可以是副词：тяжелораненый（重伤的），долгожданный（长久期待的）；代词：всенижайший（最恭顺的，最卑下的），всепокорнейший（最恭顺的，最卑恭的），всенощный（通宵的，彻夜的），всепрощающий（宽宏大量的），всесовершенный（十全十美的），всесокрушающий（毁灭性的）；名词间接格形式：умалишенный（发疯的），сумасшедший（发疯的）等。

---

① Немченко В.Н. Современный русский язык. Словообразование[M]. М.: Высшая школа, 1984. С. 116.

第三节　缩略构词法

缩略构词法（аббревиация）以词组为基础，通过简化方式构成与初始结构（词组或复合词）相比更为简单的派生单位构词方法。它通过把词组中词干缩略并复合，构成缩写词（аббревиатура；сложносокращенное слово）。构词标志表达手段如下："1）不按词素界限截取的生产词干；2）统一的主重音；3）与缩略词所属变格法相应的名词词尾系统。"①作为一种特殊构词方法，缩略构词法风靡于20世纪欧洲语言中，俄语缩略法的活跃是在十月革命之后。在现代俄语中，缩略法只用来构成名词，分成以下几种类型及亚类型。

1. 缩略法

1.1　词首缩略法

词首缩略法（инициальный способ）包括三个亚类：1）各组成词首字母缩合：КНР（Китайская Народная Республика）（中华人民共和国），СМИ（Средства массовой информации）（大众传媒），СП（Совместное предприятие）（合资企业），АОЗТ（Акционерное общество закрытого типа）（股份公司），ВВЦ（Всероссийский Выставочный Центр）（全俄展览中心），МИД（Министерство иностранных дел）（外交部），МВД（Министерство внутренних дел）（内务部）；2）各组成词首音位缩合：ООН（Организация Объединенных Наций）（联合国），вуз（высшее учебное заведение）（高校）；3）各组成词首字母与音位缩合：ЦДСА（Центральный дом Советской Армии）（苏联军队总部）。

1.2　音节缪略法

音节缪略法（слоговый способ）把各组成词词首音节复合：партком（партийный комитет）（党委），комсомол（Коммунистический союз молодежи）（共产主义青年团），Мосгордума（Московская городская дума）（莫斯科市杜马），госдума（государственная дума）（国家杜马），торгпредство（торговое представительство）（商务代表处）等。

---

① 张家骅, 新时代俄语通论（第2版）[M], 北京：商务印书馆, 2023, 第284页。

1.3 词首部分与词首音节混合缩略法

词首部分与词首音节混合缩略法（смешанный тип, состоящий как из начальных частей слов, так и из начальных звуков）指把词首缩略与音节缩略两种方法混合在一起构成派生词：Госкомвуз（Государственный комитет высших учебных заведений）（国家高等教育委员会），гороно（городской отдел народного образования）（市教育局），КамАЗ（Камский автомобильный завод）（卡玛汽车制造厂）等。

1.4 词首部分与整词缩略法

词首部分与整词缩略法（способ, состоящий из начальной части слова и целого слова）指通过一个词的词干与另一个意义完整的词缩合构成派生词的方法：запчасти（запасные части）（备件），сбербанк（сберегательный банк）（储蓄银行），профсоюз（профессиональный союз）（工会），Минфин（Министерство финансов）（财政部）等。

1.5 词首部分与名词间接格形式共同缩略法

词首部分与名词间接格形式共同缩略法（способ, состоящий из начальной части слова с формой косвенного падежа существительного）：замминистра（заместитель министра）（副部长），замдиректора（заместитель директора）（副经理；副校长），замдекана（заместитель декана）（副系主任），замначальника（заместитель начальника）（副处长），завкафедрой（заведующий кафедрой）（教研室副主任）等。

2. 截短法

截短法（усечение），亦称缩短法（сокращение），构词标志是截短生产词干。非词缀构词方法是在缩略法的影响下逐步形成的，它不按照词素界线，而是按照缩略方法截短生产词干，这是一种介于复合法与缩略法之间的构词方法。作为形态构词法中的非能产构词法，截短法通常只用在构成名词中，这种方法在口语中比较典型。语言学家们认为，截短法最近几年在俄语中表现活跃的原因很可能是受到欧洲语言的影响。在截短法中，生产词干既可以是名词，也可以是名词性固定词组：зам（заместитель）（副职，副手），Волго-

Балт（Волго-Балтийский канал）（伏尔加—波罗的海运河），маг（магнитофон）（录音机），пред（предподаватель）（教师）等。截短后的派生词语义不发生改变，只是增添了口语修辞色彩。同时，这类派生词在语音上具有一定的特点，大多以辅音结尾，语法上多为阳性名词。

第四节 转换构词法

转换构词法（конверсия）指不使用专门的构词词缀而是通过词类属性转换方法构成派生词，这种构词法没有任何物质外壳的变化。与词缀构词法相对立，转换法是一种无词缀构词法（безаффиксальное словообразование），作为构词手段，转换时形态聚合体及其表达某种词类属性的词尾发挥重要作用。当词被用于新的句法功能时，其词类意义也相应发生变化。从这一意义上说："转换构词法经常被称为形态句法构词法（морфолого-синтаксический способ словообразования）、无词缀构词法或称零位构词法（нулевое словообразование）。"[①②]

转换构词法具有狭义和广义的解释。"前者指生产词与派生词完全吻合的情况，后者仅指它们的词干相吻合的情况"[③]，如золот-о（黄金）→ золот-ой（金色的），соль（食盐）→ сол-и-ть（加盐）等。我们比较赞同狭义转换法一说，这里仅指词类转换情况，广义阐释易与词缀构词法混淆。转换法广泛用来对事物进行称名，在世界各国语言中都被普遍使用，并构成不同的类型。

转换构词法可以从历时构词学与共时构词学视角分别进行分析。历时构词学主要考察某个词在历史发展中所经历的词类属性转化过程，而共时构词学则探究哪些词类的词可以有规律地转化为另一个词类的词以及转化类型。通常情况下，"一个词转入另一个词类后就获

---

① Немченко В.Н. Современный русский язык. Словообразование[M]. М.: Высшая школа, 1984. С. 115.

② Кубрякова Е.С. Словообразование[A]//Лингвистический энциклопедический словарь[Z]. Под редакцией Ярцевой В.Н. М.: Большая Российская энциклопедия, 2002. С. 235.

③ Там же. С. 235.

得了新的词类属性和相应的语法变化形式"。①只有名词化的形容词和形动词是例外，它们仍保持原来的语法形式和变格系统。根据转换成派生词的词类属性，分为名词化、形容词化、副词化、虚词化与感叹词化等几种类型，后两种类型并不多见。

1. 名词化

名词化（субстантивация）指把其他词类的词转化为名词的一种构词方法，构词标志是派生名词的全部词尾系统。名词化的派生词与原有生产形容词和形动词语义相同，仅是词类属性不同。名词化在现代俄语中是一种非常活跃的构词方法。名词化的阳性名词主要用来表人：больной（病人），дежурный（值日者），ученый（学者），рабочий（工人），служащий（职员），учащийся（学员），выдающийся（杰出人才），заведующий（主任），трудящийся（劳动者）。名词化的阴性名词主要表示场所、工作、文件、队伍、战争等：столовая（食堂），мастерская（作坊），преподавательская（教员休息室），операционная（手术室），сопроводительная (бумага)（附件，附函），контрольная (работа)（平时测验），сборная (команда)（混合队，联队），гражданская (война)（国内战争）。名词化的中性名词主要表示部门、食品、药品、证明、抽象事物等：кондитерское（糖果点心），сладкое（甜食，点心），мороженое（冰激凌），сухое(вино)（干葡萄酒），снотворное（催眠剂），прошлое（过去的事情），новое（新鲜事），прекрасное（美好的东西）。名词化的复数名词表示款项、节日、练习等：командировочные（差旅费），премиальные（奖金），майские (праздники)（五一节），вольные (упражнения)（自由体操）。②

2. 形容词化

形容词化（адъективация）指把其他词类的词转化为形容词的一种构词方法。主要由形动词向形容词转换：блестящий (ум)（睿智），выдающийся (ученый)（杰出的科学家），начитанный (профессор)（知识渊博的教授），изысканный (вкус)（精细的鉴赏力），

---

① 李勤、孟庆和，俄语语法学[M]，上海：上海外语教育出版社，2006，第133页。
② 同上书，第131–133页。

подавленные (овощи)（被压扁的蔬菜），подавленное (настроение)（压抑的心情），растерянный (взгляд)（慌乱的目光），потерянный (взгляд)（迷茫的眼神），потерянное (время)（失去的时间）等。

3. 副词化

副词化（адвербиализация）指把其他词类的词转化为副词的一种构词方法。副词化过程的关键是把某一形式从其词类变化系统中分离出来，并使其获得新的语法意义。常见的副词化手段是名词格形式以及副动词形式：зимой（冬天），летом（夏天），осенью（秋天），весной（春天），утром（早晨），днем（白天），вечером（晚上），бегом（跑着），рядом（并排），ночью（夜里），авансом（预付），оптом（批发）；глядя（看），лежа（躺着），сидя（坐着），стоя（站），молча（默默地），шутя（开玩笑地），любя（爱），немедля（立即，马上），неохотя（不情愿地）等。

4. 虚词化与感叹词化

虚词化（переход слов других частей речи в служебные слова）指把其他词类的词转化为前置词、语气词的一种构词方法。常见的虚词化词手段是副动词、动词命令式和副词：благодаря（多亏），пожалуй（大概，可能），вокруг（周围）等。

感叹词化（переход слов других частей речи в междометия）指把名词和动词命令式转换成感叹词的一种构词方法：Батюшки!（我的老天爷!），Господи!（上帝啊! 天哪!），Караул!（救命啊!），Ура（乌拉!）。

第六章　后缀构词语义类别

　　后缀构词法是俄语构词系统中最为积极、最为活跃的构造新词的方法。通过后缀构词法可以派生不同的词类，包括名词、形容词、动词、副词等。在构词语义上，后缀构词法覆盖变异意义、突变意义、转换意义和组合意义。后缀构词法被广泛用在不同词类中，表示全部构词意义类别。在俄语众多词缀词素中，只有后缀能够表达转换意义。

第一节　后缀变异意义

　　如前所述，变异意义指在派生词语义结构中，除生产词意义外，还附加了变异特征。变异意义后缀在部分语义特征上接近于前缀，因为它们都属于语义变体词缀，与生产词词类属性一致。名词、形容词、动词和副词每一个词类中都有众多表达变异意义的后缀，但后缀数量因词类不同而有所差异。乌卢哈诺夫对俄语不同词类后缀所表达的变异意义进行了数量统计分析，结果表明："表达变异意义的名词后缀多达60个，形容词后缀11个，动词和副词后缀各占7个。"[1] 后缀变异意义与前缀变异意义具有本质上的不同。首先，后缀变异意义一般不具有多义性，反之，前缀恰恰具有多义性特征。其次，很多后缀除了表达变异意义外，同时还表达其他构词意义类别。

1. 名词后缀变异意义

　　乌卢哈诺夫将名词惯用词（узуальное слово）后缀变异意义分为两类：一是后缀表示单一变异意义；二是后缀既表示变异意义，同时兼表转换意义或突变意义。[2]

---

[1] Улуханов И.С. Единицы словообразовательной системы русского языка и их лексическая реализация[M]. М.: Изд-во РАН, 1996. С. 159–160.

[2] Там же. С. 160.

1.1 单一变异意义

惯用词后缀单一变异意义主要表示指大意义（значение увеличительности）、指小意义或表现力意义（значение уменьшительности/экспрессивности）、女性意义（значение женскости）、幼崽意义（значение «невзрослое существо»）、单个意义（значение единичности）、集合意义（значение собирательности）、相似意义（значение сходства）。

1.1.1 指大意义

该类名词后缀包括-ин-(а); -ищ-; -ил-(о); -иссимус; -им; -ит; -ел; -овин; -к-(а)。

-ин-(а): дом（房子）—домина, лошадь（马）— лошадина, купец（商人）— купчина, молодец（棒小伙）— молодчина, ветер（风）—ветрина, дождь（雨）— дождина, голос（声音）— голосина, холод（寒冷）— холодина, зверь（野兽）— зверина;

-ищ-: дом（房子）— домище, рука（手）— ручища, нос（鼻子）— носище, дурак（傻瓜）— дурачище, топор（斧子）— топорище, ветер（风）— ветрище, костер（篝火）— кострище, город（城市）— городище, пожар（火灾）— пожарище, борода（胡须）— бородища, скука（寂寞）— скучища, бас（男低音歌唱家）— басище, вино（酒）— винище;

-ил-(о): верило <旧，诗>（帆）, кормило <雅>（执政）, светило <文语>（天体）;

-иссимус: генерал（将军）— генералиссимус（大元帅，最高统帅）;

-им: отчим（继父）, побратим（结义兄弟）, обжим（圆夹子）;

-ит: метеорит（陨石）, биолит [矿]（生物岩）, мегалит（巨石）, уранит（铀矿）;

-ел: коза（山羊；母山羊）— козел（公山羊）;

-овин: лиса（狐狸）—лисовин <方言>（雄狐）。

后缀-к-(а): щебенка <口语>（[筑路及建筑用]碎石）, -ак-(а): чертяка <口语>（鬼）, -чик: субчик <俗语>（形迹可疑的人）, -аш: мураш <俗语>（蚂蚁）等具有修辞变异（стилистическая модификация）特征。①

1.1.2 指小意义或表现力意义

该类名词后缀包括-ок/-ик/-чик; -ец, -ц-(о, е), -иц-(е), -ец-(о); -к-(а); -иц-(а); -к-(о); -ишк-; -ушк-(а), -юшк-(а); -оньк-(а), -еньк-(а); -онк-(а), -енк(а); -очк(а); -ул(я), -ун(я), -ус(я), -уш(а); -онок-。

-ок/-ик/-чик: дом — домик (домок), гриб（蘑菇）— грибок, дождь（雨）— дождик, стакан（玻璃杯）— стаканчик, нос（鼻子）— носок(носик), голос（声音）— голосок, лес（森林）— лесок, котел（锅炉）— котелок, узел（结、扣）— узелок, снег（雪）— снежок, друг（朋友）— дружок, посох（拐杖）— посошок, лист（叶子）— листик, рот（嘴）— ротик, лоб（额头）— лобик, корабль（船舶）— кораблик, стол（桌子）— столик, мяч（球）— мячик, звук（声音）— звучок, зуб（牙齿）— зубок(зубик), чемодан（手提箱）— чемоданчик, балаган（滑稽戏）— балаганчик, карман（口袋）— карманчик, рукав（袖子）— рукавчик, мотор（马达）— моторчик, ключ（钥匙）— ключик;

-ец, -ц-(о, е), -иц-(е), -ец-(о): брат（兄弟）— братец, хлеб（面包）— хлебец, мороз（严寒）— морозец, урод（怪物）— уродец, товар（货物）— товарец, счет（账单）— счетец, сахар（糖）— сахарец; слово（词）— словцо, мясо（肉）— мясцо, дерево（树）— деревцо, окно（窗户）— оконце, зеркало（镜子）— зеркальце, платье（衣服）— платьице; пальто（大衣）— пальтецо;

-к-(а): голова（头）— головка, свадьба（婚礼）— свадебка, сеть（线路）— сетка, бумага（纸张）— бумажка, изюмина（一粒葡萄干）— изюминка, соломина（一根稻草）— соломинка, шуба（皮大衣）— шубка, сирота（孤儿）— сиротка, бродяга（流浪者）— бродяжка, птица（鸟）— птичка, игрушка（玩具）— игрушечка, картина（图画）— картинка;

-иц-(а): просьба（请求）— просьбица, лужа（水洼）— лужица, кожа（皮）— кожица, вещь（物品）— вещица, соль（盐）— солица, крепость（强度）— крепостца, сестра（姐妹）— сестрица, земля（大地）— землица, вода（水）— водица, книга（书）— книжица;

---

① Улуханов И.С. Единицы словообразовательной системы русского языка и их лексическая реализация[M]. М.: Изд-во РАН, 1996. С. 160.

-к-(о)：пиво（啤酒）— пивко, солнце（太阳）— солнышко, золото（金子）— золотко, облако（云）— облачко, кольцо（环）— колечко, окно（窗户）— окошко, полено（一块劈柴）— полешко, гнездо（巢）— гнездышко, стекло（玻璃）— стеклышко, горло（喉咙）— горлышко, бревно（原木）— бревнышко, пятно（斑点）— пятнышко, дно（底部）— донышко, крыло（翅膀）— крылышко, озеро（湖泊）— озерко;

-ишк-(а)：заяц（兔子）— зайчишка, сын（儿子）— сынишка, брат（兄弟）— братишка, мысль（思想）— мыслишка, плут（骗子）— плутишка, шалун（淘气鬼）— шалунишка, вор（小偷）— воришка, рак（虾）— рачишка, трус（胆小鬼）— трусишка, золото（金子）— золотишка;

-ушк-(а), -юшк(а)：комната（房间）— комнатушка, река（河流）— речушка, голова（头）— головушка, соловей（夜莺）— соловушка, кровь（血）— кровушка, сосед（邻居）— соседушка, мать（母亲）— матушка; поле（田野）— полюшка, воля（意志）— волюшка;

-оньк-(а), -еньк(а)：береза（白桦树）— березонька <表爱>, лиса（狐狸）— лисонька, кухня（厨房）— кухонька <指小表爱>; деревня（村庄）— деревенька, мама（妈妈）— маменька <指小表爱>, подруга（女友）— подруженька <指小表爱>, ночь（夜晚）— ноченька <指小表爱>, дочь（女儿）— доченька <指小表爱>; собака（狗）— собаченька;

-онк-(а), -енк(а)：муж（丈夫）— мужичонка <表卑>, книга（书）— книжонка <表卑>, старик（老人）— старичонка <表卑>, собака（狗）— собачонка <表卑>, душа（内心）— душонка <表藐>, шапка（帽子）— шапчонка <表卑>; комната（房间）— комнатенка <表卑>; работа（工作）— работенка, сила（力量）— силенка, лошадь（马）— лошаденка <表卑>;

-очк-(а)：папа（爸爸）— папочка <表爱>, Нина（尼娜）— Ниночка <表爱>, сумка（书包）— сумочка, цепь（链条，电路）— цепочка, сетка（网）— сеточка, нитка（线）— ниточка, кофта（女短衫）— кофточка, дура（笨蛋）— дурочка, звезда（星星）— звездочка, тумба（托架）— тумбочка, морда（嘴脸）— мордочка, лампа（灯）— лампочка, лента（带子）— ленточка, шайба（垫圈）— шайбочка;

-ул-(я), -ун-(я), -ус-(я)：бабушка（祖母）— бабуля <表爱>, папа（爸爸）— папуля <表爱>, сын（儿子）— сынуля <表爱>，Нина（尼娜）— Нинуля <表爱>; Вера（薇拉）— Веруня <表爱>, мама（妈妈）— мамуся <表爱>;

-онок-：мальчик（小男孩）— мальчонок, пострел（顽童）— постренок, бес（魔鬼）— бесенок, черт（鬼）— чертенок, арап（黑人）— арапчонок, барчук（少爷）— барчонок。

1.1.3 女性意义

该类名词后缀包括-к-(а); -иц-(а); -ниц-(а); -их-(а); -ш-(а); -ин-(я); -есс-(а); -/j/; -есс-(а); -ис-(а)。

-к-(а)：сосед（邻居）— соседка（女邻居），голубь（鸽子）— голубка（雌鸽），пассажир（乘客）— пассажирка（女乘客），швед（瑞典人）— шведка（瑞典女人），грузин（格鲁吉亚人）— грузинка（格鲁吉亚女人），крестьянин（农民）— крестьянка（女农民），цыган（茨冈人）— цыганка（茨冈女人），артист（演员）— артистка（女演员），связист（通信员）— связистка（女通信员），фаворит（宠儿）— фаворитка（女性宠儿），пионер（少先队员）— пионерка（女少先队员），артист（演员）— артистка（女演员），делагат（代表）— делагатка（女代表），активист（积极分子）— активистка（女积极分子），маттериалист（唯物主义者）— материалистка（女唯物主义者）；

-иц-(а)：мастер（工匠）— мастерица（女工匠），любимец（宠儿）— любимица（女性宠儿），певец（歌手）— певица（女歌手），император（皇帝）— императрица（女皇），красавец（美男子）— красавица（美女），кормилец（供养人，养育人）— кормилица（乳母），лев（狮子）— львица（母狮），орел（雄鹰）— орлица（雌鹰）；

-ниц-(а)：правитель（统治者）— правительница（女统治者），учитель（教师）— учительница（女教师），писатель（作家）— писательница（女作家），воспитатель（教育者）— воспитательница（女性教育者），приятель（朋友）— приятельница（女性朋友）；

-их-(а)：ткач（织布工）— ткачиха（女织布工），врач（医生）— врачиха（女医生），слон（象）— слониха（母象），пловец（游泳运

动员）— пловчиха（女游泳运动员），сторож（看守人）— сторожиха（女看守人），повар（厨师）— повариха（女厨师），портной（裁缝）— портниха（女裁缝），щеголь（虚荣的人）— щеголиха（虚荣的女人），франт（穿着讲究的人）— франтиха（穿着讲究的女人）；

-ш-(а)：кассир（出纳员）— кассирша（女出纳员），пекарь（面包师）— пекарша（女面包师），диктор（播音员）— дикторша（女播音员），организатор（组织者）— организаторша（女性组织者），миллионер（百万富翁）— миллионерша（女百万富翁），бригадир（组长）— бригадирша（女组长），библиотекарь（图书馆馆员）— библиотекарша（女图书馆馆员），политикан（政客）— политиканша（女政客），музыкант（音乐家）— музыкантша（女音乐家）；

-ин-(я)：герой（英雄）— героиня（女英雄），бог（神）— богиня（女神），монах（修道士）— монахиня（修女），монарх（帝王）— монархиня（女王），раб（奴隶）— рабыня（女奴），геолог（地质学家）— геологиня（女地质学家）；

-/j/：болтун（多嘴的人）— болтунья（多嘴的女人），лгун（撒谎的人）— лгунья（撒谎的女人），бегун（田径运动员）— бегунья（女田径运动员），крикун（宣传员）— крикунья（女宣传员），говорун（能说会道的人）— говорунья（能说会道的女人），колдун（巫师）— колдунья（女巫），шалун（淘气的孩子）— шалунья（淘气的女孩子），прыгун（跳水运动员）— прыгунья（女跳水运动员），плясун（善舞者）— плясунья（善舞的女人），драчун（好打架的人）— драчунья（好打架的女人），хохотун（爱高声大笑的人）— хохотунья（爱高声大笑的女人）；

-есс-(а)：поэт（诗人）— поэтесса（女诗人），принц（王子）— принцесса（王妃），патрон（守护神）— патронесса（守护女神），стюард（空乘）— стюардесса（空姐），клоун（小丑）— клоунесса（女性丑角），адвокат（律师）— адвокатесса（女律师）；

-ис-(а)：актер（演员）— актриса（女演员），лектор（讲师）— лектриса（女讲师），редактор（编辑）— редактриса（女编辑）等。

1.1.4 幼崽意义

该类名词后缀仅有两组：-онок/енок; -оныш/-еныш。

-онок/енок: заяц（兔子）— зайчонок（小兔），медведь（熊）—

медвежонок（幼熊），мышь（老鼠）— мышонок（鼠崽儿），галка（寒鸦）— галчонок（寒鸦雏），волк（狼）— волчонок（狼崽儿）；сова（猫头鹰）— совенок（猫头鹰雏），орел（鹰）— орленок（鹰雏），гусь（鹅）— гусенок（小鹅），олень（鹿）— олененок（小鹿），щегол（金翅雀）— щегленок（金翅雀雏），лиса（狐狸）— лисенок（狐狸崽儿），кот（猫）— котенок（小猫），слон（大象）— слоненок（幼象），зверь（野兽）— зверенок（幼兽）；

-оныш/-еныш: уж（游蛇）— ужоныш（小游蛇）；змея（蛇）— змееныш（幼蛇），утка（鸭子）— утеныш（雏鸭），гусь（鹅）— гусеныш（雏鹅），зверь（野兽）— звереныш（幼兽），гад（害虫）— гаденыш（幼虫）。

1.1.5 单个意义

该类名词后缀仅有三个：-ин-(а); -инк-(а); -к-(а)。

-ин-(а): горох（豌豆）— горошина（一粒豌豆），виноград（葡萄）— виноградина（一粒葡萄），картофель（土豆）— картофелина（一块土豆），макарон（通心粉）— макаронина（一根通心粉），солома（稻草）— соломина（一根稻草），брюки（裤子）— брючина（一条裤腿），холст（粗麻布）— холстина（一块粗麻布），град（冰雹）— градина（一粒冰雹），изюм（葡萄干）— изюмина（一粒葡萄干）；

-инк-(а): икра（卵）— икринка（一粒卵），чай（茶叶）— чаинка（一片茶叶），песок（沙）— песчинка（一粒沙），пыль（尘土）— пылинка（一粒尘屑），роса（露水）— росинка（露珠），ворсина（绒毛）— ворсинка（一根绒毛），крупа（米）— крупинка（一粒米），лед（冰）— льдинка（一块冰），снег（雪）— снежинка（雪花），сор（尘土）— соринка（一粒微尘）；

-к-(а): мармелад（水果软糖）— мармеладка（一粒水果软糖），морковь（胡萝卜）— морковка（一根胡萝卜），чешуя（鳞）— чешуйка（一片鳞），щетина（鬃）— щетинка（一根鬃），карамель（硬糖）— карамелька（一块硬糖），земляника（草莓）— земляничка（一颗草莓），бумага（纸）— бумажка（一张纸），железо（铁）— железка（一块铁），резина（橡胶）— резинка（一块橡胶），шоколад（巧克力）— шоколадка（一块巧克力），вата（棉

花）— ватка（一小块棉花）。

1.1.6 集合意义

该类名词后缀包括：-н-(я), -няк, -/j/。

-н-(я)：солдат（战士）— солдатня <集>（战士们），офицер（军官）— офицерня <集>（军官们），шофер（司机）— шоферня <集>（司机们），матрос（水兵）— матросня <集>（水兵们），ребенок（孩子）— <集> ребятня（孩子们），малыш（小孩子）— малышня <集>（孩子们）；

-няк：береза（白桦）— березняк <集>（白桦林），сосна（松树）— сосняк <集>（松树林），вишня（樱桃树）— вишняк <集>（樱桃林），лоза（柳树）— лозняк <集>（柳丛），липа（椴树）— липняк <集>（椴树林），дуб（橡树）— дубняк <集>（橡树林），верба（柳树）— вербняк <集>（柳丛），ива（柳树）— ивняк <集>（柳丛），слива（李树）— сливняк <集>（李树林），ольха（赤杨）— ольшняк <集>（赤杨林）；

-/j/：баба（村妇）— бабье <集>（村妇们），юнкер（士官生）— юнкерье <集>（士官生们），солдат（战士）— солдатье <集>（战士们），дурак（傻瓜）— дурачье <集>（傻瓜们），офицер（军官）— офицерье（军官们）等均为俗语词；зверь（野兽）— зверье <集, 口语>（兽群）。

1.1.7 相似意义

该类名词后缀包括：-к-(а); -оид; -ок/-ик; -ник; -к-(о)。

-к-(а)：нога（脚）— ножка（支脚），шляпа（帽子）— шляпка（帽状物），дым（烟，烟雾）— дымка（轻雾；薄雾），голова（头）— головка（钉帽），спина（背）— спинка（靠背），рука（手）— ручка（把手），гора（山）— горка（架子，搁架），кукла（洋娃娃）— куколка（穿戴漂亮的小姑娘）；

-оид：металл（金属）— металлоид（准金属，类金属），планет（行星）— планетоид（小行星），ромб（菱形）— ромбоид（长菱形），эллипс（椭圆）— эллипсоид（椭圆体），дифтонг（二合元音）— дифтонгоид（准二合元音），парабола（抛物线）— параболоид（抛物面），кристалл（晶体）— кристаллоид（晶质），тиф（伤寒）— тифоид<医>（轻伤寒），монгол（蒙古人）— монголоид（蒙古人种），негр（黑人）— негроид（黑种人）；

-ок/-ик: глаз（眼睛）— глазок（孔眼，视孔），язык（舌头）— язычок <植>（叶舌；舌状物），новик（新手）— новичок（学校新生），нос（鼻子）— носок（鞋袜尖端；脚尖）；

-ник: сердце（心脏）— сердечник <技>（铁芯），затылок（后脑勺）— затыльник（后挡盖）；

-к-(о): горло（喉咙）— горлышко（瓶、罐等的细颈，细嘴），ухо（耳朵）— ушко（耳座，耳柄），плечо（肩部）— плечико（衣服上背带；垫肩）。

1.2 变异意义兼表突变意义

乌卢哈诺夫将惯用词名词后缀变异意义兼表突变意义分为以下八种情况："1）幼崽意义+与生产名词指称的人相关：-онок/-ат(а): октябрь（十月）— октябренок（十月出生的儿童），двойня（双胞胎）— двойнята（双胞胎儿童）；2）幼崽意义+生产形容词所指称特征载体：-онок: несмышленый（不懂事的）— несмышленок（不懂事的孩子），-енец: первый（第一的）— первенец（头生子，头胎）；3）单个意义+生产形容词所指称特征载体：-ин(а): шелковый（丝线的）— шелковина（一根丝线），маковый（罂粟的）— маковина（一粒罂粟种子），-инк(а): седой（有白头发的）— сединка <口>（一根白发）；4）集合意义+与生产名词有关的人或物：-иан(а): Пушкин（普希金）— Пушкиниана（普希金全集），-аж: картон（硬纸板）— картонаж（硬纸板制品），-н(я): двор（院子）— дворня（仆人），-няк: жердь（杆）— жердняк（适于做长杆的细而高的树木）；5）集合意义+生产形容词所指称特征载体：-няк: молодой（年轻的）— молодняк（年轻人），-[j(o)]: старый（旧的）— старье（旧物），-н(я): родной（亲的）— родня（亲属，亲戚），-ытьб(а): голый（贫穷的）— голытьба <旧>（穷人），-юзг(а): мелкий（小的）— мелюзга（小动物），-ежь: молодой— молодежь（青年）；6）集合意义+生产动词所指称事物是客体或行为结果：-нь: рвать（撕碎）— рвань（破衣服，破烂），-няк: выкидывать（丢弃）— выкидняк <专业>（废弃在岸上的树木），这里指树木在极端天气条件下（如风暴或洪水）被水流（海流或河流）冲走并带到其他地方的现象，-в(а): жрать（吃）— жратва <俗>（吃食）；7）女性意义+与生产名词指称的人相关：

-ш(a)：маникюр（修指甲）— маникюрша（女修甲师），педикюр（修脚）— педикюрша（女修脚员）；8）女性意义+行为执行者，-е/j-а/：жрать：ворожея（女占卜者），жнея（女割麦人），швея（女裁缝）。"①

2. 形容词后缀变异意义

形容词惯用词后缀不及名词惯用词后缀丰富。与名词后缀变异意义一样，形容词后缀变异意义也区分为两类："1）后缀只表达变异意义；2）后缀既表达单一变异意义，同时兼表转换意义或突变意义。"②

2.1 单一变异意义

形容词后缀单一变异意义主要表示生产形容词特征程度、相似、大量、表爱、修辞等方面的变异意义。其中，特征还具有程度上的差异，如表示"特征程度微弱"的形容词后缀-оват-：слабый（弱的）— слабоватый（有点弱的，微弱的），дорогой（贵的）— дороговатый（有点贵的）等；表示"特征程度适宜"的形容词后缀-енек/-онек：слабый — слабенекий（弱的），далекий（远的）— далеконекий（远的）；表示"特征程度强烈"的形容词后缀-ейш-/-айш-, -ущ-, -енн-, -охоньк-/-ошеньк-, усеньк-, юсеньк-：богатый（富有的）— богатейший（最富有的），крепкий（强壮的）— крепчайший（最强壮的），большой（大的）— большущий（非常大的），здоровый（健康的）— здоровенный（非常健康的），полный（满的）— полнехонький/полнешенький（非常满的），такусенький（非常小的），малюсенький <口>（非常小的），тонюсенький（非常薄的）等。此外，形容词后缀-охоньк-/-ошеньк-, -усеньк-还兼具表爱意义。表示"相似"意义的形容词后缀-ист-：серный（硫的）— сернистый（二价硫的）；-ов-：легкий（容易的，轻松的）— легковой（载人的，轻便的）。表示"大量意义"的形容词通常由名词派生，如-н-：сила（力量）— сильный（马力大的）；-ат-：волос（毛发）— волосатый（毛发

---

① Улуханов И.С. Единицы словообразовательной системы русского языка и их лексическая реализация[M]. М.: Изд-во РАН, 1996. С. 162–163.

② Там же. С. 165.

浓的）; -чат-: бугор（丘陵）— бугорчатый（多丘陵的）; -оват-: сук（树枝）— суковатый（枝杈多的）; -овит-: дар（才干）— даровитый（有才干的）; -ист: болото（沼泽）— болотистый（多沼泽的）; -лив: дождь（雨）— дождливый（多雨的）。具有"表爱"意义的形容词后缀是-еньк-: молодой（年轻的）— молоденький ＜表爱＞, хороший（好的）— хорошенький ＜表爱＞。具有"修辞变异"意义的后缀是-ецк-: неважнецкий ＜俗＞（不大好的）, -ащ-: немудрящий ＜俗＞（很普通的）。

2.2 变异意义兼表突变意义

乌卢哈诺夫指出："形容词后缀变异意义只兼表突变意义，但不能兼表转换意义，主要通过后缀-оват-, -аст-来实现。"[①] 形容词后缀-оват-变异意义表示"特征程度不强"，突变意义表示"生产名词所指称的人或物具有某种特征"，如мужиковатый ＜口＞（有点粗鲁的），＜口＞ дубоватый（有点粗鲁的，有点笨拙的）等。-оват-是最常见的表达特征程度不强的唯一能产手段。与后缀-оват-不同，后缀-аст-变异意义表示"特征程度强"，突变意义表示"具有生产名词所指称事物的特征"，所有带该后缀的派生形容词均是变异意义与突变意义的叠加: лобастый ＜口＞（大脑门儿的），скуластый（大颧骨的，颧骨突出的），цветастый（带花的，花花绿绿的）等。乌卢哈诺夫认为："后缀-аст-的独特之处在于，优先与表示人体某个部位的生产词组配。"[②] 如глазастый（大眼睛的），горластый（大嗓门的），губастый（嘴唇厚的），лобастый（大脑门儿的），скуластый（大颧骨的，颧骨突出的）等。

3. 动词后缀变异意义

动词变异意义能产后缀主要有三个: -ыва-/-ва-/-а$_3$-, -ну$_2$-, -ану-; 非能产后缀有四个: -и$_2$-, -и$_3$-, -а$_4$-, -а$_5$-。带后缀-ыва-/-ва-/-а$_3$-的完成体派生动词表示未完成体语法意义，即语法变异意义（грамматическое модификационное значение），而未完成体派生动

[①] Улуханов И.С. Единицы словообразовательной системы русского языка и их лексическая реализация[M]. М.: Изд-во РАН, 1996. С. 165.

[②] Там же. С. 166.

词表达多次意义（многократность）。①如ходить＜不定向＞（走，去）— хаживать＜不定向＞（多次走）。"动词后缀-ну₂-、-ану-具有一次性意义（однократность），-ану-同时具有表现力或者行为程度加强的变异意义。动词后缀-и₂-、-а₄-具有使役意义（каузативное значение），-и₃-、-а₅-具有非一次性（неоднократность）和不同方向（разнонаправленность）意义。"②

4. 副词后缀变异意义

副词后缀变异意义主要体现为特征程度和表爱意义。在表示特征程度的副词后缀中，-оват-о表示"特征程度较轻"：рано（早）— рановато（较早地），поздно（晚）— поздновато（有点晚）；-еньк-о表示"特征程度强兼具表现力"：трудно（困难）— трудненько（非常难地），часто（经常）— частенько（常常）；-охоньк-о/-ошеньк-о表示"特征程度强兼表爱"：рано — ранехонько/ранешенько，скоро（很快）— скорехонько/скорешенько；-к-"表爱兼具表现力意义"：рядком（挨着,成一排地），сторонкой（侧面地），вразвалочку＜口语＞（有点摇摇摆摆地），тихонечко（静静地）等。副词无论是惯用词或是随机词，都没有变异意义兼表其他意义的情况。

第二节 后缀突变意义

如前所述，突变意义指在派生词语义结构中，派生词的本质、特征、属性、行为与生产词完全不同。乌卢哈诺夫系统研究了后缀突变构词意义。他指出：后缀突变构词意义体现在不同词类中，包括某些名词化的派生词（个别这类名词表达变异意义）、形容词派生的所有动词、动词派生的所有形容词，甚至由相当一部分动词派生的名词、形容词派生的名词、名词化派生的动词和形容词等。其他由动词和形容词派生的名词属于直接转换（прямая транспозиция），其他名词化了的派生动词和形容词属于间接转换（конверсивная транспозиция）。突变意义与变异意义不同，在所有词类中，它主要

---

① Улуханов И.С. Единицы словообразовательной системы русского языка и их лексическая реализация[M]. М.: Изд-во РАН, 1996. С. 167.

② Русская грамматика АН СССР[M]. Т. I. М.: Наука, 1980. С. 353–355.

通过语义变体后缀和语义常体后缀来实现。语义常体后缀甚至成为该分系统的核心，覆盖了基本词汇单位，其中许多词高度能产（высокая продуктивность）。①

1. 名词后缀突变意义

尽管不同后缀表达的突变意义不尽相同，但人们仍能够找到它们在语义上的共性特征。它们或表示与生产词所指称事物（называемый предмет）②或现象有关，或是各种事物意义和关系意义的具象化。乌卢哈诺夫强调指出："名词后缀突变意义非生产部分（немотивирующая часть）（亦称派生部分——笔者注）由两部分构成：一是所指称事物或现象；二是该事物或现象与生产词的关系。"③乌卢哈诺夫把非具体事物意义称为概括事物意义（общепредметное значение），非具体关系意义称为概括关系意义（общеотносительное значение）。他还区分了具体事物意义（конкретнопредметное значение）和具体关系意义（конкретноотносительное значение）。④

概括事物意义与概括关系意义体现在带有不同词缀的各类词中，并通过事物与关系的变异汇聚为一个语义常体。表示概括事物意义与概括关系意义，或者两者之一的，词缀语义上是常体词缀。在俄语构词系统中，概括事物意义、概括关系意义、具体事物意义、具体关系意义理论上可能体现为四种组合，见下表。⑤

	概括事物意义	具体事物意义
概括关系意义	-ник	-ист
具体关系意义	-льник	-ак-(а)

---

① Улуханов И.С. Единицы словообразовательной системы русского языка и их лексическая реализация[M]. М.: Изд-во РАН, 1996. С. 174.
② 在称名学中，术语называемый предмет相当于称名基础，отношение相当于称名关系（ономасиологическая связка），生产意义部分（мотивирующая часть значения）相当于称名特征。
③ Улуханов И.С. Единицы словообразовательной системы русского языка и их лексическая реализация[M]. М.: Изд-во РАН, 1996. С. 174–175.
④ Там же. С. 175.
⑤ Там же. С. 175.

根据上述理论，乌卢哈诺夫把名词后缀突变意义分为以下四类：1）概括事物意义与概括关系意义；2）具体事物意义与概括关系意义；3）概括事物意义与具体关系意义；4）具体事物意义与具体关系意义。

1.1 概括事物意义与概括关系意义

这一意义组合表示事物意义（动物的或非动物的）与生产词所指称事物有关。后缀-к-(а), -ник, -щик, -ин-(а)是这一意义类型的能产后缀。

-к-(а)：лакомиться（吃好吃的东西）— лакомка（爱吃好东西的人）；жать（收割）— жатка（收割机），сивый（瓦灰色的）— сивка（灰白色马；干农活的马），играть（玩）— игрушка（玩具），вертеть（转动）— вертушка（风车），находить（找到）— находка（捡到的东西），одинокий（单身的）— одиночка（单身者），нежный（娇养的）— неженка（娇生惯养的人），временный（临时的）— времянка（临时设施）；

-ник：шутить（开玩笑）— шутник（爱开玩笑的人），заступастья（庇护）— заступник（说情者，袒护人），истопить（生火）— истопник（锅炉工人），собрать（收集）— сборник（贮槽），помощь（帮助）— помощник（助手），чай（茶）— чайник（茶壶），салат（沙拉）— салатник（沙拉盘），лед（冰）— ледник（冰窖），угол（角）— угольник（角尺）；

-щик：протирать（擦干净）— протирщик（擦拭工），лакировать（刷漆）— лакировщик（油漆工），обмануть（欺骗）— обманщик（骗子），мыть（洗）— мойщик（洗涤工），набить（塞满）— набойщик（填装工），тюрьма（监狱）— тюремщик（看守），мороженое（冰激凌）— мороженщик（卖冰激凌的人），газовый（煤气的）— газовщик（煤气工人），часовой（钟表的）— часовщик（钟表匠）；

-ин-(а)：изгибать（弄弯）— изгибина（弯曲），распадаться（分裂）— распадина（峡谷），трескастья（爆出裂纹）— трещина（裂缝），вощить（打蜡）— вощина（巢础），морщиться（皱起）— морщина（皱纹），всякий（每个）— всячина（各种东西），ровный（平的）— равнина（平原），быстрый（快速的）— быстрина（急

流），жадный（贪婪的）— жадина（贪婪的人），старый（老的）— старина（古代）。

在这一意义类型中，后缀-к-(а)最为能产，可以与动词、形容词、数词和副词组配，其概括事物意义亚类分为：1）表人：тараторить（嘟哝）— тараторка（喋喋不休的人），невидимый（看不见的）— невидимка（隐身的人），двойня（双胞胎）—двойняшка <口>（双生子[之一]），почему（为什么）— почемучка <口，谑>（老问为什么的小孩,爱刨根问底的孩子）；2）动物：сивый（瓦灰色的）— сивка（灰白色马；干农活的马）；3）器械、工具：жать（收割）— жатка（收割机）；4）处所：временный（临时的）— времянка（临时设施）；5）物品：играть（玩）— игрушка（玩具），находить（找到）— находка（捡到的东西）等。-к-(а)概括关系意义亚类分为：1）动作：греметь（叮当作响）— гремушка（摇起来发响声的玩具）；2）动作结果：находить（找到）— находка（捡到的东西）；3）特征：нежный（温柔的）— неженка（娇生惯养的人），теплый（温暖的）— теплушка（暖棚），взрывчатый（爆炸的）— взрывчатка（爆炸物）；4）容器：масло（油）— масленка（加油器）；5）数量：уши（耳朵）— ушанка（有耳罩的帽子），два（二），двое（二）— двойка <口>（2路，2号[指编号为2的电车、公共汽车等]）。

此外，-ул-(я), -ень, -ун, -арь, -ух-(а), -ец, -ач, -аш-, -уш等名词后缀也表达概括事物意义与概括关系意义。

1.2 具体事物意义与概括关系意义

名词后缀-ист, -ик, -ищ-(е), -ит, -ин为这一意义类型的能产后缀。在这一意义组合中，具体事物意义指与生产词所指称事物有关的人、处所和具体事物；概括关系意义指与生产词所指称的事物有关。

1.2.1 与生产词所指称事物有关的人

-ист: специальный（专业的）— специалист（专家，专业人员），журнал（杂志）— журналист（记者），коммунизм（共产主义）— коммунист（共产党员），экономика（经济）— экономист（经济学家），массаж（按摩）— массажист（按摩师）；

-ик: старый（年老的）— старик（老人），умный（聪明的）— умник（聪明人），учебный（教学的）— учебник（教科书），

химия（化学）— химик（化学家），история（历史）— историк（历史学家），подагра（痛风）— подагрик（痛风病患者），лирика（抒情诗）— лирик（抒情诗人），академия（科学院）— академик（院士）。

1.2.2　与生产词所指称事物有关的处所

-ищ-(е)：рис（稻）— рисовище（稻田），город（城市）— городище（古城），пожар（火灾）— пожарище（火灾遗址），костер（篝火）— кострище（生过篝火的地方），стрельба（射击）— стрельбище（靶场）。

1.2.3　与生产词所指称事物有关的具体事物

-ит：асбест（石棉）— асбестит（石棉材料），магнит（磁铁）— магнетит（磁铁矿）；

-ин：эластичный（弹力的）— эластин（弹性蛋白）。

在这一意义类型中，由名词和形容词派生的名词后缀-ист最为能产，既表达"人"的具体事物意义，又表达"与生产词所指称的事物有关"的概括关系意义。概括关系意义亚类包括："1）生产词指称的职业对象或活动工具：роман（长篇小说）—романист（长篇小说作者），штанга（举重）— штангист（举重运动员）；2）生产词所指称事物的拥有者：значок（证章）— значкист（证章获得者）；3）隶属思想学派或学术流派：идеализм（唯心主义）— идеалист（唯心主义者）；4）支持生产词所指称事物的人：автономия（自主，自治权）— автономист（自治论者）；5）生产词所指称事物的行为人：шантаж（恫吓）— шантажист（恫吓者）；6）具有某种特征：аккуратный（认真的）— аккуратист（认真的人）等。"①

此外，名词后缀-анин, -ей-, -ен-(а), -нич-(ий), -ыг-(а), -х-(а), -ич-, -арий, -ол-, -оз-也表达具体事物意义与概括关系意义。

1.3　概括事物意义与具体关系意义

这一意义组合是概括事物意义（动物的或非动物的）与进行生产动词所指称动作具体关系意义的叠加，如后缀-тель, -льник, -лк-(а)表示生产动词所指称行为的对象。

---

① Улуханов И.С. Единицы словообразовательной системы русского языка и их лексическая реализация[M]. М.: Изд-во РАН, 1996. С. 176.

-тель: нанимать（租住）— наниматель（租客）, преподавать（教[学]）— преподаватель（教师）, читать（读）— читатель（读者）, накопить（积蓄）— накопитель（存储器）, рыхлить（使疏松）— рыхлитель（松土机）, служить（服务）— служитель（服务员）, мечтать（幻想）— мечтатель（幻想家）, просить（请求）— проситель（申请人）, указать（指出）— указатель（指示器）, нагревать（加热）— нагреватель（加热器）;

-льник: будить（唤醒）— будильник（启蒙者）, полоть（除草）— полольник（除草机）, умывать（洗脸）— умывальник（洗脸池）, купаться（游泳）— купальник（游泳衣）, молчать（沉默）— молчальник（不爱说话的人）, холодить（制冷）— холодильник（冰箱）, плавить（熔化）— плавильник（熔罐）, утирать（擦去）— утиральник（毛巾）;

-лк-(а): молотить（脱粒）— молотилка（脱粒机）, поить（给……喝水）— поилка（饮水机）, копить（存储）— копилка（储蓄匣）, читать（读）— читалка（阅览室）, курить（吸烟）— курилка（吸烟室）。

概括事物意义包括两个亚类：1）表人：носить（搬运）— носитепь（承运人）, молчать（沉默）— молчальник（不爱说话的人）, сидеть（坐）— сиделка（护理员，助理护士）；2）表示工具、装置：молотить（脱粒）— молотилка（脱粒机）, нагревать（加热）— нагреватель（加热器）, паять（焊接）— паяльник（烙铁）, рыхлить（使疏松）— рыхлитель（松土机）, сеять（播种）— сеялка（播种机）, холодить（制冷）— холодильник（冰箱）, увлажнить（使湿润）— увлажнитель（加湿器）等。

1.4 具体事物意义与具体关系意义

表示这一组合意义的名词后缀数量不多，主要为非能产型，个别后缀常见于口语词中。后缀-ак-(а), -с-(а), -ц-(а)指进行生产动词所指称动作的人：гулять（闲散）— гуляка <口>（游手好闲的人）, кривляться <口>（矫揉造作，装腔作势）— кривляка <口>（矫揉造作的人，装腔作势的人）, плакать（哭）— плакса <口>（爱哭的人）, убить（杀死）— убийца（杀人犯）；后缀-оль, -итур-(а)指完成生产词所指称行为使用的物品：стирать（洗）— стироль（洗衣粉）,

полировать（打磨）— политура（抛光剂）；后缀-юк-(а), -он(я)指具有生产词所指称特征的人：злой（凶恶的）— злюка <口>（心狠的人），тихий（安静的）— тихоня <口>（不爱说话的人）；后缀-ург, -смен, -ариус, -евт表示与生产名词所指称活动领域有关的人：драма（剧本）— драматург（剧作家），спорт（运动）— спортсмен（运动员），архив（档案）— архивариус（档案保管员），терапия（内科学）— терапевт（内科医师）；后缀-орий用于完成生产名词所指称动作的场所：лекция（讲座）— лекторий（讲演厅）等。

乌卢哈诺夫对上述四种意义总结如下："语义变体词缀往往表示具体事物意义与具体关系意义，语义常体词缀语义表达更加丰富，如表示概括事物意义与概括关系意义、具体事物意义与概括关系意义、概括事物意义与具体关系意义。"①

2. 形容词后缀突变意义

形容词后缀突变意义指与生产词所指称事物有关的特征，包括概括关系意义和具体关系意义，往往借助关系形容词和物主形容词后缀来实现。"一些形容词后缀表达各种关系意义，这些意义被综合为一个语义常体，即与生产词所指称事物有关的特征，这一点与具有概括关系意义的名词后缀大致相同。另一些形容词后缀表示与生产词所指称事物的某种具体关系，如所属关系。"②

派生形容词后缀突变意义一定具备"特征"（признак）语义要素，因为特征是形容词的基本语义要素，反映派生形容词与生产词之间的相互关系，"特征"要素是必须语义要素（обязательный семантический компонент）。形容词后缀还包含附加语义要素，作为可选要素（факультативный компонент），通常存在于组合构词意义中。带后缀-юч-(ий), -уч-(ий)的派生形容词гор-юч-ий（可燃的），плав-уч-ий（可浮起的），тек-уч-ий（能流动的）等，其特征语义要素为"可以，能够"；后缀-оват-, -аст-除表达"具有"这一特征语义要素外，还表达"特征程度微弱"附加语义要素。

---

① Улуханов И.С. Единицы словообразовательной системы русского языка и их лексическая реализация[M]. М.: Изд-во РАН, 1996. С.177.

② Там же. С.178.

名词后缀突变意义与形容词后缀突变意义在语义结构上具有本质的区别：前者语义要素是"与生产词具有特定关系的实体名称，而不是表达这种关系的手段"：каменка（[乡村中蒸汽浴用的]石头炉子）指由石头砌成的物体。与名词后缀不同，关系形容词后缀语义要素是表达与生产词关系的手段：каменный（石头的）指由石头砌成的：каменный берег（石岸），каменная плита（石板），каменная стена（石墙）等。

2.1 概括关系意义

派生形容词后缀概括关系意义以-н-(ый), -ов-(ый), -ск-(ий), -лив-(ый) 最为能产，通常表示与事物、特征、行为的各种关系，但后缀-льн-(ый), -тельн-(ый)只表示与行为的关系。①

-н-(ый): хлеб（面包）— хлебный（面包的），вода（水）— водный（水的）；

-ов-(ый): класс（阶级）— классовый（阶级的）；

-ск-(ий): дружба（友谊）— дружеский（友谊的），практика（实践）— практический（实践的），университет（大学）— университетский（大学的）；

-лив-(ый): талант（天才）— талантливый（天才的），смех（笑）— смешливый（爱笑的）；

-льн-(ый): вязальный（编织的），родильный（助产的），спальный（睡眠用的），сушильный（烘干用的），шлифовальный（磨光用的）；

-тельн-(ый): желательный（希望的），извинительный（可原谅的），избирательный（选举的），наблюдательный（观测用的），подготовительный（准备的）等。

概括关系意义的亚类通过与某一名词组配在具体上下文中呈现：каменный дом（石头砌成的房子），каменная гора（石头堆成的山），каменный век（石器时代），каменное лицо（像石头一样僵硬的面部表情）等。

---

① Улуханов И.С. Единицы словообразовательной системы русского языка и их лексическая реализация[M]. М.: Изд-во РАН, 1996. С.178.

2.2　具体关系意义

派生形容词后缀-ий, -ин, -ев, -ов具有"特征或领属关系"意义：человечий（人的），мужичий（庄稼人的），рыбий（鱼的），коровий（牛的）；бабушкин（祖母的），мамин（妈妈的），кошкин（猫的）；государев（皇帝的），отцов（父亲的），воронов（乌鸦的）等。派生形容词后缀-абельн-意为"适于，可行"：комфортабельный（舒适的），рентабельный（盈利的），коммуникабельный（容易打交道的）等。

3. 动词后缀突变意义

动词后缀突变意义指与生产词所指称事物有关的动作，表达概括关系意义与具体关系意义。动词后缀突变意义表示派生动词与生产词的关系，其中"过程性特征"（процессуальный признак）要素是必须语义要素，是动词的基本语义要素。动词后缀还包含附加语义要素，作为可选要素，常见于组合构词意义中：派生动词белеть（变成白色，发白），后缀-е-的特征语义要素是"成为，变为"。

3.1　概括关系意义

派生动词后缀-и$_1$-; -ова-, -нича-, -ствова-表示"与生产词所指称事物有关的动作"。

-и$_1$-: соль（盐）— солить（往……里放盐），гость（客人）— гостить（做客），калека（残疾人）— калечить（使残废），грустный（忧愁的）— грустить（发愁），бодрый（精神饱满的）— бодрить（使振奋），ледяной（冰的）— леденить（使结冰），чистый（干净的）— чистить（使干净），два（二）— двоить（分成两个）。

-ова-, -нича-, -ствова-: линия（线）— линовать（画线），пустой（空的）— пустовать（放空）；солидный（庄重的）— солидничать（举止庄重），лентяй（懒汉）— лентяйничать（偷懒）；злоба（愤恨）— злобствовать（愤恨），совершенный（完善的）— совершенствовать（改善）等。

3.2　具体关系意义

派生动词后缀-е-, -ну$_1$-获得生产词所指称特征：белый（白色的）— белеть（变成白色），немой（哑的）— неметь（变哑）；

сиротский（孤儿的）— сиротеть（成为孤儿），крепкий（强壮的，健壮的）— крепнуть（健壮起来，强壮起来），немой（哑的）— неметь（变哑），глухой（耳聋的）— глохнуть（变聋），слепой（失明的）— слепнуть（失明）等。-а$_2$-/-ка-:复现生产词的发声：ахать（发出啊声），окать（把非重读元音о仍读作о）；тик（钟表声）— тикать（滴答地响），кар（乌鸦叫声）— каркать（呱呱叫）等。

4. 副词后缀突变意义

副词后缀突变意义指副词所指称特征对于生产形容词、生产动词或生产数词所指称事物的关系，包括概括关系意义与具体关系意义：зима（冬天）— зимой（冬天里）。

4.1 概括关系意义

派生副词后缀-ом, -ой/-ою, -ю, -ами表达与生产词所指称的事物或现象有关的特征，它们是副词的基本语义要素。副词后缀概括关系意义与动词后缀概括关系意义大体一致，它们的意义某种程度上与生产词密切相关，这不同于形容词后缀，后者的概括关系意义须通过与某一名词组配后在具体上下文中呈现。

副词后缀概括关系意义包括五个亚类："1）借助生产名词所指称的方式移动：бег（跑）— бегом（跑着），лет（飞）— летом（飞快地），рысь[马的]（疾走）— рысью（用快步跑），бок（身体侧部）— боком（侧身）；2）在生产名词所指称的时间内：ночь（夜晚）— ночью（在晚上），день（白天）— днем（在白天）；3）与生产名词所指称的事物有关：часть（部分）— частью（部分地），сила（力量）— силой（强制地），миг（瞬间）— мигом（瞬间地）；4）以某种方式多次或一次完成生产动词所指称动作：урывать（抽出[时间]）— урывками（拨冗），ощупывать（摸，摸索）— ощупью（摸着，摸索着），насыпать（撒在……里）— насыпью（散装）；5）增加到生产词所指称的数目：пять（五）— пятью（五倍），семь（七）— семью（七倍），восемь（八）— восьмью（八倍），десять（十）— десятью（十倍）等。"[①]

[①] Улуханов И.С. Единицы словообразовательной системы русского языка и их лексическая реализация[M]. М.: Изд-во РАН, 1996. C.181.

4.2 具体关系意义

派生副词后缀-мя指以某种方式完成生产动词所指称动作：кишеть（挤来挤去）— кишмя，生产动词кишеть语义为"（许多动物或人）向不同方向胡乱移动"：Рыба кишит в пруду（池塘里的鱼游来游去）；Люди кишат на базаре（市场上人来人往熙熙攘攘）"，[①]副词 кишмя语义为"按生产动词方式完成动作"，дрожать（发抖）—дрожмя同为"按生产动词方式完成动作"。

第三节　后缀转换意义

如果派生词所有语义要素都与生产词相同，只是所属词类不同，那么该派生词的构词标志就具有转换意义，转换的前提是生产词与派生词的词类属性。动词具有动作意义，该动作与主体有关；名词也具有动作意义，但该动作与主体无关；形容词具有特征意义，该特征与主体有关，名词也具有特征意义，但该特征与主体无关；副词也具有特征意义，主要指称动作特征或事物特征等。因此，以动作意义为基础，动词与名词之间可以实现转换，以特征意义为基础，形容词与名词、形容词与副词、名词与副词之间也可以实现转换。

乌卢哈诺夫把转换分为"直接转换（прямая транспозиция）与间接转换（конверсивная транспозиция）。直接转换只能借助语义变体后缀表达，其中名词后缀就多达六十多个，副词后缀仅有四个。间接转换后缀并不多见，常见于由名词派生的形容词和动词中。此时，名词相应地表示具体特征与行为特征意义，这一功能往往由语义常体后缀完成，并且转换意义是这些后缀的语境意义之一。"[②]

1. 直接转换名词后缀

直接转换名词后缀指生产词所指称动作和特征意义与名词的语法意义，如动词转换为动名词，形容词转换为名词。能产后缀主要包括：-ни/j/-、-аци/j/-、-ств-(о)、-к-(а)、-ость，非能产后缀包括：-б-(а)、-ч-(а)、

---

① 郑述谱，新时代大俄汉词典[Z]，黑龙江大学俄罗斯语言文学与文化研究中心辞书研究所编，北京：商务印书馆，2019，第724页。

② Улуханов И.С. Единицы словообразовательной системы русского языка и их лексическая реализация[M]. М.: Изд-во РАН, 1996. С. 168–172.

-ость, -и/j/-, -от-(а)。

-ни/j/-: держать（拿着）— держание（держать的动名词）①，рисовать（画画）— рисование, стареть（变老）— старение, петь（唱歌）— пение, сомневаться（怀疑）— сомневание, курить（吸烟）— курение, спасти（拯救）— спасение, возникнуть（产生）— возникновение, двигать（移动）— двигание, действовать（行动）— действие;

-аци/j/-: идеализировать（美化）— идеализация, абстрагировать（抽象化）— абстракция, реализовать（实现）— реализация, ревизовать（检察）— ревизия, аттестовать（鉴定）— аттестация, публиковать（公布）— публикация, экономить（节约）— экономия, комбинировать（组合）— комбинация, организовать（组织）— организация;

-ств-(о): проводить（生产）— проводство, хвастаться（吹牛）— хвастовство, устроить（建造）— устройство, сходиться（相逢）— сходство, убить（杀死）— убийство, вмешаться（干涉）— вмешательство, ручаться（保证）— ручательство, доказать（证明）— доказательство, руководить（领导）— руководство;

-к-(а): варить（煮）— варка, резать（切）— резка, рубить（砍）— рубка, стричь（剪）— стирижка, задержать（阻拦）— задержка, чистить（清洁）— чистка, стоять（停留）— стоянка, сушить（晾）— сушка, заслать（派出）— засылка, мыть（洗）— мойка;

-ость: смелый（勇敢的）— смелость, бледный（苍白的）— бледность, плановый（计划的）— плановость, зрелый（成熟的）— зрелость, искренний（真诚的）— искренность, огромный（很大的）— огромность, мягкий（柔软的）— мягкость. 带后缀-ость的名词往往直接由带后缀-енн-的形容词派生：невежественный（无知的）— невежественность, мужественный（勇敢的）— мужественность, могущественный（强大的）— могущественность。

除上述能产后缀外，还有-б-(а), -ч-(а), -и/j/-, -от-(а)等非能产后缀：просить（请求）— просьба, жалеть（怜悯）— жалость, передать（转交）— передача, великий（伟大的）— величие, быстрый（快的）—

---

① 此处派生名词与生产动词或形容词的语义一致，不再释义。

быстрота等。

2. 直接转换副词后缀

副词后缀直接转换意义指生产词所指称的特征意义和副词的语法意义。主要能产后缀包括-о-: ежедневный（每天的）— ежедневно, быстрый（快的）— быстро, искренний（真诚的）— искренне, поздний（晚的）— поздно, давний（很久以前的）— давно, светлый（发亮的）— светло, красный（红色的）— красно, сильный（有力的）— сильно, неожиданный（突然的）— неожиданно, горький（苦的）— горько; -и: зверский（野兽的）— зверски, творческий（创造的）— творчески, хозяйский（主人的）— хозяйски, дружеский（友好的）— дружески, варварский（野蛮的）— варварски, воровской（偷窃的）— воровски。

3. 间接转换形容词后缀和动词后缀

由具体特征意义名词派生的形容词后缀通常表达间接转换意义，主要能产后缀包括-н-, -енн-: ярость（愤怒）— яростный（愤怒的）, прелесть（迷人）— прелестный（迷人的）, доблесть（英勇）— доблестный（英勇的）; невежество（无知）— невежественный（无知的）, мужество（勇敢）— мужественный（勇敢的）, могущество（强大）— могущественный（强大的）等。"带后缀-енн-的形容词与带后缀-ость的名词存在直接转换关系：невежественный→невежественность, мужественный→мужественность, могущественный→могущественность等。"后缀-н-, /н`/表达间接转换关系，如副词派生的形容词：сквозь（透过）— сквозной（穿透的）, сплошь（不断地）— сплошной（不断的）, зря（白白地）— зряшный（徒劳无益的）, наружу（向外）— наружный（外面的）等；вчера（昨天）— вчерашний（昨天的）, здесь（这里）— здешний（这里的）, всегда（总是）— всегдашний（经常的）, теперь（现在）— теперешний（现在的）等。

语义变体后缀-и$_1$-, -ова-, -нича-, -ствова-参与构成动词间接转换关系。其中，后缀-нича-主要用于口语。-и$_1$-: аврал（全体[上甲板]集合，全员工作）— авралить; -ова-: салют（致敬）— салютовать, ремонт（修理）— ремонтировать; -нича-: опыт（试验）— опытничать, разврат（荒淫）— развратничать, фокус（戏法）— фокусничать; -ствова-: кощунство（亵渎）—кощунствовать, попустительство（纵容）—попустительствовать, самоуправство（擅自行事）—самоуправствовать。

第四节　后缀组合意义

如前所述，组合意义指，由于派生词构词结构具有多种类别，构词意义也体现不同类别。在后缀组合意义中，仅有派生名词和派生形容词后缀能够表达组合意义，派生副词后缀不表示组合意义，只表示单一变异意义。

1. 名词后缀组合意义

派生名词后缀除表示单一变异意义外，兼表突变意义或转换意义。构词意义组合常见于不完整构词链中，因为在不完整构词链中存在构词环空缺。如构词链中的名词жеманница（装腔作势的女人）直接由形容词жеманный（装腔作势的）派生，在这个构词链中，表示突变意义的阳性惯用词（жеманник）空缺。因此，在派生名词жеманница中，后缀-иц-(a)同时表达两种构词意义：变异意义（女性意义）+突变意义（特征载体）。我们尝试对жеманница与упрямица（固执的女人）两个词进行比较，以揭示这类组合意义的缘由。首先，尽管两个词具有相同的后缀-иц-(a)，但упрямица的后缀只表达变异意义，构词链完整，упрямец是直接派生词，后缀-ец表达特征载体突变意义。其次，两个词的构词链组成不同，упрямица所在的构词链为完整构词链，жеманница所在的构词链为不完整构词链。

完整构词链：упрямый（固执的）→упрямец → упрямица

不完整构词链：жеманный（装腔作势的）→……→ жеманница（装腔作势的女人）

完整构词链图示如下：

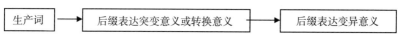

不完整构词链图示如下：

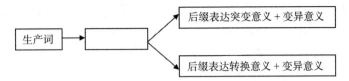

由上图不难看出，在完整构词链构词环中，后缀可以表达突变意义或转换意义，以此为基础，下一个构词环中的后缀表达变异意义。在不完整构词链中，存在构词环空缺，空缺位置无词的后缀表达突变意义和转换意义，因此，只能在构词链的最后一个构词环中进行构词意义组合。

1.1　突变意义与变异意义组合

1.1.1　生产名词所指称的人+未成年意义

-онок: турок（土耳其人）— турчонок（土耳其儿童），китаец（中国人）— китайчонок（中国儿童）；

1.1.2　生产形容词所指称特征事物+未成年意义

-ыш: несмышленый（愚笨的）— несмышленыш（笨小孩），малый（小的）— малыш＜口＞（小孩子），последний（最后的）— последыш（幼子）；

1.1.3　生产名词所指称的人或事物+集合意义

-иан-(а): Пушкин（普希金）— Пушкиниана（普希金作品集）；

-аж: картон（纸板）— картонаж（纸板制品）；

-н-(я)*: двор（庭院）— дворня（仆人）；

1.1.4　生产形容词所指称特征事物+集合意义

-няк: молодой（年轻的）— молодняк（幼畜，幼禽）；

-/j(о)/: старый（旧的）— старье（旧物）；

-н-(я): родной（亲生的）— родня（亲族，亲戚）；

-ытьб-(а): голый（裸露的）— голытьба（穷人，贫民）；

-юзг-(а): мелкий（小的）— мелюзга（小动物，小人物）；

1.1.5　生产动词所指称动作客体或结果+集合意义

-нь: рвать（撕破）— рвань（破烂），дать（给）— дань（贡品）；

1.1.6　生产名词所指称的人+女性意义

-ш-(а): маникюр（修指甲）— маникюрша（女修甲师），педикюр（修脚）— педикюрша（女修脚师）；

1.1.7 生产名词所指称人的妻子

-к-(а): солдат（士兵）— солдатка（士兵的妻子）；

-иц-(а): чиновник（官员）— чиновница（官太太），полковник（上校）— полковница（上校之妻）；

-их-(а): купец（商人）— купчиха（商人的妻子）；

-ш-(а): капитан（大尉）— капитанша（大尉的妻子），офицер（军官）— офицерша（军官之妻）；

1.1.8 进行生产动词所指称动作的人+女性意义

-е/j-а/: ворожить（算命）— ворожея（巫婆），шить（缝纫）— швея（女裁缝）。

1.2 变异意义与转换意义组合

构词链不完整是形成构词意义组合的直接原因，通常构词意义组合发生在不完整构词链中，该构词链中存在构词环空缺，空缺位置无词的后缀表达单一转换意义。如果构词链为完整构词链，该构词链中存在某一构词环，处于该构词环位置词的后缀表达单一转换意义，其下一环词的后缀表达单一变异意义，前者是后者的直接生产词。хитреца <口>（有点狡猾），гнильца <口>（有点腐烂）所在的构词链为不完整构词链，空缺构词环位置无词的后缀表达单一转换意义，хитрость（狡猾），гниль（腐烂）是构词词族其他构词链的成员。后缀-ец-(а)/-ц-(а)在这些词中表达变异意义（指小）和转换意义（过程特征载体具体化）。进入完整构词链由名词派生的形容词中，这一后缀表达单一变异意义，即指小意义。试比较хрипотца <口>（嗓音嘶哑声），хитреца 两个词的构词链：

完整构词链：хрипеть（发出嘶哑声）→ хрипота（嘶哑声）→ хрипотца（有些嘶哑的嗓音）

不完整构词链：хитрить（耍滑头）→……→ хитреца（有点狡猾）

1.2.1 抽象过程特征+程度强烈意义

-еж: кутить（大吃大喝）— кутеж（狂饮），грабить（抢劫）— грабеж（掠夺）；

-н-(я): суетиться（乱忙）— суетня（忙活，忙碌），резать（切，割）— резня（屠杀）；

1.2.2 抽象过程特征+复杂性意义

-ас-(ы): выкрутить（搓成）— выкрутасы（弯曲，曲折）；

1.2.3 抽象过程特征+持久性、多主体性或多客体性

-н-(и): блудить（淫乱）— блудни（淫荡行为）；

1.2.4 抽象过程特征+一次性意义

-ок: бросать（抛）— бросок（投掷）；

1.2.5 抽象过程特征+程度轻微、不强烈意义

-ц-(а): трусить（缓慢小跑）— трусца（慢步跑），развальца（慢腾腾地）；

-ец: развалец（慢腾腾地），перевалец（晃晃悠悠地）；

-ушк-(а): постирать（洗）— постирушка（洗洗衣服）；

1.2.6 抽象过程特征+具体化

-ин-(ы): [仪式]，крестины（洗礼仪式）；

-к-(и): [宴请]，поминки（酬客宴）；

-отк-(а): [疾病]，чахотка（肺结核），сухотка（面黄肌瘦）；

-ень: [自然现象]，ливень（阵雨），оползень（滑坡）。

需要注意的是，有时同一个名词后缀既可存在于完整构词链中，表达单一变异意义，亦可存在于不完整构词链中，表达组合构词意义，这类组合或是突变意义+变异意义，或是转换意义+变异意义。有些后缀是非能产的，在带这类后缀的所有词中，后缀往往只表达组合意义，如后缀-иан-(а)常常表达突变意义（生产名词所指称人物的作品）+变异意义（集合意义），且后缀-иан-(а)单一变异意义（集合意义）只可能出现在以下情况中。在构词链中，表示"人物"意义的生产名词与表示"有关该人物作品集合"意义的生产名词之间似乎应该存在一个派生词，且该派生词表示"有关该人物作品"意义。然而，对任何一个带后缀-иан-(а)的派生词而言，这种构词链并不存在：Пушкин（普希金）——*有关普希金的作品（不存在这一构词环——笔者注）——Пушкиниана（普希金作品集），因此这类后缀只表达混合构词意义，且突变意义兼变异意义见于带该后缀的所有词中。由形容词派生的名词后缀-ынь, -ын-(я), -н-(я), ас-(ы), -к-(и), -н-(и), -ок, -ц-(а), -ин-(ы), -отк-(а)经常表达突变意义+变异意义组合，或者转换意义+变异意义组合。

2. 形容词后缀组合意义

形容词后缀只表达突变意义+变异意义组合，不表达转换意义+变异意义组合。俄语转换意义形容词后缀数量有限，仅包括-н-/-енн-:

ярость（盛怒，大怒）— яростный（盛怒的，大怒的），невежество（无知）— невежественный（无知的）；-н-：сквозь（透过，通过）— сквозной（穿通的，穿透的）；-/н'/-：вчера（昨天）— вчерашний（昨天的）等。变异意义形容词后缀-ейш-/-айш-，-оньк-不能同时表达转换意义。如果形容词后缀同时表达变异意义和转换意义，前提条件是必须存在一个非完整构词链，且该构词链最后一环的形容词后缀表达变异意义，而空缺环的形容词后缀表达转换意义，与名词хитреца构词链相近：хитрить（耍滑头）→ хитреца（有点狡猾），但是对形容词而言，这种构词链并不存在。

完整构词链：прелесть（美好，妙处）→ прелестный（美丽动人的，有魅力的）→ прелестненький〈表爱〉，在该构词链中，处在最后一环的形容词为随机词，其后缀表达变异意义，第二环的形容词后缀表达转换意义。

形容词后缀-оват-，-аст-表达突变意义+变异意义组合。-оват-的组合意义是突变意义"具有生产名词所指称事物的特征"+ 变异意义"特征程度微弱"：мужик（农夫，庄稼人）— мужиковатый（有点像庄稼人似的），дуб（愚钝的人，笨人）— дубоватый（有点笨拙的）等。值得一提的是，-оват-具有一定特殊性，因为该后缀在其他形容词中或表达单一变异意义：белый（白色的）— беловатый（微白的），或表达单一突变意义：мешок（口袋，袋子）— мешковатый（像口袋一般肥大的），вор（小偷）— вороватый（狡猾的，不老实的）等。这些词在俄语详解词典中并不存在"特征程度微弱"这一释义。在"特征程度微弱"这一义项上，-оват-是最能产、最普遍的唯一后缀构词标志。与-оват-语义相近的后缀还有-енек/-онек, -ав-/-ощав-，但它们仍然存在语义上的区别：-оват-表示"特征程度微弱"，-ав-/-ощав-表示"特征程度适度"，后者的能产度远远低于前者。

第七章　动词前缀构词语义

第一节　动词前缀语义及其多义性

　　动词构词系统是整个构词系统的一个重要分系统，带前缀动词是语言连续统中一个重要组成部分。动词前缀（глагольные приставки）描写传统主要集中在体学（аспектология）和构词学这两个相对独立的语言学领域。在语言长期发展过程中，近乎所有前缀都具有庞大的意义系统。前缀作为重要的构词标志和构词手段，在动词构词系统中始终居核心地位，赋予派生动词语义新的义子，词汇上与生产动词彼此区别。前缀构词聚焦动词内部派生的普遍规律及派生过程。俄语带前缀动词使用广泛，在言语交际中承载并传递大量的语义信息。就数量而言，前缀作为构词标志远远少于后缀。我们对叶夫列莫娃主编的《新编俄语构词详解词典》（2000）中构词词缀数量进行了统计，结果表明，构词前缀共计53个，而后缀多达472个。但前缀的语义承载信息量却远远大于后缀，因为动词前缀构词并非形式转换构词（формально-конвертирующее словообразование），前缀构词体现了更多的语义特点。俄罗斯学者从动态视角解释构词现象、构词机制和构词过程，不是把它们作为静态不变的理论来考察，而是把构词过程置于话语生成和理解中，置于动态语境中，换言之，把具体构词过程置于话语结构中，从而揭示构词本身的动态行为特征。派生动词构词方法丰富，包括前缀后缀法、前缀尾缀法、前缀尾缀后缀法，无论何种构词方法均以前缀法为主导。

1. 动词前缀语义内容

　　在言语活动中，动词前缀语义实现与生产词干语义之间密切关联。动词前缀语义离不开对生产动词或曰原始动词语义的剖析，因为动词与前缀组配能力是由生产动词外在形式结构与内在语义结构共同决定，关注的是哪些因素决定了生产动词可以与某一特定前缀组配。正是派生动词前缀语义与生产词干语义共同作用，直接影响了带前缀动词的语义内容（семантическое содержание）。事实上，动词前缀语义存在多种可能性，如空间方向意义、时间结果意义、动作持续方式意义以及不同色彩结果意义等。动词前缀不仅承载一定的语义内容，其语义内容还体现出一定的规律和特点。据此，我们认为，动词前缀语义就是动词前缀语义结合生产词干语义而形成的一种综合意义。

苏联科学院《现代标准俄语语法》（1970）较早关注了动词前缀语义问题，从动词前缀语义类型出发，详细阐释了前缀根据形素数量分类的原则，将前缀分为"单形素前缀与双形素前缀两类"。[①] 苏联科学院《俄语语法》（1980）对俄语29个动词前缀进行了翔实描写，对不同前缀的语义和功能加以细化，并辅以大量实例。《俄语语法》延续了《现代标准俄语语法》前缀的分类原则和方法，同样将前缀分为单形素前缀与双形素前缀两类。[②] 可以说，俄语动词前缀语义研究取得了丰硕成果，如瓦拉克辛（Л.А. Вараксин）的《俄语动词前缀语义层面》（Семантический аспект русской глагольной префиксации）（1996），克龙加乌兹的《俄语前缀与动词：语义语法》（Приставки и глаголы в русском языке:семантическая грамматика）（1998），克龙加乌兹的主编的论文集《动词前缀与前缀动词》（Глагольные префиксации и префиксальные глаголы）（2001），多布鲁什娜的《俄语前缀：多义性与语义的统一》（Русские приставки: многозначность и семантическое единство）（2001），扬达（Л.А. Янда）的《俄语前缀作为动词类目系统》（Русские приставки как система глагольных классификаторов）（2012），戈基佐娃（З.И. Годизова）的《前缀за-的语义结构建构》（Формирование семантической структуры приставки за-）（2008）等。其中，扬达对动词前缀的研究视角独特，提出了"俄语前缀是动词类目的假设"。[③]

在动词构词系统中，前缀是一个等级森严、语义固定的系统。动词前缀语义内容是由前缀固有的第一性意义与生产动词语义相互作用

---

① Грамматика современного русского литературного языка[M]. М.: Наука, 1970. С. 254.

② Русская грамматика АН СССР[M]. Т. I. М.: Наука, 1980. С. 356.

③ Янда Л.А. Русские приставки как система глагольных классификаторов[J]. Вопросы языкознания, 2012 (6). С. 9.

的结果，这种语义成分在与原有语义信息成分结合过程中不断膨胀且越来越抽象化，随着时间的推移，渐渐远离原始意义，并在适当的语义组合条件（семантико-комбинаторные условия）下呈现出新的语义内容，这是历时研究的结论。在现代俄语构词学中，带前缀动词在派生过程中，前缀与生产词干作为参与成分，是两个不同的且彼此独立的单位，每个成分都有独属于自己的意义，两者的相互作用使带前缀动词语义更加明确、具体。倘若动词是多义动词，还须确定其词汇语义变体（лексико-семантический вариант）。尽管前缀语义实现某种程度上是以生产动词词干语义为先决条件的，但不得不承认，前缀自身也具有特定的语义。在各类俄语词典中，很多前缀都作为独立词条被列出。如果前缀不具有独立意义，那么前缀与生产动词的组配也就不复存在了。

2. 动词前缀语义多义性

动词前缀是多义的，但某一单个前缀所有用法的背后又隐含着某种语义上的统一。动词语义不是其各种构词意义数量上的简单叠加，而是其义素功能上相互联系的特定结构。一个词的主要意义是最低限度依附于周围事物、最小程度依赖于语境、最大程度依赖于聚合关系、最小程度依赖于组合关系的一种意义集合。动词前缀语义同样如此，它是语义复杂的多义性构词单位。可以认为，动词前缀主要意义是第一性空间意义（первое пространственное значение），此时它所依赖的生产词干语义最少。

动词前缀各意义之间语义关系是建立在联想基础上的。尽管前缀语义无法与实词相提并论，但也需承认，前缀具有脱离生产动词独立使用的能力。这说明，前缀在与生产词干相互结合、相互作用之前已经具有了某种意义，前缀与生产动词相互作用才能派生新的义项。带前缀пере-的派生动词пережечь/пережигать释义如下：1）烧坏，烤坏：~ кофе（把咖啡炒过火），~ кирпич（把砖烧坏），~ лампочку（把灯泡烧坏）；2）[燃料、电力等]消耗过度，烧过量：~ электроэнергию（耗电过度），~ месячный бензин（月耗费汽油过量）；3）烧断，熔断：~ веревку（烧断绳子），~ проволоку（烧断铁丝）；4）燃完，烧尽，逐一烧掉[全部或许多]：~ все дрова（烧尽所有的木材）；5）<专业>烧制，煅制：~ известь（烧制石灰）；6）<口语>烧伤，烫伤，灼伤[全部或许多东西，或多处]：~ себе руки и колени（烫伤自己的双手和双膝）。① 如果忽略词汇语义变体意义，动词各义项之间的差别只能借助前缀初始语义潜能来解释，如前缀пере-具有四个语义变体пере-$_1$、пере-$_2$、пере-$_3$、пере-$_4$。在生产动词与前缀语义相互作用下，派生动词才能表达具体意义。很多俄罗斯学者对动词前缀语义问题都有所探究。瓦拉克辛指出："由于自身的意义特点，前缀语义虽然客观地存在于语言系统中，但却无法单独使用，如果不与动词相结合，前缀无法表达意义。"② 泽姆斯卡娅认为："前缀对动词语义产生影响，而且前缀语义来源于动词语义，是由前缀的综合意义与动词语义相互作用确定的。"③ 对于这一观点我们理解为，前缀与某一特定动词结合，并非这一结合丰富了前缀的语义内容，而是这一结合使前缀语义失去了多义性，使其体现出在特定语境中所需要的积极意义，就如同多义词在具体语境中表现出特定的意义一样，生产动词语义限定了前缀特定语义的表达。因此，生产动词的物质内容通常是其词汇语义变体，能够明确多义前缀的具体意义。严格来讲，前缀构词法就是借助前缀与独立词结合而构成新词的方法。前缀在功能方面是联系性语言单位，在语义方面又是独立的语言单位。

  动词前缀具有非常复杂的语义限制，其语义范围被严格限定，且必须相对稳定。前缀具有极为复杂的语义特征，与生产动词一样，它是一个复杂语义量（семантические величины）。因此，在俄语词缀众多类别中，只有前缀与实词和虚词等普通词汇一样，被视为词典学的描写对象，奥夫钦尼科娃（А.В. Овчинникова）明确指出："动词前缀语义确定必须建立在综合基础上，也就是建立在带前缀动词中前缀表达的派生语义基础上，前缀语义把前缀的若干构词意义综合性集合在一起。"④ 希加洛夫（П.С. Сигалов）认为："带前缀动词的转义用法

---

① 新时代俄汉详解大词典（4卷本）[Z]，黑龙江大学俄罗斯语言文学与文化研究中心辞书研究所编，北京：商务印书馆，2014，第3卷，第4107页。

② Вараксин Л.А. Семантический аспект русской глагольной префиксации[M]. Екатеринбург: Изд-во Уральского ун-та, 1996. С. 12–15.

③ Земская Е.А. Словообразование как деятельность[M]. М.: Книжный дом «ЛИБРОКОМ», 2009. С. 76.

④ Овчинникова А.В. О взаимодействии приставочных и словообразовательных значений[A]//Термин и слово[C]. Горький: Изд-во Горьковского гос. ун-та им. Н.И. Лобачевского, 1980. С. 117–118.

是前缀语义变化的初始因素（изначальные факторы）。前缀新的意义并没有取代原始意义，而是使其更加抽象化。现代俄语动词前缀庞大复杂的意义系统形成是语义长期发展演变的结果。"①

尽管前缀语义一定程度上是以生产词干语义为前提条件的，但毋庸置疑的是，游离于词之外的前缀拥有自己独有的语义特征。如果前缀独立意义阙如，则前缀与生产动词的组配也就不复存在了。在语义上，前缀与实词并不能相提并论。词汇意义往往通过与其地位相当的语言单位组配，亦即在词汇组配和句子中才能实现。比如，在语言系统中，голова（头，头部，脑袋；<转> 做主的人，头目）具有各种词汇语义变体和词素语义变体（морфемо-семантический вариант）。голова词汇意义实现于以下句子中：Отец замотал головой（父亲晃起脑袋来）；Парень этот — голова（这个小伙子是个头儿）；Он человек с головой（他是个有头脑的人）；Андрей умная голова（安德烈是个聪明人）；Солдат ранен в голову（士兵头部受伤）等。博戈罗季茨基（В.А. Богородицкий）指出："词汇意义的发展是以接近联想和相似联想为前提条件的。"② 动词前缀语义同样按照这样的语义规律运行并发展着。

多义词词汇语义变体与该词不同的词汇语义位具有直接的关系。земля与形容词влажная ~（湿润的土壤），сухая ~（干燥的土壤），жирная~（肥沃的土壤），мерзлая~（冻土）等组配时，"土壤、土地"义项是其词汇语义变体；земля与形容词русская ~（俄罗斯领土），советская ~（苏联领土）组配时，"领土"义项成为其词汇语义变体。这类现象在动词前缀语义中也能够观察得到。前缀при-与空间移动动词идти（走），бежать（跑），ехать（乘，坐），лететь（飞），нести（携带），мчаться（疾驰）组配，构成прийти（走来），прибежать（跑来），приехать（[乘车]来），прилететь（飞来），примчаться（疾驰而来），принести（带来），притащить（拖来），语义为"靠近"，表达主体或客体移动的结果。前缀也可以与物理动作动词（глагол физического действия）组配派生新的动词。帕杜切娃（Е.В. Падучева）对物理动作概念进行了界定，她指出："物

---

① Вараксин Л.А. Семантический аспект русской глагольной префиксации[M]. Екатеринбург: Изд-во Уральского ун-та, 1996. С. 12–15.

② Там же. С. 16.

理动作（физическое действие）指由动物主体（животное как субъект）（通常是人）针对某一物质客体施加具体影响的动作，这种影响往往会导致客体发生质的改变。"① 物理动作动词是一类独立的词汇语义类别。斯克列布佐娃（Т.Г. Скребцова）认为："物理动作动词至少应符合下列特征：1）行为实施者为动物主体；2）行为指向物质客体；3）因主体施加影响引起客体质的改变。"② 前缀与物理动作动词бить（打），варить（焊接），клеить（粘），клепать（铆接）等组配，构成прибить（钉上，钉住），приварить <技术>（把……焊接起来，把……焊上），приклеить（贴上，粘住），приклепать（铆住），表示将动作客体固定在某物上。试比较：

① Мы срочно созвонились со всеми друзьями, кто был способен *примчаться* в мастерскую и нам помогать. 我们立刻电话联系了所有朋友，看谁能**马上赶到**修理厂帮助我们。

② Ох, и тяжела же! Мама удивлена:"Что это вы *притащили*?" "Парту", — правдиво отвечает Варя. 哎哟，太重了，妈妈惊奇道：你**拖来**的是什么东西呀？是课桌，瓦丽娅诚实地回答。

③ Достаточно *приварить* к опоре железный стержень или трубу — и молоток готов. 只要把铁棒或管子**固定在**支架上就够了，锤子已经备好。

④ Однако если к совку *приклепать* изогнутую железную полоску, как показано на рисунке, то совок можно придерживать ногой. 但如果把弧形铁条**铆在**铲子上，就像图纸上那样，铲子就可以用支柱撑着。

我们只是展示了前缀при-的"靠近""固定在……"两个词素语义变体情况，但前缀при-远非两个词汇语义变体形式，在这方面，包括при-在内的动词前缀本身呈现出多义性特点。动词前缀多义性也对派生词语义产生各种影响，一方面，影响与其组合动词的语义，另一方面，还影响动词的支配关系。

---

① Падучева Е.В. Глаголы действия: толкование и сочетаемость[A]//Логический анализ языка. Модели действия[C]. М.: Наука, 1992. С. 71

② Скребцова Т.Г. Семантика глаголов физического действия в русском языке[D]. Дис. канд. филол. наук. Санкт-Петербург, 1996. С.18.

综上所述，我们认为，前缀与特定动词词干结合，并非丰富了前缀语义内容，而是这种结合使前缀语义失去了多义性，使其在特定语境中表现出必须的积极意义。正如多义词在具体语境中具有特定意义一样，生产动词语义限制了前缀特定语义的表达。因此，生产动词语义变体决定了多义前缀具体意义的实现。

第二节 动词前缀变异意义与突变意义

派生动词前缀根据构词意义特点或语义增值程度，通常分为变异意义与突变意义。这种分类并非定位于确定派生词形式符号上，而是定位于派生词的语义解释，从生产动词与派生动词相关关系视角更全面地揭示派生词构成的语义过程，为各种词类构词过程中语义内容改变提供了新的可能。俄语派生动词前缀的首要功能是空间关系，其前缀构词意义绝大部分与前缀第一性空间意义具有内在联系。

1. 变异意义

变异意义（модификация）指动词前缀在派生过程中呈现的动作行为方式意义。乌卢哈诺夫指出："空间、时间和数量变异意义构成前缀最为典型和最为普遍的意义。"[①]在变异过程中，生产词干语义特点指称动作行为的阶段性、短暂性、主体或客体数量和行为结果意义。俄语大多数单体完成体动词属于语义变异动词，体现为一种形式上的缺失：поносить (платье)（穿[连衣裙]），заплакать（哭起来），пролетать (всю неделю)（飞行[一周]）等，这一结论是通过对具有相同生产词干与带前缀派生动词比较得出的：говорить（说）→отговорить$_1$ (кого от чего-либо)（劝止，劝阻）表示"劝某人不要做某事"；говорить→отговорить$_2$ (кончить говорить)（说完），表示"结束说话"。отговорить$_1$属于突变意义，因为在这一意义上存在отговорить/отговаривать，而отговорить$_2$属于变异意义，因为其完全保留了与不带前缀未完成体生产动词语义和语法的关联性。斯拉夫语中前缀包括三类："1）前缀对生产词干语义产生影响，并与生产词干语义结合产生新的前缀义项；2）前缀对生产词干语义产生部分影响；3）前缀不改

---

① Улуханов И.С. Единицы словообразовательной системы русского языка и их лексическая реализация[M]. М.: Изд-во РАН, 1996. С.187.

变生产词干语义，仅将生产动词从未完成体转换成完成体动词。"①简言之，变异意义更严格限定了生产词干语义内容，使生产词干语义内容更加具象化。

2. 突变意义

有些词素的功能指明项目所属的形式或语义类，这些词素有时称作标类词素或类符（classifiers）。②前缀标类词素（приставки-квалификаторы）作为构词意义手段可以表达各种具体突变意义，如方向向内、由内向外、朝着某物运动、经过某物、到达某物、到达某物之后等。派生动词很多语义特点都与结合、分开、固定于某物质上等原始具体空间意义密切相关。应该说，相较于生产动词，突变意义派生动词已构成新词，它们在语义和语法上属于独立的词位，具有彼此关联的语法形式，即未完成体和完成体：переводить[未完成体]/перевести[完成体]（翻译），повторять[未完成体]/повторить[完成体]（复习），петь[未完成体]/спеть[完成体]（唱歌）等。

派生动词前缀语义发展的内部规律使前缀具体局部意义更具抽象化，前缀第一性空间意义仅仅体现其整个意义系统的一小部分。派生动词前缀语义通常指向动作行为在时间上的完成、动作客体的数量、动作行为主体的数量和动作精细程度等方面的细微差别。由此不难看出，动词前缀所表示的时间意义是最接近其空间意义的，是对空间意义形成的联想，试比较：в комнату（进屋）— в ночь（在夜晚），до города（抵达城市）— до обеда（饭前）等。传统意义上，前缀具体空间意义是第一性的，是"源"，而动作行为的时间、数量、结果等意义是第二性的，由第一性意义衍生而来。每一个派生动词前缀都可以分出由其前置词转化而来的具体空间意义。随着动词前缀应用范围不断扩大，带前缀动词出现转义用法、前缀与生产动词进行组配等种种因素出现，使得前缀不能仅仅表达第一性空间意义，它们在表示行为方式的时间、结果、数量等方面体现出细微语义差别。事实上，前缀在构词上的所有意义组合是一个语义聚合体，处于核心位置的是第一

---

① Соболева П.А. Словообразовательная полисемия и омонимия[M]. М.: Наука, 1980. С. 56—62.

② 戴维·克里斯特尔，现代语言学词典[Z]，沈家煊译，北京：商务印书馆，2000，第58页。

性空间意义，即语义轴心（семантическая доминанта），这一语义轴心确定了前缀其他意义的特点、发展以及所有语义聚合体的特殊性。不同于变异意义，突变意义构词成分改变生产词干词汇语义结构，赋予生产词干新的语义成分，语义更加具象化。

综上所述，俄罗斯构词语义学研究的代表库布里亚科娃、泽姆斯卡娅、瓦拉克辛、克龙加乌兹、多布鲁什娜、扬达等众多学者都对俄语动词前缀变异意义与突变意义进行了全面、系统、翔实的分析。

第三节 单形素前缀语义类别

单形素前缀（префиксы, представленные одним морфом）指形素通常以元音结尾：вы-, до-, за-, на-, недо-, о-, пере-, по-, пре-, при-, про-, ре-, со₂-, у-，以辅音结尾的只有дис-。① 单形素前缀语义包括变异意义与突变意义。变异意义指在派生词语义结构中，除生产词意义外，还出现了变异特征；突变意义指在派生词语义结构中，其本质、特征、行为与生产词完全不同。

1. 前缀вы- 的变异意义与突变意义

在语言实践中，前缀вы-的变异意义远比词典和语法书中描述的语义更加丰富和复杂。阿普列祥（Ю.Д. Апресян）对前缀 вы-的意义性质描述如下："在表示移动意义的动词组成中，该前缀具有一种特殊意义，这一点在各类词典中至今尚未被发现。A从B中出来进入C表明，A从封闭的空间B移动至更加开放的空间C。此时，更加封闭和不太封闭（更加开放）空间之间的差异显然是客观存在的：在更加封闭的空间中，进出的可能性微乎其微，且移动阻力也就更大。"② 带该前缀的派生动词主要表达动作结果（доведение действия до нужного результата）意义，其细微语义差别很大程度上与前缀语义密切相关，因为前缀语义赋予动作结果意义特殊的标记。前缀вы-"由里向外"（изнутри-наружу）的动作方向意义成为所有带该前缀派生动词的

---

① Русская грамматика АН СССР[M]. Т. I. М.: Наука, 1980. С. 356.

② Апресян Ю.Д. Лексикографический портрет глагола выйти[A].//Избранные труды. Интегральное описание языка и системная лексикография[M]. Т. I. М.: Школа «Языки русской культуры», 1995a. С. 491.

理据。可以认为，前缀вы-历史上始于"由里向外"的空间意义，但随后其意义逐渐变得更加抽象，开始表示"动物的、心理的、心智的和社会的层面"，且实现了第二个意义成分，即"动作发展的复杂路径"，正是基于此，它开始构成具有非空间意义的动词。[①]突变意义主要体现在运动动词派生中，也体现在表示物理动作的非运动动词派生中。

1.1 变异意义

在大量带前缀вы-的派生动词语义结构中，动作结果意义与该前缀"由里向外"原始意义直接关联，是在其生产动词所指称动作过程中形成的，并附加以下变异特征：1）充分或细致地完成生产动词所指称行为，包括三个方面：a）通过生产动词所指称行为达到目的，获得某物：выплакать деньги（哭着要到钱），выманить собаку из конуры（把狗从窝里诱出来）；b）通过生产动词所指称行为引起或做出：вывести фундамент（打地基），выделать изящную резьбу（精雕出雅致的花纹）等；c）表达某种感觉、情感、态度：высказать благодарность（表达感谢），высказать мнение（说出意见），высказать любовь（表达爱意）等；2）生产动词所指称行为完成得充分，达到应有程度。其一，这类动词通常由表示状态的不及物动词+前缀вы-和尾缀-ся构成：плакать（哭）→выплакаться（哭够），спать（睡）→выспаться（睡够），Иногда нет ничего лучше, чем по-настоящему хорошенько *выплакаться*（有时候，没有什么比痛痛快快地**哭一场**更好了）；Секретов никаких нет. В профессии артиста главное — *выспаться*. Я научилась засыпать в автобусе, самолете, поезде（没有什么秘诀。演员这一职业就是要**睡眠充分**。我已经学会了在汽车、飞机和火车上睡觉）。其二，通过对客体完成某动作使该物体达到需要的状态：выварить бульон（把肉汤煮好），выварить кость（把骨头煮熟），Вымыть грибы, сварить в небольшом количестве воды, а бульон *выварить*, слить в бутылки（把蘑菇洗干净，放少许水煮一下，肉汤**煮好**后倒入瓶子中）。

[①] Добрушина Е.Р. Корпусные исследования по морфемной, грамматической и лексической семантике русского языка[M]. М.: Изд-во ПСТГУ, 2014. С. 21.

1.2 突变意义

1.2.1 与运动动词结合

运动动词移动语义信息包括：1）主体移动：выйти（走出，从……走出），выбежать（跑出），Из лесу *выбежал* заяц（从树林里跑出一只兔子）；Он из лесу *вышел* и увидел пустыню（他走出树林看见一片荒漠）；2）主体与客体同时移动：вывезти（运出，输出），вывезти огурцы на рынок（把黄瓜运到市场），Дядя Иван Кузьмич с Востока *вывез* шаль（伊万·库兹米奇舅舅从东方**带回**一条披肩）；3）客体在主体物理作用下发生移动：выбросить（扔出，抛出），выбросить старый холодильник（扔掉旧冰箱），Мне не жалко *выкидывать* старые вещи（我不觉得**扔掉**旧东西有什么不好）。

1.2.2 与物理动作动词结合

与物理动作动词结合表达以下突变意义：1）去掉、取出物体某部分，或者把某物体从另一物体中取出，作为该物理动作的结果：выбить（打下，打掉），Тетеревов они нарочно на крыло поднимали, чтобы одним выстрелом *выбить* пару или несколько птиц（他们特意瞄向松鸡的翅膀，为的是一枪能**打下**两只或几只）。如果动作作用对象是液体或气体，则表示挤压的结果：выдавить（榨出，挤出），выдавить сок из лимона（从柠檬中挤出汁），Из подготовленных таким образом листьев легко *выдавить сок*（从这样备好的叶子中容易**榨出汁**来）。在言语交际中，"挤压"这一义项用于转义，表示"用某种手段迫使……说出"：Из него ни слова не *выдавишь*（从他嘴里一句话都**逼问**不出来）；2）从某处去掉某物：выдуть（吹掉），выдуть пыль（吹掉灰尘），Сильный ветер в Ростове-на-Дону *выдул* практически всю воду в реке Дон.（顿河畔罗斯托夫的强风几乎将顿河的河水都**吹干**了）；И тут они и сами не заметили, как это произошло, они получили по трубочке, точно такой, какая была у дяди Тумбы, да еще блюдечко с мыльной пеной, и стали каждая *выдувать* свой собственный пузырь и *выдули*, и их пузыри тоже полетели（就连他们自己也没发现这一切是如何发生的，他们每个人都得到一个小管子，与图姆巴叔叔的完全一样，还有一个装着肥皂液的小碟儿。于是，每个人开始各自吹自己的泡泡，**吹起来了**，泡泡四处飞）；3）把客体从其所在整体中分离出来：выбрать（挑出，捡出），Он всецело отдался приготовлению к вечернему приему желанных гостей: лично отправился в великолепные оранжереи, чтобы *выбрать* лучшие фрукты（他全身心地投入准备晚上的聚会，迎接心仪的客人：亲自前往最好的暖房，**选出**最优质的水果）；4）从自身喷出、吐出某物：выдохнуть воздух（呼气），О-ох! — *выдохнул* он из себя целый столб горячего воздуха. (Горький).（哎，他**长叹一口气**，从体内排出了一股热气）；5）给某物留下深刻印记，生产动词与派生动词客体有互换特点：сверлить зуб（钻牙）— высверлить дырку（钻出一个孔），Ему незачем было даже подставлять полено или просить товарищей *высверлить* дыру（他甚至无需垫上一块木头或者请同志们**钻一个洞**）。

另外，带前缀вы-的派生动词还表示"使某人或某物从某处出来"：вызвать（叫出，唤出），Новый босс *вызвал* меня на другой день в свой кабинет（新老板次日把我**叫去**了他的办公室）；Сама рассказала, как ударила мужа топором по голове, а потом *вызвала* милицию（她自己陈述怎么用斧子砍伤了丈夫的头，然后叫来了警察）。

2. 前缀 до- 的变异意义与突变意义

前缀 до- 的变异意义指空间界限意义转换为数量、时间界限意义，该意义成为衍生其他变异意义的基础。前缀 до- 突变意义具有"界限状态"（состояние предела）潜能。多数带该前缀动词表示生产词干所指称行为达到一定阶段。因此，与动词结合时它指称动作界限（предел действия）。

2.1 变异意义

该前缀附加以下变异特征：1）生产动词所指称行为过程延续到一定时间界限，具有时间意义标记：донянчить внука до декабря（照顾孙子到12月份），досидеть до рассвета（坐到天亮），Он *дожил* до восьмидесяти восьми лет.（他**活到**了88岁）；2）补充完成生产词干所指称行为，通过行为使客体在数量上增多。大多数生产动词语义受到限制，语义结构中往往包含"给予、拿取"语义成分，行为客体用第二格，强调数量意义：догрузить угля в вагон（又往车厢里装了煤），долить молока в стакан（往杯里添点牛奶）；也可以用第四格补语：додать 1000 юаней（补付1000元），доплатить 2000 рублей（补发2000卢布）等。例如：

① Здесь взяли еще несколько участников экспедиции, а также полностью *догрузили* провиант. 在这儿又带上几位考察人员，同时还**装满了**补给。

② Мышкин *долил* себе остывшей воды из чайника, сделал несколько больших глотков и продолжал. 梅什金又给自己**倒了**点茶壶中的水，水已经凉了，喝了几大口，继续说。

③ Как только малейшая возможность, глядишь, десяток-другой вагонов хлеба можно и *дослать*. 哪怕只有一丝可能性，瞧，另外十节车厢的粮食也能够**运抵**！

需要注意的是，该类派生动词语义结构中含有"界限"指向性，生产动词语义隐含一种补充到必须满足标准的暗示。在这种背景下，必须满足的标准是指动作存在和扩展的界限。在现代俄语中，补充行为意义已延伸到言语动词、思维行为动词、智力活动动词和心理活动动词等具有更加抽象思维意义内容的动词中。

此外，在变异特征时间界限意义方面，带前缀до-的派生动词意义还表示行为主体或客体在质的方面达到一定状态：довести воду до кипения（把水烧开），докалить добела（烧到白热）；行为持续到一定程度，使客体陷入一种长久的、不好的状态：довести кого (что-либо) до неприятных последствий（使某人不愉快或出现不愉快的后果），доспорить до хрипоты（争论到嗓子哑）。例如：

① Доведите воду *до кипения*, убавьте огонь, и пусть водяная баня прогревает масло на протяжении двадцати минут. 先把水**烧开**，然后小火，让浴缸里的水把油加热20分钟。

② Спорили. *Доспорили,* Бог знает до чего. 始终在吵。吵得天知道会**到何种程度**。

2.2 突变意义

空间运动动词及语义上相近的派生动词具有"达到空间界限"（предел пространства）意义。带该前缀的不及物动词主要表示主体移动：дойти（走到），добежать（跑到），доехать（[坐车、乘船]抵达），Еле-еле выбралась и даже самостоятельно *дошла* до дома（勉强走出来，甚至独自**走到了**家）；В половине девятого я буквально вылетала из консерватории и за полчаса успевала *добежать* до работы

（8点半我简直飞奔出音乐学院，半个小时就**赶到**了单位）；Можно *доехать* до нас на машине по трассе Москва-Волоколамск（到我们这儿可以**乘坐**莫斯科—沃洛科拉姆斯克干线）。

带该前缀及物动词既表达主客体同时移动：довести（领到，带到，引到），довезти（运到，拉到，载到），Кое-как *докатили* ее до стоянки（我们好歹把她**带到了**驻扎地）；还表达在主体物理作用下，仅仅是客体移动：добросить（扔到，掷到），докинуть（扔到，投到），Кое-как *добросили* ему веревки, которые он обмотал за вершину скалы и спустился оттуда с чрезвычайной опасностью（人们好不容易把绳子**抛给**他，他把绳子缠到悬崖顶部，从那里下来时非常危险）。

3. 前缀 на- 的变异意义与突变意义

前缀на-与生产词干结合，构成派生动词的数量多达几百个，变异意义主要表示行为在客体、程度、数量等方面的聚集以及行为的负面或正面结果。突变意义主要表示方向性和作用于物体表面，使物体发生质的改变。

3.1 变异意义

3.1.1 动作客体或结果聚集一定程度

这类派生动词共性语义特征是"很多、许多"，生产动词体的语法形式和语义内容都发生了改变。很多带前缀на-的变体以болтать, говорить, грешить等及物动词作为生产动词，但派生后的动词则为不及物动词：наболтать（说好多[荒唐话、废话]），наговорить（说很多），Просидел целый час, *наболтал* всякой чепухи（他坐了整整一个钟头，尽**说些**废话）；Третьего дня у него закончилась медовая неделя, и с той поры он вряд ли успел много *нагрешить*（第三天他的蜜月就结束了，从此未必能有时间去**犯很多错误**）。

3.1.2 客体特定数量聚集

表示"走、跑、驶、飞"若干距离：набегать 100 км.（跑100公里），наездить 100 км.（行驶100公里），налетать 260 км.（飞行260公里）等。囿于前缀на-在这类派生动词中"客体特定数量聚集"语义表达的需要，由不及物动词派生的这类动词往往表达及物行为，一定程度上旁证了前缀на-表示数量意义的潜能（потенциальность）。

3.1.3 负面结果意义

带前缀 на- 的派生动词语义结构中隐含了行为的负面结果，往往给客体自身造成痛苦和不愉快。具体变异意义如下：1) 伤害某物，通常由具体表物理动作动词派生：набить ноги（磨破脚），наломать игрушек（弄坏玩具），намять плечо（扭伤肩膀）；2) 长时间、剧烈地完成生产动词所指称行为而引起的痛苦状态，通常由空间移动和表示状态意义的不及物动词派生：набегать себе болезнь сердца（诱发心脏病）等。

3.1.4 正面结果意义

带前缀 на- 的派生动词正面结果变异意义包括：1) 通过长时间完成生产动词所指称行为而获得，通常以不及物动词作为理据动词：набегать мускулы（使肌肉发达），навоевать орден（参战获得勋章），наиграть много денег（赢了很多钱）等；2) 行为有效地作用于物体，使其外部或本质状态发生改变：набелить лицо（把脸擦白），нахолодить пиво и воду（冰镇啤酒和水），нагладить рубашку（熨平衬衫）。

3.2 突变意义

动作"方向性"（направленность）属于该前缀第一性意义，包括及物动词和不及动词；"作用于物体表面，使物体发生质的改变"属于该前缀第二性意义。

3.2.1 方向性意义

带前缀 на- 的及物动词突变意义表示移动物体使其与另一物体接触上：навести прожектор на самолет（把照明灯对准飞机），натолкнуть его на стол（把他撞到桌子上）。个别及物动词表示动作从某一个方向指向物体：надуть пыли（扬起尘土），намести листьев（把树叶堆在一起）等。前缀 на-方向性意义是在表达物体空间上的比邻、接近中实现的，可以解释为将客体放置或放在某物上。把带该前缀的派生动词与生产动词语义加以比较，不难发现，相应的派生动词语义具有以下特点：1) 置于某物之上，以遮住、盖住物体：накинуть одеяло（盖上被子），натянуть простыню（铺上床单）等。其相近语义还表示"穿上"：натащить чулки（穿上长袜），насунуть сапоги（蹬上靴子）；2) 放在某物表面上，通过某种手段加固物体：набить холст на подрамник（把画布绷在木框上），наварить полосу металла на лемех（在犁头上焊上金属条）；3）将某物放在某物上：набить набойку на ботинок（给一只皮鞋钉上鞋掌），наколотить вывеску на стену（把牌匾钉在墙上），Сапожнику Пендяке наколотили на голову железный обруч（他们给鞋匠佩佳卡的头上扣上一个铁箍）；4）把某物与某物环绕：навинтить гайку на болт（将螺丝帽拧在螺栓上），навить нитки на катушку（把线缠在线轴上），Чтобы навинтить четырехгранную гайку на болт, необходимо гаечный ключ поворачивать не менее чем на 90°（为了把四棱螺丝帽拧在螺栓上，必须把扳手旋转90度以上）；5）用物体固定某物：наколоть бант на грудь（把蝴蝶结别在胸前），наткнуть мясо на шампур（用铁钎把肉串上）。

带前缀на-的不及物动词突变意义表示通过移动达到与某人或某物接触点位置上，也就是沿垂直方向（向上或向下）或沿水平方向（向前或向后）移动：найти[行进中]（碰上，撞上），набежать[跑着]（碰到，撞到），наехать[车、马行进时]（撞上，遇上），набрести（碰到，碰见），налезть[移动着]（靠上，压上），напереть[用身子]（压、挤、堆上），наплыть[航行时]（碰上，撞上），Никто меня не останавливал, не проверял документов. Наконец я набрел на кабинет Бора（没有人拦我，也没有人检查证件。终于，我闯到了波尔的办公室）；Клок густого тумана наплыл на лодку（一团浓雾罩住小船）。

3.2.2 作用于物体表面，使物体发生质的改变

主要具体突变意义是：1）在物体表面涂上、画上、标出某种记号：набить холсты（在布匹上印花），нажечь метку（烙上记号），накатать рисунок на ткань（在面料上印制图案）；2）在物体表面喷洒：напрыскать воды на пол（洒一地水），Обнатурил меня в лучшем виде и бороду духами напрыскал（他习惯了让我以最好的形象示人，并往胡子上喷点香水）。

带前缀на-的突变意义还表示把某物放在某处：налить воду в ведро（将水倒入桶里），насыпать сахар в стакан（把白糖倒进玻璃杯中）等。这类派生动词的语义更加抽象，"行为方向指向客体"是它们的共同语义部分，包括三类：1）指向直接客体：多以言语动词作为生产动词，题元形式为на кого：наболтать（说许多[荒唐话，废话]），наговорить（诬陷，诬赖），накляузничать（诽谤，造谣），накричать（呵斥），Мужчина накляузничал на него инженеру, обвинил в том, что тот непочтительно отзывался о нем（男人向工程师告状，指

责他对自己不尊重）；Все стараюсь спокойствие сохранять, а может мне и самой как-нибудь *накричать на кого*, может полегче станет?（我总是尽力保持平静，也许我也应该找个人**发泄**一下，可能会感觉轻松些？）；2）指向间接客体，多以猜测动词作为生产动词，题元形式为 *кому*：наворожить <口语>（占卜出，算出），нагадать（占卜出，算出），Он говорил, что ему *нагадала* цыганка прожить до 99 лет（他说，一个吉普赛女人**预言**他能活到99岁）；3）指向客观物体，题元形式为 *на кого что*：навести самолет на цель（使飞机瞄准目标），Ты можешь либо погибнуть, либо *навлечь* на себя их гнев（你可以要么死，要么**自找气生**）。

4. 前缀 о- 的变异意义与突变意义

前缀о-的变异意义与其表示围绕周边物体移动（движение по окружности вокруг предмета）的空间方向意义密切相关。空间具体突变意义主要表示用某物限定、用周围或附近的某物包围、挤住某物、用某物（液体或气体）浇淋等。

4.1 变异意义

前缀о-的围绕周边物体移动空间方向意义表示生产动词所指称动作扩展到很多客体或在一个物体范围内的多处：обегать（跑遍），объездить（驶过），облетать（飞遍，飞过[许多地方]）等派生动词都具有"[移动着]到过多地"的共同语义特征。此时，前缀о-表现出一种累积意义（суммативное значение）：обойти дом внутри（到过这栋房子的每一个房间，每一个角落），обзвонить друзей（挨个给朋友们打电话），одарить детей игрушками（把玩具分赠给孩子们），Естественно, что *обойти* театр как форму досуга мы не могли（当然，作为一种休闲方式，我们不能**绕过**剧院）；Далеко не каждая компания в состоянии собственными силами *обзвонить* большое число абонентов（远非每一家公司都能以一己之力**给大量客户打电话**），该类派生动词主要表达动作特殊结果方式意义。此外，带前缀о-的派生动词还表达生产词干所指称动作精细度和完整性：обсудить（全面地讨论，商议），обсказать（详细讲述，阐释），обтолковать（全面地讨论，侧重阐释），Я твердо решаю сейчас, что в лекции все постараюсь лишь *обсказать*（我立刻果断地决定，在讲座中尽力**详细讲述一遍**）；

Условились в воскресенье собраться, *обтолковать* все с мамой（约好周日相聚，把一切都和妈妈**谈清楚**）。

4.2 突变意义

首先，带前缀o-的派生动词语义结构中往往具有圆周空间方向移动（направленность движения мимо предмета, обход его стороной）意义，构成空间意义来源，"环绕，围绕，绕过"是该类派生动词共同的语义成分，既指主体移动：обежать вокруг дома（绕着房子跑），объехать вокруг острова[乘车、马]（绕着岛走），обойти вокруг памятника（绕着纪念碑走）；也指在主体带领下客体移动：обвести коммисию вокруг объекта（带领委员会成员考察项目），обвезти детей вокруг сада[乘坐交通工具]（载着孩子们绕花园一圈）等。语法上，这类动词表现为强支配特征，常用不带前置词的直接补语：обойти лужу（绕过水洼），обойти город с юга（从南面绕过城市）等。空间具体突变意义如下：1）用某物限定，使其与周围事物区分开：огородить дом забором（用篱笆围住房子），обсадить двор кустами（在院子周围栽种灌木）等；2）用周围或附近的某物包围：обсесть музыканта（围着音乐家坐下），обступить автомобиль（围住汽车），Туман облег город（**雾笼罩**了城市）等；3）从四面八方包围：обвалить избу снегом（用雪把小木屋围上）等。在言语交际中，这一意义还表示从多方面包围客体，甚至达到摧毁程度：Внешние факторы обвалили российский фондовый рынок（外部因素**摧毁**了俄罗斯的基金市场）；4）从四面八方紧紧地挤住：обмять подушку（按紧，压紧枕头），охватить тюфяк（抱住床垫），Я упал на пол, *обхватив* голову руками, и продолжал кричать（我摔倒在地，用手**抱住**头，继续喊）；5）在边缘部分把某物分开：обвязать платок кружевами（给围巾织上[缀上]花边），обшить воротник кантом（给领子镶上花边），Как сообщает местная газета, мужчина *обвязал* себя веревкой за талию, а другой конец прикрепил к оконной раме（据地方报纸报道，一名男子将绳子一端**系在**自己的腰上，另一端系到了窗框上）；6）用某物（液体或气体）浇、喷：обварить веник кипятком（用开水烫桦条帚），обкурить помещение ароматами（用香料熏房间），Подать объявление, пьяный мужчина *обварил* ребенка горячей водой（有报道称，有一醉汉用热水**烫伤**了孩子）；7）从各个方面对客体加工：обвалять котлету в муке

（把肉饼滚上面粉），обделать кожу（加工皮革）等。通常这类动词都以表示各类加工制作过程的词作为生产动词。

其次，与第一种情况不同，带前缀о-的派生动词构成非空间意义来源。多数情况下，该类派生动词语义与动作圆周空间方向移动意义没有直接关系，更多是表达行为结果意义。非空间意义主要突变类型如下：1）行为引起伤害：обрезать палец（割伤手指），обморозить ноги（冻伤脚），Сегодня кухарка шинковала капусту и *обрезала* себе палец（今天厨娘切卷心菜时，**切到了自己的手指**）；2）行为导致客体不能再用：обносить сапоги（把靴子穿坏），обтрепать брюки（把裤子磨坏）；3）行为造成损失：обвесить（少称分量，短斤少两），обмерить（少给尺寸），объесть（吃穷）；4）努力使客体更为习惯和舒适：обкатать новую машину（走合）意为"试开新车"：облетать дирижабль（试开飞艇），обкурить трубку（把烟具用(或吸)得好使），Пилот *облетал* самолет（飞行员驾机**试飞**）。

5. 前缀пере-的变异意义与突变意义

前缀пере-所有变异意义都是该前缀原始具体空间语义发展的结果。带前缀пере-的派生动词变异意义主要表示重新（再次）完成行为、行为超出标准、行为过于长久、完成生产词干所指称行为、停止和结束生产动词所指称行为；而其突变意义主要表示信息、信号传达和转移、行为从一个主体转向另一个主体、赋予客体另一种形态等。

5.1 变异意义

5.1.1 重新、再次完成行为

带前缀пере-的派生动词变异意义表示"重新、再次完成行为"，有的派生动词表示"行为重复，以改变、重塑客体"：переустроить（重造，重建），переориентировать（改变方向），переосмыслить（重新理解，重新认识），пересоставить（重编，改编），Понятно, что изменить направленность реформирования экономики, начатого еще в 1990-егоды, *переориентировать* на другие ценности — очень непростая и ответственная задача（显然，改变始于90年代的经济改革，**重新定位**到其他价值观上，这是一项非常复杂且责任重大的任务）；А нельзя ли весь ваш план сократить и заново *пересоставить*?（难道不能把你们的全部计划缩减并**重新制订**吗？）；Решили, что концерты будут проходить через день, чтобы публика могла "перестроиться" от одного исполнителя или жанра к другому, *переосмыслить*, перечувствовать услышанное накануне, обсудить, поделиться впечатлениями（决定了，音乐会每隔一天举办，使听众能够由一位表演者或题材转换到另一位表演者或题材，**重新认识**、多多感受上一次所听到的，讨论并分享各自的印象）。有的动词仅表示"行为单纯重复"：перемерить（再测），переосвидетельствовать（复查），пересчитать（清点），У меня вот тут все меры, какие нам нужны. А не веришь — можешь *перемерить*（我这里有我们需要的全部标准，如果你不信，可以**再测试一下**）；Для этого было необходимо *пересчитать* сотни тысяч лиц, принимавших участие в суде присяжных（为此，必须**重新计算**数十万参加陪审团的人员）。

5.1.2 行为超出标准

带前缀пере-的派生动词变异意义表示行为超出标准，具体指行为尺度超出标准或行为确定的客体量度超出标准，它们辐射及物动词和不及物动词。及物动词变异意义表示"过分精细对客体产生影响，导致客体发生质的改变"，这种改变特点由生产动词具体语义确定：пережарить рыбу（鱼煎得过久），перехвалить себя（过分自夸）等。不及物动词变异意义表示：1）高于行为标准，意为"太多了"：переиграть（表演过火），перехитрить（过于狡猾），Эта пауза требовала большей длительности, но и *переиграть* было опасно（这一间歇要求持续时间更长，而且**表演过度**，是很危险的）；2）体力或心理状态高于行为标准：перенервничать（极度不安），перестрадать（备尝痛苦），Я могу *перенервничать*, испугаться чего-нибудь, испытать сильное потрясение（我可能**非常不安**，恐惧某种东西，感到特别惊骇），Ведь надо же было так *перестрадать*, чтобы судьба подарила мне такой богатый, такой великолепный день（要知道必须**经历太多**的痛苦，才能享受命运赐予我的这么丰富、这么美好的时光）；3）质上超出行为标准：перезреть（过熟），пересохнуть（太干），Особенно нравились мне те кисти винограда, которые успели *перезреть* и сморщиться на солнце（我尤其喜欢那些葡萄藤，葡萄藤长得已经非常成熟，在阳光下都起了褶皱），Это очень вредно, кожа может *пересохнуть*. Он, оказывается, пришел, чтобы дать ей несколько советов по уходу за кожей（这是很有害的，皮肤会**非常干**。原来他来是给她

一些护肤建议的）。动作确定的客体量度超出标准，主要见于及物动词：перебрать товаров сверх нормы（选货超出定额），передать 5000 рублей（多付5000卢布），перелить чая（茶倒得过满），Какая из свах успеет больше *перелить вина*, у той стороны будет больше преимущества в супружеской жизни（哪位媒婆能**倒出更多**美酒，那么她所代表的一方将在婚姻生活中拥有更多的优势）。

5.1.3 行为过于长久

带前缀пере-的派生动词变异意义表示"行为过于长久"。这是一个时间标准，指主体行为在时间上往往超出通用的标准，这类派生动词通常都是及物动词：передержать суп на плите（汤在炉灶上放得过久），пережарить яичницу（蛋煎得过久），перепечь хлеб（面包烤得过久），Один из них, почерневший на солнце, как перепечь,— после кормщик узнал, что звать его Якимкой Ворониным（其中一个人晒得黝黑，像烤焦了一样，后来船老大才知道他叫雅基姆卡·沃罗宁）。

5.1.4 指称行为的时间

带前缀пере-的派生动词变异意义表示完成生产词干所指称行为的时间，这是一个时间跨度：переждать самое жаркое время дня（熬过最热的中午时分），Деревья уже пережили одно лето и принялись（树木已**度过了**一个夏天，并生了根）；Советы всех друзей сводились к тому же — *переждать* хотя бы годик（所有朋友的建议归结为一点，哪怕再**等一年**）。

5.1.5 停止、结束生产动词所指称行为

带前缀пере-的派生动词变异意义表示停止、结束生产动词所指称行为。这类动词数量不多，多为不及物动词：переболеть（病愈），перебояться（不再害怕），переплакать（不再哭泣），Душа переболела（内心的**痛苦过去了**）；Одним словом, он уже успел *перебояться*（总之，他已经**不再害怕**）；Уже все позаснули, дети *переплакали* и тоже угомонились давно, а баба все не спит, думает и слушает, как ревет море; теперь уж ее мучает тоска, жалко мужа, обидно на себя, что не удержалась и попрекнула его（大家都睡着了，孩子们**不再哭泣**，也安静了下来，而女人还没有睡，思考着，倾听着大海的咆哮；现在她特别难受，怜悯丈夫，也生自己的气，但仍忍不住数落了他）。

5.2 突变意义

前缀пере-具有众多的语义变体，其原始意义表示"从一处（点）移动到另一处（点）"。在带该前缀的派生动词中，有表示主体移动的：перебежать улицу（跑过街道），переехать（[乘车]越过，驶过），перейти（走过，越过）；有表示客体移动的：перевезти хлеб из деревни в город（把粮食从农村运进城），перебросить мяч через сетку（把球扔过网）；有表示空间位移的：переставить（挪动），перелечь（换个姿势躺，换个地方躺）；还有表示具体物理动作的：перегрузить（转载，换载）等。需要注意的是，"从一处（点）移动到另一处（点）"的语义中，处（点）的概念并非泾渭分明，而是多元的。有时"处（点）"可能是两个物体，或是同一个物体的两个方面，还可能是生产动词指称的一种相互关系的两个方面，这一概念是具体的，抑或是抽象的，与生产动词语义高度关联。主要体现为以下三种情况：1）派生动词语义结构中包含"信息、信号传达；转移"等语义特征，主要以сказать（说出），врать（撒谎），телеграфировать（发电报告知）等作为生产动词构成派生动词：пересказать（转达），переврать[转述、传话时等]（搞错），перетелеграфировать（转发电报）；2）派生动词语义结构中既包含行为从一个主体转向另一个主体的语义特征：передать（传给，转达，转告），перекупить（转买），перепродать（转卖）等，还包含改变状态，使之转向另一种状态等语义特征：перевалить（超过）[指时间]：Температура *перевалила* за сорок（温度**超过了**40度）；3）派生动词语义结构中包含赋予客体另一种形态，赋予其质上的另一种特征，通常以指称各种技术加工过程作为生产动词，意为"改变，重塑"：переделать пальто в полупальто（将大衣改成短大衣），переработать роман в пьесу（将长篇小说改编成剧本）等。

如前所述，前缀пере-的原始意义表示从一处（点）移动到另一处（点），在这一语义结构中，"克服困难，跨越障碍移动"成为其词汇语义变体。"障碍"语义要素是前缀пере-形成其他突变语义的因素，如"超过、超出、超越"：1）（时间上）长于：пережить（活过），пересидеть（坐得时间比……久）；2）某种能力上强于：перепеть（比……唱得好），перетанцевать（跳舞比……好）；3）声音高过：переговорить（说得比……声大），перекричать（高声喊叫）等；4）速度快于：перегнать（超过）переехать[乘车、马]（超过）；

5）比谁多：переесть（吃得比……多），перепить（喝得比……多）；6）比谁好，更加成功：переспорить[争论时]（说过，驳倒，说服），перебороть（战胜）；7）更有分量，占据优势：перевесить（重于，比……更重）。

"障碍"语义要素还存在于"克服、忍住、战胜不好的行为或状态"等派生动词语义结构中：перебороть страх（克服恐惧感），перетерпеть боль（忍住痛），Тебе придется *перебороть желание* сыграть ее так, чтобы она нравилась зрителям（你只能**克制个人喜好**，按观众喜欢的方式演奏）；Он думает, что тебе надо сейчас попытаться *пережить несчастье*（他认为，你现在应该努力**战胜**不幸）；Но так или иначе, я не опозорилась, не показала свой гнев, а *перетерпела*, свалив все на Юпитера（无论怎样我都没有出丑，没有表现出自己的愤怒，而是**忍住**了，把一切推给尤皮捷尔）。

6. 前缀 при- 的变异意义与突变意义

前缀при-的核心语义表示不十分精细地完成生产动词所指称行为。带该前缀的派生动词变异意义主要表示行为程度不强烈、行为不多等。突变意义主要是使某物直接接触某物，固定于某物，把某物赶到某处，使其找到合适位置，从上面作用于某物，添加某物等。

6.1 变异意义

带前缀при-的派生动词语义特点表现为不十分精细地完成生产动词所指称行为，变异意义主要体现为不多、稍微、不完全、不强烈、没完成、某种程度上等义项，包含及物动词和不及物动词。及物动词包括：приоткрыть（稍微打开），приподнять（略微抬起），приглушить мотор（减轻马达声），Вполне свободно владеет своим дыханием и может на мгновение усилить или *приглушить звук*（完全自如地控制自己的呼吸，瞬间能够提高或**压低声音**）；Войти к ней в спальню, *приотворить* несколько скрипучую *дверь* она не решалась, боясь разбудить ее（她不敢进入她的卧室，**稍微打开**那吱吱作响的门，生怕吵醒她）；不及物动词包括：припухнуть（稍微有点肿），присвистнуть（轻轻吹口哨），Голос его звучал бодро, и это обнадеживало меня: там, значит, ничего страшного не произошло. Могла же она *прихворнуть* ангиной, например.（他的声音充满活力，这让我

倍感欣慰：说明那里没发生什么可怕的事。比如她可能只是咽喉**稍感不适**）。此外，还表示补充完成行为：приписать（补写，添写），приработать（额外挣来），приплатить（补给，补付，补交），Но если родители не помогали, можно было и *приработать*（但若是父母不帮忙，也可以**额外赚些钱**）。在这一义项上，при-与под-语义相同：прикупить — подкупить овощей（买些蔬菜），присадить—подсадить яблонь（种些苹果树）等。试比较：

① Кока-колы на вокзале нет. Зато *прикупили* помидоров. Обследовали местный рынок. 车站没有卖可口可乐的。但**买了一些西红柿**。考察了当地市场。

② *Подкупили* мы отцу кое-каких подарков. 我们给父亲**买了一些礼物**。

6.2 突变意义

前缀при-的原始空间意义表示接近或到达特定位置，这种原始空间意义通常在派生动词中实现，表示行为主体移动：прийти（来到），прибежать（跑到），приехать（[乘车、马]来到）；或主体和客体同时移动：привести（领到，引到），привезти（运来，运到）；表示客体在主体物理运动影响下移动：притянуть（拉近，拖近，移来），придвинуть（凑近，挪近，挨近）。前缀при-具体突变意义如下：1) 使某物直接接触某物：прибить крышку к ящику（给箱子钉上盖），прижать ухо к стене（把耳朵贴在墙上），Из квартиры вышли вдвоем, Граник захватил собой молоток и пару гвоздей, чтобы *прибить* объявление в подъезде（从房子里走出两个人，格拉尼克拿了一把锤子和两个钉子，准备把通告钉在楼道墙上），Я *прижал* руку к груди（我把手**按在**胸口上）；2) 固定于某物：привертеть вентиль（拧紧开关），привязать ремень（系上皮带），Веревка коротка, надо *привязать* еще кусок（绳子短了，需要再**接上一段**）；3) 赶到某处，使其找到合适位置：пригнать овец во двор（把羊赶到院子里），приладить замок к двери（给门配上锁），Помогите *приладить* посуду к столу（请帮忙把餐具**放在**桌子上）；4) 从上面作用于物体，使压住、按住：придавить ноги（压住脚），притоптать снег（把雪踩实），придавить исписанные листки камнем（用石子压住写满

字的纸），Лесоруба *придавило* сосной（伐木工人被松树压倒了）；5）添上、添加、加上某物：примешать соды в тесто（往面团里添碱），привнести в разговор элемент раздражения（交谈中夹杂着愤怒情绪），Вечером 19 апреля она, угощая вином своего отца — Девяткова и мужа — Сарпульцева, незаметно для них *примешала* в вино мышьяку и ядом напоила обоих（4月19日晚，她请自己的父亲杰维亚特科夫和丈夫萨尔普利采夫喝酒。在他们不知不觉中，她往酒里掺了些砒霜，让两人喝下了毒酒）；Выше красоты и любви. Что человек должен *привнести* в мир?（高于美和爱，一个人应该给世界带来什么？）；Они могли там и *приврать о чем-нибудь*, о том, когда и кого как называли（他们可以在那儿海阔天空地神聊，聊当时各自如何称谓）等。

第四节　双形素前缀语义类别

双形素前缀（префиксы, представленные двумя морфами）指一个形素以辅音结尾，另一个形素以元音|o|结尾：в-/во-、вз-/взо-、воз-/возо-、из-/изо-、над-/надо-、низ-/низо-、об-/обо-、от-/ото-、под-/подо-、пред-/предо-、раз-/разо-、с-/со$_1$-。双形素前缀还有де-/дез-。[①]与单形素前缀语义类别一样，双形素前缀语义类别也包括变异意义与突变意义。

1. 前缀 вз-/взо, -вс- 的变异意义与突变意义

前缀вз-/взо-, вс-的变异意义通常表示突然强烈或剧烈地突然完成生产动词所指称的行为。突变意义与该类前缀动作方向（направленность действия）的原始空间意义密切关联，主要表示行为向上移动（движение вверх）。

1.1　变异意义

带前缀вз-/взо-, вс-的派生动词通常不与具有"动作方向向上"的动词词干搭配：вздумать$_1$（突然想起来），вскрикнуть（突然叫一声），вскричать$_1$ <书面语>（高呼，喊叫）。泽姆斯卡娅注意到带该前缀的派生动词还表示"开始阶段意义"：вздумать$_2$（想起来），вскричать$_2$（喊叫起来），вспомнить（回忆起来）等。多数带该类前缀的派生动

[①] Русская грамматика АН СССР[M]. Т. I. М.: Наука, 1980. С. 356.

词都附加了"强烈""突然地开始"等语义特征。例如：

① *Вздумал* он навестить свою тетку, которую не видел лет пятнадцать. 他**突然想要**去看看自己的姨妈，他已经15年没见到她了。

② Тут, она *вспомнила* о письме и жадно бросилась его читать. 这时，她**突然想起**了那封信，迫不及待地开始读起来。

1.2 突变意义

前缀вз-/взо-, вс-的原始空间意义表示动作方向向上：1) 主体向上移动：взлететь（飞起，升空）；взойти（[日、月、星等]升起；发芽），всплыть（浮出，[不良现象]暴露出来），вспорхнуть（[鸟、蝴蝶]振翅飞起），Орел сидел на ветке и не мог *взлететь*（一只鹰蹲在树枝上，无法**飞起来**）；Когда эхоледомер зафиксировал нулевую толщину льда, лодка попыталась *всплыть*（回声测冰仪定位冰层为零厚度时，潜艇开始**浮起来**）；2) 主体与客体同时向上移动：взвести（扳起，抬起），Держа руль левой рукой, правой Кабан взял пистолет и *взвел курок*, чтобы первый выстрел получился точнее（卡班左手握着方向盘，右手掏出手枪，**扳起扳机**，为的是第一枪就能命中）；3) 客体向上移动：вскинуть（扔上去，抛上去），взвалить（把……推到……上），взвить（卷起，扬起），Возле дверей Сергей Югов поднял с пола рюкзак и *взвалил* его на плечо（在门口，谢尔盖·尤戈夫拿起地上的背包，**背上肩**）；И вот я подошел к окну, и окно растворилось настежь, ветер *взвил занавеску* перед глазами, и на подоконник взлетел воробей, серый, взъерошенный, московский, мартовский воробей（于是我来到窗前，窗户大敞四开，**风吹起了窗帘**，窗台上飞来一只麻雀，灰色的，毛茸茸的，莫斯科的3月份能见到的那种麻雀）。

此外，带该前缀的派生动词还表示用什么覆盖在某物表面上：взмылить щеки（汗流满面），以及生产动词所指称行为由上向下完成：взрезать яблоко（切开苹果），И он взял ножик и *взрезал арбуз*（他拿起小刀，**切开了西瓜**）。就该义项而言，语义变化（семантическая деформация）导致衍生出新的义项，如"打开被包装或被封上的物体"：взломать дверь（撬开门），вскрыть письмо（拆开信），

Я действительно хотела *взломать* дверь. Скажи, я правильно поступила?（我的确想**撬**开门，请问，我做得对吗？）; Они или по незнанию, или понадеявшись на свои связи, по получении ящиков вздумали сами снять пломбы и *вскрыть* посылку без таможенного чиновника（他们要么是因为无知，要么是过于相信自己的关系，收到箱子后决定自行拆除封条，**打开**包裹，而不等海关关员到场）。

2. 前缀 из-/изо-, ис- 的变异意义与突变意义

前缀из-/изо-, ис-的变异意义在某种程度上与动作延续和完成、状态消失或特定完整性等意义高度相关。该类前缀各个派生义项之间逻辑联系为：初始意义表示动作方向由里向外（направленность действия изнутри наружу），然后逐次衍生出其他义项，如动作向空间各个方向扩展（распространение движения по всем направлениям）→动作在物体各个表面上扩展（распространение движения на всю поверхность）→动作完结和消失（законченность и исчерпанность действия）。无论из-作为前缀还是前置词，它们在语义上是相同的，几乎不表达空间意义。前缀из-/изо-, ис-几乎总是假定存在某个题元（актант）X，它可以是作直接补语的客体，也可以是返身动词的主体，同时该主体又像是过程对象，如истосковаться（非常思念）等。此时，"题元X作为实现动词所描述行为的结果，会经历某种变化，这种'变元'（изменяющийся актант）出现在带前缀的动词中，而不带前缀的动词中不存在变元"。①

2.1 变异意义

2.1.1 生产动词所指称行为在各个方面占据空间

избегать поселок（跑遍村镇），излазить горы（爬遍群山），исходить все окрестные леса（走遍周围所有的树林），За десять лет я *исходил* все окрестности северной части, добирался даже соседних областей（用了10年时间，我**走遍**北部的所有地区，甚至还到了邻近的各个州）；Он весь день бродил по поселку, *излазил* все магазины, но все-таки ничего не купил（他在镇上闲逛了一天，**去了**所有商店，但最

---

① Добрушиша Е.Р. Корпусные исслелования по морфемной, грамматической и лексической семантике русского языка[M]. М.: Изд-во ПСТГУ, 2014. С. 37.

终还是什么也没有买到）；Весь остров кругом обошел; поперек сквозь кусты *излазил* — нет ничего（整个岛周围我都跑遍了；**穿过了**灌木丛查看，什么也没有）。

2.1.2 物体受到破坏、损坏

износить пальто（把大衣穿破），измызгать ботинки（把皮鞋穿脏）；Мальчик *измызгал* коврик（小男孩把地毯**踩脏了**）；Девочка *износила* брюки до дыр（小女孩把裤子**穿出了洞**）。

2.1.3 将物体分割开、破坏其完整性

изгрызть（咬坏，啃坏），измочалить（使……成碎片、碎条）等。在这一义项上，из-与раз-语义相近，前者语义特征为"将物体分成很多部分"，后者语义特征为"将物体分成很多细小部分"，试比较：изрубить（分成很多部分）— разрубить（分成很多细小部分），Мыши *изгрызли* мешок（老鼠把袋子**嗑碎了**）；Грудинку *разрубить на несколько частей*, сварить в соленой воде（把五花肉**切成若干块**，放在盐水中煮）。

2.1.4 给有生命物体造成身体或精神上伤害

избить（痛打，毒打），иссечь（抽，打，砍）伤[多处]，исхлестать（猛抽，猛打）；Его *избили* до полусмерти（他被**打得半死**）；Хозяйн *иссек* собаку кнутом（主人用鞭子把狗**抽伤**）。

2.1.5 改变生产动词所指称动作客体的形态

изогнуть（拱背），извить проволоку（使金属丝弯曲），При полете встречный поток воздуха стремится *изогнуть* крыло вверх（飞行时，相对气流使机翼**向上弯曲**）。不及物动词表达完全改变主体状态：измокнуть（全湿，湿透），Никому не улыбалось приятно *измокнуть* под дождем, хотя бы в саду или даже на асфальте（没人会乐意淋雨，无论是在花园里，还是在柏油路上）。

2.1.6 动作客体用尽、耗掉

издержать все деньги（花光所有的钱），исписать бумаги（写满了纸），Во-первых, дядя мог думать, что я сам *издержал деньги*, и, во-вторых, для меня дорог был каждый день（首先，叔叔可能认为我自己**花光了钱**，其次，对我而言，每一天都非常珍贵）；Теперь все не так, как раньше, когда он мог за ночь *исписать кипу бумаги*, ответить на все письма, подготовить речь（现在一切都不同从前了。那时他一夜能**写十**

几页纸，回复所有信件，准备好发言）。

2.2　突变意义

前缀из-/изо, ис-的派生动词语义结构中，"由里向外"的语义特征只体现在一些特定词语中：изгнать（驱逐,赶出），извлечь（得到，取出，抽出，提取），излить（洒出；流露，吐露，倾吐出），Всех *изгнал* тогда *из дому* монастырский мозг, потому что сошел он с ума（修道院的负责人把所有人**赶出**了房子，因为他失去了理智）；Вопрос в том, способно ли новое поколение *извлечь уроки* из опыта предшественников（问题在于，新生代能否从前辈的经验中**吸取教训**）；В своих богословских трудах Владыка *излил всю свою любовь* к Спасителю（在自己的神学著作中，大主教倾注了自己对救世主全部的爱）。

古俄语中，前缀из-是作为前缀вы-的同义词素使用的，由于后者充当了空间意义表达手段，前者的地位逐渐被削弱，其意义更加抽象，带前缀из-的派生动词往往具有书面语色彩。

3. 前缀 от-/ото- 的变异意义与突变意义

前缀от-/ото-具有"部分、局部"语义特征，成为带该前缀派生动词诸多变异意义的基础。原始空间意义为移动的物体与原始点之间的距离增大。

3.1　变异意义

3.1.1　使动作客体减少

前缀от-/ото-的部分、局部语义特征被细化为"减去""分出""倒出""去掉一部分"义项，行为客体通常为液体或颗粒状物体：отлить кофе（倒出咖啡），отлить сок（倒出果汁），Оба обедающие *отлили немного вина* из своих чаш в блюдо с мясом, и прокуратор произнес громко, поднимая чашу…（两位就餐者都从自己碗里往肉菜中**倒了**些红酒，然后检察官端起碗高声说道……）；Он *отплеснул из рюмки* в знак памяти об умершем и выпил（他从酒杯中**倒出**一点酒纪念逝者，然后一饮而尽）。

3.1.2　使动作终结

使动作终结（прекращение действия）这一变异意义由该前缀空间界限意义派生。具体包括：1）行为本身的分开、行为结束或停止后无法立刻重复该行为：отобедать（吃完饭）表示已经吃过饭，不可能立刻再吃饭：Была суббота, у Тимура выдался редкий выходной, он только что *отобедал* и, начал курить（这是一个周六，铁木尔难得有个休息日，他刚刚**吃完饭**，又开始吸烟）；отгреметь（停止轰鸣），За это время *отгремела* гроза, соседка приходила, телефон звонил. Все это влияло на меня, на все это я откликалась（这段时间雷声**停**了，女邻居来访，电话铃响。所有这些都影响着我，我对这一切作出了回应）；2) 行为被终结，因为继续行为不具备可能性：отбегать（奔跑完，不再奔跑），отгрустить（不再发愁），отвоевать（夺回），Каждый солдат за зиму должен был *отбегать* 500 км., ему командир ставил красные квадратики в графике（每一名士兵冬天都应该**跑完**500公里，指挥官在进度表上为他贴上红色小方块）；Твоя молодость уходит, а я грущу по ней как по собственной, по которой давно уже *отгрустил*（你的青春正在逝去，而我却像怀念自己的青春一样为它感到悲伤，尽管我对自己的青春早已**不再悲伤**）；Интернет словно пытается *отвоевать* себе как можно больше пространства（互联网好像在努力为自己**争夺**尽可能多的空间）。

3.1.3 动作方式受到限制

在这一义项上，带前缀от-/ото-的派生动词语义与带前缀про-的派生动词语义相同。试比较：отгостить две недели — прогостить две недели（做客了两周）。但前者不仅表示时间界限意义，还强调动作完成所耗费的时间：отдежурить（值完班）— провести известное время, дежуря（值班一段时间），отстрадать（受尽煎熬）— провести какое-либо время в страданиях（在痛苦中度过时间）等。需要注意的是，在某些俄语词典中，时间度量意义与空间度量意义被视为同一种变异类型："отшагать/отшагивать（步行[若干时间或距离]）除表示徒步走过一段距离外，还表示步行所用的时间。"① 有时，带前缀от-/ото-的派生动词仅具有空间度量意义：отмахать只表示 "走、跑（很多路途）"，但不表示动作完成所耗费的时间：Успеем до темноты *отмахать* еще километров тридцать（天黑前还能**走**三十多公里）；Километров двадцать *отмахали*（已经**走**了二十多公里）。

---

① Евгеньева А.П. Словарь русского языка[Z]. 3-е изд., стереотип. Т. II. М.: «Русский язык», 1986. С. 723.

3.1.4 细致完成动作，突出行为结果

отгладить костюм（把衣服熨平），отстроить дом（建好房屋），Было решено, закончив обед, *отгладить* новые темно-синие брюки（决定吃完午饭后把新买的深蓝色裤子**熨平**）；Зимний дворец после пожара был давно уже *отстроен.*（冬宫火灾之后早已**重建**）。

3.2 突变意义

前缀от-/ото-的原始空间意义表示移动的物体与原始点之间的距离增大，语义特征为离开（удаление）、分开（отделение）。"离开"常见于具有空间移动意义的生产动词中，或是主体移动：отойти（离开、走开），отбежать（跑开），отлететь（飞出[若干距离]），отплыть（[船舶]开航），这类动词语义结构中同时包含"赴指定地点、出发"；或是主体与客体同时移动：отнести（[拿着、背着、抱着]送去、送到），отвезти（运开、运走），отвести（引开、领开），отогнать（驱逐开、赶走），откатить（滚着推开），这类动词语义结构中同时包含"把……送到某处"；或是在主体物理作用下仅是客体移动：откинуть（抛开、扔开、扔掉），отбросить（抛开、扔开），отодвинуть（搬开、挪开、移开）。

"分开"具体义项为：1）把某物与另一物分开，破坏物体与原始点之间空间上的相近性：отвалить камень от входа（把门口的石头挪开），отворотить бочку（把桶滚着推开）；2）分出物体一部分，破坏其完整性：отломать ручку двери（把门把手掰断），отбить носик у чайника（把茶壶嘴敲掉），Ему быстро удалось *отломать* от скамейки ножки（他很快就成功地把板凳腿**弄坏**了）。

4. 前缀под-/подо- 的变异意义与突变意义

前缀под-/подо-的变异意义主要指完成生产动词所指称动作不够精细。突变意义表示移动靠近（приближение движения），指称动作方向向下、朝下；动作方向朝向物体下面。

4.1 变异意义

4.1.1 动作完成程度不充分

多数带该前缀派生动词的语义结构中都包含"不多、轻微、一些"等特征，指完成生产动词所指称动作不够精细。其中，及物动

词表示对客体附加影响：подбодрить больного（使病人振作起来），подсократить статью（把文章缩短一些），Однако происходящее, похоже, не пугает главу Джамахирии, который вчера, чтобы *подбодрить* своих сторонников, выступил с очередной речью по государственному телевидению（然而，所发生的事情似乎并没有恐吓到利比亚领导人，昨天为了**鼓励**他的支持者，他在国家电视台进行了例行演讲）；Не мудрено *волосы подвить*（把头发**稍微卷一卷**并不难）；В конце концов мне пришлось ее немного *подтолкнуть*（最终我不得不把她**推开一些**）；不及物动词表示行为完成得不够充分：подзакусить（稍微吃点东西），подмерзнуть（结上一层薄冰，微微上冻），Я почувствовал, что проголодался, и стал смотреть вокруг себя, где бы можно было *подзакусить*（我感觉饿坏了，于是开始环顾四周，看哪里能够**弄点吃的东西**）。

4.1.2 动作完成程度充分

此时，原始空间意义变异为行为结果意义，表示生产动词所指称动作持续到动作客体完全消失：подскрести（刮去，刮净），подъесть（吃完，吃光），Словом, я должен все у себя *подскрести* и *подмести*（总之，我应该把自己从上到下都**整理干净**）。

4.1.3 增加动作完成数量

这一变异意义包括两个方面。其一，指客体数量的增加：подварить варенья（再熬些果酱），подварить чаю（再泡点茶），подлить воды в стакан（往杯里再添点水），Подвалило снегу за ночь（夜间又**下了许多雪**）。其二，指生产词干所指称动作次数的增加，以达到动作完成的更好效果：подмесить тесто（把和好的面团再揉揉），подвинтить гайку（把螺丝帽再拧紧些），подвинтить скрипичные колки（把小提琴的弦轴再拧一拧）。

4.1.4 补充行为

补充行为（дополнительное действие）这一变异意义，表示生产动词所指称动作是对另一动作的补充：подголосить（配唱）— подголосок（应声虫），подпевать（伴唱，随着唱），подсвистывать[和着歌声、演奏、舞蹈]（吹口哨），Едва услышав первые слова, толстяк начал вдохновенно *подпевать*, а потом к «хору» присоединился и его юный работник（刚听到前几个词，胖子就开始热情地**跟唱**，随后他的年轻员工也加入了"合唱"）；И тут на балконе тоненько всхлипнул, заплакал ребенок... кто-то невидимый стал его успокаивать, *подсвистывать*, ласково гулить（这时，阳台上轻轻地响起了一声啜泣，一个孩子哭了……某个看不见的人开始安抚他，**轻声吹着口哨**，温柔地吟唱）。

4.2 突变意义

"靠近客体"和"动作方向朝向物体下面"构成带该前缀派生动词表达突变意义的来源，这类派生动词兼顾两个局部空间语义特征：подкатить₁（推[滚]到跟前）；подкатить₂（推[滚]到）：Тогда я *подкатил к окну большое кресло*[①]，взобрался на него и оттуда влез на подоконник（于是我把一个大的圈椅**推到窗前**，爬了上去，又从那儿爬上窗台）；*В коридор*, ведущий от корта к раздевалкам, на всякий случай *подкатили*[②] *два стула* на колесиках, которые, к счастью, игрокам не понадобились（在从网球场通往更衣室的走廊上，有人**推来**两把带轮子的小椅子以备急需，幸运的是，球员们并没有用到它们）。

具有"靠近客体"语义的派生动词常常与前置词к кому чему进行组配，表示动作主体靠近客体：подлететь к городу（飞近城市），подъехать к селу（驶近村庄）；主体与客体同时移动，подвезти туристов к станции（把游客送到车站）。另外，带前缀под-与带前缀от-的派生动词构成反义动词：подбежать（跑近）— отбежать（跑开），подползти（爬近）— отползти（爬开）。试比较：Собака в первой команде должна быстро *подбежать* к дрессировщику（第一组中的狗需要迅速**跑向**驯兽员）；Услышав приближающийся шум, он успел *отбежать* в безопасное место（听到越来越近的嘈杂声，他及时**跑到**了安全的地方）。

具有"动作方向朝向物体下面"语义的派生动词常常与前置词под组配，表示动作主体向物体下方移动：подбежать под навес（跑到屋檐下），подлезть под диван（钻到沙发下面）；强调客体移动：подбросить мяч под кровать（把球扔到床下面），поддвинуть табурет под стол（把凳子推到桌子下面）。

---

① подкатить₁表示"推（滚）到跟前"语义时，句法结构中往往带к кому чему前置词结构，强调近处客体。

② подкатить₂ 表示"推（滚）到"语义时，句法结构中出现表示方向的前置词结构，强调"把客体向某一方向推（滚）"。

多数情况下，前缀под-/подо-的派生语义与"动作方向朝向物体下面"第一空间意义有关，具体包括：1) 把动作客体放置在下面：подбить клин под ножку шкафа（在衣柜腿下钉一块楔子），подостлать простыню под себя（铺好身下的床单）；2) 从下面抓住物体：подковырнуть бетонную плиту（抠出混凝土板），подхватить хвост платья（提起裙子下摆）；3) 生产动词所指称动作扩展到物体下面部分：подрубить дуб（把橡树齐根砍断），подкопать столб（挖掉桩子）；4) 动作从边缘处作用于物体：подбрить[理发时]（修边，修刮），В поезде Саша боролся с дурной мыслью *подпалить* еще и занавеску на окне вагона-ресторана（火车上，萨沙克制着**点燃**餐车窗上窗帘的恶念）。

在突变意义类型中，秘密地完成生产动词所指称行为（совершение действия скрытно, названное мотивирующим глаголом）构成该类派生动词最抽象的语义特征：подкинуть записку（偷偷放一张纸条），подсказать ответ во время экзамена（考试时悄悄地提示答案）。不言而喻，根据生产词干语义要求及说话人的交际需要，"朝向物体下面"这一语义已然逐步演化成"秘密、隐藏"意义：Я просто подумала, что ты, как опытная можешь им *подсказать*（我只是觉得，作为一个过来人，你可以**给**他们一些建议）。

5. 前缀 раз-/разо, рас- 的变异意义与突变意义

前缀раз-/разо-, рас-变异意义的共同语义成分是"强烈；精细"。突变意义则主要体现为离心方向意义（значение разъединения），在此基础上，构成带前缀раз-/разо-, рас-的大量派生动词。

5.1 变异意义

5.1.1 动作完成强烈

动作完成强烈（усиление интенсивности действия）语义变异的基础是"扩散"空间意义，指完成生产动词指称行为超出原有基本界限，表示派生动词所指称动作与该动作的通常标准相比加强了。因此，这一语义解释为加强语义：разобидеть（肆意欺凌）≈сильно обидеть（使……深受委屈），разругать（漫骂）≈сильно выругать（大骂），Ты только, я прошу тебя, не хулигань. *Разобидел* девку до слез. Она ж невеста, а ты ей такие слова（求你不要再胡闹了。你把姑娘都**欺**

负哭了。她可是个新娘，而你却对她讲这样的话）；В Москве Крюкин на обсуждении выставки *разругал* художников за пессимизм, кричал: «Нам нужна бодрость!»（在莫斯科画展研讨会上，克留金**严厉指责**画家们的悲观主义情绪，他大喊道：我们需要的是激情）。

5.1.2 动作完成精细

разузнать（打听清楚，问明白），*разглядеть*（看仔细，看清楚），*размыслить*（想仔细，想清楚），*разнюхать*（仔细闻，嗅出），Кошки тоже лучше всего могут *разглядеть* предметы, находящиеся в стороне от них（小猫也最能**看清楚**它们一旁的东西）；Я уже успела о многом *размыслить* и хотя не пришла ни к чему определенному, но, казалось мне, стала рассуждать логично（我已经对很多方面**深思熟虑**，尽管没有得出任何明确的结论，但觉得推理已变得更加符合逻辑）。

5.1.3 动作扩展到整个物体

表示动作扩展到物体整个表面：*размалевать*（涂抹油漆），*разукрасить* новогоднюю елку（装饰新年松树），*раскрасить*（用各种颜色涂饰），Ведь много серых некрасивых стен, которые можно *разукрасить*（毕竟有许多不美观的墙壁可以**进行装饰**）；Надо еще *раскрасить*, а то не реалистично（还需要**用各种颜色装饰**，否则看起来不真实）。

5.2 突变意义

带前缀раз-/разо-，рас-的大多数动词语义派生基础为离心方向意义，即动作从中心地带向非中心地带各方向移动，主要体现为以下四种情况。

5.2.1 生产动词所指称动作使客体移向他处

具体空间语义体现在表示移动或者与这一语义相近的动词中，派生语义为"生产动词所指称动作使客体移向他处"：*развезти*（分运，分送到各处），*разнести*（分送，分发到各处），*разогнать*（赶散，驱散），*развеять*（吹散，吹开，刮到各个地方），Теперь чай остается расфасовать по пакетикам, запаковать в коробки и *развезти по магазинам*（现在需要做的是把茶叶分装，装到盒子中，再**送到各个**商店）；У тебя еще интеллигентные ребята, Дима. Мальчик мог бы здесь все *разнести*（你还有一些优秀的孩子，比如季马。小男孩可以在这儿**分发一切**）；Я попробовал запеть, чтобы *разогнать страх*, но получилось фальшиво, и я замолчал（为了**赶走恐惧**，我试着唱歌，但总是跑调，于是我不再作声）。

5.2.2　安置在不同地方，互不接近

派生语义表示把每个人安置在不同地方，互相不挨着：рассадить друзей（请朋友们分开入座），расселить делегации（把代表团分别安顿住下）。在这一义项上，раз-与с-表达的语义相反：развезти раненных（把伤员们送到各个地方）— свезти раненных（把伤员们送到一起）。Чтобы *развезти* их *по местам* постоянного местожительства, властям потребовалось задействовать свыше тысячи автомобилей（为了把他们**送到**居住地，当局动用了上千台汽车）；Наши вещи заранее *свезли* туда в ручной тележке（我们的行李提前被手推车**运到**了那里）。

5.2.3　打破客体完整性

原始空间意义可以转换为打破客体完整性。一方面，把客体分解成若干部分，使其不具有整体性：разгородить пруд（把池塘**隔开**），расстричь листы на полосы（把纸张剪成条），Еще две капеллы пришлось *разгородить* стеклянными стенами（还有两个小教堂不得不用玻璃墙**隔开**）；另一方面，动作损坏程度足以使客体消失，客体结构发生改变是客体消失的原因：развалить дом（拆毁房屋），разбить тарелку（打碎盘子），разбомбать город（炸毁城市），Она вогнала топор в чурбан и никак не могла *развалить* чурбан надвое（她把斧头**劈**到木头上，但怎么也不能把木头**劈成**两半）。

5.2.4　废止、撤销行为

在废止、撤销语义上，раз-/разо-, рас-与от-同义：

① Ваша сторона обязана *расторгнуть* настоящий Договор в порядке, установленном действующем законодательством РФ. 贵方应根据俄联邦现行法律的规定**废止**本合同。

② И *отменить* эти законы мы не в силах. 我们无法**撤销**这些法律。

需要强调的是，大多数带该前缀的派生动词表示扩散和扩展意义：распластать руки（张开双臂），расправить лист бумаги（把纸张弄平），Рыбу надо хорошенько вычистить, вымыть, *распластать*, вынув все кости, посолить, обсыпать немного толченым перцем（应该将鱼收拾干净，洗净，**平展开**，别去整个鱼骨，撒上剁碎的辣椒）。这种语义经抽象加工可以拓展为"广泛地，到处告知"义项，往往以言语类生产动词为理据，表示"传播、散布言论或文字"：раскричать（大肆宣扬），разболтать секрет（泄露秘密），Регина *разболтала* это кому-нибудь еще, кроме меня（除了我之外，列吉娜还把这件事**泄露**给别人）。

6. 前缀 с-/со$_1$- 的变异意义与突变意义

前缀с-/со$_1$-的变异意义表示动作往返、动作轻微、消耗客体。突变意义表示主体或客体沿着物体表面向下移动、客体从远离中心地带移向中心地带，最终聚集在一处。

6.1 变异意义

6.1.1 动作往返

动作往返指一去一回全过程：сбегать за фруктами（跑去买水果），слетать в Санкт-Петербург（飞一趟圣彼得堡），Она туда за два часа *сгоняет*（到那里她两个小时**能跑个来回**）；Многим *слетать в космос* хочется, а это дороже стоит — 20 миллионов долларов（很多人渴望**飞向太空**，但这太贵了，需要两千万美元）。

6.1.2 动作轻微

сбрызнуть белье перед глажкой（熨前把衣服喷湿），指"稍微喷湿即可"，спрыснуть простыню（把床单喷湿），Вымыть и выпотрошить рыбу под холодной водой, *сбрызнуть* лимонным соком и слегка посолить（把鱼洗一洗，取出内脏，再用冷水洗干净，**淋一点柠檬汁，稍微腌制一下**）；Не желаете ли *спрыснуть* автомобильными духами（不想**喷点汽车香水**吗？）。

6.1.3 完全花掉、消费掉某物

这一类型并不多见：сглотать все мясо до костей（把骨头上的肉啃光），С крыш солома *скормлена* скоту（屋顶上的稻草**都喂给了**牲畜）。

6.2 突变意义

前缀с-/со$_1$-的基本语义特征是，表示主体或客体沿着物体表面向下移动以及很多客体从远离中心地带移向中心地带，最终聚集在一处。在第一类派生动词语义结构中，有表示主体移动的：сойти（走下，下来），сбежать（跑下去），сплыть（[顺流]漂走，爬下）；有表示主体和客体同时移动的：свести（领下，扶下），свезти（运下），снести（拿到下面去）；有表示客体在主体物理作用下运动的：сбросить（扔下，抛下，投下），сдернуть（拉下来，揪下），скинуть（扔下）等。基于"移开、分开"的语义特征，这类派生动词又衍生出若干亚类：1）使某物数量减少：согнать вес（减重）；2）损坏；导致不好，不利，消灭某物：стереть ног（磨破脚），сносить рубашку（穿坏衬衫）；3）偷走、窃取某物：спереть вещи（把东西偷走）；4）复制某物：списать формулу（照抄公式），срисовать предметы（实物写生）等。

　　在第二类派生动词语义结构中，突变意义类型包括：1）使某物结合，使一物向另一物靠近：сдвинуть брови（皱眉），составить два стола（把两张桌子并到一起），стиснуть друга в объятиях（把朋友紧紧搂在怀里）；2）借助某种手段使某物与他物结合：склеить игрушки из раскрашенного картона（用五颜六色的纸糊成玩具），сбить ящик из досок（用木板钉一个箱子），сбить две доски（把两块板子钉在一起）；3）使物体联结成一个整体：свести данные в таблицу（把数据列成表），связать учебу с производственной деятельностью（把学习和生产活动结合起来）等。

第八章 感知动词构词语义

第一节 感知动词构词词族概念

感知动词（глагол восприятия, перцептивный глагол）是俄语词汇系统的重要组成部分，典型语义特征表现为借助某些外部感觉器官，以视觉、听觉、触觉等方式进行感知。① 根据感知方式，感知动词分为视觉、听觉、嗅觉、触觉和味觉五个亚类。俄语典型感知动词包括смотреть（看）、видеть（看见）、слушать（听）、слышать（听见）、нюхать（闻）、чуять（闻到）、ощупать（摸）、осязать（触及）、пробовать（尝）。"俄语构词词族结构（структура словообразовательного гнезда）有两种情况：一是最简单词族（простейшие гнезда）或称微词族（микрогнезда），即除生产词之外，仅有一个派生词；二是最常见的包含上百个派生词的复杂词族（сложное структурное образование гнезда），亦称巨词族（большие гнезда, макрогнезда），有的达到400—500个也很常见。如ходить（走）—470, вести（带领）—507, два（两个）—547, нести（送去，送来）（доставлять куда-л.）—541, половина（一半）—587等。"② 以典型感知动词作为生产词进行派生构词时，所形成的构词词族均属复杂词族，甚至是巨词族。

从构词词族视角切入分析感知动词构词语义主要基于两个方面的原因：一是从微观词素层面出发，通过考察派生词与生产词的形式和语义关系，更好地透析派生词的内部结构及其理据性，掌握各亚类感知动词的构词规律与作用机制；二是以构词词族作为系统单位，有助

---

① Бабенко Л.Г. Большой толковый словарь русских глаголов. Идеограф. описание. Синонимы. Антонимы. Английкие эквиваленты[Z]. М.: Аст-Пресс Книга, 2009. С. 243.

② Тихонов А.Н. Словообразовательный словарь русского языка[Z]. Т. I. М.: Русский язык, 1985. С. 40.

于揭示词汇系统内部的横纵关系。构词词族中的构词关系严谨有序，在形式和意义上都具有系统性。"构词词族常常被界定为同根词的简单集合。这种界定没有反映出构词词族的一个本质特性，即词汇集合的有序性。问题在于，任何一个词族都有一个严格的、确定的结构，词族中的每一个词都占据语言系统中规定的位置。"① 换言之，构词词族是一个有序的层级系统。具体而言，这种层级性主要表现在两个维度上，一个是水平维度，以构词链呈现；另一个是垂直维度，以构词聚合体呈现。派生词作为系统成员，一方面处于不同的层级位置，另一方面，也因自身属性体现其价值，这也是系统性特征的一个体现。

1. 感知动词词族结构的层级性

1.1 水平轴上的构词链

构词词族在水平轴上的较大单位是构词链，指彼此之间具有连续派生关系的同根词序列。② 链条的起始环节为原始的非派生词。在构词链中，派生词形成不同的层次③。大部分俄语派生词在构词词族中处于第Ⅰ至Ⅳ层级，处于第Ⅴ、Ⅳ层级的派生词并不常见。具体如下表所示：④

исходное слово（原始词）	ступени словообразования（构词层级）			
	I	II	III	IV
вод-(а) →	вод-*ян*(ой) →	водян-*ист*-(ый) →	водянист-*ость*→	
клей →	кле[j]-*и*-ть →	*при*-клеи-ть→	при-кле-*ива*-ть→	при-клеивать-*ся*
бел-(ый) →	бел-*и*-ть →	*по*-бели-ть→	по-бел-*к*-а→	
син-(ий) →	син-*и*-ть →	*под*-сини-ть→	под-син-*ива*-ть→	под-синивать-*ся*
дать →	*пере*-дать →	пере-да-*ч*(а)→	пере-дат-*чик*→	пере-дат-*чиц*-а

相对而言，俄语典型感知动词都属于构词能力很强的词汇。以其

---

① Тихонов А.Н. Словообразовательный словарь русского языка[Z]. Т. I. М.: Русский язык, 1985. С. 36.
② Там же. С. 41.
③ Русская грамматика АН СССР[M]. Т. I. М.: Наука, 1980. С. 133.
④ Тихонов А.Н. Новый словообразовательный словарь русского языка для всех, кто хочет быть грамотным[Z]. М.: АСТ, 2014. С. 14.

为原始生产词的构词词族所含有的构词链从一级到五级不等。①

一级构词链：смотреть → сматривать（多次看）；видеть（看见）→ навидеться（<口>看够；看到许多）；слушать（听）→ слушание（听）；слышать（听见）→ заслышать（[从远处]听到）；нюхать（闻）→ нюх（嗅觉）；чуять（闻到）→ прочуять（<旧，俗>打听到）；щупать（摸）→ щупание（摸、按）；пробовать（品尝）→ испробовать（<旧，口>尝尝味道）。

二级构词链：смотреть → смотреться（看得出神）→ посмотреться（照一阵[镜子]）；видеть → видный（可以看见的，明显的）→ видно（看得见）；слушать（听）→ слух（听觉）→ вслух（大声地、出声地）；слышать → слышимый（听见的）→ слышимость（[声音的]清晰度）；нюхать → нюхаться（<口语>互相闻，互相嗅）→ нюхнуться（<俗>互相闻了闻）；чуять → чуяться（[被]闻到，嗅到，感到）→ зачуяться（<俗>可以觉察到、可以感觉到）；щупать（摸）→ щуп（探棒）→ электрощуп（电磁探棒）；осязать（触及）→ осязательный（触觉的；明显的）→ осязательно（明显）；пробовать（品尝）→ опробовать（品尝）→ опробоваться（[被]品尝）。

三级构词链：смотреть → в-смотреть-ся（仔细看）→ всматр-ива-ться（仔细看）→ всматрива-ние（仔细看）；видеть → дально-видный（有远见的；<旧>能看得很远的）→ дальновидн-ость（远见；<旧>远景）→ не-дальновидность（无预见，目光短浅）；слушать → слушать-ся（听话，听从，服从）→ о-слушаться（<口语>不听话、不服从）→ ослуша-ние（不听话）；слышать → у-слышать（听见）→ услыша-нн-ый（听见的）→ услышанн-ое（听见的声音）；нюхать → пронюхать（闻出；<俗>探听出）→ пронюх-ива-ть（闻出；<俗>探听出）→ пронюхивать-ся（[被]闻出；<俗>[被]探听出）；чуять → чу-т-кий（[嗅

---

① 关于感知动词构词词族构成，我们以А.Н.Тихонов的《Словообразовательный словарь русского языка》（1985）为蓝本。相对于А.Н. Тихонов的《Школьный словообразовательный словарь русского языка》（1997）和《Новый словообразовательный словарь русского языка для всех, кто хочет быть грамотным》（2014），1985版的构词词典更为详尽。正如主编本人所言，该部词典并没有列出现代俄语中全部的构词词族。许多构词词族被简化，很多派生词并未列入其中。（А.Н. Тихонов 2014：11）

觉、听觉等方面]感觉灵敏的，敏锐的）→ чутк-ость（敏锐）→ не-чуткость（不灵敏）；щупать（摸）→ о-щупать（[用手从四面]抚摸）→ ощупь（摸）→ ощупь-ю（用手摸着）；осязать → осяза-ем-ый（可触摸到的，可感知的）→ не-осязаемый（感觉不到的）→ неосязаем-ость（微不足道）；пробовать→ проба（试验；品尝）→ низк-о-проб-н-ый（低成色的）→ низкопробн-ость（成色低）。

四级构词链：смотреть → у-смотреть（看出；照看，看管）→ пред-усмотреть（预见到，预先注意到）→ предусмотр-ительн-ый（有预见的，有远见的）→ предусмотрительн-ость（预见性，远见）；видеть→пред-видеть（预见）→предвиде-нн-ый（预见到的）→не-предвиденный（未预见到的）→ непредвиденн-ость（意外性）；слушать→слушать-ся（听话，听从，服从）→ по-слушаться（听话，听从，服从）→послуша-ние（听话，听从，服从）→ не-послушание（不听话，不听从，不服从）；нюхать→по-нюхать（闻一会儿）→ понюх（<口，旧>嗅一次，闻一下[鼻烟]）→понюш-к-а（<口>嗅一次，闻一下[鼻烟]）→понюшеч-к-а（<口>一小撮鼻烟）；чуять→чув-ств-о（感觉，知觉）→чувств-ова-ть（感觉，觉得）→в-чувствовать-ся（<口>感悟）→вчувствова-ние（感悟；移情）；пробовать→проба（试验；品尝）→ проб-ирова-ть（鉴定，检验）→пробир-к-а（试管）→пробироч-ник（<口>实验室研究人员）。

五级构词链：смотреть→у-смотреть（看出；照看，看管）→ пред-усмотреть（预见到，预先注意到）→предусмотр-ительн-ый（有预见的，有远见的）→не-предусмотрительный（缺乏预见的，无远见的）→ непредусмотрительн-ость（缺乏预见，无远见）；видеть → вид-н-ый（可以看见的，明显的）→ видн-е-ть（<旧>显现出，看得见）→ раз-виднеть（<俗>天亮，[天空]晴朗起来）→развиднеть-ся（<俗>天亮，放晴）→ развидн-я-ться（<俗>天亮，放晴）；слушать → слушать-ся（听话，听从，服从）→по-слушаться（听话，听从，服从）→послуш-н-ый（听话的，顺从的）→не-послушный（不听话的，不顺从的）→ непослушн-ость（不听话）；чуять→чув-ств-о（感觉，知觉）→чувств-ова-ть（感觉，觉得）→про-чувствовать（深深感知到）→ прочувствова-нн-ый（满怀感情的）→ прочуствованн-ость（用感觉感知的能力）。

有些构词链的派生形式在感知动词中具有很强的能产性，这种构词链具有以下规律：

1）依次借助前缀构成带前缀完成体动词，再加后缀-ива-/-ыва-构成相应的多次体动词，最后加尾缀-ся，构成被动态不及物动词：смотреть → вы-смотреть（[仔细观察]看到）→ высматр-ива-ть（[仔细观察]看到；（从某处）向外看望）→ высматривать-ся（[被][仔细观察]看到），смотреть（看）→ об-смотреть（[从各方面]察看）→ обсматр-ива-ть（[从各方面]察看）→ обсматривать-ся（[被][从各方面]察看），смотреть → про-смотреть（看[若干时间]；仔细查看；忽视；翻阅）→ просматр-ивать（看[若干时间]；仔细查看；看漏、忽视；翻阅）→ просматривать-ся（看得见）；слушать → вы-слушать（听完；听诊）→ выслуш-ива-ть（听完；听诊）→ выслушивать-ся（[被]听完；[被]听诊）；слушать → о-слушать（听诊；探查）→ ослуш-ива-ть（听诊；探查）→ ослушивать-ся（[被]听诊；[被]探查）；слушать → про-слушать（听[若干时间]；听完）→ прослуш-ива-ть（听[若干时间]；听完）→ прослушивать-ся（[被]听[若干时间]；[被]听完）；нюхать → вы-нюхать（嗅出，闻出）→ вынюх-ива-ть（嗅着寻找）→ вынюхивать-ся（[被]嗅出）；нюхать → про-нюхать（闻出;<俗>探听出）→ пронюх-ива-ть（闻出;<俗>探听出）→ пронюхивать-ся（[被]闻出;<俗>[被]探听出）；щупать → вы-щупать（摸到、摸出）→ выщуп-ыва-ть（摸到、摸出）→ выщупывать-ся（[被]摸到、摸出）；щупать → о-щупать（[用手从四面]抚摸）→ ощуп-ыва-ть（[用手从四面]抚摸）→ ощупывать-ся（[被][用手从四面]抚摸）；щупать → про-щупать（摸，探）→ прощуп-ыва-ть（摸，探）→ прощупывать-ся（[被]摸，探）。

2）依次借助前缀构成带前缀完成体动词，再加后缀-ива-/-ыва-构成相应多次体动词，最后加后缀-ниj-构成相应的动名词形式：смотреть → до-смотреть（看完；<专>检查，查验）→ досматр-ива-ть（看完；<专>检查，查验）→ досматрива-ние（<专>检查，查验），смотреть → при-смотреть（看管；物色）→ присматр-ива-ть（看管；物色）→ присматрива-ние（看管；物色）；слушать→до-слушать（听完；听到[某限度]）→дослуш-ива-ть（听完；听到[某限度]）→ дослушива-ние（听完；听到[某限度]），слушать → при-слушать（倾听）→ прислуш-ива-ть（倾听）→ прислушива-ние（倾听）；нюхать → пере-нюхать（闻遍[全部或许多]）→ перенюх-ива-ть（闻遍[全部

或许多]）→ перенюхива-ние（闻遍[全部或许多]），нюхать → при-нюхать（闻）→ принюх-ива-ть（<口>不时闻一闻）→ принюхива-ние（闻了闻）；щупать → пере-щупать（摸遍、摸索[全部或许多]）→ перещуп-ыва-ть（摸遍、摸索[全部或许多]）→ перещупыва-ние（摸索），щупать → о-щупать（[用手从四面]抚摸）→ ощуп-ыва-ть（[用手从四面]抚摸）→ ощупыва-ние（摸索）。

3）依次借助前缀构成带前缀完成体动词，再加后缀-щик/-ник构成表人名词：смотреть → до-смотреть（看完；<专>检查，查验）→ досмотр-щик（[海关的]检查员），смотреть → на-смотреть（[仔细观察后]看到，看中）→ насмотр-щик（<俗>监视者），смотреть → над-смотреть（监视）→ надсмотр-щик（监视者），смотреть → про-смотреть（审查）→ просмотр-щик（审查者）。

4）依次借助中缀、尾缀复合法构成名词，再加后缀-ец/-иц-构成表人名词：видеть → вс-е-вид-ец（<宗>能看见一切的人）→ всевид-иц-а（<宗>能看见一切的女人），видеть → дух-о-видец（<旧>能与神灵交往并预见未来的人）→ духовид-иц-а（<旧>能与神灵交往并预见未来的女人），видеть → оче-видец（目击者）→ очевид-иц-а（目击者[女性]），видеть → сн-о-вид-ец（<旧>梦占吉凶的巫者）→ сновид-иц-а（<旧>梦占吉凶的女巫），видеть → ясн-о-вид-ец（有先见之明的人）→ ясновид-иц-а（有先见之明的女人）。

5）依次借助前缀构成带前缀完成体动词，再通过零位后缀构成名词，这种构词链在视觉动词中具有较高的频率：смотреть → до-смотреть（看完；<专>检查，查验）→ досмотрø（照看；<专>检查，查验），смотреть → недо-смотреть（未注意到；照顾不周）→ недосмотрø（看管不到；照顾不周）→ смотреть → над-смотреть（监视）→ надсмотрø（监视），смотреть → о-смотреть（检查）→ осмотрø（检查），смотреть → пере-смотреть（翻阅）→ пересмотрø（翻阅），смотреть → при-смотреть（看管；物色）→ присмотрø（照料；监管），смотреть → про-смотреть（浏览）→ просмотрø（浏览）。

6）依次借助后缀-им/-ем构成相应形动词，再加后缀-ость构成抽象名词，这种构词链常见于视觉、听觉和触觉的消极动词构词词族中：видеть → вид-им-ый（可见的）→ вид-им-ость（能见度）；слышать→ слыш-им-ый（听见的）→ слыш-им-ость（声音的清晰度）；осязать → осяза-ем-ый（可触摸到的，可感知的）→ осяза-ем-ость（可感度）。

1.2 垂直轴上的构词聚合体

构词词族在垂直轴上的基本单位为构词聚合体。构词聚合体是由一个生产词直接派生出的所有派生词的集合。[①] 聚合体有大小之分，多的达到几十个，最小的聚合体只有一个词。一般而言，词在构词链上所处的级位越大，它的派生能力越弱，构词聚合体越小。现以смотреть（看）构词词族为例加以解释。смотреть为整个构词词族的初始词，以它作为生产词，可以直接派生31个词，形成构词聚合体，处于构词链的一级位，具体为：

一级位

смотреть → смотреться [在镜子里等]（照自己）
смотрельщик（观众；观察人）
смотрение <旧，文>（望）
смотр（检阅，视察，观摩）
смотритель（督察员）
смотрильня [房顶上的]（瞭望塔）
смотрины（相亲；检验；展览会）
смотрок（观察者，监视者）
всмотреться（仔细看）
сматривать（多次看）
высмотреть [仔细观察]（看到）
досмотреть（看完；<专>检查，查验）
засматривать <口>（往……里细看）
засмотреться（看得出神）
насмотреть [仔细观察后]（看到，看中）
насмотреться（看够；见到许多）
надсматривать（照看；监督；监视）
недосмотреть（未注意到；照顾不周）
осмотреть [从各方面]（细看，查看）

[①] Тихонов А.Н. Словообразовательный словарь русского языка[Z]. Т. I. М.: Русский язык, 1985. С. 41.

обсмотреть [从各方面]（查看）
отсмотреть（看完）
пересмотреть（翻阅；重新看）
пересмотреться [所有或许多人]（照镜子）
посмотреть（看一会儿）
посматривать（不时地张望）
подсмотреть（偷看）
присмотреть（看管；物色）
просмотреть（看[若干时间]；仔细查看；翻阅）
рассмотреть（查看，观察）
усмотреть（看出；照看，看管）
водосмотр（看水工；供水检查器）

以上述一级位上的词作为生产词时，还可直接派生出相应的构词聚合体，这些聚合体处于二级位，共有51个词。其中，以一级位上的 смотритель（督察员）为生产词时，其直接派生词所构成的聚合体最大，有6个词：смотрительша（<旧，俗> 女看管员），смотрительница（<旧> 女督察员），смотрительство（监督员职务，管理员职务），смотрителев〈口语〉[形容词]（管理员的），смотрительский（视察员的，管理员的），смотрительствовать（履行管理员职务）。

一级位	二级位
смотреть → смотритель →	смотрительша
	смотрительница
	смотрительство
	смотрителев
	смотрительский
	смотрительствовать

以二级位上的词作为生产词时，直接派生出相应的构词聚合体，这些聚合体处于三级位，共有38个。其中，以二级位上的 предусмотреть 为生产词时，其直接派生词构成的聚合体最大，有四个词：предусматривать（预见到），предусмотрение（预见），предусмотренный（预见到的），предусмотрительный（有远见的）。

　　　　　　　　一级位　　　　　二级位　　　　　三级位
　смотреть → усмотреть → предусмотреть → предусматривать
　　　　　　　　　　　　　　　　　　　　　　　предусмотрение
　　　　　　　　　　　　　　　　　　　　　　　предусмотренный
　　　　　　　　　　　　　　　　　　　　　　　предусмотрительный

　　　以三级位上的词作为生产词时，还可以直接派生相应的构词聚合体，这些聚合体处于四级位，共有六个。其中，以三级位上的предусмотрительный（有远见的）为生产词时，其直接派生词构成的聚合体最大，有三个词：предусмотрительно（有远见地），предусмотрительность（远见），непредусмотрительный（无远见的）。

　　　　　　　　一级位　　　　　二级位　　　　　三级位
　смотреть → усмотреть → предусмотреть → предусмотрительный
　四级位
　　→ предусмотрительно
　　　　предусмотрительность
　　　　непредусмотрительный

　　　以四级位上的词作为生产词时，还可直接派生出相应的构词聚合体，这些聚合体处于五级位，总共有三个。其中，以四级位上的непредусмотрительный（无远见的）为生产词时，其直接派生词构成的聚合体最大，有两个词：непредусмотрительно（无远见地），непредусмотрительность（无远见）。

　　　　　　　　一级位　　　　　二级位　　　　　三级位
　смотреть→усмотреть→предусмотреть→предусмотрительный
　四级位　　　　　　　　　五级位
　→непредусмотрительный→непредусмотрительно
　　　　　　　　　　　　　непредусмотрительность

　　　处于构词链五级位上的三个词，除了上述的 непредусмотрительно，непредусмотренность，还有一个是由四级位上的непредусмотрительный直接派生的непредусмотрительность，它们处于构词链最末端，不具备派生能力，也不能形成构词聚合体。由此可见，随着构词链级位的增加，构词聚合体越来越小的规律在其他构词词族中同样普遍存在。

然而，构词词族结构并非一成不变。随着语言的变化发展，曾经占据结构中某一位置的成员可能退出，也可能有新的成员补充进来，使结构发生某种改变。可能退出构词词族的通常为很少使用的旧词：смотрильня [房顶上的]（瞭望塔），смотрельщик（观众；观察人，监视人），благоусмотрение（裁决），повидеть（看见），дальновидец（有远见的人），тайновидец（洞悉秘密的人脑），взвидеть（看见，看到），сновидец（经常做梦的人），дальновидение（电视），наслушиваться（长期听，长时间听讲），прислушать（留心听，倾听），отслушать（听完），вольнослушатель [大学]（旁听生），ослушание（不听话），ослушник（不听话的人）。

近年来，俄语产生了大量新词：смотримость（[电视节目]收视率），смотр-конкурс（观摩比赛），смотр-месячник（检查月，评比月），смотр-продажа（[产品]展销），космовидение（卫星转播电视），слухулучшающий（改善听觉的），слушатель-космонавт（航天学员），слухопротезирование（助听器制造与安装）。随着这些词使用的逐渐广泛，已正式进入词汇系统[①]，也出现在最新构词词典中。新填充进构词词族的成员主要借助复合法构成，多用来指称新的事物和特征的名词和形容词，且一般为专业术语词汇：тепловидение（热视、红外线透视），микротепловидение（精密计温术），слухопротезирование（助听器制造与安装），авиасмотр（航空技术博览会），Евровидение（欧洲电视组织），Интервидение（国际电视组织）。

综上所述，横向看，构词词族是水平轴上构词链条总和；纵向看，构词词族是垂直轴上构词聚合体总和。构词链长短不一，构词聚合体大小不同，横纵单位之间的相互关系及规模，共同决定了构词词族的结构。一般而言，构词词族成员越多，词族结构层级越复杂。但同时，正如季洪诺夫所言："同根词越多，每个词在词族中地位的确立越准确，该词与其他同根词的相互联系展现得就越清晰，从而能够

---

① 主要依据是这些词被权威俄语详解词典收录。

揭示真正的词族结构。"①

2. 词族成员的非均质性

词族成员在词类属性、语义关联度、修辞色彩、使用频率等方面存在种种差异，这种性质差异被称为非均质性(неоднородность)。词类属性差异指词族成员可能归属动词、名词、形容词、副词、形动词等不同词类。以слушать（听）构词词族为例，派生动词有недослушать（未听全，未听完），заслушаться（听得入迷），расслушать（听清）等；派生名词有слушатель（听众），ослушник（不听话的人），подслушник（偷听者），радиослушательница（女性收听者），послушание（听从），слух（听觉）等，派生形容词有послушливый（<旧>听话的），непослушный（不听话的）等，派生副词有послушно（顺从地），вслух（大声地、出声地），还有派生形动词слушающий（听者）。鉴于词类属性差异较易理解，词族成员语义关联度、修辞色彩和使用频率方面的差异是关注的重点。

2.1 语义关联度差异

语义关联度（степень семантической связанности）指词族成员之间意义联系的紧密程度。尽管词族内部所有成员都由共同的原始生产词派生而来，有共同的词根，但是语义关联度并不相同。"进入构词链条的词处于连续的从属关系中：生产词→派生词/生产词→派生词/生产词→派生词/生产词→派生词。下一个词的语义和结构取决于上一个词。直接语义联系只建立在相邻的两个词之间，不相邻的两个词之间表现为间接语义联系。构词链条中所有词具有的共同词汇意义是建立间接联系的基础。"② 与原始生产词距离越远，语义差异就越大，关联度就越弱。正如季洪诺夫所言，"他所编排的每一个构词词族都反映出同根词的亲属关系（родственные связи однокоренных слов），词族中的每个词周围都环绕着亲属词，同时也表明这些词在由或远或

---

① Тихонов А.Н. Словообразовательный словарь русского языка[Z]. Т. I. М.: Русский язык, 1985. С. 9.
② Там же. С. 46.

近的亲属词所构成的家族体系中的地位"①，如видеть→видимый→невидимый→невидимка→шапка-невидимка（隐身帽）。

随着语言的变化和发展，有些感知词汇尽管形式上由原始生产词派生，但在语义上与其他词族成员发生语义断裂（联系被破坏），因此不再归属该词族：ненавидеть（仇视，厌恶），ненависть（憎恨），ненавистный（可恨的、令人厌恶的）等已不属于видеть（看见）的构词词族。从历时角度看，词族成员之间的意义联系不是均质的。正如索罗金（Ю.С. Сорокин）所言："并不是具有同一始源的所有词都属于同一词族，词族只包括那些语义联系明显的、能被识别的词"。②

需要注意的是，由于生产词往往具有多义性，因此派生词与生产词之间的语义联系是多样的。一些派生词沿承的是生产词的A义，另一些派生词则沿承B义。沿承同一意义的派生词可以构成一个聚合体，我们姑且将其称为构词语义词族。一个词族内部可以存在若干构词语义词族。在видеть（看见）的构词词族中，завидеть（远远看见），свидеться（相见），видимый（可见的），видимость（能见度）沿承的均为видеть的"看见"义项，它们构成一个构词语义词族，试比较：видеть фонтан（看见喷泉）；завидеть пароход（看见远处的轮船）；свидеться с друзьями（和朋友们见面）；видимый мир（可见世界），хорошая видимость（良好的能见度）。而видеться/привидеться（仿佛看到，梦见），привидение（幽灵）是沿承видеть的"想象，梦见"义项；试比较：видеть сон（做梦）；Мне *видится* мое селенье（我眼前浮**现出**故乡景象）；Не *привиделось* ли все это во сне?（这一切不是在**做梦**吧？）；похожий на привидение（像幽灵似的）等。

2.2 修辞色彩差异

修辞色彩（стилистическая окраска）包括感情色彩和语体色彩等。词族成员可能分属俗语词、专业术语词、修辞中性、书面语词和口语词等。

---

① Тихонов А.Н. Новый словообразовательный словарь русского языка для всех, кто хочет быть грамотным[Z]. М.: АСТ, 2014. С. 7.

② Сорокин Ю.С. Развитие словарного состава русского литературного языка. 30–90-е годы XIX века[M]. М.: Наука, 1965. С. 181.

在смотреть构词词族中，всмотреться（仔细看），досмотреть（看完），осмотреть [从各方面]（细看，查看），подсмотреть（偷看）等大多数词为修辞中性；засмотреться（看得出神），понасмотреться（逐渐看到许多），поосмотреться（环顾一下四周），поприсмотреться（渐渐看清楚），усмотреть（看出；照看），сматривать（多次看），смотрителев（管理员的），смотрительницын（女看管员的）为口语词；насмотреть [仔细观察后]（看到），обсмотреть [从各方面]（察看），осмотреться（看错[人或物]），подсмотреть（看中）为俗语词；осмотровый <技>（检查用的），досмотреть <专>（检查）等为专业术语词；смотрок（观察者、监视者）为方言词。

在видеть构词词族中，увидеть（看见），видение（幻影、梦境），видимый（可见的），видный（可以看见的，明显的），сновидение（梦境，梦见的事）等为修辞中性；невзвидеть（看不见，[由于疼痛、愤怒、恐惧]头昏眼花）为口语体词；виднехонек（清晰可见），развиднеть（天亮）为俗语词；перевидеть <猎>（发现[野兽]）为专业术语词。

在слушать构词词族中，ослушаться（不听话），слушок（流言），послушивать（时而听听），прислушаться（听惯），подслушник（偷听者），переслушать（听取、听完[全部或许多]）为口语词；заслушать（听取[报告]等）为公文语体词；расслушать（听清）为俗语词；послушник（见习修[道]士；[修道院中的]杂役）为宗教术语词。

在слышать构词词族中，дослышать（听清，听到），недослышать（未全听清楚，耳朵有点背），заслышаться（声音传来，听到），наслышаться（听到许多），прослышать（听说）等为口语词；недослышка（未听清），заслышать（[从远处]听到）为俗语词；подслушать（<军>截听）为军事术语词。

在нюхать构词词族中，多数为口语词和俗语词，有些词还具有主观评价色彩：перенюхать（闻遍[全部或许多]），принюхаться（闻惯……气味），нюхальцик（闻[鼻烟、麻醉剂等的]人）为口语词；нюхалка（鼻子；密探），нюхнуться（闻一下），внюхаться（仔细闻[以辨别气味]），вынюхать（嗅出，闻出），нанюхать（闻着找到），

перенюхаться <粗，俗>（暗中勾搭、秘密勾结），снюхаться（<藐>互相勾结、串通一气）为俗语词。

在чуять构词词族中，предчувствительный（过于敏感的）为口语词；сверхчувственный <哲>（超感觉的），цветочувствительность <摄>（感色性），причуять <猎>（[狗]嗅出），радиочувствительность <生物>（放射敏感性），сверхчувствительный <技>（超灵敏的）为专业术语词。

在щупать构词词族中，выщупать（摸到、摸出），перещупать（摸遍、摸索[全部或许多]），ощупаться（摸遍自己[全身]）为口语词；щупать <粗，俗>（搂抱，紧抱[妇女]）为俗语词。

在осязать构词词族中，仅有неосязаемый（感触不到的）为书面语词，其他词均为修辞中性。

在пробовать构词词族中，перепробовать（尝遍），отпробовать（尝一尝），распробовать（尝尝，品味）为口语词；опробовать（品尝）为方言词。

2.3 使用频率的差异

首先，需要厘清"频次"与"频率"这两个术语。频次，亦称词次，是"调查对象在调查语料中出现的次数"。[1] 频次作为一个具体数字，它可以直观地反映某个词在语料中真实、原始的使用情况。而频率指的是"某一调查对象的频次与整个语料所含调查对象总频次的比值"[2]。"频率是一个概括的数字，它反映的是某个词语的使用情况在整体语料中所占的比重，而且所得所有词语的比重变得规一化，具有很好的可比性。"[3] 因此，这里进行比较的数据是频率。

俄语感知构词词族中有些词为高频词，有些词为低频词。"由于构词词族处于不断的运动中，任何共时状态下都会有较少使用的词、不再使用的词、陈旧词，也就是与系统联系弱，但还没有脱离该词族的词。从这一意义上讲，词族不是均质的。构词的共时层面系统只包

---

[1] 国家语言资源监测与研究中心，中国语言生活状况报告（2007）下编 [M]，北京：商务印书馆，2008，第520页。

[2] 同上书。

[3] 苏新春，词汇计量及实现[M]，北京：商务印书馆，2010，第292页。

括积极词汇词族，也存在全部或部分地由消极词汇构成的词族。"①依托俄语国家语料库基础库（截至2024年2月1日，基础库总词次约3亿7千万词），首先获取слышать构词词族中部分词的原始频次，然后计算出频率，按降序排列如下。

слышать构词词族中部分词的使用频率②

动词	频次	频率（每百万词次）
слышать（听见）	112156	299.52
услышать（听见）	50106	133.81
слышаться（听见）	14676	39.13
послышаться（开始（被）听见）	14520	38.78
слышный（听得见的）	10168	27.15
расслышать（听清楚）	3189	8.52
заслышать（从远处听见）	1396	3.51
прослышать（听到、听说）	749	2.00
слышимость（[声音的]清晰度）	528	1.41
наслышаться（听够；听到许多）	461	1.23
ослышаться（听错）	356	0.96
послышать（听见、听到）	144	0.38
недослышать（未全听见，未全听清楚）	117	0.31
наслышка（听到许多）	85	0.23
услышание（听见，听到）	72	0.19
заслышаться（[声音]传来、听到）	60	0.16
дослышать（听清、听到）	57	0.15
понаслышаться（听到许多）	10	0.03
ослышка（听错）	9	0.02
недослышка（没听全）	0	0

---

① Тихонов А.Н. Словообразовательный словарь русского языка[Z]. Т. I. М.: Русский язык, 1985. С. 36.

② 统计时间为2024年2月1日。

表中统计数据显示，词族成员使用频次相差非常悬殊，原始生产词слышать（听见）使用频次最大，为112156次，其次是由其直接派生的完成体动词услышать（听见），为50106次，使用频次最少的仅有几次，甚至为零。频次差异能充分证明构词成员在整个词族系统中的地位差异。

从历时角度看，构词词族形成是一个吐旧纳新的过程。如果在统计使用频次时兼顾时间因素，可以呈现出这类动词的历时使用频率分布情况，这种统计更能立体地展示该动词在构词词族中的动态位置。鉴于此，我们借助俄语国家语料库，以видеть（看见）的派生词видение（视觉，视力），видывать（多次看到），телевидение（电视）为例，对其年代分布进行了统计。具体操作程序是，在俄语国家语料库基础库页面中词汇语法检索框中输入检索词，点击"искать"（查询），进入含有该检索词的例句检索结果页面，再点击"график"（图示化），可以得到如下图式①：

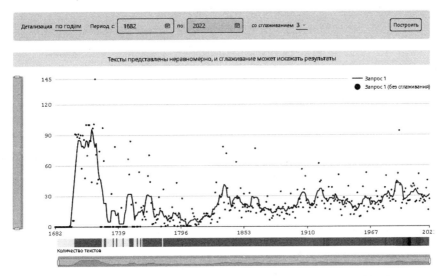

видение（视觉，视力）在俄语国家语料库基础库中的年代/频率分布图

---

① 语料库统计年限默认为1682年至2022年。频次为每百万总词次中该词出现的次数。平滑度（сглаживание）设为3。统计时间为2024年2月1日。

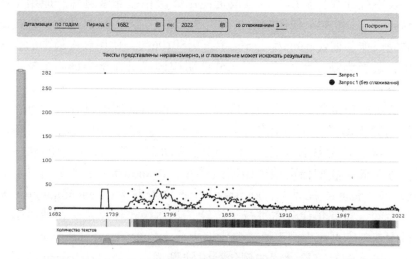

видывать（多次看见）在俄语国家语料库基础库中的年代/频率分布图

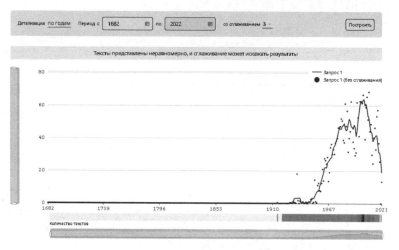

телевидение（电视）在俄语国家语料库基础库中的年代/频率分布图

видение（视觉，视力），видывать（多次看见），телевидение（电视）的频次分别为9908，2026，9137，属于中频词。但是观察上述三个词的年代/频率统计分布图可知，它们的年代分布走势差异很大：видение分布较为均匀，口语词видывать则呈递减趋势，很可能退出构词词族。телевидение则呈递增趋势，逐渐成为常用词。因此，兼顾时间特征的频率统计，较之总体频率统计，能够更好地展示上述词在构词系统中的动态位置。

第二节　感知动词构词能力统计

1. 构词能力统计

构词能力（словообразовательный потенциал）又称派生能力（деривационный потенциал），指生产词借助语言系统中的构词模式派生新词的能力。对构词能力这一术语存在广义和狭义理解，前者认为构词能力包括生成新词的现实能力和潜在能力[①]，后者强调现实能力是揭示构词能力唯一的途径，最直观的体现是其构词聚合体[②]。泽姆斯卡娅（Е.А. Земская）[③]、加济佐娃（Р.Ф. Газизова）[④]、波波娃（Т.В. Попова）[⑤]、卡扎克（М.Ю. Казак）[⑥]等学者指出，构词能力与词类属性密切相关，动词的构词能力最强，其次是名词、形容词、副词。"词的构词能力可以从历时和共时两个角度考察。构词能力历时分析指对某个生产词曾经有过的所有派生词进行全面的统计。共时分析仅研究当前由某个词派生的新词。"[⑦]我们以季洪诺夫主编的两卷本构词词典（1985）为蓝本，兼顾历时和共时视角考察感知动词的实际构词能力。

---

① Свечкарева Я.В. О деривационном потенциале слова как языковой категории[J]. Вестник Томского гос. ун-та. 2006 (111). С. 16.

② Лыткина О.И. О взаимосвязи факторов словообразовательной активности (на материале непроизводных антонимов в разных частях речи)[A]// Русский язык. Исторические судьбы и современность[C]. М.: МГУ, 2001.

③ Земская Е.А. Структура именных и глагольных словообразовательных парадигм в русском языке[A]// Актуальные проблемы русского словообразования[C]. Ташкент: Изд-во Укитувчи, 1982. С. 14–17.

④ Газизова Р.Ф. Характеристика словообразовательного потенциала классов глагола[A]// Тезисы региональной конференции[C]. Тюмень, 1989. С. 57–64.

⑤ Попова Т.В. Русские непроизводные глаголы: морфемная структура и деривационные особенности[M]. Екатеринбург: Изд-во Ургу, 1996. С. 5.

⑥ Казак М.Ю. Интегративная теория словообразовательного гнезда: грамматическое моделирование, квантитативные аспекты; потенциал, прогнозирование[D]. Автореф. дис. док. филол. наук. Белгород, 2004. С. 39.

⑦ Попова Т.В. Русские непроизводные глаголы: морфемная структура и деривационные особенности[M]. Екатеринбург: Изд-во Ургу, 1996. С. 67.

构词能力可以根据不同参数来判定，如构词词族中派生词数量、派生词类属性、词的语义结构、派生词的构词意义、使用频率、修辞色彩等。我们将对感知动词构词的词族丰度、派生词类、构词意义三个方面进行数量统计分析，以揭示俄语感知动词的构词能力。

1.1 词族丰度统计

词族丰度（наполненность）不仅反映原始生产词所派生的词汇总量，还反映词族水平轴上的构词级数（构词链长度）和垂直轴的构词聚合体数量。往往构词总量越大，其构词级数和构词聚合体数量越大。感知动词构词词族三个方面的统计情况如下：

典型感知动词构词量

典型感知动词	视觉动词		听觉动词		嗅觉动词		触觉动词		味觉动词
	积极	消极	积极	消极	积极	消极	积极	消极	积极
	смотреть	видеть	слушать	слышать	нюхать	чуять	щупать	осязать	пробовать
构词量	129	113	98	33	68	78	47	11	32

整体来看，9个典型感知动词中，构词总量最高的为129，最低的为11。莫依谢耶夫曾对季洪诺夫的《俄语构词词典》中以А, Б, В三个字母开头的构词词族进行了统计，共约1700个词族，涵盖2至10个词的词族有1338个，约占79%；涵盖11至20个词的词族有179个，约占10.5%；涵盖21至50个词的词族有115个，约占5.7%。统计表明，小型词族数量远远多于大型词族。[①] 将感知动词构词词族与之比较可知，9个典型感知动词构词词族均属于大型词族。

以各子类为单位，我们发现，视觉动词смотреть/видеть构词总量分别为129和113，数量最大；其次是听觉动词слушать/слышать，分别为98和33；再次是嗅觉动词нюхать/чуять，分别为68和78；最后是触觉动词щупать/осязать和味觉动词пробовать，分别为47，11，32。数据显示的总体趋势是，从视觉到听觉，再到嗅觉、触觉和味觉，构词数量呈递减趋势，同时积极类动词构词数量高于相应的消极类动词数量。这一趋势与构词聚合体数量和构词级数所反映的趋势是一致的，但是消极嗅觉动词чуять并不符合这一规律，算作例外。从嗅觉动词词族结构可知，其构词数量异常丰富的原因在于，在一级构词词级中派生的

---

① Моисеев А.Н. Основные вопросы словообразования в современном русском литературном языке[M]. Л.: Изд-во ЛГУ, 1987. С. 282–283.

名词чувство具有很强的派生能力，由其派生的词多达64个，占以生产词чуять为基础的构词总量的82%，这种功能突显在构词词族体系中并不常见。这一现象印证了杰尼索夫（П.Н. Денисов）的观点，"词汇保持着普遍的有序性，但是无论如何也不能保持理想的次序，理论上我们应当允许词的分布有超系统之外的、孤立的可能性，并相应地保持独立的情况"。①

典型感知动词构词链数量

典型感知动词		视觉动词		听觉动词		嗅觉动词		触觉动词		味觉动词
		积极	消极	积极	消极	积极	消极	积极	消极	积极
		смотреть	видеть	слушать	слышать	нюхать	чуять	щупать	осязать	пробовать
构词链数量	一级	8	10	5	5	8	5	7	2	6
	二级	15	31	17	12	11	8	2	2	11
	三级	40	19	22	5	17	17	19	3	6
	四级	4	12	9	0	1	11	0	0	2
	五级	3	1	4	0	0	14	0	0	0

通过上表不难看出，典型感知动词构词链长度由一级到五级不等。视觉积极动词смотреть构词链最长可达五级，其中三级链条最多，为40个；视觉消极动词видеть构词链最长为5个，其中二级链条最多，为31个；听觉积极动词слушать构词链最长可达5级，其中三级链条最多，为22个；听觉消极动词слышать构词链最长为3级，其中二级链条最多，为12个；嗅觉积极动词нюхать构词链最长可达四级，其中三级链条最多，为17个；嗅觉消极动词чуять构词链最长为五级，其中三级链条最多，为17个；触觉积极动词щупать构词链最长可达三级，其中三级链条最多，为19个；触觉消极动词осязать构词链最长为三级，各级数量无明显差别；味觉积极动词пробовать构词链最长可达四级，其中二级链条最多，为11个。

整体上看，二级和三级构词链数量最多，五级链条数量最少。从各子类比较看，视觉和听觉感知动词中积极动词构词链长度均主要为三级，相应的消极动词均主要为二级，积极动词比消极动词的构词能力更强。触觉动词构词链条数量也显示积极动词构词能力强于消极动

---

① Денисов П.Н. Лексика русского языка и принципы ее описания[M]. М.: Русский язык, 1980. С. 120.

词构词能力。在嗅觉动词中，消极动词чуять构词链条级数特征较为异常。如前所述，这是因为чуять在一级构词词级中派生的名词чувство有极强构词能力，14个五级派生链条中的第一级均为чувство。

典型感知动词构词聚合体数量

典型感知动词	视觉动词		听觉动词		嗅觉动词		触觉动词		味觉动词
	积极	消极	积极	消极	积极	消极	积极	消极	积极
	смотреть	видеть	слушать	слышать	нюхать	чуять	щупать	осязать	пробовать
构词聚合体数量	56	45	47	14	34	27	25	4	7

较之构词链级数，构词聚合体在显示构词能力方面，更为清晰，规律性更强。从典型感知动词构词聚合体（即直接派生词）数量看，视觉、听觉、嗅觉、触觉和味觉的构词能力依次降低，且积极动词构词能力强于相应的消极动词构词能力。

1.2 派生词词类统计

派生词词类属性一定程度上反映了构词能力的强弱，词类越丰富，构词能力就越强。由于不同构词级别上，派生词词类属性往往具有不同的分布特征，因此，这里按照构词链级位分别对派生词词类属性进行了统计分析。如下表：

典型感知动词派生词词类分布

典型感知动词	视觉动词		听觉动词		嗅觉动词		触觉动词		味觉动词
	积极	消极	积极	消极	积极	消极	积极	消极	积极
	смотреть	видеть	слушать	слышать	нюхать	чуять	щупать	осязать	пробовать
词类分布	动词 65 名词 55 形容词 7 形动词 1 副词 1	动词 35 名词 52 形容词 11 形动词 5 副词 10	动词 46 名词 39 形容词 10 形动词 1 副词 2	动词 12 名词 10 形容词 6 形动词 1 副词 4	动词 50 名词 16 形容词 2	动词 25 名词 26 形容词 15 形动词 3 副词 9	动词 29 名词 13 形容词 4 形动词 1	动词 1 名词 5 形容词 2 形动词 1 副词 2	动词 11 名词 14 形容词 7

9个感知动词均可以派生出动词、名词、形容词、形动词和副词。从各子类动词派生情况看，无法区分其构词能力的强弱。由此可见，在大型构词词族中，依据词类属性判断原始生产词构词能力是无效

的。但是可以看到的一个现象是，在第一构词层级上，派生动词较之其他词类数量最大。

典型感知动词直接派生词词类分布

典型感知动词	视觉动词		听觉动词		嗅觉动词		触觉动词		味觉动词
	积极	消极	积极	消极	积极	消极	积极	消极	积极
	смотреть	видеть	слушать	слышать	нюхать	чуять	щупать	осязать	пробовать
直接派生词类分布	动词23 名词8	动词12 名词11 形容词2 形动词3	动词19 名词4 形容词3	动词9 名词1 形动词1 形容词3 形动词2	动词19 名词6 形容词2	动词6 名词2 形容词2	动词10 名词5 形容词2	动词1 名词1 形容词1 形动词1	动词7 名词2

针对这种情况，季洪诺夫指出："构词派生时，首先派生的是与生产词词类相同的词"[①]，从这一点看，感知动词派生恰恰是符合这一规律的，而且随着构词级数的递增，派生动词数量依次减少。

1.3 构词模式统计

参与派生的构词模式越多，构词意义就越丰富，构词能力也就越强。9个典型感知动词构词词族涉及的构词方法繁多，几乎涵盖了所有构词法。简单构词方法包括前缀法、后缀法、尾缀法、形容词和形动词的名词化、复合法、融合法、缩短法、缩略法。混合构词方法包括前缀后缀法、前缀尾缀法、后缀尾缀法、前缀复合法、后缀复合法、前缀后缀复合法、后缀融合法、后缀缩短法。

限于篇幅，我们仅对感知动词在直接派生，也就是一级派生中构成动词的模式进行统计。感知动词直接派生动词时涉及前缀法、后缀法、尾缀法、前缀后缀法、前缀尾缀法、前缀后缀尾缀法，共计34种构词模式。具体如下：

---

① Тихонов А.Н. Словообразовательный словарь русского языка[Z]. Т. I. М.: Русский язык, 1985. С. 77.

典型感知动词直接派生动词构词模式

构词模式		生产词	视觉动词		听觉动词		嗅觉动词		触觉动词		味觉动词
			积极	消极	积极	消极	积极	消极	积极	消极	积极
			смотреть	видеть	слушать	слышать	нюхать	чуять	щупать	осязать	пробовать
直接派生	前缀法	вы-+Пс①.	+	−	+	−	+	−	+	−	−
		до-+Пс.	+	−	+	−	+	−	+	−	−
		ис-+Пс.	−	−	−	−	−	−	−	−	+
		за-+Пс.	+	+	+	+	−	+	−	−	−
		на-+Пс.	+	−	−	−	+	−	+	−	−
		невз-+Пс.	−	+	−	−	−	−	−	−	−
		недо-+Пс.	+	+	+	+	−	−	−	−	−
		о-/об-+Пс.	+	−	−	−	+	−	+	−	+
		от-+Пс.	+	−	−	−	−	−	−	−	−
		пере-+Пс.	+	+	+	−	+	−	+	−	−
		по-+Пс.	+	+	+	+	+	+	+	−	+
		под-+Пс.	+	−	−	−	−	−	−	−	−
		пред-+Пс.	−	+	−	−	−	−	−	−	−
		при-+Пс.	+	−	+	−	−	+	−	−	−
		про-+Пс.	+	+	+	−	+	+	+	−	−
		раз-/рас+Пс.	+	−	+	+	+	−	−	−	+
		у-+Пс.	+	−	−	+	−	+	+	−	−
	后缀法	Пс.+-ну-	−	−	−	−	+	−	−	−	−
		Пс.+-ива-	+	+	+	−	+	−	−	−	−
		Пс.+-а-	−	+	−	−	−	−	−	−	−
	尾缀法	Пс.+-ся	+	+	+	+	+	+	−	+	+

---

① Пс. (производящее слово)（生产词）。

（续表）

构词模式 \ 生产词		视觉动词		听觉动词		嗅觉动词		触觉动词		味觉动词
		积极	消极	积极	消极	积极	消极	积极	消极	积极
		смотреть	видеть	слушать	слышать	нюхать	чуять	щупать	осязать	пробовать
前缀后缀法	за-+Пс.+-ива-	+	−	−	−	−	−	−	−	−
	над-+Пс.+-ива-	+	−	−	−	−	−	−	−	−
	по-+Пс.+-ива-	+	−	−	−	+	−	+	−	−
	при-+Пс.+-ива-	− /+	−	− /+	−	+	−	−	−	−
前缀尾缀法	в-+Пс.+-ся	+	−	+	−	+	−	−	−	−
	до-+Пс.+-ся	+	−	+	−	+	−	−	−	−
	за-+Пс.+-ся	+	−	−	−	+	−	−	−	−
	на-+Пс.+-ся	+	+	+	+	+	−	−	−	−
	о-+Пс.+-ся	+	−	+	−	−	−	−	−	−
	об-+Пс.+-ся	−	−	−	−	+	−	−	−	−
	при-+Пс.+-ся	+	−	+	−	+	−	−	−	−
	с-+Пс.+-ся	−	−	−	−	+	−	−	−	−
前缀后缀尾缀法	на-+Пс.+-ива-+-ся	−	−	+	−	−	−	−	−	−
分计		25	12	20	9	21	6	9	1	5
合计（重复不计）		28		21		21		9		5

（注："+"表示在一级派生中，生产词能与相应词缀组配；"−"表示在一级派生中，生产词不能与相应词缀组配，"−/+"表示在一级派生中，生产词不能与相应词缀组配，但在二级派生中可以与之组配。）

感知动词前缀法构词模式有17种：вы- (до-, ис-, за-, на-, невз-, недо-, о-(об), от-, пере-, по-, под-, пред-, при-, про-, раз- (рас-), у-) + Пс.：вы-слушать（听完；听诊），до-щупать（摸完；摸出），

ис-пробовать（尝尝味道），за-слышать（[从远处]听到），на-смотреть（[仔细观察后]看到，看中），невз-видеть（看不见），недо-видеть（看不清），о-пробовать（品尝），от-смотреть（<旧>看完），пере-нюхать（闻遍[全部或许多]），по-смотреть（看一会儿），под-слушать（偷听），пред-видеть（预见），при-смотреть（看管；物色），про-слушать（听完，听[若干时间]），раз-нюхать（嗅出），у-смотреть（看出，照看，看管）。

感知动词后缀法构词模式通过生产词加后缀构成。带后缀-ну-的动词表示"一次完成的动作"，如нюхать→ нюхнуть（嗅一下）。借助后缀-ива-(-ыва-)派生时，根据生产词体的类型表达两种意义："若生产词为完成体则这个后缀具有构成未完成体的纯体意义；若生产词为未完成体则这个后缀具有'多次'意义。"①大多数由未完成体积极感知动词构成的完成体动词再派生其对应未完成体时都属于该模式，如осмотреть（[从各方面]细看，查看）→ осматривать（[从各方面]细看，查看），прослушать（听完，听[若干时间]）→ прослушивать（听完，听[若干时间]），ощупать（[用手从四面]抚摸）→ ощупывать（[用手从四面]抚摸）等。由于我们所分析的9个典型感知动词均为未完成体，且考察的是其直接派生的动词，因此涉及的是第二种意义，即表示多次动作的未完成体动词，如смотреть→ сматривать，нюхать→ нюхивать，видеть→ видывать。

感知动词尾缀法构词模式通过生产词加尾缀-ся构成。加尾缀-ся构成的派生感知动词既可能表达被动态意义，也可能表达主动态意义，смотреться（[在镜子里等]照自己）具有主动态纯反身意义，видеться（相见，会面）具有主动态相互反身意义，而слышаться（[被]听见，响起[某种声音]），осязаться（[被]触摸到）则具有被动态意义。

感知动词前缀后缀法指通过给生产词同时添加前缀和尾缀的方法构成派生词。属于这一模式的构词法有4种：за-（над-, при-, по-）+ Пс. +-ива-，如смотреть→ засматривать（<口>往……里细看），нюхать→ понюхивать（不时闻一闻，稍微嗅一嗅），щупать（摸）→ пощупывать（<口>不时摸摸）。

感知动词前缀尾缀法指通过给生产词同时添加前缀和尾缀的方

---

① Улуханов И.С. Мотивация в словообразовательной системе русского языка[M]. 2-е изд., испр. и доп. М.: Книжныйдом «ЛИБРОКОМ», 2010. С. 145.

法构成派生词。属于这一构词法的模式有8种：в-（до-、за-、на-、о-、об-、при-、с-）+ Пс. + -ся，如всмотреться（仔细看），вслушаться（仔细听），внюхаться（仔细闻）；досмотреться（长时间紧张地观看[而引起某后果]），дослушаться（听得过久招致某种不快后果），донюхаться₁（嗅得[头晕 恶心等]）；засмотреться（看得出神），заслушаться（听得入迷）；насмотреться（看够；见到许多），навидеться（<口>看够；看到许多），наслушаться（听够；听到许多），наслышаться（<口>听够；听到许多），нанюхаться（闻够；闻许多）；осмотреться₃（<俗>看错[人或物]），ослышаться（听错）；присмотреться（看惯），прислушаться₃（<口>听惯[某种声音]），принюхаться₁（<口>闻惯……气味），снюхаться（[狗相遇时]互相嗅着彼此辨识）。

借助前缀后缀尾缀法直接派生的动词只有наслушиваться（<旧>长时间听讲）这一动词，由слушать通过同时加前缀на-，后缀-ива-以及尾缀-ся构成。

以смотреть（看），видеть（看见）为生产词直接派生时，可以构成28种构词模式。听觉、嗅觉、触觉和味觉构词模式的数量依次为21种、21种、9种和5种。可以与听觉、嗅觉、触觉和味觉动词组配的构词模式基本都可以与视觉动词组配，反之则不可。某些构词模式只与某一类感知动词组配，不能与其他类感知动词组配：前缀вы-（往外）只与积极视觉动词смотреть（看）组配；前缀пред-（预先）只与消极视觉动词видеть（看见）组配，两者均不能与其他类别感知动词组配；前缀под-（偷偷）只与смотреть（看），слушать（听）组配；前缀о-/об-（围绕）可以与смотреть（看），слушать（听），нюхать（闻），щупать（摸）组配，但不能与пробовать（尝）组配。由此可以发现，视觉动词构词派生能力最强，视觉 → 听觉 → 嗅觉 → 触觉 → 味觉动词的派生能力呈递减趋势。

五类感知动词中积极动词与消极动词组配的构词模式数量比较数据如下：视觉（25/12）、听觉（20/9）、嗅觉（21/6）、触觉（9/1）和味觉（5/0）。数据显示，积极感知动词的构词模式多于消极感知动词。深入其语义内部，可以发现两个现象：其一，即便构词模式相同，与积极和消极感知动词组配时，其构词意义也往往不一样。前缀по-有五个义项："по-₁（稍微、逐渐）；по-₂（依次、许多）；по-₃（一会儿）；по-₄（开始）；по-₅（达到结果）。"① 与 смотреть（看），слушать（听）组配时，参与构词的是по-₃，构成 посмотреть（看一会儿），послушать（听一会儿）；与видеть（看见），слышать（听见）组配时，参与构词的则是по-₅，构成повидеть（看到），послышать（听到）。前缀про-有8个义项："про-₁（穿过）；про-₂（绕过）；про-₃（一段距离）；про-₄（强烈而仔细）；про-₅（消耗）；про-₆（漏过）；про-₇（一段时间）；про-₈（达到结果）。"② 与слушать（听）组配时，参与构词的是про-₆, про-₇, про-₈，构成прослушать（没听清；听[若干时间]；听完）；与слышать（听见）组配时，参与构词的则只有про-₈，构成прослышать（听到，听说）。

其二，构词词缀与积极感知动词组配时，其构词语义较之于消极感知动词更具规律性。前缀раз-/рас-有5个义项："раз-/рас-₁（四处、分别）；раз-/рас-₂（取消）；раз-/рас-₃（非常）；раз-/рас-₄（仔细）；раз-/рас-₅（达到结果）。"③ 与смотреть（看），слушать（听），нюхать（闻），пробовать（尝）组配时，参与构词的是раз-/рас-₄。又如，前缀пере-有10个义项："пере-₁（转移）；пере-₂（加入）；пере-₃（重新）；пере-₄（逐一）；пере-₅（过多）；пере-₆（非常）；пере-₇（超过）；пере-₈（一段时间）；пере-₉（完结）；пере-₁₀（稍微）。"④ 与смотреть（看），слушать（听）组配时，参与构词的是пере-₃, пере-₄。同一前缀与不同消极动词组配时，可能表达完全不同的意义。前缀за-有10个义项："за-₁（到（某处、远处））；за-₂（顺便）；за-₃（覆盖）；за-₄（陷入困境）；за-₅（获取）；за-₆（去除）；за-₇（开始）；за-₈（事先）；за-₉（就着）；за-₁₀（达到结果）。"⑤ 与видеть（看见）组配时，参与构词的是за-₁；与чуять（闻到）组配时，参与构词的是за-₈，构成动词завидеть（远远看见），зачуять（嗅到；猜到，预料到）。另外，有些前缀只与某一类消极感知动词组配，这种弱派生性也体现出构词的不规律性。пред-, пере-只

---

① Русская грамматика АН СССР[M]. Т. I. М.: Наука, 1980. С. 366–367.
② Там же. С. 369.
③ Там же. С. 370.
④ Там же. С. 365–366.
⑤ Там же. С. 360–361.

与видеть（看见）组配，о-...-ся只与слышать（听见）组配。

通过以上统计分析，可以得出三点结论：1）典型感知动词构词词族属于大型词族；2）典型感知动词中，视觉→听觉→嗅觉→触觉→味觉动词的构词能力依次呈递减趋势；3）典型感知动词中，积极动词构词能力强于消极动词。

2. 感知动词构词规律

上述数据分析揭示了感知动词的构词能力及其规律，可以从影响构词能力因素着手对感知动词的构词规律进行解释。莫纳斯特连科（Э.А. Монастыренко）指出："构词词族丰度取决于一系列因素：1）生产词的多义性：多义性决定其构词能产性：基于不同的意义可以构成不同的派生词，并且沿着构词链将这些意义传递下去，构词词族包括多个通过激活生产词不同意义或意味产生的结构语义分词族；2）根词素结构：单音节词素可以自由地与其两边的构词词缀组配；3）生产词使用频率；4）修辞色彩。"[①] 我们认为，莫纳斯特连科提出的影响因素主要着眼于语言层面，现对这些因素分述如下。

第一，构词能力受生产词多义程度影响。生产词语义越丰富，其构词派生能力越强。雷特金娜（О.И. Лыткина）也有过类似的表述："派生词数量和语义组成受制于生产词干的多义程度，因为每一个新词的产生都依托于具体的词汇语义变体。可见，多义现象与构词积极性成正比关系，即生产词词汇语义变体越多，在构词关系中就越活跃。"[②] 叶夫根尼耶娃（А.П. Евгеньева）主编的《俄语词典》（Словарь русского языка）（1999）词典中所列出的9个典型感知动词义项数量分别为：смотреть（11）/видеть（4），слушать（8）/слышать（6），нюхать（3）/чуять（3），щупать（3）/осязать（2），пробовать（2）/（0）。由此看来，感知动词的构词能力与其

---

① Монастыренко Э.А. К проблеме изучения словообразовательных гнезд[A]//Актуальные проблемы русского словообразования[C]. Ташкент: Укитувчи, 1990. С. 142.

② Лыткина О.И. Полисемия слова и его словообразовательный потенциал (на материале антонимов разных частей речи)[A]//Человек. Природа. Общество. Материалы XIII международной конференции молодых ученых[C]. СПб.: СПбГУ, 2002. С. 248.

语义容量是相关的。

第二，构词能力受根词素结构影响。词根词素越短，越容易与构词词缀组配。从语形和谐方面来讲，具有一定的说服力，这也正是典型感知动词可以构成大型构词词族的一个重要原因。但是当被比较词的根词素都比较短时，这种形式判别标准的解释力就显得不足了。

第三，构词能力受生产词使用频率影响。生产词使用频率越大，构词能力就越强。我们借助俄语国家语料库中基础库对смотреть（看），видеть（看见），слушать（听），слышать（听见），нюхать（闻），чуять（闻到），щупать（摸），осязать（触及），пробовать（尝）进行检索，得到的原始频次分别为237510，374580，97839，112156，2921，5812，1701，886，13110，计算得出的频率（即每百万词中出现的频次）分别为634，1000，261，299，8，16，5，2，35。①总体来看，视觉动词使用频率最高，其次是听觉动词，后三类使用频率均很低，这与感知动词构词能力的整体趋势是一致的，但是某些具体词的频率与构词能力之间的关系并不明显。

第四，构词能力受修辞色彩影响。无修辞标记词，即中性词，语体通用词构词能力强于有修辞标记词。чуять（闻到）为俗语词，其构词能力弱是符合这一规律的。关于构词词干与生产词（生产词干）的修辞色彩组合问题，乌卢哈诺夫进行过较为深入的研究。他指出："俄语构词中修辞组配最普遍的规律是，在不涉及特殊修辞用法的前提下，生产词与构词标志存在7种组合形式（理论上为9种），现以表格形式呈现如下：②

构词组配的修辞规律

生产词 \ 构词标志	中性	口语	书面语
中性	летать<动，未>（飞）—летчик<名>（飞行员）	минута<名>（分，片刻）—минутка<名，口语>（分，片刻）	металл（金属）—металлоид（非金属）

---

① 统计时间为2024年2月1日。

② Улуханов И.С. Мотивация в словообразовательной системе русского языка[M]. 2-е Изд., испр. и доп. М.: Книжный дом «ЛИБРОКОМ», 2010. C. 199–200.

（续表）

构词标志 生产词	中性	口语	书面语
口语	зубрить＜动，未＞（使成锯齿状）—вызубрить＜动，完＞（使成锯齿状）	брехать＜动，未，俗语＞（吠）—брехня＜名，俗语＞（谎言）	наплевать（吐痰）—наплевизм＜名＞（漫不经心）
书面语	водворить＜动，完＞（安置、确立）—водворение＜名＞（安置、确立）	нетленный＜形，雅＞（不朽的）—нетленка＜名，口语＞（不朽之作）	диссонировать＜乐＞（不协和，不谐调）—диссонанс＜乐＞（不协和和音）

能够组配的7种形式分别为：中性构词标志/中性生产词；口语构词标志/中性生产词；中性构词标志/口语生产词；口语构词标志/口语生产词；书面构词标志/中性生产词；中性构词标志/书面生产词；书面构词标志/书面生产词。就尤苏波娃（Н.Г. Юсупова）提出的"修辞限制体现为具有不同修辞色彩的词素不能组配"①的观点，乌卢哈诺夫质疑道："上述材料表明，这一说法并不成立。"② 换言之，乌卢哈诺夫认为，尤苏波娃提出的修辞限制过于绝对。当构词标志与生产词中一个具有书面色彩，另一个具有口语色彩时不能组配。如果两者组配，那么一定为特殊用法，表达专门的修辞目的。нетленка（<名，口>不朽之作）构词标志-ка具有口语性，而生产词нетленный（<雅>不朽的，永恒的）具有书面性；наплевизм（漫不经心）构词标志-изм具有书面性，而生产词наплевать具有口语性。典型书面前缀воз-/возо-/вос-，пре-/пред- /предо-，низ-/низо-/нис-通常参与构成教会斯拉夫语来源的动词（глаголы церковнославянского происхождения），在现代俄语中它们不具有能产性，вознести（高举，推荐），воспротивиться（反对，反抗）。③

我们认为，除了上述四个因素，语义相容性（семантическая

---

① Юсупова Н.Г. Структура словообразовательных парадигм имен существительных в современном русском языке[D]. Автореф. дис. канд. филол. наук. Москва, 1980. С. 8.

② Улуханов И.С. Мостивация в словообразовательной системе русского языка[M]. 2-е изд., испр. и доп. М.: Книжный дом «ЛИБРОКОМ», 2010. С. 200.

③ Кронгауз М.А. Приставки и глаголы в русском языке: семантическая грамматика[M]. М.: Языки русской культуры, 1998. С. 105.

совместимость）也是一个主要影响因素。乌卢哈诺夫研究构词组配语义规律性时指出："要使词缀与生产词词干相组配，需要两者在语义上相容（семантически совместимы）"，[①]即"构词标志只与那些与之有共同语义特征的生产词（词干）组配"。[②]具体到构词标志与动词组配派生时，这种相容性既可能体现在词汇意义上，也可能体现在语法意义上。

前缀пере-参与派生感知动词时，可以构成пере-смотреть（重新看）、пере-слушать（重新听），但不能构成*пере-видеть（重新看见）、*пере-слышать（重新听见），因为带前缀пере-表达"重复、改变意义"的动词只能由具有达到一定结果的积极行为意义动词派生，不能由不具有目的意义的行为动词构成。[③]同理，前缀под-、о-/об-具有行为方式限制意义，只与积极行为动词组配，不与消极状态动词组配。正因为此，有学者指出："语义相近的动词具有相似的前缀聚合体，因此根据聚合体相似性可以判断是否存在与前缀构词相关的共同语义特征。"[④]

前缀про-只与指称"不好"或者"中性"气味的动词组配，与вонять（<口>发臭、有臭味）、пахнуть（发出气味，有气味）组配构成провонять（<俗>染上难闻的气味，变得（气味）难闻）、пропахнуть（沾染上气味；<口>[腐烂后]开始发臭味），但不能与благоухать〈书〉（散发芳香）组配构成*проблагоухать。同时前缀派生动词пропахнуть也表达"不好的、腐化的气味"意义。因此，不说*пропахнуть нежным, хорошим запахом（散发着柔和芬芳的味道）。Мясо *пропахло*（肉发臭了）一般表示"порча мяса（肉变质）"之意。此外，前缀про-也改变了вонять（<口>发臭、有臭味）的语法意义，вонять为不及物动词，而провонять<俗>（染上……难闻的气味，变得[气味]难闻）也可以具有及物意义：Он всю комнату *провонял дегтем.*（他弄得满屋都是煤焦油味）。

---

① Улуханов И.С. Словообразовательная семантика в русском языке и принципы ее описания[M]. 5-е изд., испр. и доп. М.: Книжным дом «ЛИБРОКОМ», 2011. С. 215.
② Там же. С. 130.
③ Там же. С. 223.
④ Кронгауз М.А. Приставки и глаголы в русском языке: семантическая грамматика[M]. М.: Языки русской культуры, 1998. С. 112.

后缀和尾缀参与构词时，要求在语法意义上相容，因为它们对派生词的影响主要表现在语法意义上。后缀-ыва-/-ива-具有两种体的语法意义，表示未完成体意义时，与完成体动词组配，构成相应的未完成动词，这种模式非常能产，如высматривать（[仔细观察]看到；[从某处]向外看望），досматривать（看完；<专>检查），усматривать（注意，看出），заслушивать（听取[建议、计划]），вслушиваться（倾听），прислушивать（倾听），донюхивать（嗅尽[鼻烟]），вынюхивать（嗅出），обнюхивать（四处嗅），причуивать（<猎>[狗]嗅到、嗅出），дощупывать<俗>（摸到、摸出），выщупывать（摸遍，摸出），нащупывать（摸到），ощупывать（[用手从四面]抚摸），ущупывать<俗>（摸到），перещупывать<口>（摸遍）。在感知动词构词词族中，这种模式主要出现在积极感知动词的间接派生时，大多分布在构词链的二级和三级位上。表示多次体意义时，其与未完成体组配，构成相应的多次体动词，如сматривать（多次看），видывать（多次看到），слушивать（多次听）。由于俄语典型感知动词均为未完成体，因此在体的意义上没有限制。尾缀-ся与未完成体动词组配构成带-ся派生动词时，由于词缀没有具体词汇意义，所以一般不存在与生产词词汇意义相矛盾的情况。因此，这类词缀对生产词的语义基本无选择性限制，只是在动词"态"方面对生产词产生影响。

制约构词能力的因素不仅来自语言内部，还来自语言外部，前者关涉语言体系和构词成分等，后者涉及客观现实及认知心理等。感知动词构词能力的强弱与客观世界中感知功能的作用密切相关。在人类感知系统中，视觉功能最强。较之其他感知类型，在选择感知对象和感知方式上，视觉有更强的主观能动性，进而使承载这些信息的视觉动词语义容量更大。

第三节　感知动词构词语义描写

词具有形式和语义两个层面。传统构词方法研究侧重于形式结构上的组合，而构词语义学着眼于词的语义结构与形式结构之间的关系，旨在寻找派生词的语义构建机制及其组合规律。这也是构词语义学吸纳语义学与构词学研究视角和方法的一个集中体现。这种研究对揭示语言形式与意义之间的关系具有重要意义。

近年来，认知语言学的蓬勃发展为语言的各个层面提供了新视角。"用认知论的观点研究语言现象有助于从新的视角阐释已知的语言事实，找出新的解决方法，从而弄清人是如何理解语言的，人是怎样、用何种形式来表示在人的意识中已经形成的知识结构的。"① 我们对上述观点持赞同态度，并认为："从认知角度看，构词是表现人的认知活动的最佳过程和保障，人的心智活动的反应和对世界的理解是在构词过程和构词模式中实现的。因此，构词参与世界图景的形成、参与范畴化行为，是对人类信息进行认知加工的过程。"②

亚历山大·奥尼斯科（Alexander Onysko）和萨沙·米歇尔（Sascha Michel）主编的《构词研究的认知观》（Cognitive perspectives on word formation）（2010）是运用认知语言学进行构词研究的成果。该著作从理论构建和词汇加工两个方面阐述了构词过程：运用意象图式理论、隐喻和转喻理论对荷兰语、德语、挪威语等语言的构词特点、构词和句法相互关系、名—名复合词的意义透明和创造性的认知理据等进行了探讨。波波娃（Т.В. Попова）也强调"关注俄语构词的认知层面有助于深入理解构词意义性质及隐藏在其后的认知结构，揭示客观世界构词范畴化特点，确定人类的哪些经验要素已经在概念化和派生化的语言世界图景中得到反映，确定某一情境如何通过构词和语言其他层面的手段得到固化。"③

在构词认知研究中，汉语学界主要运用概念整合理论阐释复合词构词过程，俄语学界已有原型范畴理论和概念隐喻理论等方面的研究，但运用概念整合理论对俄语构词过程进行认知阐释的成果尚不多见。

1. 概念整合理论

概念整合理论（The Conceptual integration theory）是一种新的意义建构理论。20世纪末，法国认知语言学家福科尼尔（G. Fauconnier）（1985, 1996, 1998, 2002），美国认知语言学家特纳（M. Turner）

---

① 孙淑芳，认知视角下的派生词语义问题[J]，外语学刊，2006 (3)，第38页。
② 孙淑芳，构词语义学中若干问题探究[J]，中国俄语教学，2007 (3)，第16页。
③ Попова Т.В. Словообразовательная семантика русского глагола в зеркале когнитивной лингвистики[J]. Известия Уральского гос. ун-та. Серия: Гуманитарные науки, 2004 (33). С. 15.

（1996，1998，2000）、斯维策（E. Sweetser）（1996）和科尔森（S. Coulson）（2000，2001）等人在心理空间理论基础上提出这一理论，这是认知语言学研究的新发展。"该理论的核心思想是将概念整合视为是人类一种基本的、普遍的认知方式。"① 概念整合通常涉及四个心理空间：两个输入空间（input space）、一个类属空间（generic space）和一个合成空间（blended space）。概括而言，认知主体从两个输入空间中选择性激活部分信息进行匹配，并映射到合成空间中。类属空间为抽象的类概念框架和内容，而合成空间则是类属空间中类概念内容的具象化。概念合成过程即为这四个空间相互映射作用的过程，一系列的映射动作彼此链接起来，就构成了一个概念整合网络（Conceptual Integration Network）。复杂的概念空间整合还可能涉及两个以上的输入空间，一个合成空间整合的结果很可能成为另一个新的整合网络的输入空间，这就构成了错综复杂的多个合成空间相互联系的概念整合网络。概念整合网络并不是固定的，人们不但可以构建复合空间，也可以对其进行重构、解构。

关于整合对人类的重要作用，福科尼尔和特纳（2002）指出："我们生活在合成空间之中"，这与莱考夫（G. Lakoff）和约翰逊（M. Johnson）（1980）提出的"我们赖以生存的隐喻"具有相似之处，旨在说明概念整合和隐喻是人类的基本认知能力。② 同时，与思维隐喻一样，概念整合也具有无意识性。一方面，这体现在"儿童似乎在没有任何与整合有关的知识背景下，就能够毫不费力地进行简单整合的构建与理解"；另一方面，这体现在"一些常用的、使用频率较高的概念整合会逐渐固化下来，保存在人们的记忆之中，这样就进一步降低了人们对整合运作的敏感度，从而使人类这一重要能力常常为人们所忽视"。③

概念整合理论经过十几年的不断探索和研究，显示出越来越强大的解释力，被广泛应用于文学、文化、艺术、语言、数学、计算机等领域。在语言学领域，中国学者张云秋和王馥芳（2003）、周启强（2007）、张辉和范瑞萍（2008）、王正元（2009）、张念歆和宋作

---

① 房红梅、严世清，概念整合运作的认知理据[J]，外语与外语教学，2004（4），第9页。
② 同上文，第10页。
③ 同上文。

艳（2015）等运用概念整合理论对汉语和英语在构词、词汇、句子和语篇等层面的语义元素与结构的整合机制进行了探讨。研究成果表明，概念整合理论对意义生成具有科学的解释力。

福科尼尔和特纳（1998）将其图示如下：①

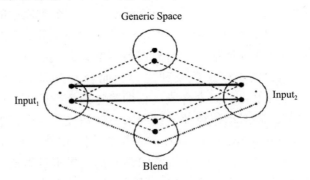

概念整合网络

值得一提的是，该图式展示了两个输入空间以及它们与合成空间的映射关系，而对于类属空间和合成空间之间的映射关系，并没有直观地表现出来。刘正光和刘芬分别就此提出了质疑。刘正光认为，福科尼尔的概念整合理论虽然提及了类属空间，但一直是模糊的，似乎可有可无，说不清"类属空间中的背景知识怎样参与映射，怎样参与选择来自输入空间的信息，怎样参与合成空间的理解？"②刘芬也谈道："在概念整合理论中，Fauconnier较深入地研究了输入空间之间及输入空间和合成空间的映射关系，对于类属空间虽有所提及，却含糊其辞，它在概念整合过程中的地位和作用没有得到合适的、明确的定位，它与合成空间的关系也是模糊不清的。"③

关于类属空间在整合过程中的地位和作用，刘芬对语言意义建构中的在线心理过程及具体词语和句式概念整合进行了分析，并给予了一定解答："在输入空间的部分结构和元素向合成空间投射的过程中，类属空间起着孵化新概念的作用；类属空间是语义元素和结构形

---

① Fauconnier G., Turner M. Conceptual Integration Networks[J]. *Cognitive Seience*, 1998 (2). P. 142–144.
② 刘正光，Fauconnier的概念合成理论：解释和质疑[J]，外语与外语教学，2002（10），第12页。
③ 刘芬，概念整合中的类属空间及映射解析[J]，湘潭大学学报（哲学社会科学版），2012（4），第158页。

成抽象的类概念框架和内容的场所；合成空间是认知对体验加工的结果，也是类属空间的具体化。"①正是基于这一理解，刘芬对福科尼尔和特纳的空间映射图作了一些修正，即用虚线标示了从类属空间到合成空间的抽象映射，以更直观、更明晰地展现概念整合网络中各心理空间映射链接关系②。对于这一修正，我们持肯定态度，将合成空间域类属空间的关系在图式中表征出来，能够更好地呈现、诠释整合网络关系。

2. 构词语义概念整合观

派生词构词语义过程可以视为概念空间的整合过程。生产词位于输入空间Ⅰ，构词词缀位于输入空间Ⅱ，构词模式及认知方式位于类属空间，派生词位于合成空间。输入空间Ⅰ所承载的某些语义要素与输入空间Ⅱ所承载的某些语义要素选择性地被激活，并映射到合成空间中，然后以新的组织结构呈现出来。激活的要素不同，整合方式不同，形成不同的层创结构。在整合过程中，输入空间Ⅱ将其自有的某一语义要素附着于输入空间Ⅰ中的语义要素上，从而使后者蕴涵的隐性语义特征突显出来。然而究竟哪些成分会被选择激活，这取决于具体的动词，影响因素也是多方面的。而且，不同的构词法，如词缀法、合成法、转换法、缩略法参与派生的具体运作机制也有所不同。

在词缀法构词派生中，由于生产词是称名结构的基础，所以构词整合过程中，两个输入空间的地位并不相等。生产词所在的输入空间Ⅰ是中心空间，而构词词缀所在的输入空间Ⅱ是附属空间。输入空间Ⅱ将其中的某一语义要素附着于输入空间Ⅰ中的语义要素上，从而使后者蕴涵的隐性语义特征突显出来。

现以多义派生词пересмотреть为例，尝试解释其意义构建过程。从结构上看，пересмотреть是由多义生产词смотреть通过加前缀直接派生构成的。但从语义上看，两者的组配过程较为复杂，其语义整合方式如下图所示：

---

① 刘芬，概念整合中的类属空间及映射解析[J]，湘潭大学学报（哲学社会科学版），2012（4），第158页。

② 同上。

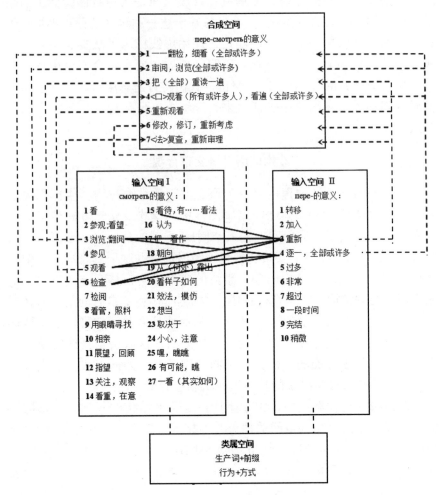

пересмотреть 构词语义整合网络

　　首先需要说明的是，смотреть，пересмотреть 都是多义词，不同词典对其义项分合处理不一致，有些意义作为单独义项，有些则附属于某一义项。我们在释义整理和排序时，主要遵循 А.П. Евгеньева 主编的四卷本俄语词典《Словарь русского языка》（1999）（以下简称 МАС），同时参考 С.А. Кузнецов 主编的《Большой толковый словарь русского языка》（2000）（以下简称 БТСРЯ）、С.И. Ожегов 和 Н.Ю. Шведова 主编的《Толковый словарь русского языка》（1998），相应的汉语释文参照黑龙江大学辞书研究所编的《新时代俄汉详解大词典》（2014）。为便于深入剖析，根据兼收并蓄和精细释义原则，将"意味"（смысловой оттенок）用法也单独标号。

смотреть作为生产词，位于输入空间I，有27个义位，其中参与构成派生词пересмотреть的有4个，分别是смотреть₃（浏览；翻阅），смотреть₅（观看），смотреть₆（检查），смотреть₁₅（看待）。

пере-作为构词词缀，位于输入空间II，有10个义位①。其中参与构成派生词пересмотеть的有2个，分别是пере-₃（重新）和пере-₄（逐一，所有或许多）。

смотреть的4个义位与пере-的2个义位被激活，类属空间中的抽象关系为前缀与生产词的组配模式，前缀通过其语义突显生产词所表达的行为。这种抽象关系在向合成空间映射时得到具体化，构成了派生词пересмотреть的7个意义：пересмотреть₁（一一翻检，细看[全部或许多]），пересмотреть₂（审阅，浏览[全部或许多]），пересмотреть₃（把[全部]重读一遍），пересмотреть₄（<口>观看[所有或许多人]，看遍[全部或许多]），пересмотреть₅（重新观看），пересмотреть₆（修改，修订，重新考虑），пересмотреть₇（<法>复查，重新审理）。其语义具体整合过程如下：

生产词смотреть₆（检查），смотреть₃（浏览；翻阅），смотреть₅（观看）与前缀пере-₄（逐一，全部或许多）分别建立了连接。前缀пере-₄强调的是行为所及客体数量，而生产词所指称的是有视觉参与的行为活动。在смотреть表达的语义中，行为过程是核心语义成分，而行为方式、时间、处所、所及客体数量等语义成分均处于隐性地位。当两者组配后，将视觉活动所及客体数量被突显出来，分别构成пересмотеть₁，пересмотеть₂，пересмотеть₄。例如：

① Алексей снова аккуратно *пересмотрел₁* все ящики, но облигаций — это должна была быть толстая пачка — не обнаружил. 阿列克谢又仔细地**查看了**所有的箱子，但没有发现债券，那应该是厚厚的一捆。

② В ближайшее время Высшая аттестационная комиссия (ВАК) *пересмотрит₂* все диссертации, которые были защищены в последние годы. 近期最高学位评定委员会将对近些年答辩通过的所有论文重新**审查**。

---

① Русская грамматика АН СССР[M]. T. I. M.: Наука, 1980. C. 365–366.

③ За чаем я пыталась рассказать, что слежу за его творчеством, *пересмотрела₄* все фильмы по его сценариям. 喝茶时，我特别想告诉他，我一直在关注他的创作，并**看**了他编剧的全部影片。

生产词смотреть₃（浏览；翻阅），смотреть₅（观看），смотреть₆（检查），смотреть₁₅（看待）与前缀пере-₃（重新）分别建立了连接。其中，смотреть₃、смотреть₅、смотреть₆指称的是有视觉参与的行为活动，前缀пере-₃强调行为次数，可组配形成пересмотреть第3、第5和第7个意义。而смотреть₁₅表示心智行为，与пере-₃组配形成пересмотреть₆（修改，修订，重新考虑）。

④ Вот, наконец, повесть готова, пересмотрена₃, и переписана набело. 中篇小说终于写好了，**重读**了一遍，誊清过了。

⑤ Еще раз *пересмотрела₅* фильм, прежде чем вам ответить. 在答复您之前，我又**看**了一遍电影。

⑥ Даже социал-демократы, чувствуя настроение избирателей, во время предвыборной кампании заявляли, что готовы *пересмотреть₆* закон о миграции. 社会民主党人，在感受到选民情绪的情况下，竞选期间甚至宣称他们准备**重新审视**移民法。

⑦ Он ни в чем не виновен и не мог быть виновен, я прошу *пересмотреть₇* дело и освободить его. 他没有任何过错，也不可能有过错，我请求**重新审理**案件并释放他。

构词整合过程不仅仅是形式上的简单组配过程，而且是经过合成、完善、更新的复杂过程。整合后产生的新词在语义结构、句法特征、词类属性、修辞特征等多个方面都发生了变化。构词前缀пере-能够与动词组配的意义为10个，可以将其称为潜在的语义容量，而在与生产词смотреть（看）组配后，前缀пере-的意义具化为两个，语义容量急剧缩减。生产词смотреть义位有27个，但是在派生词пересмотреть语义中，作为生产词干смотр义位只有三个。换言之，尽管形式上仍是这两部分，但是整合后各部分的意义范围发生了变化，意义之间的组配关系也是交叉错合的。

从语义引申方面看，构成派生词的两部分均有其各自的引申路径，这种引申路径可能在派生词中有遗留，但也不一定完全映现，派生词部分引申意义可能无法从两个构词部分推导出，而是由派生词自身引申而来。

生产词和构词词缀均不具有修辞标记，但是其派生词可能具有语体标记或情感标记。пересмотреть用于"复查，重新审理"意义时，属于法律专业术语词；насмотреть用于"[仔细观察后]看到"意义时属于俗语词、狩猎领域词汇；надзирать（严密监视）为口语词，具有讽刺意味。

派生词句法特征也可能会存在较大变化，这在пересмотреть中表现得并不明显。现以其他派生词为例，如派生词наслушаться（听到许多）支配静词第二格：наслушаться разных рассказов（听到各种叙述）；присмотреться（习惯于、适应）支配关系为前置词к+静词第三格：присмотреться к темноте（适应黑暗），这种支配方式在生产词смотреть中是不存在的。又如，щупаться（被摸）为具有被动态意义的不及物动词，感知对象占据主语位，是一格形式，而感知主体以第五格形式出现或者不出现在句法层面，这是有及物意义的生产词щупать（摸）加尾缀-ся的结果。

上述研究显示，概念整合理论对构词语义建构具有很强的解释力。直接派生是两个输入空间的一次整合。间接派生整合则以前面的整合为基础，其构词机制本质上是一致的，只是间接派生是多个输入空间的先后整合，在此不作展开，其关系如下图所示：

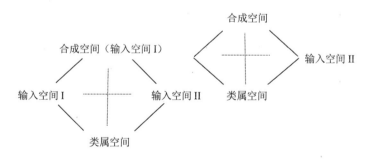

间接派生构词语义整合网络

应该说，概念整合是人类理解和生成语言的重要认知机制。概念整合网络较好地揭示了两个或两个以上概念的语义元素合成的在线心理认知机制。

3. 前缀动词语义整合类别

如前所述，在感知动词构词词族中，可以派生的词类有动词、名词、形容词、形动词和副词。派生动词语义最为丰富，主要原因在于具有多义性的前缀在构词中起着重要作用。语义整合类别可以从多个角度划分。根据生产词与前缀意义的结合程度，分为复合性与熟语性。复合性指派生动词词汇意义由词缀意义和生产词意义相加：подсмотреть（偷看）属于典型接合型动词，подсмотреть = под-（偷偷地）+ смотреть（看）。熟语性指派生动词词汇意义不是由词缀意义和生产词意义相加，这类词的语义构建偏离了组成单位的一般构成规律，不能从其组成部分的结构语义联系中推导出来[1]，如подсмотреть$_2$意为"偶然看到，无意中发现"，привидеться意为"在想象中出现，梦见"。

根据参与构词是基本义还是引申义，语义整合方式分为四类：1）基本义与基本义组配：вслушаться（仔细听）由в...ся基本义（借助某动作深入某事物中，或习惯于进行该动作）与слушать基本义"听"结合而成；2）基本义与引申义组配：разнюхать（打听到、探听出），由раз-基本义"某动作使……分离，或朝各个方向进行"与нюхать引申义"打听、探听"结合而成；3）引申义与基本义组配：пронюхать（闻出）是由про-引申义"完成[达到结果]"动作与нюхать基本义"嗅"结合而成；4）引申义与引申义组配：вынюхать（嗅掉[若干鼻烟]）由вы-引申义"完成[达到结果]动作"与нюхать引申义"由鼻孔吸入药物或麻醉剂等"结合构成。

根据前缀对生产词语义限定方式，语义整合方式分为多个类别，因为借助前缀法构成的词，其称名基础仍是原词干，而前缀只表示原所指的变化特征，用空间、时间、方式、目的、态度、结果等对其进行限定。感知动词осмотреть（[从各方面]细看，查看），обнюхать（四处嗅），завидеть（远远看到），заслышать（[从远处]听到）等是前缀对生产词空间意义进行限定；посмотреть（看一会儿），понюхать（闻一会儿），просмотреть（看[若干时间]）是前缀对生产词时间意义进行限定；рассмотреть（查看，观察），просмотреть（草阅、浏览），насмотреться（尽情地看），подсмотреть（偷看）

---

[1] Караулов Ю.Н. Русский язык. Энциклопедия[Z]. М.: Большая Российская энциклопедия, 2008. С. 145.

等是前缀对生产词方式意义进行限定；присмотреть（看管；物色），рассмотреть（审查、审核）等是前缀对生产词目的意义进行限定；недосмотреть（未注意到），рассмотреть（看清楚），дощупать（摸出），обнюхаться（闻得过多而受害），ослышаться（听错）等是前缀对生产词结果意义进行限定。

上述三个视角可以说明派生词某一意义的整合过程，但不能展现其全部语义与生产词和构词模式意义之间的对应关系。因为无论是派生词，还是生产词或是构词模式都可能具有多义性。究竟有多少个意义，哪些意义会参与构词，这是一个非常复杂的问题。系统地呈现意义整合过程需要从构词模式和生产词意义组配数量考察，同时兼顾参与构词的生产词与词缀之间意义结合程度以及意义类别。依据参与构词的意义数量，语义整合分为四种组配方式：[1]单义与单义组配、单义与多义组配、多义与单义组配、多义与多义组配。[2]

1）单义与单义组配

单义与单义组配指派生词意义由构词词缀的一个意义和生产词的一个意义组配产生。

засмотреться由复合词缀за-...-ся和生产词смотреть组配，其语义构建过程为：за...ся（着迷，沉醉）— смотреть₁→за-смотреть-ся（看得出神）：*Засмотрелся* и пропустил автобус（看得**太入迷**了，错过了公交车）；Я так *засмотрелся* на морских львов, что не заметил, как наступил вечер（我**出神地看着**海狮，竟然没有注意到夜幕降临）；Спускалась сегодня по лестнице, на встречу мне шел мужчина, он так *засмотрелся* на меня, что споткнулся и упал（今天我下楼时，迎面走来一个男子，他**看**我看得**如此出神**，以至于绊了一下，摔倒了）。

ослышаться由复合词缀о-...-ся和生产词слышать组配，语义构建过程为：о...ся（错误地）— слышать₁（听见）→ о-слышать-ся（听错）：Простите, я ослышался（对不起，**我听错了**）；Вопрос его, если

---

[1] 孙淑芳、孙敏庆，俄语感知动词构词语义问题探究[J]，外语学刊，2013（5），第50页。

[2] 需要说明的是，鉴于смотреть语义十分丰富，不同词典对其义位分合处理不一致，根据兼收并蓄的原则，我们整理出27个义位，详见前页。其他感知动词释义及序号参照《新时代俄汉详解大词典》（2014）；所涉前缀意义及排序均参照苏联科学院《俄语语法》（1980）。

я не *ослышался*, содержал и ответ（如果我没**听错**的话，他的问题里已经包含了答案）；Не *ослышались* ли мы? Это было нашим паролем（我们没听错吧？这可是我们的暗号）。

нанюхаться（闻够、闻许多）由复合词缀на-...-ся和生产词нюхать组配，语义构建过程为：на...ся（充分，过多）— нюхать→ нанюхаться（闻够、闻许多）：Он был артиллерист, *нанюхался* пороху（他当过炮兵，**闻惯了火药味**）；Пока поднимались по лестнице, *нанюхались* всевозможных запахов（上楼梯时，**闻到了各种气味**）。

2）单义与多义组配

单义与多义组配指派生词意义由构词词缀的一个意义与生产词的多个意义相组配产生。

недосмотреть（未看出；照顾不周；注意不够）由前缀недо-和生产词смотреть组配，语义构建过程为：

недо-（未达到）—— смотреть₁（看）→ недосмотреть₁（未看出）
　　　　　　　　смотреть₈（看管，照料）→ недосмотреть₂（照顾不周）
　　　　　　　　смотреть₁₄（看重，在意）→ недосмотреть₃（注意不够）

① Я и сама не знаю, как *недосмотрела*₁. 我自己也不知道，怎么就**没看出来**。

② В выходные мы с женой *недосмотрели*₂ за сыном и он упал с кровати. 休息日我和妻子**没有看好**儿子，他从床上摔下来了。

③ Это в том числе и наша вина, потому что мы *недосмотрели*₃, несвоевременно заметили. 这也有我们的过错，因为我们**疏忽了**，没有及时发现。

разнюхать（嗅出；探听出）由前缀раз-和生产词нюхать组配，语义构建过程为：

раз-₅（达到结果）—— нюхать₁（闻）→ разнюхать₁（嗅出）
　　　　　　　　 нюхать₃（探听）→ разнюхать₂（探听出）

① В Черногорске полицейская собака *разнюхала*₁ наркопритон. 在切尔诺戈尔斯克，一只警犬**嗅出**了毒品窝点。

② Я уже *разнюхал*₂ кое-что, но расскажу тебе обо всем, когда разберусь поточнее. 我已经**探听到**一些消息，但等我弄清楚具体情况后，再告诉你一切。

3）多义与单义组配

多义与单义组配指派生词意义由构词词缀的多个意义与生产词的单个意义相组配产生。

просмотреть由前缀про-和生产词смотреть组配，语义构建过程为：

про-$_6$（漏过）　　　　　　　→ просмотреть$_1$（翻阅）

про-$_4$（仔细）—— смотреть$_3$（浏览，翻阅）→ просмотреть$_3$（看漏、忽视）

про-$_7$（一段时间）　　　　　→ просмотреть$_2$（仔细查看）

　　　　　　　　　　　　　　　→ просмотреть$_4$（看[若干时间]）

① Я ее не читал, только бегло *просмотрел$_1$*, поэтому вынести какое-либо твердое суждение пока что не могу. 我还没有读过，只是大致**浏览**了一下，所以目前还不能做出任何明确的判断。

② После выхода пилотного эпизода, я тщательно *просмотрела$_2$* каждую деталь в ролике, и заметила несколько инте-ресных моментов. 试播集上映后，我**认真地看**了每个细节，发现了几个有意思的地方。

③ Вы же мне говорили, что во всех углах обыскивали, как же вы в этом самом главном месте *просмомрели$_3$*? 您告诉我，所有的角落您都找遍了，怎么会把最主要的地方**遗漏**了呢？

④ Я месяц *просматриваю$_4$* объявления по аренде. 我**看**了一个月租赁广告。

переслушать由前缀пере-和生产词слушать组配，语义建构过程为：

пере-$_3$（重新）　　—— слушать$_1$ → переслушать$_2$（重新听）

пере-$_4$（逐一，全部或许多）　　　→ переслушать$_1$（听完[全部或许多]，听多次）

① Лучшая музыка, которую можно *переслушать$_1$* бесконечно. 好的音乐**百听**不厌。

② Очень хочу *переслушать*₂, но не могу найти. 我很想**重听**一遍，但是无法找到。

4）多义与多义组配

多义与多义组配指派生词意义由构词词缀的多个意义与生产词的多个意义相组配产生。

прослушать 由前缀 про- 和生产词 слушать 组配，语义构建过程为：

про-₆（漏过）——— слушать₁（听）→ прослушать₁（听完[部分或全部]）

про-₇（一段时间）／ слушать₂（听诊）→ прослушать₂（听诊，听声音来判断）

про-₈（达到结果）——— слушать₄（听课）→ прослушать₃（听完）

→ прослушать₄（没听清，漏听）

→ прослушать₅（听若干时间）

① Участники, *прослушавшие₁* весь семинар, в конце семинара смогут получить сертификат об участии. **听完**全部研讨课程的学员，在课程结束后可以获得培训证书。

② Это позволяет докторам яснее *прослушивать*₂ шумы в легких и тоны сердца. 这使医生们更清晰地**听到**肺部杂音和心律。

③ Работник *прослушал*₃ курсы повышения квалификации в объеме 72 часов. 工作人员**听完了**72课时职业技能提高课程。

④ Простите, я *прослушал*₄, что вы сказали; повторите еще раз, пожалуйста. 抱歉，我**没听清**您说的话，请再说一遍。

⑤ Два часа я прослушал₅ лекцию. 我**听了**两个小时的课。

заслышать 由前缀 за- 和生产词 слышать 组配，语义建构过程为：

за₁（到某处，远处）——— слышать₁（听见）→ заслышать₁（[从远处]听到）

за₁₀（达到结果）——— слышать₅（听说、了解）→ заслышать₂（听说、得知）

слышать₈（[动物]嗅出）→ заслышать₃（闻到、嗅到）

① *Заслышав*₁ свистки полицейских, он прятался в домике. **听到**警察的哨声，他躲进了小屋里。

② Они бежали из своих деревень, едва *заслышав*₂, что где-то поблизости действуют жестокие «Тигры». **一听到**附近有凶猛的"老虎"出没，他们逃离了自己的村庄。

③ Они бросались на меня, *заслышав*₃ запах корма, сбивали меня с ног и давили своими тяжелыми тушами. 它们**闻到**饲料的味道就会向我扑来，把我撞倒，用它们沉重的身体压我。

ощупать由前缀о-和生产词щупать组配，语义构建过程为：

о-₁（围绕四周）—— щупать₁（触摸）→ ощупать₁（[用手从四面]抚摸）

о-₂（完成）—— щупать₄（端详）→ ощупать₂（摸到、触摸到）
　　　　　　　　　　　　　　　　→ ощупать₃（打量）

① Врач *ощупал*₁ живот больного. 医生**摸了摸**病人的肚子。

② Еще то не спел, коли в избе печь *ощупал*₂. 能在屋里**摸到**炉台就不算是瞎子。（《新时代俄汉详解大词典》）

③ А старый *ощупывал*₃ его глазами: Давно я не видел тебя. Ты стал большим и сильным. 而老人用眼睛**打量**着他："很久没看见你了，长高了，也变强壮了"。

综上所述，我们从构词语义视角对俄语感知动词构词词族、组配能力、意义构建机制以及语义整合类别进行了翔实分析。首先，对9个俄语典型感知动词构词词族结构的层级性以及成员的非均质性进行了细致描写。前者具体表现为处于水平轴的构词链和处于垂直轴的构词聚合体的横纵交错，后者主要表现为词类属性、语义关联度、修辞色彩、使用频率方面的差异性。对构词系统进行"质"的分析后，又揭示了构词词族"量"的特征。其次，通过对9个典型感知动词词族丰度、派生词类、构词模式三个方面统计分析可知，感知动词构词能力存在规律性差异，从视觉到听觉，再到嗅觉、触觉、味觉，构词能力递减，同时积极类动词构词能力强于相应的消极类动词。构词能力的强弱，不仅受到生产词本身的多义程度、词根词素形式结构以及生产词使用频率的影响，还受生产词与构词模式之间语义相容性的制约。再次，运用认知语言学概念整合理论对派生感知动词语义构建机制进行了解释。构词整合过程并非形式上的简单组配过程，而是经过合成、完善、更新的复杂过程。整合后派生的新词在语义结构、句法特征、词类属性、修辞特征等多个方面都发生了变化。最后，对前缀派生感知动词构词整合类别进行了概括。研究表明，构词语义研究不仅可以揭示词汇系统内部的横纵关系，更有助于透析生产词与派生词的理据关系。

第九章 外来动词构词语义

第一节 形式语义构词模式建构

语言是自然产生并按照一定规律发展的符号系统，探究语言符号系统规律的最佳方式之一就是建构模型。建构模型有助于理解语言结构的复杂性，探索语言的内在逻辑，并预测语言发展的趋势，构词形式语义模式建构正是这种概念的实现。构词形式语义模式是从具体的构词模式中归纳出来的一种稳定结构，具有泛化的词汇范畴意义，适用于不同的词汇单位。

在语言构词层级系统中，建立构词链和构词聚合体被认为是掌握单一词汇词族构成的首要任务。现代构词学研究已然从原子主义转向系统研究，聚焦于描写各种构词规则。换言之，构词被视为一种词汇派生推算规则建立的过程。洪堡特曾言："一种语言的词汇绝不应被视为一堆现成静止的材料，且无论新词和词形都会源源不断地产出。只要语言出现在人民的言语中，其词汇就是一种连续创造及再创造的产品。一个词在言语中的每一次使用，显然不仅是记忆力发挥作用的结果。若不是灵魂（思想）本身就具有仿佛本能般创造词汇的秘诀，任何依靠人类的记忆力都无济于事。"[①]

尼古拉耶夫（Г.А. Николаев）指出："构词过程（словообразовательный процесс）具有瞬间性和自动性，这两种特性表明，词汇派生是根据存在于语言中的构词模式运作的，该构词模式建立在特定构词词干及构词手段上，其内部成分在形态音位上互相适应，可以表达特定语义。构词过程就是所谓的类推结果，根据尚斯基的观点，类推是构词过程的本质。"[②] 构词模式主要体现为类推机制和过程，在

[①] Гумбольдт В. фон. Избранные труды по языкознанию[M]. М.: Прогресс, 1984. С. 112.

[②] Николаев Г.А. Русское историческое словообразование[M]. М.: Книжный дом «ЛИБРОКОМ», 2009. С. 22.

这一机制内，正如库布里亚科娃所指出的，"派生词在形式和语义上必须遵守其特有的规则"。①

形式语义构词模式建构首先必须选择恰当的对象。当今全球化背景下，词汇借用对语言而言，必将成为一种自然和必然的趋势，也成为语言补充新词汇的手段之一。在俄语标准语词汇不断丰富的过程中，外来词不仅是称名手段：дизлайк（不喜欢），каршеринг（共享汽车），клиринг（非现金清算）；也是替代已有名称的一种方式：истеблишмент（权势集团），сквер（街心公园），смог（烟雾）等。这些外来词在现代俄语中具有共同特性：一是大多数为具有书面色彩的专业术语；二是无论是直接借入，还是由其他词类派生的动词形式，均具有特别标记。需要强调的是，这些外来词进入俄语后，不仅努力融入俄语语音与语法系统中，而且能够借助派生词缀构成新词。布龙菲尔德（L. Bloomfield）认为："融入借用语言系统的被借用语言形式不仅体现在句法层面，还体现在词形变化层面。最重要的是，还表现出构词的能产性。"② 克雷欣持类似观点，他认为："外来词构词能产性指作为生产词借助词缀手段构成新词的能力，是借词在该语言中生根的重要标志之一。"③ 我们现以带后缀-ова-, -ирова-, -изирова-/-изова-, -фицирова-外来动词（заимствованные глаголы）为研究对象，对1098个外来动词及5014个相关派生词进行分析和解释。④

建立整体构词模式首先基于每个词的构词词族分析。对外来词而言，其原始生产词，也就是词首（вершина）辐射不同的词类。按

---

① Кубрякова Е.С. О понятии словообразовательного правила[A]//Актуальные вопросы дериватологии и дериватографии[C]. Владивосток: ДВНЦ АН СССР, 1986. С. 20.

② Блумфилд Л. Язык [M]. Перевод с английского языка. М.: Прогресс, 1968. С. 497.

③ Л.П. 克雷欣，社会语言学与现代俄语[M]，赵蓉晖译，北京：北京大学出版社，2011，第30页。

④ 外来动词选取奥热戈夫（С.И. Ожегов）和什维多娃（Н.Ю. Шведова）主编的《Толковый словарь русского языка》（2006），叶夫根耶娃（А.П. Евгеньева）主编的《Словарь русского языка》（1985—1988）中外来双体动词。参阅了科捷洛娃（Н.З. Котелова）主编的《Словарь новых слов русского языка 1950–1980 годов》（1995），斯克利亚列夫斯卡娅（Г.Н. Скляревская）主编的《Толковый словарь русского языка конца XX века》（1998），克雷欣主编的《Толковый словарь иноязычных слов》（1998）以及《Современный словарь иностранных слов》（2023）等词典中的词汇。

照对《现代俄语构词词典》的统计,以名词为词首的外来动词约占41%:авансировать(预付)←аванс(预付款),автоматизировать(自动化)←автомат(自动化装置),дебютировать(初次登台)←дебют(试演);以动词本身为词首的约占40%:адаптировать(使适应),аннулировать(废止,撤消),реагировать(起反应)。其余19%则分别派生自其他外来动词(16%):дезорганизовать(破坏)←организовать(组织),ремилитаризовать(重新武装)←милитаризовать(使军事化),татуироваться(给自己文身)←татуировать(文身);以形容词为词首的约占2%:идентифицировать(等同起来)←идентичный(相同的),легализовать(使合法化)←легальный(合法的);以感叹词为词首的约占0.2%:бисировать(重唱)←бис(再来一次),以及其他。分布比例如图所示。

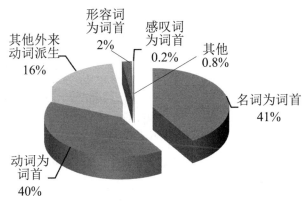

词首比例图

倘若不考虑外来动词的词首因素,而以动词作为分析单位的生产词,根据我们的统计分析,平均一个外来动词大致衍生出五个派生词。但从其构词链上看,只有一级构词链者约占46%,达二级者约占32%,达三级者约占16%,达四级者约占5%。构词链达五级的有动词изолировать(隔离,隔开,隔绝;使孤立),конструировать(设计)及монтировать(安装;剪辑)。①见下页图。

---

① 该统计的分母数以804计,扣除以词典中作为词目并带-ся表示反身意义的动词(共172个)以及在《俄语构词词典》中未收录的词,共122个。

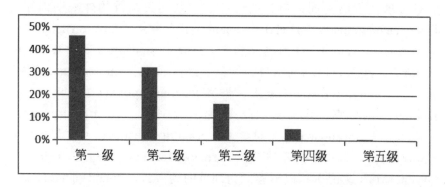

需要说明的是，外来动词在实际应用中的构词能力远比数据上显示的高得多，因为词典有时很难反映语言的真实状况，如идеализировать（理想化）在《现代俄语构词词典》中派生只到第一级的идеализирование（理想化），идеализация（理想化），идеализатор（倾向理想化的人），идеализированный（理想的）。但在语言实际应用中，人们还见到第二级派生，идеализационный（理想化的），идеализаторский（理想化的人的），идеализированность（理想性），甚至第三级派生，аналитически-идеализационно（分析理想化地）。

研究数据还显示，外来动词构词能力与其使用频率密切关联。在大众媒体和日常交际中，高频词构词能产性远高于低频词：организовать（组织）派生词多达86个，它在俄语国家语料库词频为15618次；изолировать（隔离，隔开，隔绝，使孤立）派生词42个，词频为2642次；анализировать（分析）派生词27个，词频为2953次；торпедировать（用鱼雷攻击；爆破钻孔）派生词只有一个торпедирование（爆破），频次为79次；анодировать（电镀）派生词只有一个анодирование（阳极处理），词频为33次。

第二节　外来动词词缀发展及分布

厘清生产词与派生词的派生关系是建立外来动词形式语义构词模式的核心。《俄语语法》（1980）解释了生产词与派生词区分的原则："1）词汇意义不同，词干形式（音位）上较复杂者为派生词；2）词汇意义不同，但词干形式复杂程度相同，词汇意义较复杂者为派生词；3）词素成分相同，词类意义不同，则表现在两个方面：一是在表示动作意义的动词名词组中，或表示特征意义的形容词名词组中，名词为派生词；二是在形容词副词词组中，形式较复杂者为派生词；4）在所对比的词中，语体中立词为生产词。"①

但这一生产词与派生词区分标准无法完全成为外来动词派生判断的基础，因为许多词与词缀是国际通用的。克雷欣指出："我们很难厘清名词дестабилизация（不稳定）是由стабилизация（稳定）加前缀де-构成，还是从英语词destabilization或法语词déstabilisation直接借入；动词визировать（发签证）是由виза（签证）加后缀-ировать-派生而来，还是由俄化的德语词visieren或是法语词viser而来。"② 我们的研究立足于外来动词共时层面，而非历时层面，因此主要以季洪诺夫主编的《俄语构词词典》③呈现外来动词构词模式。

俄语外来动词构成无论是动词形式直接借入，还是由其他词类生成，均具有自己独有的后缀标记。绝大多数外来动词带后缀-ова-：арендовать（租赁，租用），ассигновать（拨款），протестовать（抗议）；-ирова-：абонировать（预购），аннексировать（并吞）；-изирова-：демократизировать（使民主化），индустриализировать（使工业化）；-изова-：децентрализовать（分权），формализовать（使形式化）；-фицирова-：кодифицировать（编纂法典），радиофицировать（使无线电化）。④

从发展历程上看，上述后缀中-ова-最古老，是名词派生动词的主要手段，如торговать（贸易）等。17—18世纪初，受波兰语影响（波兰语动词带词缀owac-），后缀-ова-扩大了功能，成为构成外来动词的重要手段：акцептовать（承付，承兑）← akceptować；публиковать（出版）← publikować，титуловать <按官爵>（称呼）← tytułować等。18世

---

① Русская грамматика АН СССР[M]. Т. I. М.: Наука, 1980. С. 131.
② Л.П. 克雷欣，社会语言学与现代俄语[M]，赵蓉晖译，北京：北京大学出版社，2011，第43页。
③ Тихонов А.Н. Словообразовательный словарь русского языка[Z]. В 2-х томах. М.: Русский язык, 1985.
④ 词典标注的外来动词多带有后缀-ова-，-ирова-，-изирова-，-изова-，-фицирова-。仅少数以-и-，-нича-，-ствова-构成：браконьер-и-ть（偷猎，偷捕），вампир-и-ть（使沮丧，使压抑），транжир-и-ть（浪费），юмор-и-ть（开玩笑）；принципиаль-нича-ть（[在小事上]过分讲原则）；шеф-ствова-ть（辅导，指导），резонер-ствова-ть（发长篇议论）等。由于数量有限，这些未列入本研究范围。

纪末，后缀-ирова-开始成为最能产的外来词构词词缀，主要用来构成从德语、法语、意大利语、荷兰语借入的动词：аннотировать（简介，评注）← annotieren[德语]，манкировать（忽视；缺席）← manquer [法语]，крейсировать（巡航）← kruisen[荷兰语]，инкассировать（凭票兑现）← incassare[意大利语]等。19世纪时，后缀-изирова-，-изова-开始在俄语中发挥积极作用，主要用来表示源语为德语或法语的外来动词：гипнотизировать（催眠）←hypostasieren [德语]，детализировать（使详细化）←detalisieren [德语]，морализировать（说教、劝善）← moraliser [法语]，реализовать（实现；销售）← realiser [法语]等。19世纪末，后缀-фицирова-独立成为词缀，与德语-fizieren关系密切：газифицировать（制取煤气；安装煤气设备）← gasifizieren[德语]，денацифицировать（肃清纳粹主义）← denazifizieren [德语]。①

　　从外来动词与其源语的比较中，不难看出后缀生成与源语形式之间的密切关系。如果源语不是来自波兰语，而且带-ieren, -er , -en, -are等后缀，那么其进入俄语中则使用后缀-ирова-。该后缀由-ир-加俄语后缀-ова-构成。如果源语带后缀-isiere或-iser，进入俄语后，代之以后缀-изирова-, -изова-。显然，这两个后缀分别由-из-加构词后缀-ирова-, -ова-构成。现代俄语中发现大量带后缀-изирова-, -изова-的复体形式：модернизировать（使现代化）←→модернизовать（使现代化），стабилизировать（使稳定）←→ стабилизовать（使稳定）等。以此类推，后缀-фицирова-显然由-фиц-＋-ирова-构成。乌卢哈诺夫把后缀-ова-, -ирова-/-изова-称为次形素（субморф）。② 换言之，这些形素只是在结构上与后缀相近，但并不表达语义，与词根也不能进行切分。从构词历时视角看，这一观点具有一定的理据性，但从共时视角看，这类词缀可以作为外来名词或形容词派生动词的手段，具有可切分性。阿维洛娃把后缀-изирова-/-изова-视为变体关系，与其他3个词缀

---

① Авилова Н.С. Слова интернационального происхождения в русском литературном языке нового времени (глаголы с заимствованной основой) [M]. M.: Наука, 1967. C. 155.

② Улуханов И.С. Мотивация в словообразовательной системе русского языка[M]. 2-е изд., испр. и доп. M.: Книжный дом «ЛИБРОКОМ», 2010. C. 180.

为近义关系，但又作为独立的后缀。① 叶夫列莫娃则把它们视为派生关系。②

从上述后缀来源与发展上看，区分这些后缀在语言层面的差别是没有意义的，但当它们成为俄语动词派生手段时，厘清其意义和使用的差异却十分重要。维诺格拉多夫指出："构词词缀的特殊性在于，多数情况下它们无法完全独立使用，而需要与形态和语义上特定的词干结合在一起。特定词干连接规则取决于音位形态和词汇语义条件。"③

首先，在音位形态上，所有后缀都可以位于啼辅音｜ц｜及｜j｜之后，不同的是，-ова-之前是硬辅音及软响音，-ирова-、-изирова,-изова-之前则为软辅音及元音。④ 试比较：контрактовать（签订合同），интервьюировать（采访），аппретировать（上光，压光），компьютеризовать（计算机化）。生产词干为硬辅音结尾时，若以-ирова-、-изирова-、-изова-派生，则发生词干辅音交替：кристалл（结晶体）→ кристаллизовать（使结晶）。因此，除了词干是否以元音结尾这个重要特征外，生产词干表面形式并不能作为词缀选择的标准。

其次，在语义方面，阿维洛娃根据外来动词和生产名词之间的派生关系尝试建立上述后缀的语义类别。以-фицирова-为例，她认为该后缀表达以下意义："从事与生产名词相应的行为；以生产名词所指称的事物为工具所进行的行为；发生生产名词指称的行为；达到生产名词表示的结果，获得生产形容词指称的特征。除了-фицирова-外，其他后

---

① Авилова Н.С. Слова интернационального происхождения в русском литературном языке нового времени: (глаголы с заимствованной основой)[M]. М.: Наука, 1967. С. 20-21.

② Ефремова Т.Ф. Толковый словарь словообразовательных единиц русского языка[Z]. М.: Русский язык, 1996. С. 18.

③ Виноградов В.В. Словообразование в его отношении к грамматике и лексикологии（на материале русского и родственных языков[A]//Избранные труды. Исследования по русской грамматике[M]. М.: Наука, 1975. С.196.

④ Русская грамматика АН СССР[M]. Т. I. М.: Наука, 1980. С. 337–338.

缀均可分出10—15种不等的类别。"①详见下表②。

	-ова-	-ирова-	-изирова-/-изова-	-фици-рова-
1. 发生相应名词指称的行为	+	+	+	−
2. 从事与某人特征相符的活动	+	+	−	−
3. 进行与相应名词所指称的地点有关的行为	−	+（1）③	−	−
4. 处于相应名词指称的状态	+	+	−	−
5. 使变成相应名词指称的事物、状态或特征	+	+	+	−
6. 通过所指称相应名词对客体产生影响	+	+	−	−
7. 借助所称的相应名词所进行的行为	+	+	−	+
8. 以相应名词指称的事物进行增补或装配	+	+	+	+
8a. 丧失相应名词指称的事物	−	+	(+)④	−
9. 以表人名词指称的人物进行称名	+	+	−	−
10. 使发生相应名词指称的行为	+	+	+	+
10a. 使发生相应名词指称的负面行为	−	+	+	+
10b. 使发生相应表人名词指称的人物的行为	−	+	−	−
10c. 使发生相应表人名词指称的人物的行为方式	−	−	+	−
11. 达到相应名词指称的结果	+	+	+	−
11a. 达到相应名词指称的负面结果	−	+（1）	−	−
12. 使得到相应形容词指称的特征	−	−	+	+
12a. 使得到表示国家和民族意义形容词指称的特征	−	−	+	−
13. 对相应名词指称的事物产生影响	−	+（1）⑤	−	−
14. 具有相应形容词指称的特征	+（1）	−	−	−
15. 置于相应名词指称的空间	+	+	+	−

① Авилова Н.С. Слова интернационального происхождения в русском литературном языке нового времени (глаголы с заимствованной основой) [M]. M.: Наука, 1967. C. 155–156.

② 此表只选取生产词与动词之间的语义关系，派生词与动词之间的语义关系未列入。

③ 表示该例的数量。

④ +表示可以构成潜在形式，但该形式在标准语言中并不存在。

⑤ 表示该例的数量。

从上表不难发现，后缀-фицирова-使用范围明显少于前3类后缀，后者许多时候可以派生相同的语义，如1, 5, 8, 10, 11, 15等。然而，探究这些后缀的区别性语义特征亦非易事。同一语义类别动词有不同词缀形式可以佐证这一点。试比较：хромировать（镀铬）/гальванизировать（电镀），централизовать（集中）/концентрировать（集中），характеризовать（评定；描述特征）/специфицировать（确定特点；规格说明）等。这一现象反映了前述的关于后缀本身的生成背景。尽管如此，基于阿维洛娃的分类及我们所分析的语料，大体可以看到这些后缀选择的偏向。

后缀-ирова-区别性语义特征体现为"使发生相应表人名词的行为"：пилот（飞行员）→ пилотировать（驾驶飞行器），эскорт <军>（护送队）→ эскортировать <军>（[由护送队]护送）等。

后缀-изирова-/-изова-具有两个区别性语义特征：1）使发生相应表人名词指称的人物的行为方式：Пастер（巴斯德）→ пастеризовать/пастеризировать（[用巴（斯德）氏法]进行消毒[或灭菌]），Мерсер（默瑟）① → мерсеризовать（做丝光处理）；2）使获得表示国家和民族意义的形容词指称的特征：европейский（欧洲的）→ европеизировать（欧洲化）。此外，我们还发现，该后缀常用来表示"使变成生产词指称的事物、状态或特征"，类似于汉语后缀"化"及英语后缀ize/ise：демократия（民主）→ демократизировать（民主化），капитал（资本）→ капитализировать/капитализовать（资本化），нейтральный（中立的）→ нейтрализовать/ нейтрализировать（中立化）。

后缀-фицирова-语义范围最小，但在表达"以相应名词指称的事物进行装配"这一区别性语义特征时，其能产性极高：радио（无线电）→радиофицировать（[配置无线电]无线电化），электричество（电，电力）→электрифицировать（[配以电力]电气化）等。

根据上述分析，我们认为，选择外来动词后缀首先要以源语形式为标准，但当动词为派生词时，除少数情况外，一般不受生产词语义的影响。外来动词主要构成模式见下面两个表格。

---

① 默瑟（J. Mercer）为丝光加工技术的发明者。

源语为动词	源语形式	后缀	例词
STEM₁	＋〔-ować〕OR －〔-isieren-/-iser, -ifizieren〕 →	-ова-	fasować → фасовать（按分量包装） trample→трамбовать（夯平）
STEM₂	－〔-isieren-/-iser, -ifizieren〕 →	-ирова-	opponieren → оппонировать（反驳） старт → стартировать（开始）
STEM₃	＋〔-isieren-/-iser〕 ＋〔s, z〕 →	-изирова-/ -изова-	organiser → организовать（组织） digitalize→дигитализировать（数字化）
STEM₄	＋〔-ifizieren〕 →	-фицирова-	falsifizieren → фальсифицировать（伪造）

源语为非动词	语义	词缀偏向	例词
STEM/n/adj	一般意义（非标志性意义） →	-ова-	рейтиг（等级）→ рейтиговать（分级）
	→	-ирова-	рекорд（记录）→ рекордировать（记录）
	使发生相应表人名词指称的人物的行为 →	-ирова-	профан（门外汉，外行）→ профанировать（亵渎）
	使获得生产词表示的事物、状态或特征 →	-изирова-/ -изова-	материя（物质）→ материзовать（物质化） легальный（合法的）→ легаи-ловать（合法化）
	以相应名词指称的事物进行装配 →	-фицирова-	кино（电影）→кинофицировать（安装电影放映设备; 普及电影）

在上述几种构词模式中，-ирова-比例最高，-фицирова-最少，见下页饼状图。-ирова-的高频次除受到源语借入的影响外，还表现在生产词为其他词类的派生中。当生产词为其他词类时，-ирова-作为派生动词手段占比达 60%。此外，一系列带后缀-ова-的动词，也出现了带后缀-ирова-的形式，见下页表格。无论-ирова-和-ова-之间的竞争或是 STEM₃中-изирова-和-изова-之间的竞争，都证明语言仍在选择最适当的形式。然而在语言经济原则下，"消除复体形式成为外来动词进入

俄语的标志之一"。① 为了厘清复体形式的消长状况，我们借助俄语国家语料库对复体形式进行了词频统计。结果显示，尽管后缀-ирова-在派生新词上占有绝对优势，但不表示它可以取代早已存在于语言中的动词形式。此外，后缀-изирова-较之-изова-更具竞争优势。在频次上，除了少数动词，如инвентаризировать /инвентаризовать（盘点），милитаризировать/милитаризовать（使军事化），скандализировать/скандализовать（使难堪），ритмизировать/ ритмизовать（使有节奏，使合乎节拍）等，其余复体形式在使用频次上具有明显区别。

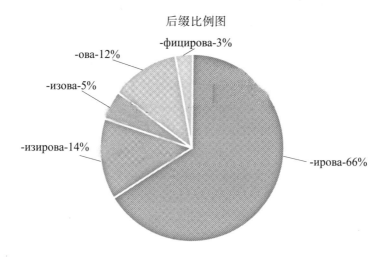

后缀比例图

动词	词频	动词	词频	动词	词频
акцентировать	442	иллюминировать	100	секвестрировать	8
акцентовать	0	иллюминовать	95	секвестровать	19
апробировать	261	инструкментировать	0	цементироваться	17
апробовать	79	инструментовать	43	цементоваться	0
бомжировать	0	презентировать	3	цензурировать	18
бомжевать	18	презентовать	250	цензуровать	30
бронзировать	13	репетировать	1769	центрировать	37
бронзовать	0	репетовать	18	центровать	5
дешифрировать	12	репрезентировать	30	цитировать	2564
дешифровать	31	репрезентовать	7	цитовать	12

① Авилова Н.С. Слова интернационального происхождения в русском литературном языке нового времени (глаголы с заимствованной основой) [M]. М.: Наука, 1967. С. 9.

（续表）

动词	词频	动词	词频	动词	词频
гальванизировать	46	легализировать	39	ревизировать	6
гальванизовать	1	легализовать	272	ревизовать	269
гармонизировать	108	конкретизировать	314	ритмизировать	17
гармонизовать	10	конкретизовать	5	ритмизовать	16
детализировать	161	капитализировать	102	романизировать	13
детализовать	13	капитализовать	1	романизовать	3
демилитаризировать	1	легализироваться	8	сигнализировать	350
демилитаризовать,	39	легализоваться	61	сигнализовать	3
импровизировать	1129	милитаризировать	20	скандализировать	27
импровизовать	20	милитаризовать	23	скандализовать	22
инвентаризировать	12	модернизировать	800	солидаризироваться	80
инвентаризовать	12	модернизовать	20	солидаризоваться	16
ионизировать	241	модернизироваться	72	стабилизировать	553
ионизовать	42	модернизоваться	0	стабилизовать	18
институционализировать	32	моторизовать	17	стабилизироваться	297
институционализовать	2	моторизовать	135	стабилизоваться	10
категоризировать	1	нейтрализировать	4	стандартизироваться	8
категоризовать	0	нейтрализовать	702	стандартизоваться	4
компьютеризировать	57	парализировать	48	терроризировать	274
компьютеризовать	8	парализовать	1730	терроризовать	33
колонизировать	54	пастеризировать	0	экранизировать	156
колонизовать	34	пастеризовать	82	экранизовать	4
канонизировать	223	пролетаризировать	11		
канонизовать	22	пролетаризовать	3		
кристаллизировать	9	популяризировать	146		
кристаллизовать	90	популяризовать	45		

如前所述，充当外来动词词首的可以是不同词类，为了呈现整个符号构词系统的共性结构，我们将以动词为词首。动词在构词中扮演重要的角色，因为动词派生是由其配价关系决定的。换言之，"动词

构词聚合体是其配价关系的见证"。①另外,由于每个外来动词构词链的长短与构词数量并不完全相同,为了厘清其形式语义构词模式及能产性,我们根据派生的词类及层级进行分析,并以下述符号表示:

МСС — модель словообразовательной системы 构词系统模式

СМ — словообразовательный модель 构词模式

СМ1—第一级构词链,СМ2—第二级构词链,СМ3—第三级构词链,以此类推。

СМ1N, СМ1А, СМ1V—第一级派生的名词、形容词和动词。

СМ2N/N, СМ2N/А, СМ2N/V—第二级从名词派生的名词、形容词和动词。

$CM1N_{/1}$, $CM1N_{/2}$, $CM1N_{/3}$, $CMN_{/n}$—第一级派生名词中的亚类。

$CM1N_{/1/1}$, $CM1N_{/1/2}$, $CM1N_{/1/3}$, $CM1N_{/1/n}$—第一级派生名词亚类下的小类。

О为生产词。O_1为原始生产词,② O_2为经过第一次派生的生产词,O_n为经过(n-1)次派生的生产词。

ДП(деривационный префикс):构词前缀

ИС(интерфикс)(-)/(Ø):ИС表示中缀,(-)表示中缀以连字符表示,(Ø)表示零中缀。

ДС(деривационный суффикс):构词后缀

$ДС_Ø$:经截尾法形成的Ø后缀

Оч(чередование основы):生产词词干在派生词中发生形态音位变化(морфонологические преобразования),包括线性构造(линейное образование)及非线性构造(нелинейное образование)。前者指词干发生增生或截尾,后者则指词干发生辅音交替现象。③ 历史语音交替(историческое чередование)表现在非线性变化中。具体而言,历史语音交替是指每一个互相交替的辅音构成一个交替列(альтернационный ряд),其中每个辅音都会规律地出现在一个位置上,最常见的包括硬辅音与其对应的软辅音交替,如T'及T与M'及M

---

① Земская Е.А. Словообразование как деятельность[M]. М.: Книжный дом «ЛИБРОКОМ», 2009. С. 22.

② 这里原始生产词全部为动词。

③ Русская грамматика АН СССР[M]. Т. I. М.: Наука, 1980. С. 414.

交替现象。①

O（конверсия）：构词由词类转换产生。

第三节　第一级构词链形式语义模式

第一级构词链为构词的主要基础。第一级构词CM1的派生词分为三类：CM1N—名词，CM1V—动词，CM1A—形容词。其中，名词派生比例最高。几乎所有动词都可以派生名词，其次为动词，形容词比例最低。

1. CM1N 形式语义模式

该类模式主要构成名词，分为四类：1）$CM1N_{/1}$：$O_2 = O_1 + ДС$：депонировать（存入；<外>（交存）→ депонирование，контрактовать（签订合同）→ контрактант（签订合同人），рекомендовать（推荐）→ рекомендователь（推荐人）；2）$CM1N_{/2}$：$O_2 = O_{ч1} + ДС$分为两小类：一是词干发生截尾现象：апеллировать（上诉，上告）→ аппеллянт（上诉人），декорировать（装饰）→ декоратор（装潢设计师），индивидуализировать（使个体化）→ индивидуализация（个体化）；二是词干截尾加上辅音交替，辅音交替最常见的是｜ц-к｜交替：газифицировать（装置煤器）→ газификатор（汽化器），мистифицировать（蒙骗，愚弄；故弄玄虚）→ мистификатор（故弄玄虚的人），провоцировать（挑拨）→ провокатор（挑拨者）；3）$CM1N_{/3}$：$O_2 = O_{ч1} + ДС_\emptyset$表示词干发生截尾现象后，加（Ø）零词缀为非能产模式：атаковать（攻击）→ атака，импортировать（进口）→ импорт；4）$CM1N_{/4}$：$O_2 = O_{ч1} + ИС(\emptyset)/(-)+O$表示词干发生截尾现象后与另一个非自由词干或是词构成复合词：адаптировать（使适应）→ адаптометр <医>（眼适应针），короновать（加冕）→ коронограф <天>（日冕仪），концентрировать（浓缩）→ концкорм（浓缩饲料）。

在CM1N模式中，以$CM1N_{/2}$最能产，约占60%，其次为$CM1N_{/1}$约占39%，$CM1N_{/3}$约占1%，$CM1N_{/4}$只有四个。

---

① Русская грамматика АН СССР[M]. Т. I. М.: Наука, 1980. С. 437–438.

第九章 外来动词构词语义　269

相较于俄语名物化后缀达到60个之多，[①] 参与外来动词名物化的后缀仅有31个。[②] 包括-ад, -ад-(а), -аж, -анс, -ант/-янт, -ат/-ят, -атор/-ятор, -ациj-/-яциj-, -емент, -ент, -енциj-, -ет, -иj-, -ициj-, -инг, -ир, -исмент-(а), -истик-(а), -итор, -льн-(я), -льщик, -ниj-, -н-(я), -овк-(а), -ор/-ер/-ёр, -ств-(о), -тель, -чик/-щик及Ø零词缀。[③] 其中，最能产的依次为-ниj-（40%），-ациj-/-яциj-（26%），还有其他一些包括-атор/-ятор（12%）及-чик/-щик-（5%）。而低生产能力（衍生词低于5个）则包括 -ад, -ад(а), -емент, -енциj-, -ет, -иj-, -инг, -ир, -исмент-(ы), -истик-(а), -итор, -льн-(я), -льщик, -н-(я), -тель, -ур-(а) 及（Ø）零词缀。其分布比例见下图。

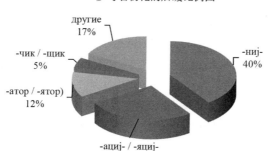

参与名物化的后缀比例图

此外，根据与其连用的后缀，又可以将CM1N$_{/1}$分为五小类：CM1N$_{/1/1}$(-ниj-)，CM1N$_{/1/2}$(-льник)，CM1N$_{/1/3}$(-льн(я))，CM1N$_{/1/4}$(-льщик) 及CM1N$_{/1/5}$(-тель)。与此相同，CM1N$_{/2}$也可因不同后缀分为CM1N$_{/2/1}$至CM1N$_{/2/26}$。如下页表所示。

---

① Зольникова Н.Н. Структурно-семантические особенности отглагольных существительных русского и немецкого языков[D]. Дис. канд. филол. наук. Челябинск, 2010. С. 11.

② 除了上述表示名物化后缀外，外来动词构词中还使用后缀-ист, -ник, -онер, -ниц-(а), -к-(а), -ш-(а), -щиц-(а), -ик等。

③ 除了上述后缀外，《俄语构词词典》中还标注后缀-ив-（кредитив（信用债券，国书））, *-иал（дифференциал）（微分，差速器）, -щин-(а) 等。然而дифференциал, кредитив 不可切分。*-иал不是词素，-ив-(о) 尽管存在，加在动词之后，构成的名词通常为中性词；-щин-(а) 通常加在名词及形容词之后，但实际语言中并不存在*профилировщина一词。

CM1 N$_{/2/1}$:	O$_2$ = O$_1$ + -ациj-/-яциj-	CM1 N$_{/2/14}$:	O$_2$ = O$_1$ + -ад
CM1 N$_{/2/2}$:	O$_2$ = O$_1$ + -ициj-	CM1 N$_{/2/15}$:	O$_2$ = O$_1$ + -ств(о)
CM1 N$_{/2/3}$:	O$_2$ = O$_1$ + -енциj-	CM1 N$_{/2/16}$:	O$_2$ = O$_1$ + -ад(а)
CM1 N$_{/2/4}$:	O$_2$ = O$_1$ + -циj-	CM1 N$_{/2/17}$:	O$_2$ = O$_1$ + -емент
CM1 N$_{/2/5}$:	O$_2$ = O$_1$ + -атор/-ятор	CM1 N$_{/2/18}$:	O$_2$ = O$_1$ + -ир
CM1 N$_{/2/6}$:	O$_2$ = O$_1$ + -итор	CM1 N$_{/2/19}$:	O$_2$ = O$_1$ + -инг
CM1 N$_{/2/7}$:	O$_2$ = O$_1$ + -чик /-щик	CM1 N$_{/2/20}$:	O$_2$ = O$_1$ + -анс
CM1 N$_{/2/8}$:	O$_2$ = O$_1$ + -ант /-янт	CM1 N$_{/2/21}$:	O$_2$ = O$_1$ + -ет
CM1 N$_{/2/9}$:	O$_2$ = O$_1$ + -ор/-ер/-ёр	CM1 N$_{/2/22}$:	O$_2$ = O$_1$ + -иj-
CM1 N$_{/2/10}$:	O$_2$ = O$_1$ + -ент	CM1 N$_{/2/23}$:	O$_2$ = O$_1$ + -исмент(ы)
CM1 N$_{/2/11}$:	O$_2$ = O$_1$ + -аж/-яж	CM1 N$_{/2/24}$:	O$_2$ = O$_1$ + -н(я)
CM1 N$_{/2/12}$:	O$_2$ = O$_1$ + -овк(а)	CM1 N$_{/2/25}$:	O$_2$ = O$_1$ + -истик(а)
CM1 N$_{/2/13}$:	O$_2$ = O$_1$ + -ат/-ят	CM1 N$_{/2/26}$:	O$_2$ = O$_1$ + -ур(а)

上述构词模式可以衍生出不同义项。

1.1 动作过程与状态

构词模式：CM1N$_{/1/1}$（-ниj-），CM1N$_{/2/1}$（-ациj-/-яциj-），CM1N$_{/2/2}$（-ициj-），CM1N$_{/2/3}$（-енциj-），CM1N$_{/2/11}$（-аж/-яж），CM1N$_{/2/12}$（-овк(а)），CM1 N$_{/2/15}$（-ств(о)），CM1N$_{/2/16}$(-ад(а))，CM1 N$_{/2/19}$（-инг），CM1 N$_{/2/20}$（-анс），CM1 N$_{/2/22}$（-иj-），及CM1N$_{/3}$。此类为最能产的语义类型，使用频率最高者为 -ниj-：информировать（报道，通知）→информирование, стимулировать（刺激）→ стимуляция, абсорбировать（吸收；吸附）→ абсорбиция（吸收作用），конкурировать（竞赛）→ конкуренция, перемонтировать（重新安装）→ перемонтаж, дезертировать（临阵脱逃）→ дезертирство, нивелировать（水平测量）→ нивелировка, блокировать（封锁）→ блокада, тренировать（训练）→ тренинг, резонировать（共振）→ резонанс①, корректировать（修正；校对）→ коррекция, диспутировать（辩论）→ диспут②（辩论会）。

---

① резонанс 另表示聚音性；反响。
② диспут 另表示辩论会。

1.2 相应动作客体或结果

构词模式：CM1N$_{/2/1}$（-аци-/-яциј-），CM1N$_{/2/3}$（-енциј-），CM1N$_{/2/4}$（-циј-），CM1N$_{/2/5}$（-атор/-ятор），CM1N$_{/2/9}$（-ор/-ер/-ёр），CM1N$_{/2/12}$（-овк(а)），CM1N$_{/2/13}$（-ат/-ят），CM1N$_{/2/2/14}$（-ад），CM1 N$_{/2/23}$（-исмент(ы)），CM1 N$_{/2/25}$（-истик(а)）及CM1N$_{/3}$。比例最高者为CM1N$_{/2/1}$（-ациј/-яциј）：иллюстрировать（画插图）→ иллюстрация（插图）①，флуоресцировать（发荧光）→ флуоресценция（荧光），инвестировать（投资）→ инвестиция②（投资），изолировать（隔绝）→ изолятор（绝缘体），эмитировать（发射）→ эмиттер（发射体），инсценировать（把……改编成）→ инсценировка③（改编的戏剧），экспонировать（展览）→ экспонат（展品），дистиллировать（蒸馏）→ дистиллят（蒸馏物），рафинировать（精炼；精制成方糖）→ рафинад（精制方糖），аплодировать（鼓掌）→ аплодисменты（掌声），характеризовать（评定）→ характеристика（鉴定书），шлифовать（磨光，磨削）→ шлиф（薄片，切片）。

1.3 进行该动作的工具设备、材料或方法

1.3.1 进行该动作的工具设备

构词模式：CM1N/$_{1/4}$（-льщик），CM1N$_{/2/1}$（-ациј/-яциј），CM1N$_{/2/4}$（-циј-），CM1N$_{/2/5}$（-атор/-ятор），CM1N$_{/2/7}$（-чик /-щик-），CM1 N$_{/2/11}$（-аж/-яж），CM N$_{/2/12}$（-овк(а)），CM1 N$_{/2/9}$（-ор/-ер/-ёр），CM1 N$_{/2/18(-ир)}$，及CM1N$_{/219(-инг)}$：полировать（抛光）→ полировальник（抛光器），дешифрировать（译出，判读）→ дешифратор（译码机，译码器），ретранслировать（转播）→ ретранслятор④（转发器，转播器），бомбардировать（轰炸）→ бомбардировщик⑤（轰炸机），спринцевать（用水喷洒伤口）→ спринцовка⑥（喷嘴，喷雾器）；коллекционировать（收集）→ коллектор（集流器，聚集管），адсорбировать（吸附）→ адсорбер（吸附器），рафинировать（精炼）→ рафинер（精磨机），полировать（抛光）→ полир（抛光器），крекировать（使裂化）→

---

① иллюстрация 另表示иллюстрировать的抽象义。
② инвестиция 另表示инвестировать的抽象义。
③ инсценировка 另表示инсценировать的抽象义。
④ ретранслятор 另表示转播站、中继站、反传器。
⑤ бомбардировщик 另表示轰炸机飞行员。
⑥ спринцовка 另表示спринцевать的抽象义。

крекинг①（裂化装置）。比例最高者为CM1N$_{/2/5}$（-атор/-ятор），约占所有构词手段60%，其次为CM1N$_{/2/9}$（-ор/-ер/-ёр），约占22%。

1.3.2 进行该动作的材料

构词模式：CM1 N$_{/2/4}$（-циj-），CM1N$_{/2/5}$（-атор/-ятор），CM1 N$_{/2/8}$（-ант/-янт），CM1 N$_{/2/10}$（-ент），CM1 N$_{/2/11}$（-аж/-яж）。此语义类型属非能产型：инъецировать（注射）→ инъекция②（注射剂）；активировать（活化）→ активатор（活化剂），коагулировать（使凝结）→ коагулянт（凝剂），абсорбировать（吸收）→сабсорбент（吸收剂），фиксировать（固定）→ фиксаж（定影剂，固定剂）。

1.3.3 进行该动作的方法

构词模式：CM1 N$_{/2/1}$（-ациj/-яциj），CM1N$_{/2/4}$（-циj）：гальванизировать（用直流电治疗）→ гальванизация（直流电疗），интерполировать（插入）→интерполяция③（内插法），резецировать（切除）→ резекция（切除术）。此语义类别属非能产型。

1.4 进行该动作的人

构词模式：CM1N$_{/1/4}$（-льщик），CM1N$_{/1/5}$（-тель），CM1N$_{/2/1}$（-ациj/-яциj），CM1N$_{/2/5}$（-атор/-ятор），CM1N$_{/2/6}$（-итор），CM1N$_{/2/7}$（-чик/-щик-），CM1N$_{/2/8}$（-ант/-янт），CM1N$_{/2/9}$（-ор/-ер/-ёр），CM1N$_{/2/10}$（-ент），CM1 N$_{/2/13}$（-ат/-ят），及CM1N$_{/3}$。此类属能产语义类型。其中，数量最多的为CM1N$_{/2/5}$（-атор/-ятор），CM1 N$_{/2/7}$（-чик/-щик-），二者共占总数的60%：копировать（复制；复写）→ копировальщик（复制者；复写员），фрахтовать（租船；托运）→ фрахтователь（租船户），иммигрировать（[外来移民]入境）→ иммигрирация④（移民），механизировать（使机械化）→ механизатор（机械化专家；机务人员），инвестировать（投资）→ инвеститор（投资者），спекулировать（投机；乘机利用）→ спекулятор（投机分子），игнорировать（忽略）→ игнорант（无知的人），кредитовать（贷款，拨预算）→ кредитор（债主），реферировать（写题要）→ референт（论文题要作者），делегировать（派遣）→ делегат（代表），гарантировать（保证）→ гарант（保证人）。

---

① крекинг 另表示крекировать的抽象义。
② инъекция 另表示инъецировать的抽象义。
③ интерполяция 另表示后加的词句。
④ иммигрирация 另表示移居。

1.5 进行该动作的处所

构词模式：CM1N$_{/1/3\,(-льн(я))}$，CM1N$_{/2/1\,(-ациj/-яциj)}$，CM1N$_{/2/13\,(-ат/-ят)}$，CM1N$_{/2/18(-ир)}$，及CM1N$_{/2/24\,(-н(я))}$：плакировать（镀[金属]）→ плакировальня（镀金属工厂），резервировать（保留，保存；储存）→ резервация①（居留地；禁猎区），резервировать（保留，保存；储存）→ резерват（禁猎区，自然保护区），градировать（晒盐）→градир（精盐场），градировать（晒盐）→ градирня（精盐场，冷却塔）。此类属非能产型语义类别。

1.6 相应机构

构词模式：CM1N$_{/2/1\,(-ациj/-яциj)}$，CM1N$_{/2/3\,(-енциj-)}$：ассоциировать（联合）→ ассоциация②（协会），кооперировать（使合作化）→ кооперация③（合作社），экспедировать（发送）→ экспедиция④（发行科）。此类属非能产型语义类别。

1.7 活动类别及义务

构词模式：CM1N$_{/2/26\,(-ур(а))}$：корректировать（修正；校对）→ корректура（校对工作），режссировать（担任导演）→режиссура⑤（导演工作）。此类属非能产型语义类别。

2. CM1A 形式语义模式

该类主要指称形容词构成，分为两种语义模式。

2.1 CM1A$_{/1}$：$O_2 = O_1 + ДС$

主要以形动词转换表示。其形式以动词过去时词干加后缀-нн-构成，共计189个：газировать（充气）→ газированный（充过气的），квалифицировать（鉴定；评定）→квалифицированный（有高级技术等级的；技术熟练的）；或现在时词干加后缀-ущ-/-ющ-，共计38个：изолировать（隔离，隔开，隔绝；使孤立；〈技〉使绝缘）

---

① резервация 另表示保留。
② ассоциация 另表示联想。
③ кооперация 另表示кооперировать抽象义。
④ экспедиция 另表示экспедировать抽象义。
⑤ ассоциация 另表示联想。

→изолирующий（隔离的；绝缘的）, синхронизировать（使同步化）→синхронизирующий（同步的；同期的）；或现在时词干加后缀-им/-ом构成，共5个：реализовать（实现）→ реализуемый（可实现的，可行的）。主要表达与动作相应的特征。考虑其派生程度，CM1A$_{/1}$：O$_2$ = O$_1$+ ДС可细分为3小类：CM1A$_{/1/1}$：O$_2$ = O$_1$+ ДС (-нн-)，CM1A$_{/1/2}$：O$_2$ = O$_1$+ ДС (-ущ-/-ющ-)与CM1A$_{/1/3}$：O$_2$ = O$_1$+ ДС (-им/-ом)。

2.2 CM1A$_{/2}$：O$_2$ = Oч$_1$ + ДС

主要以动词词干经过截尾后，加外来后缀-абельн-/-льн-表示。其语义分别为"适于进行该行为的"：репрезентировать（代表）→репрезентабельный（有代表性的）以及"用来进行该动作的"：дифференцировать（区别；〈数〉求出微分）→дифференцальный（有区别的；微分的）。此类属非能产型语义类别。以后缀-льн-派生的仅有4例，以后缀-абельн-派生的也仅有两例。

3. CM1V 形式语义模式

主要指称动词派生，包括三种语义模式：

3.1 CM1V$_{/1}$：O$_2$ = O$_1$+ ДС

主要以动词词干加尾缀-ся表示。абстрагировать（使抽象化）→абстрагироваться（得出抽象概念）, коллективизировать（使集体化）→ коллективизироваться（实现集体化）, регистрировать（登记；注册）→ регистрироваться（(给自己)登记，注册）, татуировать（文身）→ татуироваться（给自己文身），40％动词由此类型派生。

3.2 CM1V$_{/2}$：O$_2$ = ДП + O$_1$

主要以动词词干加前缀表示。值得注意的是，根据《俄语语法》（1980），能参与动词构词的前缀多达30个，包括в-/во-, вз-/взо-, воз-/возо-, вы-, де-/дез-, дис-, до-, за-, из-/изо-, на-, над-/надо-, недо-, низ-/низо-, о-, об-/обо-, от-/ото-, пере-, по-, под-/ подо-, пре-, пред-/предо-, при-, про-, раз-/разо-, ре-, с-/со-$_1$, со-$_2$, у-, противо-。[①] 然而，能够派生新词的前缀仅有анти-, в-, вы-, де-/дез-, дис-, до-, за-, им-, контр-, на-, о-, от-, пере-, под-, при-, раз-, ре-等。

[①] Русская грамматика АН СССР[M]. Т. I. М.: Наука, 1980. С. 355.

详见前缀比例图。тасовать（洗牌）→ втасовать（洗牌时掺牌），муниципализировать（归为市有）→демуниципализировать（把〔地方征用的或收归市有的建筑物〕发还原主），активировать（活化）→дезактивировать（使钝化），экзаменовать（考试）→доэкзаменовать（考完），протестовать（抗议）→запротестовать（开始抗议），импровизировать（进口）→ наимпровизировать（大量进口），брошюровать（装订）→оброшюровать（装订成册），лакировать（曲折航行）→отлакировать（曲折航行地离开），оркестровать（编曲）→переоркестровать（重新编曲），лакировать（上漆）→ подлакировать（在原漆上再上一层漆），арендовать（租赁）→приарендовать（追加租赁），бронировать（保留）→разбронировать（取消保留），экспортировать（出口）→ реэкспортировать（再出口）。其中比较特别的是前缀анти-，контр-及им-，датировать（标注日期）→антидатировать（倒填日期），атаковать（攻击）→контратаковать（反击），三者通常作为名词或形容词派生手段。

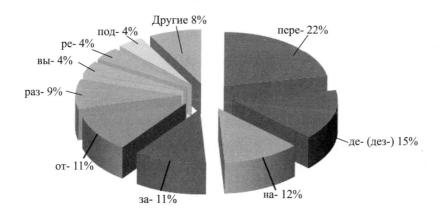

前缀比例图

外来动词前缀派生的局限性在于动词词根意义。乌卢哈诺夫明确指出："词缀与生产词的语义规则（限制）在于，词缀只与具有语义共性的生产词组合。"① "空间意义前缀在语义上只与方向性动词相容。"② 他把方向性动词分为表示具体物理运动和表示信息传递，③ 而外来动词具有上述两种语义的情况并不多见。因此，借助前缀法派生其他动词对外来语而言，并非词汇派生的主要手段。由多种前缀派生的动词一般具有明显的方向性：буксировать（牵引），前缀有вы-、за-、от-、при-、про-；тасовать（洗[牌]；随意安置[到各处]），前缀有в-、за-、от-、пере-、под-、про-、раз-；командировать（派遣），前缀有вы-、от-、при-、про-、раз-。

值得注意的是，анти-、де-/дез-、контр-、им-、ре-等前缀加生产词干后，并不改变动词体的形式：хлорировать（用氯净化）[兼体] → дехлорировать（去氯）[兼体]。但通过за-、при-、раз-等前缀派生的动词则会发生体的改变：дублировать（仿效，重复）[兼体] → задублировать（准备一套备用设备）[完成体]；арендовать（租赁）[兼体] →приарендовать（追加租赁）[完成体]；анатомировать（解剖）[兼体] → разанатомировать（剖成数块）[完成体]。通过前缀пере-派生的动词，有些会发生体的改变：ассигновать（拨款）[兼体]→переассигновать（重新拨款）[完成体]，另一些则维持原来体的形式，телеграфировать（发电报）[兼体]→ перетелеграфировать（转发电报）[兼体]。这里体的改变与前缀语义无关。试比较：переквалифицировать（使学习新技能；重新考核）[兼体]与передислоцировать（重新部署）[完成体]。

3.3　CM1V$_{/3}$: O$_2$ = Оч +NC (-) / (Ø) +O$_1$

主要为动词加上截短词干或非自由词干构成复合词形式。仅有三例：декламировать（朗诵）→мелодекламировать（配乐朗诵），механизировать（使机械化）→мотомеханизировать（摩托机械化），механизировать（使机械化）→ телемеханизировать（进行遥控管理）。

---

① Улуханов И.С. Мотивация в словообразовательной системе русского языка[M]. 2-е изд., испр. и доп. М.: Книжный дом «ЛИБРОКОМ», 2010. С.130.

② Улуханов И.С. Словообразовательная семантика в русском языке и принципы ее описания[M]. 5-е изд., испр. и доп. М.: Книжный дом «ЛИБРОКОМ», 2011. С. 222.

③ Там же. С. 222–223.

CM1V中，由于CM1V$_{/1}$主要表示概括性反身意义，其派生关系在词典中主要由生产动词表示，故不再细分小类。CM1V$_{/2}$中，尽管前缀表达不同的语义，但是在第二级派生关系上，并不受前缀语义的影响，也不再细分类别。

第四节 第二级构词链形式语义模式

第二级同样将CM2分成名词派生（CM2N）、形容词派生（CM2A）和动词派生（CM2V）。

CM2N形式语义模式：主要表示第一级名词二次派生的方式及语义。根据其派生词类，再分为CM2N/N—名词派生、CM2N/A—形容词派生和CM2N/V—动词派生。

1. CM2V 形式语义模式

1.1 CM2N/N 形式语义模式

主要指称名词派生，分为8种模式：1）CM2N/N$_{/1}$: $O_3 = O_2 + $ ДС：капитулянт（投降者）→ капитулянтство（投降行为），реферат（题要）→рефератик（小题要）；2）CM2N/N$_{/2}$: $O_3 = О_ч + $ ДС：экспедиция（发送）→экспедионер（发送者），меблировка（家具；摆设）→меблировщик（家具工）；3）CM2N/N$_{/3}$: $O_3 = $ ДП $ + O_2$：синхронизация（同步化）→десинхронизация（去同步化），кредитор（债主）→сокредитор（共同债权人）；4）CM2N/N$_{/4}$: $O_3 = O + $ ИС（Ø）/（-）$ + O_2$：рафинад（精制方糖）→сахаррафинад（精制方糖），конденсат（冷凝物，凝析油）газоконденсат（凝析汽）；5）CM2N/N$_{/5}$: $O_3 = О_ч + $ ИС（Ø）/（-）$ + O_2$：коагуляция（凝结）→электрокоагуляция（电凝法）；6）CM2N/N$_{/6}$: $O_3 = О_ч + $ ИС（Ø）/（-）$ + O_{ч2}$：корреспондент（通讯员）→спецкор（特约通讯员）；7）CM2N/N$_{/7}$: $O_3 = О_{ч2} + $ ИС（Ø）/（-）$ + O$：перфорация（穿孔）→перфокарта（穿孔卡）；8）CM2N/N$_{/8}$: $O_3 = О_{ч2} + $ ИС（Ø）/（-）$ + О_ч$：вибрация（振动）→виброграф（振动显示器）。

在第一级名词派生中，我们依其派生语义将其分为七类，其中的若干类别可以再加上其他词缀派生第二层名词，其派生语义类别如下：

1.1.1 表示动作过程与状态的名词派生类别

1）表人名词

构词模式：a) CM2N/N$_{/1}$：O$_3$ = CM1N$_{/2/11}$ (-аж/-яж)，CM1 N$_{/2/16(-ад-(а))}$+-ник；b) CM2N/N$_{/2}$：O$_3$ = CM1N$_{/2/11}$ (-аж/-яж)+-ист；c) CM2N/N$_{/2}$：CM1N$_{/2/12\,(-овк(а))}$ + -чик/-щик；d) CM2N/N$_{/2}$：CM1N$_{/2/2}$ (-циј-) + -онер：саботаж①（怠工）→ саботажник（怠工者），блокада（封锁）→ блокадник（被围困的人）；хронометраж（测时，计时；工时测定）→ хронометражист（测时员；工时测定员）；монтировка（装配）→ монтировщик（装配工）；экспедиция（发送）→ экспедиционер②（发送人）。

2）表示某种学说、思潮

构词模式：CM2N/N$_{/2}$: O$_3$ = CM1N$_{/2/1\,(-ациј-/-яциј-)}$+-изм：абстракция（抽象）→ абстракционизм（抽象主义），трансформация（变化）→ трансформизм（变化论）。

3）表示仪器、工具

构词模式：CM2N/N$_{/2}$: O$_3$ = CM1N$_{/2/2\,(-циј-)}$ + -ор/-ер/-ёр：реакция（反应）→ реактор（反应器；反应堆）

1.1.2 表示动作客体或结果的名词派生指小意义

构词模式：CM2N/N$_{/2}$: O$_3$ = CM1N$_{/2/13\,(-ат/-ят)}$，CM1N$_{/3}$+ -ик：реферат（提要）→ рефератик（小提要），презент（礼物）→ презентик（小礼物）。指小意义派生只有两例，原因在于外来词大多是书面语，而指小形式具有亲昵口语色彩。"词素组配在修辞上的局限性是由词素在修辞上的不相容所引起的，因为构词词素像词一样具有修辞色彩。我们可以观察到，相连用的词素之间具有修辞一致性趋势。"③

1.1.3 进行该动作的工具设备、材料或方法

1）表示工具设备的名词可以派生：a）利用该工具设备所进行的活动。构词模式：CM2N/N$_{/1}$: O$_3$ =CM1 N$_{/2/9\,(-ор/-ер/-ёр)}$+-ств-(о)：крейсер（巡洋舰）→ крейсерство（巡洋活动），рейдер（袭击舰）→ рейдерство（单舰截击）；b）操作或管理该工具设备的表人名

---

① саботаж 另表示暗中破坏。
② экспедиция 另表示考察；экспедиционер 另表示小官吏。
③ Белошапкова В.А. и др. Современный русский язык[M]. 3-е изд., испр. и доп. М.: Азбуковник, 1997. C. 323.

词。构词模式：CM2N/N$_{/1}$: O$_3$ =CM1 N$_{/2/5}$（-атор/-ятор），CM1N$_{/2/9}$（-ор/-ер/-ёр）+ -чик /-щик： аккумулятор（蓄电池）→аккумуляторщик（蓄电池维护工；蓄电池管理员）；рафинер（精磨机）→рафинерщик（精磨机工人）。

2）表示材料的名词可以派生相关的表人名词。构词模式：CM2N/N$_{/1}$: O$_3$ = CM1 N$_{/2/13}$（-ат/-ят）+-чик /-щик：препарат（制剂）→препаратчик（制剂员），денатурат（变性酒精）→денатуратчик（变性酒精制造者）。另外，表示方法的名词无进一步派生。

1.1.4　进行该动作的表人名词派生众多语义类别

1）人的特性或相关活动。构词模式：CM2N/N$_{/1}$: O$_3$ =CM1N$_{/2/5}$（-атор/-ятор），CM1N$_{/2/8}$（-ант /-янт），CM1N$_{/2/9}$（-ор/-ер/-ёр）+-ств-(о)：импровизатор（即兴作家；即兴演奏家）→импровизаторство（即兴创作的才能；即兴演奏的本领），инструктор（指导员）→инструкторство（指导员工作）。

2）女性附加变异意义。构词模式：a）CM2N/N$_{/1}$: O$_3$=CM1N$_{/2/5}$（-атор/-ятор），CM1N$_{/2/6}$（-итор），CM1N$_{/2/9}$（-ор/-ер/-ёр）+-ш-(а)；b）CM2N/N$_{/1}$: O$_3$ = CM1N$_{/2/8}$（-ант /-янт），CM1N$_{/2/9}$（-ор/-ер/-ёр），CM1N$_{/2/10}$（-ент），CM1N$_{/2/13}$（-ат/-ят）+к -(а)；c）CM2N/N$_{/2}$: O$_3$ = CM1N$_{/1}$（-льщик），CM1 N$_{/2/7}$（-чик /-щик-）+ -щиц-(а), +-льщиц-(а)； оператор（操作者）→операторша（女性操作者），контролер（检查员）→контролерша（女检查员）；информант（发言人）→информантка（女发言人），стажер（见习人员）→стажерка（女见习人员），оппонент（学位论文评议者）→оппонентка（女性学位论文评议者），делегат（代表）→делегатка（女代表）；глазировщик（上釉工人）→глазировщица（女上釉工人），плакировальщик（镀金工）→плакировальщица（女镀金工）。

从语义上看，女性意义派生理论上所有表人名词都可能激活这种意义，从形式上看，它们属于规律派生类别。但实际上，并非所有的词都可以派生出该语义。在CM1N$_{/2/7}$（-чик /-щик-）模式中，упаковщик（包装员）派生упаковщица（女包装员），但гуммировщик（橡胶工）并没有相对应阴性名词。针对这种现象，泽姆斯卡娅解释说："如果该阳性名词属于男性职业，那么派生相应的阴性名词就会很困难，并且很少出现。"① 她还提到，相应的阴性派生词主要用在口语中，因为表示职业的阳性名词在标准语中可以用来指称男性和女性。关于这一点，她引用了维诺格拉达夫的观点："阳性表人名词与其说表达性别概念，毋宁说表达对于该人物的整体概念、类别属性及其社会角色。"② 尽管如此，在第二级名词派生中，最能产的应属表女性意义派生，因为表人或活动意义在第一级派生中就可以产生。此外，在第二级派生词中有数量庞大，通过前缀连接或是与其他截短词干、非自由词干或是词相结合的复合词：катализатор（催化剂）→антикатализатор（阻催化剂）；интеграция（一体化）→дезинтеграция（非一体化），вояжер（旅行者）→коммивояжер（商品推销员），монтаж（剪辑）→литмонтаж（文学作品剪辑），кооперация（合作）→потребкооперация（消费合作社），инфекция（传染，感染）→аутоинфекция（自体传染，自体感染），фабрикат（工业产品）→полуфабрикат（半成品），трансформатор（变压器）→трансформаторостроение（变压器制造业）等。其语义通常为复合成分之语义加总。另外，用于描述动作地点、相关机构、活动以及义务的名词并没有进一步的派生形式。

1.2 CM2N/A 形式语义模式

CM2N/A主要指称以第一级名词为生产词二次派生的形容词。其派生手段有两种：CM2N/A$_{/1}$: = O$_2$+ ДС：экспонат（展品）→экспонатный（展品的）；CM2N/A$_{/2}$: O$_3$ =Оч$_2$+ ДС：импровизация（即兴演说，即兴作品）→ импровизационный（即兴演说的，即兴作品的），дегенерация（变质，退化）→дегенеративный（有变质特征的，退化的）。

不同于CM2N/N中由名词派生的名词，在第二级由名词派生的形容词中，形式要求大于语义。除了表人名词要求借助后缀-ск-表示"与……有关的，为……特有的"意义外，其余名词大多根据语音规则来变化。见下表。

---

① Земская Е.А. Словообразование как деятельность[M]. М.: Книжный дом «ЛИБРОКОМ», 2009. C. 148.

② Там же. C. 149.

名词语义	派生手段	第一级名词后缀	后缀	第二级派生词例
1. 动作过程与状态	CM2N/A$_{/2}$: O$_3$	CM1N$_{/2/1}$（-ациј-/-яциј-）	-онн-	эксплуатация（经营）→ эксплуатационный（经营的）
		CM1N$_{/2/22}$(-иј-))		экстракция（萃取）→ экстракционный（萃取的）
	CM2N/A$_{/1}$: O$_3$	CM1N$_{/2/7}$（-аж/-яж）	-н-	тампонаж＜矿＞（注浆堵塞，止水，固井）→ тампонажный（堵塞用的，止水用的；固井用的）
		CM1N$_{/2/16}$(-ад-(а))		блокада（封闭）→ блокадный（封闭的）
		CM1N$_{/3}$		импорт（进口）→ импортный（进口的）
	CM2N/A$_{/2}$: O$_3$	CM1N$_{/2/12}$（-овк-(а))	-н-	комплектовка（配套；补充）→комплектовочный（配套的；补充的）
2. 相应动作客体或结果	CM2N/A$_{/2}$: O$_3$	CM1N$_{2/1}$（-ациј-/-яциј-）	-онн-	прокламация（传单）→ прокламационный（传单的）
		CM1N$_{/2/1}$（-ациј-/-яциј-）	-ивн-	компиляция（编写；编写的著作）→ компилятивный（编写的）
		CM1N$_{/2/4}$（-циј-）		репродукция（复制品）→ репродукционный（复制品的）
	CM2N/A$_{/1}$: O$_3$	CM1N$_{/2/8}$（-ант-/-янт）	-ск-	арестант（被捕者；囚犯）→ арестантский（被捕者的；囚犯的）
		CM1N$_{/2/9}$（-ор/-ер/-ёр）	-н-	эмиттер（发射体）→ эмиттерный（发射体的）
		CM1N$_{/2/13}$（-ат-/-ят）		регенерат（再生物）→ регенератный（再生物的）
		CM1N$_{/2/14}$（-ад-）		маринад（醋汁）→ маринадный（醋汁的）
		CM1 N$_{/2/13}$（-ат-/-ят）	-ов-	экстракт（提炼物）→ экстрактовый（提炼的）

（续表）

名词语义	派生手段	第一级名词后缀	后缀	第二级派生词例
3.a）进行该动作的工具设备	CM2N/A$_{/2}$：O$_3$	CM1 N$_{/2/1}$（-ациj-/-яциj-）	-онн-	вентиляция（通风装置）→вентиляционный（通风装置的）
	CM2N/A$_{/1}$：O$_3$	CM1N$_{/2/5}$（-атор/-ятор）	-н-	дозатор（计量器）→дозаторный（计量器的）
		CM1 N$_{/2/7}$（-аж-/-яж）		дренаж（排水设备）→дренажный（排水设备的）
		CM1N$_{/2/9}$（-ор/-ер/-ёр）		коллектор（集流器）→коллекторный（集流器的）
		CM1N$_{/3}$		нивелир（水平仪）→нивелирный（水平仪的）
b）进行该动作的材料	CM2N/A$_{/1}$：O$_3$	CM1N$_{/2/5}$（-атор/-ятор）	-н-	детонатор（起爆剂；传爆剂）①→детонаторный（起爆剂；传爆剂的）
		CM1 N$_{/2/7}$（-аж/-яж）		фиксаж（定影剂）→фиксажный（定影剂的）
c）进行该动作的方法	CM2N/A$_{/2}$：O$_3$	CM1N$_{/2/1}$（-ациj-/-яциj-）	-онн-	иммунизация（免疫法）→иммунизационный（免疫法的）
		CM1N$_{/2/4}$（-циj-）		резекция（切除术）→резекционный（切除术的）
4.进行该动作的人	CM2N/A$_{/1}$：O$_3$	CM1N$_{/1/5}$（-тель）	-ск-	оформитель（装饰者）→оформительский（装饰者的）
		CM1N$_{/2/5}$（-атор/-ятор）		реформатор（改革者）→реформаторский（改革者的）
		CM1N$_{/2/6}$（-итор）		экспедитор（发送人）→экспедиторский（发送人的）
		CM1N$_{/2/8}$（-ант-/-янт）		оккупант（占领者）→оккупантский（占领者的）
		CM1N$_{/2/9}$（-ор/-ер/-ёр）		куратор（监护人）→кураторский（监护人的）
		CM1 N$_{/2/10}$（-ент）		депонент（存款人）→депонентский（存款人的）

---

① детонатор 另表示引爆管、雷管。

（续表）

名词语义	派生手段	第一级名词后缀	后缀	第二级派生词例
		CM1 N$_{/2/18}$(-ир)		командир（指挥官）→ командирский（指挥官的）
		CM1N$_{/3}$		бомбардир（炮手）→ бомбардирский（炮手的）
5. 进行该动作的处所	—	—	—	—
6. 相关机构	CM2N/A$_{/2}$: O$_3$	CM1 N$_{/2/1}$(-ациј-/-яциј-)	-ивн-	кооператив（合作社）→ кооперативный（合作社的）
7. 活动种类及义务	CM2N/A$_{/1}$: O$_3$	CM1 N$_{/2/26}$(-ур(а))	-н-	корректура（校对工作）→ коллектурный（校对工作的）

1.3 CM2N/V 形式语义模式

该类主要由名词派生动词。构词模式：CM2N/V: O$_3$ = O$_2$+ ДС表示与某人相关的活动或行为，主要由第一级的CM1N$_{/2/5}$(-атор/-ятор)，CM1 N$_{/2/9}$(-ор/-ер/-ёр)加后缀-ствова- 表示：регистратор（登记员，收发）→ регистраторствовать（登记，收发），фланер（游手好闲的人）→ фланерствовать（游手好闲）。值得注意的是，以后缀-ствова-派生动词对于名词和形容词而言，在现代俄语中属能产模式，然而对于外来动词来说，并不能产，因为作为生产词的名词即为动词所派生，无需再派生动词来强调该行为。此外，在俄语国家语料库中我们还找到一例由名词加后缀-ирова-构成的动词：массаж（按摩）→ массажировать（按摩）。它是根据外来动词构成规律二次派生的，试比较：массировать（按摩）→ массаж（按摩）。

2 CM2A 形式语义模式

2.1 CM2A/N 名词派生

表示以第一级形容词为生产词二次派生的名词，主要发生在CM1A$_{/1/1(-нн-)}$模式中。派生手段有四种：1）CM2A/N$_{/1}$: O$_3$ = O$_2$+ ДС。主要是加后缀-ость表示性质形容词的抽象特征：координированный（协调的）→ координированность（协调性），мотивированный（有理据的）→ мотивированность（理据性）。而词干以-им-/-ом-结尾者（CM1A$_{/1/3}$）仅有三例：интегрируемый（可积分的）→ интегрируемость（可积分性），реализуемый（可实现的，可行

的）→ реализуемость（可实现性），флотируемый（可浮选的）→ флотируемость（浮选性）；2）CM2A/N$_{/2}$：O$_3$ = O$_{2(конверсия)}$。表示以词类转换手段构成名词：арестовать（逮捕）→ арестованный（被捕者，囚犯），эвакуированный（疏散出来的）→эвакуированный（被疏散者）。词干以-им-/-ом 结尾者只有一例：репатриировать（遣返回国）→ репатриируемый（遣返回国者）；3）CM2A/N$_{/3}$：O$_3$ = O$_{2ч}$+ИС（Ø）/（-）+О。表示形容词经过截尾后与另一名词相加，构成复合名词：комбинированный（组合的）→ комбижир（混合油）；4）CM2A/N$_{/4}$：O$_3$ = O$_{2ч}$+ИС（Ø）/（-）+О$_ч$。派生词由经过截尾的形容词加另一缩略名词构成：специализированный（专门的）→ спецхоз（专业农场）。

在复合名词派生中，外来动词派生的形容词成为截短词干的构词模式非常能产。常用的截短词干包括：агит-: агитпроп（宣传鼓动）；ком-: комвзвод（排长）；комби-: комбикорм（混合饲料）；мото-: мотокультиватор（机动中耕机）；орг-: оргнабор（招工部门）等。

2.2　CM2A/A 形容词派生

该类型派生手段分为三种：1）CM2A/A$_{/1}$：O$_3$ = ДП+ O$_2$。主要以形容词加前缀не-构成：компенсированный（有补偿的；平衡的）→ некомпенсированный（没有补偿的；不平衡的）；2）CM2A/A$_{/2}$：O$_3$ = O + ИС（Ø）/（-）+O$_2$。主要由两个形容词相加所构成：квалифицированный（有高级技术等级的；技术熟练的）→высококвалифицированный（技能水平高的，高度熟练的）；3）CM2A/A$_{/3}$：O$_3$ = O$_ч$ + ИС（Ø）/（-）+O$_2$。派生词由截短词干或非自由词干加上形容词所构成：трансплантированный（移植的）→гомотрансплантированный（经过同种移植的）。在本级中CM2A/A$_{/1}$最为能产。

2.3　CM2A/ADV 副词派生

CM2A二次派生副词手段为：CM2A/ADV/：O$_3$ = O$_2$+ ДС：дисциплинированный（守纪律的）→ дисциплинированно（守纪律地），массированный（集中的，密集的）→массированно（集中地，密集地）。尽管形容词派生副词是极为能产的转换构词法，但对外来动词而言，属于非能产类型。

3. CM2V 动词派生

动词派生只发生在 CM1V$_{/2}$ 及 CM1V$_{/3}$ 模式中，主要分为 CM2V/N（名词派生）和 CM2V/A（形容词派生）两种。CM2V/N 派生有三种手段：1) CM2V/N$_{/1}$: $O_3 = O_2 +$ ДС：декодировать（译码）→декодирование, раскомплектовать（使……不成套）→раскомплектование；2) CM2V/N$_{/2}$: $O_3 = O_{2ч} +$ ДС：перекапитализовать（使……过度资本化）→ перекапитализация, телемеханизировать（进行摇控管理）→телемеханизация（摇控机械化）；3) CM2V/N$_{/3}$: $O_3 = O_2 +$ ДС$_{(ø)}$：реэкспортировать（再出口）→ реэкспорт。

由于 CM2V 的生产词主要为带前缀或非自由词干的动词，故其名词派生手段及语义与第一阶名词的派生相仿，为第一阶公式的循环套用。

CM2V/A 派生只有一种类型：CM2V/A：$O_3 = O_2 +$ ДС：разрекламировать（大力宣传；极力吹嘘）→ разрекламированный（被极力吹嘘的）。此类在本级中并不能产。

第五节　其他级构词链形式语义模式

第三到第六级构词模式回到前面的构词模式，为一种循环套用规则。此外，每个词类所能派生的语义与手段随着级层的递增而减少。以第三级为例，除了若干模式不再派生外（如 CM3N/V，CM3A/A），在 CM3/N/N 派生中，名词后缀派生只表示三种语义：女性、从事该项活动的人及其特性或相关活动，后缀分别为 -к-(а)、-ниц-(а)、-чик/-щик、-ств-。

如前所述，大多数外来动词构词皆非单阶的构词链及单列的构词聚合体，因此对每一个级层我们都使用相同的概念方法进行分析。如同 CM2 分析所示，以 CM1 分出名词、动词及形容词为基础，对每一词类的构词分别进行分析。尽管分析过程繁杂，但基于这样的分析可以完整地观察到外来动词派生的全貌。与此同时，可以利用我们创建的形式语义模式来验证现有词汇派生及推测新词派生。现以 сканировать[①]

---

① сканировать 在《俄语构词词典》中只标注一个派生词 сканирование。参见季洪诺夫的《Словообразовательный словарь русского языка》(В 2-х томах). М.: Русский язык, 1990. Т. 1. С. 109.

（扫描）为例，利用自建的形式语义模式推测其派生过程。见下图。

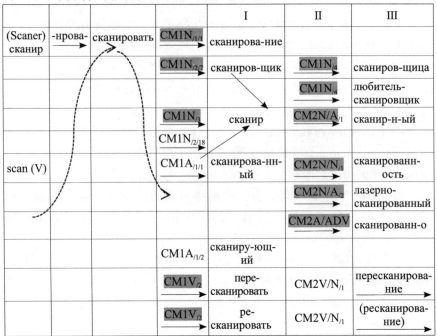

分析CM1/A$_{1/8}$的构词模式，可以得出以下结论：

1）在第一级构词中，名词派生最多，这也成为第二级派生的基础。在词缀方面，表示抽象概念意义的-ниj-及-ациj-/-яциj-最多。数据显示，-ниj-及-ациj-/-яциj-处于竞争中。此外，第一级动词前缀派生的能产性并不高，这与外来动词方向性语义局限性有关。前缀以表达否定（де-/дез-）及重复义（пере-, ре-）能产性最高。形容词构词以形动词转换为最多。

2）第二级构词以名词派生形容词CM2N/A最为能产，所使用派生后缀也比前一个级段丰富。名词派生名词CM2N/N，主要以女性派生为主；而名词派生动词CM2N/V中则使用后缀-ствова-，属非能产型。在形容词派生中，以派生名词CM2/A/N为主，其意义主要表示抽象概念。至于副词CM2/A/ADV尽管在形式上易于派生，但在实际语言中却不常用，这与大部分形容词不表示性质意义有关。最后，在动词派生中，无论是派生形容词CM2/V/A或名词CM2/V/N，由于生

---

① 括号部分表示按模式可以形成，但在搜索引擎google和яндекс中找不到的例子。

产词通常由带前缀或非自由词干的动词充当，因此体现为CM1/V派生规律。

3）第三级主要以复合词构成最为能产。占整个派生词的1/3。其中，以形容词再派生复合名词CM3/N/A/N最为能产。第三级以后基本上为一、二级公式的循环。

从外来动词形式语义构词模式上看，无论前缀法、后缀法、尾缀法、复合法，或是所使用的词缀，都与俄语一般词的构成无明显区别。外来动词进入俄语系统后，从俄语中汲取养分，延续其生命力。事实上，通过整个分析不难看出，在某些词缀选择上，如表人时，经常使用-атор, -чик/щик, -ор/-ер及-ент等后缀，而非-тель-, -ник等后缀，或如动词前缀контр-, де-/дез-, ре-的选择都显示出自己的特性。正是这些特性使外来动词构词系统自成一个次系统。

第十章　俄汉语词素语义与配价

第一节　词素语义配价理论

现代语言学发展体现为这样一种趋势，即由研究语言系统本身转向跨学科研究。随着构词学与词素学、句法学、语义学等语言学各分支学科不断交叉融合，促进形成了词素组配学这一构词学新的分支。王铭玉基于语言学和符号学的交融，提出"语素符号学"，并列举了语素[①]的三个研究对象："1）语素的语构研究；2）语素的语义研究；3）语素的语用研究。语素语义研究包括语素概念及其相关概念的区分、语素间语义关系及符号聚合体、语素语义系统的形成及其符号结构等问题。"[②] 传统词素语义研究仅限于语言本身的内部结构，很少涉及语言之外的事实，研究视角显得狭窄，分析的深度和广度远远不够。词素组配学具有语言集成描写特点，为阐释语言学各分支学科之间的相互关系提供了理论支撑。配价方法用于构词语义分析既有助于确定句子结构中各成分之间意义关系，还能够突显词的内部构词成分组配规律。

1. 词素配价概念界定

语言学中配价（валентность）这一术语通常用来指同一层面语言单位之间的组配能力，表达语言单位深层语义结构中谓词与直接依附该谓词的体词[③]（имя）之间具体组配关系，所依附成分数目和类型

---

① 汉语中，词素通常被称为语素，词素语义也被称为语素义。囿于俄汉两种语言术语使用习惯不同，为了便于区分，俄语使用词素，汉语使用语素。

② 王铭玉，谈语言符号学理论系统的构建[J]，外语学刊，2007（1），第110页。

③ 这里，体词（имя）即名词、名称。相关术语包括体词句、名词句（именное предложение）、体词谓语、名词谓语（именное сказуемое）、体词变格、名词变格（именное склонение）、体词结构模式、名词结构模式（именной структурный образец）、体词类别、名词类别（именные классы）等。

由谓词本身所固有的配价权决定。法国语言学家泰尼埃尔（Lucicen Tesniere）最早把化学中"价"的概念引入语法学中。他在《结构句法概要》（*Esquisse Dune Syntaxe Structu—Rale*）（1953）一书中首次把配价概念系统地引入语法学中。泰尼埃尔提出的"价"概念主要是针对动词，"旨在说明一个动词能支配多少种性质的名词性词语，动词的'价'决定于动词所支配的不同性质的名词性词语的数目，一个动词能支配一种性质的名词性词语就是一价动词，能支配两种性质的名词性词语就是二价动词，能支配三种性质的名词性词语就是三价动词"。①

随着配价理论不断地被应用于语言学及其分支学科中，其研究领域和应用范围也在不断拓宽。配价理论初始期，语言学家的注意力主要聚焦于句法配价（синтаксическая валентность）。近年来，配价理论广泛应用于词变、构形和构词学等领域。俄罗斯在语音、语法词素和构词标志方面涌现出一批构词语义配价研究的重要成果，如斯捷潘诺娃（М.Д. Степанова）的《论"外部"与"内部"配价》（О "внешней" и "внутренней" валентности）（1967），别利亚耶娃（Т.М. Беляева）的《英语动词词干构词配价》（Словообразовательная валентность глагольных основ в английском языке）（1979）、捷普洛娃（Л.И. Теплова）和科秋宾斯卡娅（Л.В. Коцюбинская）的《词干构词配价认知理据》（以现代英语医学术语为例）（Когнитивные основания словообразовательной валентности основ）（на материале терминологии медицины в современном английском языке（2014），伊辛科（Н.Г. Ищенко）的《现代德语名词构词配价潜能》（Потенциал словообразовательной валентности существительных современного немецкого языка）（2013），叶尔马科娃（О. П. Ермакова）的《复合词词素意义》（Значение морфем в составе сложных слов）（1987）等。

词具有外部配价（внешняя валентность）和内部配价（внутренняя валентность）。词的外部配价指在句法层面上词与词之间的搭配能力，亦称组配能力，内部配价指在词的内部各词素之间的组配关系。词的内部配价即为词素配价（валентность морфем），"指构成派生词

---

① 孙淑芳，俄语词素语义配价探究[J]，中国俄语教学，2019（1），第1页。

时词素的搭配特征"。①词素配价具体指构成派生词时某一词素与其他词素的组配能力和性质，词素配价分析必须明确其搭配特征，确定哪些词素与哪些词干组配、某一词素与哪些词缀组配等问题。词素组配是词素学研究的主要内容。"词素学以词素、词素形式变体——形素以及词素线性组配为主要研究对象。"②

  一个词汇单位要保证自身语义自足，充分必要条件是自身语义配价的完整性，否则，就会成为另一个词汇单位。其中，一些必备语义配价在构词层面上表现为词素组配。通常情况下，词素组配仅是大体反映并勾勒词汇单位的语义全貌。相对于生产词而言，派生词语义结构中增加了熟语性成分，但是熟语性语义成分可以从词与词组配的深层语义配价分析中得到解释。在词汇应用实践中，同义词或近义词构词词素往往相同，可以通过分析这类词的不同词素语义，厘清它们之间的细微差别。探究词素配价的内在联系以及词素组配的深层语义有助于科学地认识词汇单位语义结构，明晰派生词的构词机制。随着构词学与词素学不断交叉融合，形成了构词学新的分支学科词素组配学（морфотактика），亦称词素配价学，这一术语由泽姆斯卡娅首先提出："词素配价学是研究词素配价（组配）性质、词素之间相互关系的构词学分支学科。"③别洛沙普科娃（В.А. Белошапкова）提出类似观点："为全面地揭示和解读构词派生机制，重要的是构成派生词时哪些规律能够调节词素组配（сочетаемость морфем）。简言之，探究词素配价性能甚为重要。"④斯捷潘诺娃是最早将配价概念应用于构词学研究的俄罗斯学者之一。她明确指出："我们将配价这一术语用于广义理解，即同一层面语言单位的组配能力，这一能力既可以表现在词的内部，称为词内配价（внутрисловная валентность）或曰词的内部配价（внутренняя валентность слова），也可以表现在词与词之间，称为词间配价（межсловная валентность）或曰词的外部配价（внешняя

---

① Селезнева Л.Б. Современный русский язык: Система основных понятий[M]. Волгоград: Изд-во ВолГУ, 1999. С. 93–94.

② Ярцева В.Н. Лингвистический энциклопедический словарь[Z]. М.: Большая Российская энциклопедия, 2002. С. 313.

③ Земская Е.А. Словообразование как деятельность[M]. М.: Книжный дом «ЛИБРОКОМ», 2009. С. 58.

④ Белошапкова В.А. и др. Современный русский язык[M]. 3-е изд., испр. и доп. М.: Азбуковник, 1997. С. 320.

валентность слова）。"① 构词学的横组合方面反映了构词过程中调节词素组配的规律。在构词学中，词素组配能力着眼于确定各词素的组配性质。由于配价理论运用到构词学研究的时间并不长，词素组配方面的研究成果尚不多见。词素组配学与语义学、构词学、词素学和句法学等领域密切相关。

词素配价还被称为构词配价（словообразовательная валентность），主要分析派生词及其反映在派生词构词模式中的语义结构。构词成分语义和谐成为词的内部配价基础，反映语言之外的各种关联。乌卢哈诺夫在解释构词配价语义规律性时指出："若使词缀与生产词词干相组配，两者必须具有语义相容性（семантическая совместимость）。"② 词的直接成分组配正是基于这些成分之间存在共同义素，也就是说，建立在生产词词干与构词成分内容存在语义相容性的基础上。构词成分内容大体上决定了派生词和复合词语义，而整词的意义预先确定词在句子中的配价性质，决定与其他词的搭配。从这一点上看，词的内部搭配与外部搭配并非没有共同之处。伊辛科还将构词配价称为词内句法（внутренний синтаксис слова），包括词素分布、词素配价性质或配价限制（ограничение валентности）。③

2. 词素语义配价与配位结构

2.1 词素语义配价

语义配价（семантическая валентность）主要是一个针对谓词语义单位而言的概念。谓词（предикат, predicate）属于逻辑概念，与名项（терм, term）相对立，是支配特定结构位置并将它们联系起来构成复杂整体的意义单位。"名项只用于填充谓词的结构位置，本身不支配

---

① Степанова М.Д. Словообразование современного немецкого языка[M]. М.: Изд-во литературы на иностранных языках, 1953. С. 33.

② Улуханов И.С. Словообразовательная семантика в русском языке и принципы ее описания[M]. 5-е изд., испр. и доп. М.: Книжный дом «ЛИБРОКОМ» 2011. С. 215.

③ Ищенко Н.Г. Потенциал словообразовательной валентности существительных современного немецкого языка[J]. Наукові записки. Серія "Філологічна", Выпуск 35, 2013. С. 128.

它们。谓词既支配结构位置，又可用于填充其他谓词的结构位置。"①
谓词在句法结构层面上联接的句法位（синтаксическая позиция）构
成谓词句法题元（синтаксический актант）。句法题元与特定的语义
配价相对应，而语义配价又以特定的形式在表层结构中体现出来。如
前所述，句法中词与词之间的组配习惯上被称为词的外部配价，指词
与词在句法层面上的搭配能力，而内部配价指词的内部各词素之间的
组配。

  在构词中，实现配价意义的典型手段是动名词，表示主体、客
体、内容、结果、处所、工具、行为方式和方法等意义，既包括标准
形式，也涵盖异干形式。词的语义配价组成根据分析该词所处的情境
加以确定。②"谓词语义单位主要以情境为描写对象，其语义反映必
需情境参与者的属性、相互关系以及相关的事况。必需情境参与者
在相应谓词的词典释义或元语言释义中对应的变项叫做谓词的语义配
价。"③一言以蔽之，谓词主要表示行为、状态、过程、事件、关系、
属性、时间、方位、数量等情境。必须情境（необходимая ситуация）
参与者是谓词所反映情境的充分必要条件。如果必须情境参与者发
生改变，将引起特定情境的改变。谓词语义结构中一个变项，即
一个语义配价若发生改变，谓词语义单位的语义自足性就会受到破
坏，谓词词汇意义就会发生质变。自由情境（свободная ситуация）
参与者为各种情境普遍所有，自由情境参与者是否参加不同谓词所
反映的各自特定情境都不会使特定情境发生质变。谓词语义配价分
为必需配价（обязательная или облигаторная валентность）和可选配价
（факультативная валентность），前者具有强制性，一定要有其他语
言单位的参与，后者源自词的普遍组配能力，只在某些情况下才能实
现，分别代表必需情境参与者和自由情境参与者。可选配价不仅不会
使谓词语义自足性受到破坏，还会使其语义更加详实，且不冗余。语
义必须借助语言符号来承载，一般来说，谓词、必需配价、可选配价
等符号要素属于内容层次，而谓语，主要是动词、形容词和部分名

---

① 张家骅，俄罗斯语义学[M]，北京：中国社会科学出版社，2011，第161页。

② Апресян Ю.Д. Лексическая семантика. Синонимические средства языка[M]. Избранные труды. Т. I. 2-е изд., испр. и доп. М.: Школа «Языки русской культуры» 1995b. C. 132–134.

③ 张家骅，俄罗斯语义学[M]，北京：中国社会科学出版社，2011，第161页。

词、句法题元、副题元等符号要素则属于句法层次。语义配价与句法题元之间不存在必然的对应关系，而是呈现参差对应，即词形与语义并不是简单的一一对应关系，还存在着形式上没有表现出来的语义增值部分。

2.2 配位结构

配位结构（диатеза, diathesis）是20世纪70年代初霍洛多维奇（А.А. Холодович）在态的共相观念（универсальная концепция залога）框架内提出的概念，用于描写各种非亲属语言。диатеза源于希腊语diathesis，意为"配置"（расположение, размещение），指动词词汇单位的角色（роли глагольной лексемы）（主体、客体、受体）与表达这些角色的句子成分（主语和补语）之间的对应关系。[①]配位结构理论被界定为语义句法链接理论，指"情景语义参项（语义角色、语义题元等）及其句法位置（句法成分、句法题元等）的对应关系"。[②]随着配位结构被引入语言学研究中，这一概念的内涵与外延不断扩大，用来表示比态更为普遍的句法语义现象。[③]其中，霍洛多维奇和梅里丘克的《关于语法态的理论》（К теории грамматического залога）、乌斯宾斯基（В.А. Успенский）的《关于配位结构》（К понятию диатезы）、赫拉科夫斯基（В.С. Храковский）的《不同结构语言中的态结构》（Залоговые конструкции в разноструктурных языках）等成果最具代表性。赫拉科夫斯基对配位结构举例如下：在句子Водитель открывает дверь（司机打开车门）中，动词открывать主动形式配位结构如下：водитель（司机）表示行为主体，以主格形式出现，居主语位；дверь（门）表示行为客体，以补语形式出现，

---

① Храковский В.С. Диатеза[A]//Лингвистический энциклопедический словарь[Z]. Под редакцией Ярцевой В. Н. М.: Большая Российская энциклопедия, 2002. С. 135.

② Мельчук И.А. Курс общей морфологии[M]. Т. II М.: Языки русской культуры, Москва-Вена, 1998. С. 163.

③ Успенский В.А. К понятию диатезы[A]//Проблемы лингвистической типологии и структуры языка[C]. Л.: Наука, 1977.

Храковский В.С. Залоговые конструкции в разноструктурных языках[M]. Л.: Наука, 1981.

Холодович А.А., Мельчук И.А. К теории грамматического залога[J]. Народы Азии и Африки, 1970 (4).

居直接补语位。在句子Дверь открывается водителем（车门被司机打开）中，动词открывать被动形式配位结构如下：водитель表示行为主体，以被动主体格形式出现，居施事补语位；дверь表示行为客体，以主格形式出现，居主语位。上述例证表明，配位结构与动词态范畴（категория залога）相关联，但又区别于后者，因为态属于纯粹的语法概念，仅指动词的形态变化，而前者既可用动词不同的态形式表示，还可以用同一个词形表示。通过配位结构可以确定动词词汇单位的角色与表示它们的句子成分之间的任何对应关系。

　　谓词单位语义配价与其深层或表层句法题元之间的对应关系即为该谓词单位的配位结构。"同一谓词单位可能有两个甚至多个配位结构。其中的一个是直接配位结构，其余的是间接配位结构。"[①]配位结构与词素语义配价及句法题元关系密切相关，"配位结构变化可能形成隐喻引申或转喻引申。"[②]词素语义配价分析最适合从基本义、使用频率较高、派生能力较强、具有谓词性的生产词着手，且对作为生产词的谓词进行深层语义配价分析，对语义角色进行有序组合，有效地进行角色配位，再根据语言所要求的构词模式，使组织好的配位结构在构成派生词中得以实现。谓词在句法层面上主要体现为动词和形容词。

第二节　词素配价限制类别

　　派生词中词素组配具有一定的选择性，也就是某些词素可以与某些词干搭配，而另一些词素则不具备这种能力。为了充分阐释词素组配的性质和特征，必须区分出影响词素与生产词干组配的限制类别。语言系统中的限制类别纷繁多样，既有综合限制，也有单一限制。别洛沙普科娃区分了五种词素配价限制类别："1）语义限制（семантические ограничения）；2）构词限制（словообразовательные ограничения）；3）形式限制（формальные ограничения）；4）修辞限制（стилистические ограничения）；5）词汇限制（лексические

---

① 张家骅，俄罗斯语义学[M]，北京：中国社会科学出版社，2011，第194页。
② 王洪明、关月月，俄汉动词语义对比理论与实践[M]，哈尔滨：黑龙江大学出版社，2020，第62页。

ограничения）。"① 在这些词素配价限制类别中，语义限制是语言系统中公认的最常见限制类别。

1. 词素配价语义限制类别

语义限制主要是由词素语义不相容性引起的。某一词素与某一词类的词干组配是最为常见的限制类别，因为词类是词最为普遍的词汇语法范畴。同为表人后缀，-тель, -чик/-щик, -ец与词干组配的情况并不相同。其中，-тель 只与动词词干组配，不与名词和形容词词干组配：жить（居住）→жи-тель（居民），избирать（选举）→избира-тель（选民），наблюдать（观察）→наблюда-тель（观察者），писать（写作）→писа-тель（作家），читать（阅读）→чита-тель（读者）等；-чик/-щик既可与动词词干组配：лететь（飞行）→лет-чик（飞行员），переводить（翻译）→перевод-чик（译员），погрузить（装车）→погруз-чик（装卸工人），считать（计算）→счет-чик（计算员，统计员）等，也可与名词词干组配：буфет（小卖部）→буфет-чик（小卖部服务员），газ（煤气）→газов-щик（煤气工人）；后缀-ец既与动词词干组配：бороться（战斗）→бор-ец（战士），гонять（催赶）→гон-ец（信使），грести（划船）→греб-ец（划船人），косить（割草）→ кос-ец（割草者）等，也与名词词干或形容词词干组配：армия（军队）→ арме-ец（军人），Кубань（库班）→кубан-ец（库班人；вдовый（鳏居的）→вдов-ец（鳏夫），глупый（愚蠢的）→глуп-ец（蠢人），мудрый（英明的）→мудр-ец（智者），упрямый（固执的）→упрям-ец（固执的人）等。

除了上述的一般限制，还存在专门限制，即某一词素不能与该词类所有词干组配，仅能与其中表达某一语义的词干组配。如名词后缀-ш-(a)构成的派生词既表示女性职业：агрономша（女农艺师），кондукторша（女列车员），маникюрша（女修甲师），репортерша（女记者）等，也表示"丈夫的妻子"：адмиральша（海军将军夫人），генеральша（将军夫人），литераторша（作家的妻子），профессорша（教授的妻子）等，这类派生词往往只与名词词干组配。语用限制（прагматические ограничения）也被归入语义限制类别中。

---

① Белошапкова В.А. и др. Современный русский язык[M]. 3-е изд., испр. и доп. М.: Азбуковник, 1997. C. 321–324.

形容词后缀-оват-(ый)表示特征的不充分：беловатый（微白的），зеленоватый（浅绿色的），красноватый（浅红的），сладковатый（有点甜的），узковатый（有点狭窄的），широковатый（稍宽的），且常常与具有负面评价特征的性质形容词组配：глуповатый（有点愚蠢的），грубоватый（略显粗糙的），горьковатый（有点苦的），староватый（有点老的），темноватый（有点暗的），因此不能说*умноватый（有点聪明的），*замечательноватый（有点优秀的），*красивоватый（有点漂亮的），*молодоватый（有点年轻的），*прекрасноватый（有点美好的）等。换言之，后缀词素-оват-(ый)不与具有正面评价特征的形容词组配。从这一意义上说，说话人不吝于对具有正面评价特征的形容词持褒奖态度，希望话语内容的正面评价能够体现得更加充分，不受任何制约。

2. 词素配价其他限制类别

词素配价其他限制包括构词限制、形式限制、修辞限制和词汇限制。形式限制主要见于形素学领域，聚焦词素音位学层面，不在这里讨论。我们主要分析词素配价构词限制、修辞限制和词汇限制。

构词限制局限在构词系统内部，指某些派生词干不能由生产词词干充当。①带后缀-еньк-(ий), -охоньк-(ий), -ущ-(ий), -енн-(ый) 等表示主观评价的后缀不能构成派生形容词，因为它们处于构词链最末端，构成封闭构词链。别洛沙普科娃强调指出："желтенький[指小表爱]（黄色的），желтехонький/желтешенький（很黄的，非常黄的）；большущий <口>（非常大的，极大的）这些形容词词干的构词潜能阙如。"②

修辞限制和词汇限制与语言系统无关，它们属于语言规范和惯例问题。修辞限制指词素的修辞不相容（стилистическая несовместимость），也就是构词词素与词一样，具有某种修辞色彩。在言语交际中，可以观察得到俄语某些词素组配具有一定的功能修辞色彩（функционально-стилистические окраски）。不同于词素配价语义限制和构词限制，词素配价修辞限制更多表现为词素之间组配与不

---

① 孙淑芳，俄语词素语义配价探究[J]，中国俄语教学，2019（1），第4页。
② Белошапкова В.А. и др. Современный русский язык[M]. 3-е изд., испр. и доп. М.: Азъуковник, 1997. С. 322.

组配的关系，无关于是否违背规律。通常情况下，具有书面色彩的词素更倾向于和具有同一色彩的生产词干组配。修辞中性词可以与任何修辞色彩的词素组配。"后缀具有贬义修辞色彩时，更倾向于跟中性词干或俗语和口语词干组配，而'不乐意'与书面语色彩浓厚的词干组配。"① 后缀-ущ-/-ющ-, -енн-通常具有俗语或口语色彩，因而带这类后缀的派生形容词同样具有俗语或口语色彩：здоровущий（身材魁梧的），длиннющий（很长的），жаднющий（非常贪婪的），жирнющий（脑满肠肥的），злющий（穷凶极恶的），худющий（骨瘦如柴的）；высоченный（很高的），здоровенный（高大健壮的），страшенный（非常可怕的），толстенный（很胖的），тяжеленный（非常沉重的），широченный（很宽的）等。从修辞上看，这类形容词后缀很难派生出具有书面语色彩的形容词。从构词语义上看，叶夫列莫娃认为："形容词后缀-ущ-/-ющ-, -енн-作为构词单位，表示特征的最大程度意义。"②

词汇限制指从词汇方面对派生某类新词的限制。"词汇限制主要源于同音异义现象或其他词占据了语义位（семантическое место），即构词系统与词汇规范不一致。"③ 众所周知，语言词汇系统中已有的同音异义词会干扰某一类派生词的构成。由于这一因素，某些表人阳性名词不能构成相应阴性形式。试比较带后缀-к-(а)的阴性名词：пилот（飞行员）— пилотка（船形帽），штукатур（粉刷工）— штукатурка（砂浆），электрик（电工）— электричка（电气火车）等，这些表人阳性名词语义与阴性名词语义不同，它们并非同一个名词的阳性和阴性在语法形式上的对应。带后缀-к-(а)的名词表示与其阳性形式不同的语义：пилотка意为шапка（帽子），штукатурка意为материал（材料），электричка意为поезд（火车）等。除了同音异义现象外，其他词占据该语义位也会干扰某一类派生词构成。名词后缀-онок/-ёнок在表示"动物幼崽"意义上是积极后缀：заяц（兔）

---

① Белошапкова В.А. и др. Современный русский язык[M]. 3-е изд., испр. и доп. М.: Азбуковник, 1997. С. 324.

② Ефремова Т.Ф. Новый словарь русского языка. Толково-словообразовательный[Z]. В 2-х томах. М.: Русский язык, 2000. Т. 2, С. 886. Т. I, С. 444.

③ Белошапкова В.А. и др. Современный русский язык[M]. 3-е изд., испр. и доп. М.: Азбуковник. 1997. С. 324–325.

→зайчонок（小兔），ворона（乌鸦）→воронёнок（小乌鸦），лиса（狐狸）→лисёнок（幼狐），слон（象）→слонёнок（幼象），орел（鹰）→орлёнок（鹰雏）等。但在语言系统中还存在其他词占据派生词义位的情况：собака（狗）—щёнок（小狗），свинья（猪）— поросёнок（小猪），курица（鸡）— цыплёнок（鸡雏），лошадь（马）— жеребёнок（马驹），овца（羊）—ягнёнок（小羊）等。"后一类构成派生词方法又被称为异干构词法（супплетивное словообразование）。"① 异干构词现象的存在某种程度上影响了带后缀-онок/-ёнок的名词派生。

第三节 俄汉语谓词性词素语义配价

俄汉语谓词性词素语义配价在句法层面上都由动词和形容词来完成。俄语动词性词素②语义配价与派生词词素组配构成对应关系。

1. 俄汉语谓词性动词语义配价

1.1 俄语谓词性动词语义配价

俄语动词性词素语义配价与派生词词素组配构成对应关系。动词купить/покупать（买，购买）语义配价完全一致，表示购买者、商人、交易商品、所付款项，这四个语义配价是保障купить/покупать语义自足的充分必要条件。语义配价$_1$为购买者（покупатель）；语义配价$_2$为商人（купец）（商人），构成派生词：купеческий（商人的，商界的），купечество（商人，商界），купчик [多指年轻的商人]（商人），купчина [指大]（商人），купчая（买卖契约），купчиха（商人妻子）等，这些派生词都进入купить构词词族中。语义配价$_3$为购买的商品（покупка）；语义配价$_4$为所付款项，在构词上并没有体现，见下表。

---

① Белошапкова В.А. и др. Современный русский язык[M]. 3-е изд., испр. и доп. М.: Азбуковник. 1997. C. 325.

② 现代汉语习惯上把动词性词素、形容词性词素、名词性词素分别简称为动素、形素和名素。动素表示动作行为、变化之类；形素指性质状态之类；名素指事物之类。

谓词性动词	价1	价2	价3	价4
купить/покупать	— покупатель	купец —	— покупка	— —

除了上述必需配价外，купить语义结构中还包含可选配价。表示数量意义的自由情境参与者参与谓词купить的组配，此时，"数量"作为купить可选语义配价，构词上体现为谓词性词根词素-куп-与表示数量意义的不同前缀组配构成派生词：за-купить（购买，采购），при-купить（补买，补购），на-купить [相当数量]（买很多），с-купить [大量、全部或向许多人、所有人购买]（采购，收购），рас-купить（买光）等。例如：

① Нам приходится решать вопросы с кредитами, с заемными деньгами, чтобы они могли *закупить* топливо на зиму, отремонтировать водопроводы. 我们不得不靠贷款和借钱来解决问题，这样他们才能**买到**过冬的燃料，修复输水管道。

② Если у вас есть время, чтобы дождаться торгов, здесь стоит даже что-нибудь *прикупить*. 如果你有时间等待交易，甚至值得在这里**买点东西**。

③ *Накупил* я пива ящиками и мороженое буквально ящиками на разных станциях и угощал всех в вагоне всю дорогу. 我在不同车站成箱地**买**啤酒，成箱地**买**冰激凌，一路上招待车厢里的每一个人。

④ На выходных мы вместе отправились на базар, где за один доллар можно было *скупить* кучу разных овощей и фруктов. 周末，我们一起去了市场，那儿一美金就能**买到很多**各种水果和蔬菜。

⑤ Таких машин было выпущено 25 штук — и все они *раскуплены*. 这种机器只生产了25台，它们被**采购一空**。

谓词性词根词素-куп-不仅拥有数量可选配价，还拥有方式（образ）可选配价，如под-купить（收买，贿赂）：Да и сложно *подкупить* сразу двенадцать человек（是啊，一下子**贿赂**十二个人很难）；пере-купить（从别人手中转买，赎回）：Величкин просит миллион рублей, причем утверждает, что англичане с удовольствием *перекупили* бы это изобретение（韦利奇金索要100万卢布，而且坚信，英国人会很高兴**赎回**这一专利）。需要注意的是，在派生词подкупить

语义结构中，前缀под-（在下面）本义表示空间意义，经隐喻化过程，语义上引申为"偷偷地、秘密地"。在派生词перекупить语义结构中，前缀пере-（重新）作为方式可选配价进入词根词素-куп-语义结构中。例如：

① *Подкупили* мы отцу кое-каких подарков; недорогое, но свеженькое, живописное. 我们悄悄给父亲**买了**些礼物，东西不太贵，但很新鲜、好看。

② Москвичи приехали целой делегацией и сперва хотели группу просто *перекупить*. 莫斯科人组成一个代表团来了，起初他们只是想**重新买下**乐团。

如果一个谓词性语义配价通过句法派生全部转移到与其语义相同，但词类属性不同的派生词中，这一现象叫作句法派生（синтаксическая деривация），亦称句法构词（синтаксическое словообразование），相应的派生词叫作句法派生词（синтаксический дериват）。热列比洛（Т.В. Жеребило）把句法派生词定义为："派生词语义与生产词意义相同，仅词类属性不同：исследовать（研究）[动词] — исследование[动名词]（研究）。"① 换言之，所谓句法派生词指派生词语义与生产词语义完全相同，仅词类属性不同，因而具有不同的句法功能。покупать作为生产词，构成派生词покупка，但покупка具有两个义项："一是покупать的动名词；二是购买的东西。"② 谓词性语义配价另一种情况是，派生词语义与生产词语义不同，这种现象叫作词汇派生（лексическая деривация），亦称词汇构词（лексическое словообразование）。在"购买的商品"这一义项上，покупка不是句法派生词，而是词汇派生词，是покупать$_3$必需语义配价的构词体现，如例①。покупка作为动名词是句法派生词，继承了покупать全部语义配价，如例②。试比较：

---

① Жеребило Т.В. Словарь лингвистических терминов[Z]. 5-е изд., испр. и доп. Назрань: Изд-во ООО «Пилигрим», 2010. С. 88.

② Евгеньева А.П. Словарь русского языка[Z]. 3-е изд., стереотип. Т. Ⅲ. М.: Русский язык, 1986. С. 254.

① А когда они возвращались с *покупками* — с арбузом, с колбасой, с белым калачом— он первый кусок хлеба и колбасы протягивал матери. 他们购物回来时带着西瓜、香肠、白面包，他会把第一块面包和香肠给母亲。

② *Покупка* чая России у Китая началась в 70-ых годах семнадцатого века. 17世纪70年代，俄国就开始从中国购买茶叶。

动词 надеяться（希望）属于二价动词，配价$_1$为"表达愿望的主体"，配价$_2$为"实现某一愿望的内容"。梅里丘克和若尔科夫斯基主编的《现代俄语详解组合词典》（Толково-комбинаторный словарь современного русского языка）对 надеяться 释义如下："我[X=说话人]希望，某一事件（какое событие）Y=说话人X认为，无论对 X，或者受话人而言，都希望Y最有可能实现。"① надеяться 句法派生词是надежда，与 надеяться 语义配价完全相同。例如：

① *Надеюсь,* что в будущем я тоже буду работать по такому принципу. 希望将来我也本着这一原则工作。

② У Дома Москвы имеются прекрасные возможности для проведения мероприятий в сфере культуры, которые, *надеюсь*, будут привлекательными для жителей. 莫斯科宫拥有举办文化活动的绝佳机会，希望这些活动能引起居民的关注。

③ *Надежда,* что выиграем, теплилась где-то глубоко внутри, но полной уверенности не было. 获胜的希望在内心深处燃起，但并没有十足的把握。

④ В нем еще теплится *надежда* на лучшее будущее. 他心中仍怀有对美好未来的希望。

1.2 汉语谓词性动词语义配价

汉语语素"买"既可以与其他语素组配构成复合词，也可以单独成词构成句子。"买"在句子中作谓语，语义配价成分与俄语купить（买）角色配位相同。应该说，不同语言中反映同一情境的谓词性语义配价成分基本一致，但在表述同一思想的语句中句法题元可能会有

---

① Мельчук И.А., Жолковский А.К. Толково-комбинаторный словарь современного русского языка[Z]. Вена: 1984. C. 441.

所差异，这主要是由不同语言的特点决定的。汉语语素"买"释义为：拿钱换东西（跟"卖"相对）：～票｜～布｜卖出粮食，～进化肥。①释义包含"买"的语义配价成分有：货品、买东西的钱。另外两个语义配价是买东西的人和卖东西的人。这四个语义配价是保障"买"语义自足性必不可少的条件。改变其中一项语义配价，谓词语义就可能发生改变。"买"的语义配价之一"买东西的钱"一定是买方获得商品的同时支付卖方钱款。如果是之后许诺支付对方，就不再为"买"，而是"赊"，试比较：

① 还没等弄个明白，一个中年男子已从皮包中拿出两捆钱："等会我们要过几辆车，这8000元你们拿去**买烟**抽。"

② 我明白他沉默的理由，一定是船上管事的不给他钱，到岸上来**赊烟**不到手。

如果"买"的语义配价为"行为实施者"，可以构成派生词"买家、买方、买主、买者"；如果"买"的语义配价为"货品"，可以构成派生词"买醉"等。"买"的其余两个语义配价"买东西的人"和"卖东西的人"在构词上则没有体现。在"买"的谓词性组成中，表示数量的语义价参与构成"买"的语义配价：添买、采买等。

① 课余做点工作，既读了书，又挣到些钱，给自己**添买**了更多想置备的书。

② 正是冷空气南下的天气，集市上熙熙攘攘的人流中，弥漫着当地农民冒着严寒**采买**年货的喜庆情绪。

语素"买醉"指"买酒痛饮，多指借酒行乐或消愁"。② 在"买醉"中，"买"的受事客体"酒"作为预设隐去，"醉"具有提示受事客体"酒"的功能，"醉"的主体与"买醉"中"买"的主体一致。例如：

① 原来，启宏是一名失意建筑师，而且经常**买醉**，最后子欣鼓励他戒酒，从头做起，还把一只角蛙留下来陪他。

---

① 现代汉语词典（第7版）[Z]，中国社会科学院语言研究所词典编辑室编，北京：商务印书馆，2016，第870页。

② 同上书，第871页。

② 那里有足够的酒吧让你**买醉**。

《现代汉语词典》（第7版）把"采买"释义为：选择购买（物品）。[①]语素"买"语法上是动素，语素"采"语义上修饰和限制"买"，语法上具有副词性质，"采"与"买"语义上和语法上并非并列关系。谓词性语素"买"的语义结构还可以接纳"原因"可选配价，如"买点"，指"商品所具有的让消费者乐于购买的地方"。[②]例如：

① 从简单的角度看，专业机构对这类股票的重点关注便是这类股票的最大**卖点**。
② **买点**指在购买产品或服务时的一种理由或动机。

汉语"买"的同义语素是"购"，两者语义配价相同。《现代汉语词典》（第7版）认为，"购"即为"买"：采～｜认～公债｜去书店～书。[③]由"购"的语义配价施事主体构成的词有"购方"；由配价商品构成的词包括"购物""购货"；语义配价"提供货物的人"和"买东西的钱"在构词上没有体现。

① 货到几个月后，**购方**以质量差为由拒付货款，又不退货。
② 如今随着网络**购物**、共享经济等新模式新业态的发展，灵活就业人数快速增加，已逐渐成为一股重要的就业力量。

汉语"方式"语义配价语素与谓词性语素"购"组配，构成团购、网购、抢购、邮购、统购、电购等。例如：

① 据《广州日报》报道，月饼团购不再为单位团体独享，"**团购月饼，享受低价**"的方式悄然进入普通广州人家。
② 比赛的门票也被**抢购**一空，赛道旁边的看台上挤满了观众。
③ 孩子服药见效后，我们又**邮购**了三个疗程的药。

---

① 现代汉语词典（第7版）[Z]，中国社会科学院语言研究所词典编辑室编，北京：商务印书馆，2016，第120页。
② 同上书，第871页。
③ 同上书，第462页。

与俄语надеяться（希望）一样，汉语谓词性语素"希望"也是句法派生词，既作动词，也作名词。"动词表达心里想着达到某种目的或出现某种情况：～早日归来｜他从小就～做一名医生。名词表达希望达到的某种目的或出现的某种情况；愿望：这个～不难实现。"①两者词汇语义相同，但句法功能不同，例①中，"希望"作动词，例②③中，"希望"作名词。

① 该团团长说："我们**希望**每个选手都能有好成绩。"
② 这里林场的工作人员和附近的农民对这块果园抱了很大的**希望**。
③ 要始终把抢救他们的生命放在第一位，只要有百分之一的**希望**，就要做百分之百的努力，继续施救，决不放弃，直到发现和救出每一位同志。

2. 俄汉语谓词性形容词语义配价

2.1 俄语谓词性形容词语义配价

俄汉语除谓词性动词语义配价外，还包括谓词性形容词语义配价。与动词一样，形容词为了实现词汇单位语义的自足性，其深层语义结构中包含必需语义配价，一价形容词最为常见，只须拥有一个属性主体。还有一些形容词除属性主体外，还必须包含强支配成分，以保持形容词语义结构的完整性，这是二价形容词。俄语具有大量转指性质形容词派生的名词，如带后缀-ак-, -як-的表人名词。叶夫列莫娃对后缀-ак-, -як-释义如下："-ак-, -як-是构词单位，其生产词为形容词，构成表人名词，表示生产形容词所具有的特征，并确定外部性质、性格特征、社会地位等。"②根据这一观点，具有某种特征的形容词加后缀-ак-, -як-构成表示该特征的人：левый（千私活的）→лев-ак（千私活的人），дурной（愚蠢的）→дур-ак（愚蠢的人），простой（老实的）→прост-ак（老实人），чуждый（古怪的）→чуд-ак（古怪的人），чужой（外来的）→чуж-ак（外乡人）；пошлый（卑鄙的）→пошл-як（卑鄙的人）；бедный（贫穷的）→бедн-як（贫穷的人），

---

① 现代汉语词典（第7版）[Z]，中国社会科学院语言研究所词典编辑室编，北京：商务印书馆，2016，第1398页。

② Ефремова Т.Ф. Новый словарь русского языка. Толково-словообразовательный[Z]. В 2-х томах. М.: Русский язык, 2000. Т. I. С. 16.

добрый（善良的）→добр-як（善良的人），толстый（肥胖的）→толст-як（胖人）等。例如：

① Этот двадцатилетний мальчуган с детства отличался странными фантазиями, мечтатель и *чудак*. （М.А. Булгаков. Мастер и Маргарита）这个20岁的年轻人从小就有一些奇奇怪怪的幻想，是个幻想家、**怪人**。

② Чудный мужик Адольф Иванович, *добряк* и жизнелюб, мало таких я встречал. 了不起的阿道夫·伊万诺维奇，**心地善良**，热爱生活，这样的人我见得不多。

俄语某些二价形容词具有两个句法题元，要求有主体和客体两个语义配价，否则谓词性形容词语义结构不完整。"以二价形容词词根词素为生产词根，其两个语义配价在构词上体现为题元与词根的组配，尽管它在构词上的组配能力远不及句法层面上词与词之间的组配能力。"① 通常形容词词素语义配价在构词上的体现能力非常有限，但可选配价与谓词组配在构词上的体现能力则强于必选配价。例如：

① К моменту, когда королева Испании приехала в Москву и я впервые ее увидела, Володя уже был *знаком с ней*. 西班牙女王抵达莫斯科后，我第一次见到了她，沃罗佳早就**认识她**了。

② Да я тоже практически *со всеми друзьями знакома*: часто к нам приходят, сидят часами, иногда заночевывают. 我实际上**和所有朋友都熟悉**：他们经常来我们这儿，坐一段时间，有时也留宿。

根据上例不难看出，знакомый是二价形容词，主体、客体以句法题元形式在句中体现出来。例①中，Володя是主体，с ней是客体。例②中，я是主体，со всеми друзьями是客体。但充当配价的主体或客体的词素很难与词根词素знаком-组配，反之，部分可选配价词素可以与знаком-组配构成派生词：малознакомый（不太熟悉的）。词素мал-语义上是谓词性词根词素знаком-的可选配价，表示"数量"意义。例如：

---

① 孙淑芳，俄语词素语义配价探究[J]，中国俄语教学，2019（1），第10页。

① Дело не в том, что сказал мне об этом *малознакомый врач*. 问题不在于一个**不太熟悉的医生**对我说了什么。

② Он сообщил, что *малознакомый* мужчина, угрожал ему физической расправой и потребовал отдать ему деньги. 他说，一个**不太熟悉**的男人用暴力恐吓他，要求给他钱。

2.2　汉语谓词性形容词语义配价

以形容词为词基也能构成转指性名词，一般是转指形容词的唯一论元。①刘丹青将转指概念进一步定义为"派生的名词为表示词根动词的一个论元或相关题元，如施事、受事、结果、工具等"。②这里，"论元"实际上就是语义配价。

汉语某些表示人身体特征的形容词加后缀"子"构成表示属性主体派生词：傻+子→傻子，聋+子→聋子，瞎+子→瞎子，秃+子→秃子，呆+子→呆子，胖+子→胖子，瘦+子→瘦子，矮+子→矮子，痴+子→痴子等。例如：

① 她对我说："**傻子**才不重视安全呢，没有了人身安全，还谈什么事业？"

② 声音再大，**聋子**的耳朵还是听不到；东风再强，闭着门窗还是吹不进来。

汉语"熟"作为谓词性形容词表示"因常见或常用而知道得清楚：～人｜～门～路｜～视无睹｜这条路我常走，所以很～"。③"熟"属于二价形容词，由"熟"构成熟道、熟路、熟客、熟人等，其中语素"道、路、客、人"分别是语素"熟"的客体。在《现代汉语词典》（第7版）中，"手"的第7个语素义是"擅长某种技能的人或做某种事的人：选～｜能～｜操盘～｜拖拉机～"④。在"熟手"一词中，"手"是语素"熟"的主体。例如：

---

① 刘丹青，语法调查研究手册[M]，上海：上海教育出版社，2008，第569页。
② 同上书，第566页。
③ 现代汉语词典（第7版）[Z]，中国社会科学院语言研究所词典编辑室编，北京：商务印书馆，2016，第1213页。
④ 同上书，第1202页。

① 目前，警方正在寻找切比耶夫的**熟人**，以了解有关情况。

② 经过半年多的历练，如今他已经成了一名**熟手**。

3. 俄汉语谓词性语义配价省略

俄汉语中都存在谓词性词素在构词中省略的构词现象，但凭借其语义配价在构词中的体现又能够推断出来：гостиная（客厅），столовая（食堂），ванная（浴室），прачечная（洗衣店），чайная（茶馆）等词省略了谓词性词素，通过词类转化方法构成，也就是形容词转化为名词，用作处所名称。столовая 由形容词 столовый（吃饭用的）转化为名词，表示吃饭的场所——食堂。实际上，столовый 是由名词性词根词素 стол（饮食）派生的形容词，стол 与 столовая 存在着间接派生。从语义上看，столовая 语义结构中隐含谓词 есть（吃），стол 是谓词 есть 的受事客体，词尾 -ая 作为谓词"吃"的可选配价在构词上体现出来，表示"位置、处所"：Студенты обычно недовольны едой в *столовой*, но сами все равно готовят крайне редко, тем более что обычно студент, живущий на кампусе, просто обязан заключить договор *со столовой*, оплачивая сразу все свои обеды, завтраки и ужины на полгода вперед（大学生们通常对**食堂**的饭菜不满，然而他们自己却很少动手做饭，因此住校生只是应该与**食堂**签个协议，提前半年支付一日三餐的费用）。столовая 在"食堂"这一义项上表示：Предприятие общественного питания（公共餐饮企业）① столовая 在"饭厅"这一义项上表示：Особая комната с обеденным столом для приемов пищи.②（配有饭桌的专门房间）：— Ужинать, господа, ужинать! — зовет Юлия Петровна. Из всех комнат гости стекаются *в столовую*.（Бек, События одной ночи）（吃饭吧，先生们，快来吃晚饭！尤莉亚·彼得罗夫娜招呼着。客人们从所有房间奔向**饭厅**）。尽管 столовая 上述两个义项均指用餐场所，但它们的语义配价不同，分别为"公共餐饮企业"和"配有饭桌的专门房间"，与语义配价"用餐场所"组配，形成了食堂、饭厅两个词汇单位。

---

① Кузнецов С.А. Большой толковый словарь русского языка[Z]. СПб.: Норинт, 2008. С. 1273.

② Там же. С. 1273.

汉语也存在谓词性语素省略的构词现象，仅由其支配的两个语素组配，如饭厅、客厅、舞厅、影院、商店、鞋城、餐车、酒吧、茶馆等。饭厅指"专供吃饭用的比较宽敞的房子"。①显然，"饭厅"一词中隐含一个谓词性语素"吃"，但在构词上没有体现，语素"饭"和"厅"分别是谓词性语素"吃"的客体与处所。再如，"影院"，亦称"电影院"，专供放映电影的场所。影、院是已隐去的谓词性语素"放映"的支配成分，语义上分别是"放映"的客体与位置。

① 从这间小**饭厅**绕过去，由楼梯下去，还有三间小房子。
② 套内三房一厅，**饭厅**连厨房，好用美观，楼顶自用，可以种菜种花。
③ 用报纸或**影院**等公共娱乐场所展开广泛宣传，向市民介绍病情及预防方法。

第四节 派生词语义熟语性及其成因

在构词过程中，谓词性词素的省略使依托谓词性词素确定词素之和意义小于由词素组配构成词的意义。换言之，词的整体意义等于组成词素语义和语义增值的加和。语义增值构词上并没有相对应的词素表达，于是构成了所谓派生词熟语性特征。派生词熟语性是一种规律，而非熟语性则是对普遍规律的偏离，因为词汇单位语义多数情况下并不能从其组成成分中推断出来。

1. 派生词语义熟语性

熟语性（идиоматичность）传统上被理解为语言单位某些意义成分在形式上不直接体现出来，它们的意义往往是隐含的。词素语义与派生词熟语性或曰成语现象密切相关。"语义熟语性（идиоматичность семантики）指派生词语义不完全按照词素组成分配，存在部分不通过形式（词素）体现的派生词语义。"② 乌卢哈诺夫持类似观点："如果

---

① 现代汉语词典（第7版）[Z]，中国社会科学院语言研究所词典编辑室编，北京：商务印书馆，2016，第365页。
② Ермакова О.П. Значение морфем в составе сложных слов[A]//Морфемика: принципы и методы системного описания[С]. Ленинград: ЛГУ, 1987. С. 60.

词义不等于构成该词词素语义的简单相加，且无法根据规则从部分意义中推导出整体意义，那么该词义就被视为熟语化了。正是由于存在附加语义成分，派生词获得了熟语性。"①简言之，熟语性指词组或派生词语义特征并非其组成成分意义的简单相加。如керосинка（煤油炉）语义内容为：бытовой нагревательный прибор для приготовления пищи, работающий на сжигании керосина（家用燃烧煤油的烹饪加热装置）。② керосинка一词中并没有表示加热、食物等语义成分的形式标志（词素），而керосин（煤油）与后缀-к-(а)两个单独词素语义总和仅限于表示"与煤油相关的事物"这一概括意义。③ 词的增值意义在构词过程中非常普遍，词素语义之和等同于词义的情况相对鲜见。派生词增值意义即为其语义熟语性，可以从派生词内部配价这一视角加以解释。"语言单位的熟语性，尤其是词的熟语性经常被错误地称为成语性（фразеологичность），后者更应理解为稳定性、重复性、再现性，在言语中无需再创造就可以直接使用。"④简言之，派生词语义熟语性指派生词普遍具有的、未完全通过词素化展现的词义性质。

　　派生词语义熟语性可以从构词词素语义之间的相互关系进行解释，因为构词词素语义关系直接或间接地反映词义。一方面，熟语性是一种任意的、不可预测的语义增值现象，派生词语义熟语性不能根据规则来确定，它们与通过构词模式或句法转换进行的常规构词明显不同。另一方面，派生词熟语性仅体现在该语言使用者所揭示的那部分信息上，熟语性程度取决于该词原始单位语义被保留或转换的方式及完整性。熟语性语义增值受到其他规则的调控，这些规则不仅包括了在派生词语义中融入生产词语义，而且还考虑它们与根据构词标志语义及构词模式语义构成派生词的特殊相互作用。可以说，构词词素语义关系越隐晦，派生词语义熟语性就越大。构词词素语义关系指某一具体谓词在构词上的表达，隐含配位结构或者说深层角色配位的未

---

① Улуханов И.С. Мотивация в словообразовательной системе русского языка[M]. 2-е изд., испр. и доп. М.: Книжный дом «ЛИБРОКОМ», 2010. С. 276.

② Варбот Ж.Ж., Журавлев А.Ф. Идиоматичность[A]//Краткий понятийно-терминологический справочник по этимологии и исторической лексикологии[Z]. М.: Институт русского языка им. В.В. Виноградова РАН. 1998. С. 16.

③ Там же. С.16.

④ Там же. С.16.

词素化是形成派生词语义熟语性的主要原因。"述谓结构理论本来是用于描写句子的语义结构。由于词义和句义一样，也包含着场景，更重要的是，语义理解，尤其是对带有隐含成分的结构作语义理解时，常常需要对成分之间的述谓关系进行还原。"①

2. 俄汉语派生词语义熟语性成因

熟语性增值（идиоматическое приращенне）是词根语义与词缀语义相互作用的结果，导致派生词语义与结构之间的不对称。显而易见，与派生词熟语性密切相关的不仅是对现实世界某一客体进行称名的必要性，也包括人的意识特性，证明了语言反映民族意识。词在派生过程中，下述三个因素导致形成派生词语义熟语性。

2.1 俄汉语谓词省略

构词词素语义通常与谓词发生关联，尽管谓词语义并未在构词层面上出现，但在词典释义中可以窥见一斑：гостиница（宾馆），больница（医院），чернильница（墨水瓶）等派生词。гостиница词素分析是гости-ниц-(а)，гости"客人"与-ниц-(а)"地方"间的语义联系借助缺省的谓词прожить"住"关联在一起，尽管谓词"住"在构词过程中缺省，但在词典释义中却有所体现：Дом с меблированными комнатами (номерами) для временного проживания в нем приезжающих（用于客人临时居住的带家具的房子）。② 尽管прожить在гостиница构词过程中没有以词素形式体现，但在言语交际中常常与гостиница组配。例如：

① *Прожил в гостинице* почти 40 дней в командировке и могу сказать, что чувствовал себя почти как дома. 我出差时**在宾馆住**了近四十天，可以说感觉宾至如归。

② Первые дни я *прожил в гостинице*, а затем перебрался в здание, где полагалась квартира в четыре комнаты с ванной и кухней. 最初几天我**住在宾馆**，后来搬到了一套四室一厅的公寓，配有浴室和厨房。

---

① 朱彦，汉语复合词语义构词法研究[M]，北京：北京大学出版社，2004，第34页。
② Кузнецов С.А. Большой толковый словарь русского языка[Z]. СПб.: Норинт, 2008. С. 222.

汉语"宾馆"由"宾"和"馆"两个语素构成，分别表示"客人"和"场所"，并在构词过程中充当隐含谓词"住"的主体和处所，隐含谓词可以与"宾馆"组句，但不能与语素"宾"和"馆"在词中共现。例如：

① 他不**住宾馆**，到处找招待所，吃普通饭菜。
② **住宾馆**的旅客不能将易燃易爆物品带入其内。

汉语关系谓词主要包括像、有、是、在、用、因为、所以、和等。"关系谓词几乎从不在复合词表层形式上出现，或者说，它们几乎不能实现化为词素。我们随机统计了几千条词例，关系谓词出现在复合词表层结构上的词例只占统计数的不到1%。"① 朱彦把关系谓词分为11个亚类：存在关系谓词、领属关系谓词、系属关系谓词、相似关系谓词、方式关系谓词、目的关系谓词、结果关系谓词、原因关系谓词、凭借关系谓词、参与关系谓词和并列关系谓词。② 其中，系属关系谓词连接的关系主体是系事格，指具有一定身份、职位、属类的主体，而与之相应的表示身份、职位或属类的客体则是说明格。相似关系谓词表示两个事物或概念之间的相似性。复合词中相似关系谓词是"像""类似""宛如"等。相似关系谓词所连接的关系主体为像事格，与之具有相似关系的客体是喻事格，两个语义格通常在构词中共现，如柳眉、百褶裙、狼狗、鸭舌帽等。

① 这姑娘生得**柳眉**杏眼，梨面樱唇。
② 一群群穿着鲜艳**百褶裙**的黎族姑娘在商店里进进出出。
③ 成群的鸡鸭在院中跑来跑去，一条**狼狗**朝着我们叫起来。
④ 一个头戴**鸭舌帽**、手戴白手套、拎着灰色手提袋的男青年进入金店内。

相似关系谓词在汉语构词中一般不语素化，而表示本体和喻体的语素常常在构词中体现，但相似关系谓词在俄语构词中往往词素化，表示喻体的词素在构词中体现，但表示本体的词素一般不反映在构词中，本体配价成分在句中以句法题元形式体现。俄语表示相似关系谓词词素为类后缀：-видн-ый, -образн-ый, -подобн-ый等，词根词素

---

① 朱彦，汉语复合词语义构词法研究[M]，北京：北京大学出版社，2004，第54。
② 同上书，第54–56页。

表示喻体：копь-е-видный（蛇形的），сердц-е-видный（心形的），зонтик-о-образный（伞形的）шар-о-образный（球状的），звер-о-подобный（像野兽似的），гром-о-подобный（雷鸣般的）等。

① *Копьевидный* наконечник делают из стали и закаливают до твердости зубила. **蛇形**端头是钢的，淬火后其硬度堪比凿子。

② Листья *сердцевидные* в очертании, но по краям глубоко надрезанные. 叶子轮廓呈**心形**，但边缘是深裂的。

③ Василий Яковлевич подошел к дереву, молча погладил шершавую кору, посмотрел на высоко поднятую, слегка заостренную *зонтикообразную* крону. 瓦西里·雅科夫列维奇走到树前，默默地抚摸着粗糙的树皮，看看向上挺直的有点儿尖的**伞状**树冠。

④ Для приготовления компота отбирают спелые плоды правильной *шарообразной* формы. 做糖水水果得精选成熟的、匀称的、**球形**果实。

⑤ Очевидно, мой *звероподобный* вид не внушал ей, хозяйке, особого доверия. 显然，我**兽人**的外表并没有赢得她（也就是女主人）特别的信任。

⑥ *Громоподобный* голос снова стал едва различимым шепотом. **雷鸣般**的声音几乎又变成了各种耳语。

俄语有一类合成谓词，其中的一个元素充当构词词素，而另一个元素被隐藏，因此不能单独从构词词素推测词义。如певец（歌手；歌唱家）词典释义为：Тот, кто умеет петь, кто хорошо поет（会唱歌的人；歌唱得好的人）；① Тот, кто занимается пением как профессией（把唱歌作为职业的人）②。певун（好唱歌的人）词典释义为：Тот, кто любит петь, кто много поет（好唱歌的人；常唱歌的人）③。певец与певун具有共同词根词素пев-（唱），后缀-ец与-ун表示谓词пев-的

---

① Кузнецов С.А. Большой толковый словарь русского языка[Z]. СПб.: Норинт, 2008. С. 789.

② Евгеньева А.П. Словарь русского языка[Z]. 3-е изд., стереотип. Т. III. М.: Русский язык, 1987. С. 36.

③ Кузнецов С.А. Большой толковый словарь русского языка[Z]. СПб.: Норинт, 2008. С. 789.

施事主体。虽然在构词层面上пев-仅以一个谓词体现，但实际上певец与певун词义结构分别隐含了"善于""职业""喜欢"的语义成分。例如：

① Критики утверждают, что талантливый *певец умеет* доносить смысл песни не только голосом, но и мимикой. 评论家们证实，天才**歌唱家**不仅会借助声音，也会凭借表情传达歌曲的含义。

② Учитывая свою профессию, *певцу* приходится постоянно контролировать свой вес. 考虑自己的职业，**歌手**需要不断地控制自己的体重。

③ Жил в хижине бедняк Сапожник, но такой *певун* и весельчак, Что с утренней зари и до обеда, С обеда до ночи без умолку поет. 穷苦的鞋匠住在茅舍里，可这个乐天派**好唱歌**，从早上到中午，再从中午到夜里不停地唱。

汉语构词中同样存在一个谓词性语素在深层语义上充当合成谓词的现象，如好客、好事等。好客指"乐于接待客人，对客人热情"。[①] 好事"指好管闲事；喜欢多事：～之徒"。[②] 不难发现，"好客"隐含着一个谓词"招待"，而"好事"隐含着一个谓词"做"。

① 走进一户农家，**好客**的主人捧来几个荔浦芋头：第一印象是个头大，如排球大小。

② 临近终场，不知哪个**好事**的喊了一嗓子："我们这儿的于娜，比你们唱得好！"

2.2 俄汉语谓词配价语义特征

众所周知，客体分为内部客体与外部客体。内部客体指因主体的动作行为所产生，引发出的新事物、新现象，其行为开始时并不存在，随着动作行为的持续而生成，反之则为外部客体，指受事客体在动作行为开始前就已存在。кострище（生过篝火的地方）由词根костр-（篝火）与后缀-ищ-(е)（地方）构成，词典释义为：Место, где горел

---

① 现代汉语词典（第7版）[Z]，中国社会科学院语言研究所词典编辑室编，北京：商务印书馆，2016，第522页。

② 同上书。

костер（生过篝火的地方）[1]，但义素 горел（燃烧过）没有以词素形式在构词中体现。在词典释义中，尽管 костер（篝火）语法形式上是主语，但深层语义上则是客体，更确切地说，是内部客体，原因在于这样的认知模式：зажечь костер（点燃篝火）→ костер горит（篝火在燃烧）→ костер сгорел（篝火燃尽）→возникло место, где сохранились следы костра（篝火过后留下痕迹的地方）。костер 作为可燃材料在燃烧过程中被消耗掉，由此而形成的结果便形成 кострище（生过篝火的地方），кострище 是烧的内部客体。

① *Кострище* было огромное, земля под пеплом несколько дней не остывала, а стояла зима, морозцы. **篝火堆**巨大，灰烬下的土地几天都不冷却，而当时正值冬季，严寒刺骨。

② Посреди поляны еще дымилось наспех залитое водой *кострище*. 林间空地中央，用水迅速浇灭**篝火**的地方还在冒烟。

处所格表示事物主体所在的场所，受存在关系谓词支配，往往与非自主动词所联系的动作主体，即主事格对应。又如，пожарище（失过火的地方；火灾遗址）由词根 пожар（火灾）与后缀 -ищ-(e) 构成，词典释义为：Место, где был пожар, со следами пожара; пепельще（经历过火灾，有过火痕迹的地方；失过火的地方），[2] 义素 произошел（发生过）没有以词素形式在构词中体现。пожар 是主事格，произошел 是表示存在关系的谓词，后缀 -ищ-(e) 是处所格。主事格 пожар 的语义特征是，受存在谓词 произошел 的影响，不能恒常存在。例如：

① Замолкает гомон, и на *пожарище* остаются лишь измученные, перепуганные хозяева.（Сергей Есенин）嘈杂声渐渐散去，**火灾现场**仅剩下疲惫不堪、惊恐不安的主人。

② Вчера в Нахичевани убито свыше 20-ти человек. На *пожарище* извлечено 4 трупа.（Вести (1905.05.28) // «Русское слово», 1905）昨天在纳希切万，二十多人被杀害。**火灾现场找到了四具尸体**。

---

[1] Кузнецов С.А. Большой толковый словарь русского языка[Z]. СПб.: Норинт, 2008. С. 462.

[2] Там же. С. 888.

动词носить（背，拎，扛，搬）可以派生出动作发出者义项：носчик（搬运工），носильщик（搬运工），两个词是同义词，但носильщик还有一个义项，词典释义为：Рабочий, занимающийся переноской (или перевозкой на тележке, автокаре) багажа на вокзалах, пристанях и т. п.（在火车站、码头等处从事搬运或用小车、自动搬运车运输行李的工人）。① 换言之，搬运主体有选择地作用于受事客体，当受事客体是行李物品，且行为发生在车站、码头、机场等场所时，更适于使用носильщик一词。试比较：

① *На вокзале один носильщик*, несший вещи какой-то дамы, бросил вещи и, не обращая внимания на крики их владелицы, побежал за толстым.（А.М. Хирьяков）**在火车站**，一个搬运工正在搬运一位女士的行李，他突然扔下行李，不理会行李主人的喊叫，追着胖子跑了。

② Когда Борис Хигер работал в цирке, я подрабатывал *на Курском вокзале* носильщиком, приобретая жизненный опыт.（Борис Руденко «Наука и жизнь», 2009）当鲍里斯·希格尔在马戏团上班时，我在库尔斯克**火车站**做搬运工，积累生活经验。

汉语"养病"和"卧病"包括谓词性语素"养"和"卧"，语素"病"跟语素"养"和"卧"语义上具有因果关系。换言之，"因病而养""因病而卧"，但语义成分"因"并未在构词中体现，但义位中含有这个义素，词典释义往往把这个义素揭示出来。养病：因患病而休养：安心～②；卧病：因病躺下：～在床。③ 例如：

① 在接受这部艺术片拍摄任务之际，邓在军刚刚动过结肠癌开刀切除大手术，正在家中**养病**。

② 1990年春，山下村76岁的孤寡老人王元立患肺结核**卧病**在床。

---

① Кузнецов С.А. Большой толковый словарь русского языка[Z]. СПб.: Норинт, 2008. С. 657.

② 现代汉语词典（第7版）[Z]，中国社会科学院语言研究所词典编辑室编，北京：商务印书馆，2016，第1519页。

③ 同上书，第1378页。

"养病"和"养父"中,"养"的语素语义并不相同。前者指使身体得到滋补或休息,恢复健康;后者指抚养的,非亲生的。相同形式语素语义上的差别在于语义配位结构不同。要满足"养病"中谓词性语素"养"的语义自足性,至少需要三个配价成分,包括主体,一般指病人;客体,指身体、健康;原因,指疾病。若使"养父"中谓词性语素"养"的语义完整,需要三个语义配价,即主体,指具备抚养能力的人;客体,指被抚养的对象;主客体的关系,即非亲生的。"父"是"养"的主体,表示被抚养的对象。尽管表示"非亲生"关系的语义成分并未在构词中体现,但在句子中可以通过相应句法题元形式体现。"养子"与"养女"中语素"子"与"女"语义上是谓词性语素"养"的客体,其关系主体在构词中无体现,但构造语句中可以显现出来。例如:

① 王同亿是湖南省常德地区桃源县人,小时家境贫寒,生活所迫,父母在他一岁时将他送与人家寄养,**养父**是盲人。

② 爱琴与自己的亲生父母分别时还在襁褓中,对自己的生身父母没有一点印象,留在她记忆中的只是**养父**、**养母**。

③ 张福龙没有儿女,正想领养一个孩子,于是收养桂玉为**养女**。

2.3 俄汉语复杂谓词结构

俄语合成词中存在复杂谓词结构。也就是说,合成词中复杂谓词结构由主导性谓词结构和从属性谓词结构组成,是简单谓词结构有层次的组合。这样,合成词复杂语义关系不能完全由构成合成词的词素语义反映出来,形成了语义熟语性:расширить(拓宽),наплакать(哭红眼睛,哭肿眼睛),вылечить(治愈),разбить(打碎),износить(穿破),напиться(喝醉),наесться(吃饱)等派生动词。派生动词наплакаться(尽情哭,哭很久)具有复杂谓词结构,包括前缀на-(很多),词根-плак-(哭),动词后缀-а-和词尾ть,以及尾缀-ся。其中,主导性谓词词素-плак-呈现这样一种语义关系:主体(人)→ 表示数量配价(前缀на-)→哭(主导性谓词-плак-)→主体(眼睛,глаза)→ 表示结果配价(眼睛因长时间哭泣而产生红、肿的性质特征)。尽管"眼睛"和"红"或"肿"的语义配价并没有构词上的体现,但词典释义揭示了该词的语义成分:Довести (глаза) плачем до красоты, припухлости（眼睛哭得红肿）。① 例如：

① Лицо у Патапа Максимыча осунулось, *наплаканные* глаза были красны, веки припухли, седин много прибыло в бороде. 帕塔普·马克西梅奇的脸消瘦得很，**眼睛哭得通红**，眼皮也肿了，胡子白了很多。

② Можно родить здорового ребенка после *вылеченного* сифилиса? 在梅毒**治愈**后，能否生出健康宝宝？

在汉语"促销""保真"中，语素"促"和"保"充当主导性谓词，"销"和"真"作为受事客体同时又是从属性谓词"销"和"真"的主体。换言之，兼有两个语义配价的语义成分未能以语素形式在构词上体现，但这一语义却隐藏在词义中。"促销：推动商品销售：利用广告～｜～手段不力"②；"保真：确保商品、文物等的真实，防止假冒：～标签"。③

① 很多人在面对商品折扣和商场**促销**时产生"冲动型消费"，导致闲置物品增加。

② 纯粹的信息是可以复制的，而且由于它是数字信息，所以复制的**保真**度可以是极高的。

综上所述，俄汉语词素语义配价具有共性和差异特征，最适合从具有较强派生能力的谓词性生产词着手，对两种语言词素语义角色进行有序组合和角色配位，挖掘派生词深层语义配价内涵，再根据语言所要求的构词模式，使组织好的角色配位在构成派生词中得以实现。

---

① Ожегов С.И., Шведова Н.Ю. Толковый словарь русского языка[Z]. 4-е изд., доп. М.: ООО «А ТЕМП», 2006. С. 388.

② 现代汉语词典（第7版）[Z]，中国社会科学院语言研究所词典编辑室编，北京：商务印书馆，2016，第222页。

③ 同上书，第47页。

第十一章　俄汉语词素语义与认知

第一节　词素称名与词素语义称名

现代语言学所取得的最大成就在于，不再就语言和为了语言而研究语言，而是在人的认知活动中立足语言参与者视角开拓语言研究新的范式。①"自然语言的特点是，直接通过现有可感知的物理概念表达复杂概念，包括对人类心智领域的描写。"②尽管从认知视角对语言学传统问题的研究取得了令人瞩目的成绩，但截至目前，基于体验哲学思想的认知语言学研究尚未触及词素这一最基本的语义单位。构词语义派生是认知主体与认知对象积极作用的结果，因此，构词语义派生必须考虑人的因素。库布里亚科娃指出："生产词语义（семантика мотивирующего слова）如何进入派生词语义结构中，这是构词学理论和理据理论（теория мотивации）最重要的问题之一。"③称名学理论有助于分析派生词构成过程中如何借助生产词产生解释的语义成分。

1. 词的直接称名与间接称名

词汇单位最重要的功能就是称名功能。称名是称谓客观现实的一种活动，按照从内容到形式的方向探究词汇语义问题，根据词的语音形式与意义的关系分出直接称名（первичная номинация）与间接称名（вторичная номинация）。直接称名，亦称一性称名，指语音形式与意义之间的理据关系阙如，但这种阙如并不是绝对的，而是需要通过专门的词源学考证以明确称名依据。直接称名与词的音素（фон）组成密切相关，因此音义分析的结果可以成为其研究的基础。直接称名的

---

① Маслова В.А. Когнитивная лингвистика[M]. Минск: Тетра Системс, 2008. С. 4.
② Апресян. Ю.Д. Языковая картина и системная лексикография[M]. М.: Языки славянских культур, 2006. С. 560.
③ Кубрякова Е.С. Типы языковых значений. Семантика производного слова[M]. М.: Наука, 1981. С. 158.

词汇单位一般是人类生活中最基本的词汇组成，是人认知世界的基本范畴词汇，它是事物最早获得的名称，因此具有较大任意性。"直接称名通过非派生词指称现实世界（具体的、事件层面）。非派生词是语言使用者在共时平面视为最原始的、不是由其他词构成的词，它们直接地指称周围现实世界片段，具有规约性、非理据性特征。现代语言中直接称名已鲜见，因为所有语言的最初词汇经历了时代的变迁，已稳固下来，如突厥语族中主要单音节根词是古突厥语词汇中最古老的部分，反映了突厥人世界图景的最初观点。"① 也就是说，用于直接称名的词汇单位通常性质更简单、历史更久、任意性更强、使用频率更高、构词能力更强。

语言中存在大量间接称名，即二性称名，也就是将语言中已存在的称名手段用作新的功能。"称名结果，区分出旧词新义的称名方式和创造新的物质外壳的称名方式。"② 前者往往导致一词多义现象，后者常常能构造新词。旧词新义的称名方式实质上即为间接称名，称名手段与被称名事物之间存在明显理据关系。陈曦将称名概括为两类："词（语）称名和义称名。词称名称谓对象时创造出的是词，义称名称谓对象时创造的仅仅是义项。"③ 间接称名是借助派生的词汇语义单位指称现实世界片段，它是通过构词和语义称名形式实现的。卡茨内尔松（С.Д. Кацнельсон）"将构词称名和语义称名统称为语义构词（семаобразование）"。④ 间接称名是现代语言所固有的特点，因为现代词汇的补充主要通过构词和转义来实现。⑤

2. 词素的直接称名与间接称名

尽管称名通常聚焦于词汇层面，但词素层面实际上也存在称名，如词素称名与词素语义称名。词素称名与词素语义称名是彼此关联，

---

① Ягафарова Г.Н. Основные ономасиологические понятия[J]. Вестник Челябинского гос. ун-та. 2010（13）. С. 173.

② Журавлев А.Ф. Технические возможности русского языка в области номинации[A]// Способы номинации в современном русском языке[C]. М.: Наука, 1982. С. 53.

③ 陈曦，俄汉称名对比研究[M]，天津：天津人民出版社，2007，第12页。

④ Кацнельсон С.Д. Содержание слова, значение и обозначение[M]. М.: Едиториал УРСС, 2011. С. 75.

⑤ Ягафарова Г.Н. Основные ономасиологические понятия[J]. Вестник Челябинского гос. ун-та. 2010 (13). С. 173.

又相互区分的概念，前者指产生新词素，它增加了语言原有词素的数目总量，而后者则不增加词素的数量，只是增加词素新的义项。随着词素义项的增加，语义上就构成了词素的多义现象。"词素和词既表达能指，也表达所指。"① "音"是词素的物质外壳，"义"是词素所指称的事物、现象等在人脑中的反映。与词汇单位一样，词素同样存在直接称名与间接称名。

俄汉语中直接称名词素通常表达基本意义。通过隐喻或转喻等认知方式，词素由基本意义衍生出新义项，并用新义项指称事物和现象，即词素语义称名。"俄语горячий基本意义表示热的、炎热的、酷热的，指温度，如例①②；转义则表示性急的、急躁的，如例③④。由此，词干горяч-具有了多义性，其另一词素语义表示性急、急躁：горячиться（急躁，发火）。"②

① Почему вода такая *горячая*? 为什么水这么**热**？

② Вот именно так и есть, что *горячее* солнце было матерью каждой травинки, каждого цветочка, каждого болотного кустика и ягодки. 确实如此，**炽热的**太阳是每一株小草、每一朵小花、每一丛灌木和每一颗浆果的母亲。

③ Его *горячий* характер может вызвать настоящий взрыв. **火爆**的性格可能会使他真的爆发。

④ *Горячая* женщина скоро сделает глупость, скоро и одумается. **脾气暴躁**的女人会很快干出蠢事，但也会很快清醒过来。

горячиться表示"急躁、发火"义项时，горяч-为间接称名，如例⑤⑥：

⑤ Женщины начали сразу *горячиться*, спорить. 女人们立马**发火了**，争论不休。

⑥ Не *горячись*, отец, — произнес он примирительно и зло посмотрел в сторону своего молодого спутника. 别**发火**，爸

---

① Уфимцева А.А. Знак языковой[A]//Лингвистический энциклопедический словарь[Z]. Под редакцией Ярцевой В.Н. М.: Большая Российская энциклопедия, 2002. С. 167.

② 孙淑芳等. 俄汉语义对比研究[M], 北京：商务印书馆，2015, 第110页。

爸，——他息事宁人地说，并且恶狠狠地朝他年轻的同伴那边瞪了一眼。

词素的间接称名通常建立在直接称名基础上。直接称名词素与间接称名词素语义上具有某种联系，涉及原型范畴、隐喻、转喻等认知因素。随着人类社会发展进程中新事物、新现象的出现，语言中必然要有相应的词素称名。"俄汉语中都有一些外来词素在构词中用作直接称名。直接称名方式包括：其一，借用外来语音译形式；其二，运用本民族语言中固有的语言材料，也就是借用词素来构造新词。借用外来语的音译往往产生新的外来词素，它相对于本民族来说，必然是词素的直接称名。外来词素的语音形式与所指称的客观事物缺少理据联系，用作直接称名的外来词素可以与语言中的固有词素复合成新词。"①外来前缀词素ультра-源于拉丁语，语义上等同于俄语的сверх（超过），более（多于），находящийся за пределами（超出界限），指"大大超过生产词所指称的人与事物的特征"，对应汉语"超、最、极、外"：ультра-+звук-（声音）→ультразвук（超声波），ультра-+фильтр（过滤器）→ультрафильтр（超滤器）；ультра-+крас-（红色）+-н+-ый→ультракрасный（红外线的），ультра-+-современ-（现代）+-н+-ый→ультрасовременный（超现代化的），ультра-+-фиолет（紫色）+-ов-+-ый→ультрафиолетовый（紫外线的），ультра-+-мод-（时髦）+-н+-ый→ультрамодный（最时髦的，超时尚的）等。

类似外来词缀还有пост-, супер-, де-, контр-, псевдо-, анти-, про-, экс-等。

пост-（之后）：постадаптация <生物>（后生适应，后期适应），постпозиция（后置），постимпрессионизм（后期印象画派）；

супер-（超级的）：суперцемент（超级水泥），суперавиация（超高空飞行），супермаркет（超市），суперэлита（超级原种，优质原种）；

де-（废除，取消；否定）：демобильзация（复员），депрессор（缓冲剂），деперсонализация（人格解体）；

контр-（反对，对抗；对立；相反）：контрреакция（对抗反应），контрприрода（反自然），контрреволюция（反革命），

---

① 孙淑芳等，俄汉语义对比研究[M]，北京：商务印书馆，2015，第110页。

контругроза（反威胁）；контрудар（反突击）；

псевдо-（假，伪，赝）：псевдонаука（伪科学），псевдо-классицизм（伪古典主义），псевдоскаляр（伪标量，赝标量）；

анти-（反，反对；违反，对抗）：антитела（抗体），антистаритель（抗老化剂），антисоциальный（反社会的）；

про-（亲……；拥护）：профашст（亲法西斯分子），пронацистский（亲纳粹的），проамериканский（亲美的）；

экс-（过去的，以前的）：экс-посол（前大使），экс-премьер（前总理，前首相），экс-президент（前总统），экс-скипер（前议长）等。

俄汉语词素直接称名的方式趋于一致，两种语言基本范畴词素语义构成对应关系，均存在对应表示属概念的词素，用以进行直接称名。例如：

① По карте *осадков* можно определить, какой интенси-вности *осадки* ожидаются в данный период времени. 根据**降水**分布图可以确定近期**降水**强度。

② 气候变暖通常伴随着**降水**的分布格局和强度的变化。

осадки（单数осадок）（降水[雨雪]；降雪；降雨）通常用复数形式。词素分析形式为о-сад-ок-ø，其中，о-是前缀，-ок是后缀，所表示事物意义较为抽象，-ø是零词尾标志，-сад-是词根词素，具有动作意义，意同садиться[未完成体]/сесть[完成体]（落下）第7个义项："Снежинка села на шею（雪花**落**在脖子上），Роса села на траву（露水**落**到草上），Чаинки сели на дно стакана（茶叶**沉**到杯底了）。"①，садиться词素分析形式是сад-и-ть-ся。从词素分析上可以看出，о-сад-ок-ø与сад-и-ть-ся两个词中的词根词素-сад-在本质上具有同一性。осадки汉译为"降水"，由"降"和"水"两个语素构成，水是大气形成在地面的雪、雨、冰雹等的统称。осадки汉译时可以根据具体语境选择下位词表达降水、降雪、降雨或降冰雹。осадки的"雪""雨""雹"等事物意义有时可以用前置词组合в виде чего作非一致定语加以明确，如下文例①为"降雪"；例②为"降雨"；例③为"降水（雨雪）"。

---

① 郑述谱，新时代大俄汉词典[Z]，黑龙江大学俄罗斯语言文学与文化研究中心辞书研究所编，北京：商务印书馆，2019，第1927页。

① *Осадки в виде снега* выпадают редко; выпавший снег, обычно быстро тает. 很少有**降雪**；降下的雪很快就会融化。

② Ожидаются *осадки в виде дождя*, переходящего в мокрый снег. 有**降雨,**转雨夹雪。

③ Временами *осадки в виде снега и дождя*. 时有**降水**。

汉语"欠火"一词"指饭、菜等的火候不够"。① 语素"火"是间接称名，其语素语义指烧火的火力大小和时间长短，不再用其"物体燃烧时所发的光和焰"② 直接称名语素语义。在"欠火"这一语义结构中，语素"火"为"火候"，较为概括，可以具体为煮、煎、烤、烧、炸等烹饪时所掌握的火力大小或时间长短不够充分。换言之，"欠火"这一语义范畴包括煮、煎、烤、蒸的欠火候等。俄语没有专门表示"欠火"的词，但可以借助前缀недо-构成表示下位范畴的词：недоварить（没有煮熟），недожарить（未煎熟），недопечь（未烤熟），недожечь（没烧到火候）等。例如：

① Рис в пирожках был *недоварен*. 小馅饼里的大米**没有煮熟**。

② Из *недожаренных* цыплят сочилась кровь. **未炸熟**的鸡块还在淌血。

③ Хлеб от *недопеки* сыроват. **未烤好**的面包有点生。

以上例证表明，俄语没有"欠火"义项表达，须借助"欠火"下位范畴词；汉语既可以用"欠火"表示，也可以用"欠火"下位范畴词表示。俄语前缀недо-对应汉语"欠"，意为"不够，缺乏"，词根词素-вар-, -жар-等具体地对应汉语"火"，或者说"火"的语素语义（火力大小和时间长短）涵盖俄语词根词素-жар-（炸；煎），-вар-（煮），-печ-（烤），-жеч-（烧）等。

---

① 现代汉语词典（第7版）[Z], 中国社会科学院语言研究所词典编辑室编, 北京：商务印书馆，2016，第1045页。

② 同上书，第592页。

第二节　词素语义与范畴化

范畴化（категоризация）是认知语言学最为核心的概念，是人对世界万物分类的一种高级认知活动，是人对世界最基本的认知能力。倘若事物之间具有相似性，这些事物便可以归于一个范畴，语义就是对世界进行范畴化和概念化的过程。美国心理学教授埃莉诺·罗施（E. Rosch）提出范畴化的两个基本原则："1）在功能上达到认知经济性，范畴系统必须以最小的认知投入提供最大量的信息；2）在结构上提供的最大量的信息必须反映出感知世界的结构。"[1]

1. 词素语义是范畴化最基本的对象

范畴化语义结构主要辐射三个范畴，分别是上义范畴、基本范畴和下义范畴。其中，基本范畴在认知和语言上比另外两个范畴更为重要，表示基本范畴的词汇叫作基本范畴词汇。基本范畴和基本范畴词汇具有如下特征："1）其成员具有明显的能被感知的对外区别性特征；2）是完整的感知外形（完形）区别特征和内部相似性达到理想平衡的最高等级，单个事物的意象能反映整个范畴特征，在此等级上，人们可以以最小的努力得到最大的信息；3）具有快速识别的特点，因为事物具有最多共同特性和动觉功能；4）事物首先被认识、命名、掌握和记忆；5）运用最简洁的中性词语，其使用频率最高；6）是知识组织的重要的和基本的层面。"[2]范畴化语义层级结构中的基本范畴依赖于人类最基本的认知能力，不能过于抽象或具体，可以向上或向下不断扩展。"牛"和"狗"属于基本范畴词汇，人区分"牛"和"狗"远比区分不同种类的"牛"，如公牛、母牛、野牛、奶牛、花牛、黄牛、牦牛、水牛、耕牛等，以及不同种类的"狗"，如公狗、母狗、狼狗、猎狗、搜救狗、斑点狗、牧羊犬等，要容易和准确得多，因为不同种类的"牛"和"狗"过于具体。由于动物形象过于抽象，它们在人类头脑中缺乏视觉原型，因此高于基本层次之上的认知是难以形成心智意象的。

---

[1] 刘正光，语言非范畴化——语言范畴化理论的重要组成部分[M]，上海：上海外语教育出版社，2006，第9页。

[2] 赵艳芳，认知语言学概论[M]，上海：上海外语教育出版社，2001，第59页。

2. 俄汉语词素语义基本范畴

词素语义具有范畴化特征。词义与构成词的词素语义密切相关，词素语义分析对确定词义具有积极作用。词素是词的构成成分，是语言中最小的表义单位，也是最小的音义结合体，其物质载体是语音。现代语言学语义基本单位是从词项或义项中分析出来的最小语义元素，即义素，亦称语义成分或语义特征。由此可见，义素是义位的语义构成成分，是词义最小的语义构成成分，它把词汇语义或义项分解成若干个语义元素。既然词素和义素都与词义密切关联，那么分析词素语义与词义之间的相互关系就可以借鉴义素分析方法。词素是语言单位，具有一定语音形式；义素能提升为语表形式，即词素，词素是义素符号化的结果，这类义素往往是显性义素，具有明显的构词标志。

俄汉语基本范畴词汇一般是词形较为简单、音节较少的词根词，且多为本族词、中性词，是语言词汇系统中的基础部分。基本范畴词汇多指与人类生产生活关系最为密切和直接，使用频率最高以及构词能力最强的词汇。俄语参与构词过程的基本范畴词素包括词根、前缀、后缀、类后缀等，它们所承载的义素往往是显性的，是表示范畴义素的词素。所谓范畴义素指词义类属义素，与范畴义素相对应的是特征义素，是表示范畴特有属性的义素。通常情况下，多数词的词位都能够分出范畴义素和特征义素。倘若它们符号化后提升到语表形式，就成为表示基本范畴义的词素，也就是表示属概念词素或范畴特有属性词素，即种概念词素。俄汉语均可使用基本范畴词素来派生新词，指称那些新的属于下一级范畴的事物，同时也揭示下位词和上位词的语义关系。

俄语词根词素смех-对应汉语语素"笑"。俄汉语均可用смех-和"笑"作为基本范畴词素派生和复合下位范畴词：засмеяться(笑起来)，насмеяться（尽情地笑），надсмеяться（讥笑），посмеяться（笑一会儿），отсмеяться（不再笑），подсмеяться（微微地嘲笑），просмеяться（笑若干时间），рассмеяться（大笑起来），усмехнуться（冷笑）；微笑、嘲笑、冷笑、苦笑、奸笑、窃笑、坏笑、哈哈大笑、笑嘻嘻、笑眯眯、笑脸、笑颜等。词义相近的词往往具有相同范畴义素，而范畴特有属性义素即为近义词语义上的差别。试比较：

① Алешка много *смеялся*, рассказывал о своей дочке. 阿廖沙一直笑着，讲自己女儿的事情。

② Проводник, который вошел и присел на диван, угоднически *посмеялся*. 向导走进屋，坐到沙发上，讨好地笑了笑。

③ Наконец поэт *отсмеялся* и объяснил ему причину веселья. 诗人终于不再笑了，解释了他高兴的原因。

④ Услышав мое предположение, дедушка *засмеялся*, но я все-таки попросил его быть настороже. 听完了我的推测，爷爷笑起来，但我还是要他多加防备。

动词смеяться, засмеяться, посмеяться, отсмеяться词典释义分别是：смеяться: издавать смех（发出笑声）；засмеяться:начать смеяться（开始笑）；посмеяться:некоторое время смеяться（笑一会）；отсмеяться:*разг.* кончить смеяться <口>（不再笑）。① 根据以上释义，前缀за-, по-, от-对应承载的义素分别为начать（开始），некоторое время（一会儿），кончить（结束）。词根词素смех-属于范畴义词素，前缀за-, по-, от-属于范畴属性词素，是смех-的区分性特征，置于смеяться之前，构成派生动词засмеяться, посмеяться, отсмеяться, 它们是смеяться下位范畴词，词义内涵较смеяться更为具体。

汉语语素"笑"表示基本范畴义，是属概念，特征语素微、嘲、冷、苦、干、窃等承载了部分义素。"微"意为"不明显"，"嘲"表示"用言辞笑话"，"冷""不屑"，"苦"表示"难受"，间接地体现"心情不愉快"；"干"承载义素为"不想""勉强"；"窃"直接表示义素"偷偷地"。换言之，表示特有属性的部分义素符号化为语素，从语义上限制表示基本范畴义的语素"笑"。例如：

① 身患疾病时，医护人员的一个**微笑**、一句鼓励，往往就能缓解心中的不安和压力。

② 在这个故事中，画家是个倒霉蛋，是故事杜撰者、讲述者的**嘲笑**对象。

③ 看见亚尔斯兰露出兴趣盎然的表情，拉杰特拉内心不禁**窃笑**。

---

① Ушаков Д.Н. Большой толковый словарь современного русского языка[Z]. М.: Альта-Принт, 2008. С. 1218, 346, 935, 761.

④ 面对记者的提问，胡经理**苦笑**着说："这根本不可能！"

俄语前缀和后缀均以基本范畴词素身份参与构词。如前缀про-加在动词之前构成不同派生动词，表示"使生产词所指称行为穿过、穿透、深入某物"，对应汉语的"穿、通、透、过"，属于能产前缀：про-+идти（走）→пройти（走过），про-+ехать（乘车走）→проехать（乘车走过），про-+бежать（跑）→пробежать（跑过），про-+летать（飞）→пролетать（飞过），про-+бить（打）→пробить（打通），про-+грызть（咬）→прогрызть（咬透），про-+колоть（刺）→проколоть（刺穿），про-+резать（切）→прорезать（切穿）等。前缀про-的"穿过"义项属于基本范畴，是对动作、行为客体的补充说明。пройти等派生动词是про-的下位义范畴。实际上，动词пройти语义可以理解为：идти这一行为在量上的不断累加，直至遍及整个客体，即行为→客体，客体被"穿、通、透、过"。про-还表示属概念，идти, ехать, бежать, летать, бить, грызть, колоть, гореть, резать是对前缀про-的限定。又如，后缀-ин-(а)表示用作食物的肉，经常附着在表示动物词根词素之后，构成派生名词：баран-ин-(а)（羊肉）、пс-ин-(а)（狗肉）、свин-ин-(а)（猪肉）、фазан-ин-(а)（野鸡肉）、севрюж-ин-(а)（鲟鱼肉）等。相应，汉语表示各种动物的肉也置于表示动物词根语素之后，构成牛肉、羊肉、猪肉、马肉、狗肉、鸡肉、鸭肉、鹅肉、驴肉、鹿肉、鱼肉、鸽子肉等。汉语后缀数量明显少于俄语后缀，但也存在由基本范畴后缀构成的词。如后缀"儿"加在表示动词性、形容词性语素之后构成名词。"儿"表示事物范畴，该事物范畴向其下义范畴拓展，使其成员具体化，如盖儿、塞儿、尖儿、亮儿、短儿、把儿、箍儿、棍儿、圆圈儿等。

俄语类词缀（аффиксоид）-воз源自动词возить（运、运输），起初作为词根词素，在语言发展变化进程中，其词素语义逐渐泛化，逐步演变为另一个新的范畴，最终成为类后缀：кормовоз（运输饲料车），мебелевоз（家具运输车），молоковоз（牛奶运输车），мотовоз（小型内燃机车），нефтевоз（运油车），паровоз（蒸汽机车），рудовоз（运矿船），тепловоз（内燃机车），углевоз（运煤车），электровоз（电力机车）等。带-воз的派生名词为零词尾形式，表示事物意义。-воз具有基本范畴义，分别附加在корм-, мебел-, молок-, мот-, нефт-, пар-, руд-, тепл-, угл-, электр-等词干之后，构成狭义范畴，使-воз的事物意义具象化。通过比较带-воз派生词的内部结构，不难发现，-воз属于范畴义素，而корм-, мебел-, молок-, мот-, нефт-, пар-, руд-, тепл-, угл-, электр-属于特征义素，两类义素均已符号化用以充当词素，具有一定语音形式，承担词义中部分义素功能，语音语义结合一体，意义上不可再细分。同理，汉语两个语素"机"和"车"构成复合语素"机车"，表示基本范畴的构词成分附加在复合语素"内燃""蒸汽""电力""热力"之后，表达属概念，如内燃机车、蒸汽机车、电力机车、热力机车等。

在人类认知思维过程中，优先范畴化的事物一定是那些与人类生产生活密切相关，且又容易被识别和概括的事物，通过概括共有特征事物，使其抽象化，形成上义范畴。反之，则是具象化，形成更低层次的下义范畴。在一种语言中，可以用基本范畴词素构成狭义范畴词汇，而在另外一种语言中却用其他专门词汇来表达。俄语基本范畴词рыба几乎没有用其构成下位义范畴的词，它借助其他词或词组表达。рыба对应的汉语语素是"鱼"。以"鱼"作为属概念，在其前面加上表示种差的语素加以限定，形成下位语义范畴。试比较：рыба → 鱼，карась→ 鲫鱼、белый толстолобик→ 白鲢鱼、карп→ 鲤鱼、сазан → 鲤鱼、каракатица → 墨鱼、сабля-рыба → 带鱼、волосохвост→带鱼、селедь→ 青鱼；鲱鱼、скумбрия→ 鲭鱼、макрель→ 鲭鱼、камбала→ 比目鱼、сом→ 鲶鱼、треска → 鳕鱼、лосось→ 鲑鱼、семга → 鲑鱼、желтый горбыль→ 黄花鱼、кальмар→ 鱿鱼、лещ → 鳊鱼、амурский сом→ 鲇鱼、щука→ 梭子鱼；狗鱼、угорь→ 鳝鱼；鳗鱼、кета→ 大马哈鱼等。尼基京（М.В. Никитин）指出："我们看到世界的样子是由我们的概念体系提供的。思想留给了语言选择表达思想方式的巨大自由。语言广泛运用这种自由，改变自己的分类方法并构建语言的所有结构层级。"①

从认知视角上看，上义范畴、基本范畴和下义范畴同属一个更大的语义范畴，处在这一范畴中的所有成员之间具有家族相似性，可能是一个中心成员和若干边缘成员，与中心成员相似性越大，在该范畴中的地位就越巩固；反之，相似性越小，甚至趋向于零，边缘成员就会逐渐脱离原范畴，开始向新的范畴演变。最理想的相似性是中心成

---

① Никитин М.В. Курс лингвистической семантики[M]. 2-е изд. СПб.: Изд-во РГПУ. 2007. С. 93.

员充当基本范畴词汇，处在范畴中的成员并非一成不变，而是运动的和变化的，非范畴化就是这种变化的标志。倘若某成员与其他范畴的中心成员具有相似性，则会重新归入新的范畴。

第三节　词素语义与非范畴化

非范畴化（некатегоризация）本身就是范畴化的重要组成部分。词素本身就是一个语义范畴，其内部成员也是变化的，也可能非范畴化。因此，需要从动态视角探究非范畴化与词素语义之间的内在联系。

1. 非范畴化本身就是范畴化的组成部分

人类认知思维在不断范畴化过程中，也涵盖了非范畴化部分。"范畴化就是从差异中找出相似，从若干的个别中找出共性特征，以便给事物、行为或形态进行分类，实现认知经济原则。人类认知的完整过程包含两个方面。其一，从个别到一般是范畴化认知过程；其二，从一般到个别，是非范畴化认知过程，两者构成一个有机的整体。"[①]非范畴化指"在一定的条件下范畴成员逐渐失去范畴特征的过程。范畴成员在非范畴化后重新范畴化之前，处于一种不稳定的中间状态，即在原有范畴和即将进入的新范畴之间会存在模糊的中间范畴，这类中间范畴丧失了原有范畴的某些典型特征，同时也获得了新范畴的某些特征"。[②]范畴化的完整过程通常呈现如下顺序：无范畴→范畴化→非范畴化→重新范畴化，依此类推。

词的语义泛化是非范畴化的前提。"语义泛化指体现概念的词或固定语的A义在演进到B义的过程中发生了部分概念内涵消失的现象。"[③]词素认定必须满足两个条件：一是作为词素的形式必须以大致相同的意义出现在其他复合形式中；二是不能进一步切分为更小的语音语义形式。在辨别是否为同一词素时，要注意同一性，这实质上就是词素语义范畴化过程。语言中的类词缀现象恰恰体现了词素语义

[①] 孙淑芳等，俄汉语义对比研究[M]，北京：商务印书馆，2015年，第131页。

[②] 刘正光，语言非范畴化——语言范畴化理论的重要组成部分[M]，上海：上海外语教育出版社，2006，第61页。

[③] 同上书，第64页。

由实到虚的渐变过程，也是非范畴化过程，俄汉语中类词缀现象会促进派生更多的新词。类词缀是由词根词素向词缀词素转化过程中的一类过渡性词素，既不是名副其实的词根，也非典型的构词标志，而是暂介于词根词素与词缀词素之间的构词成分，在语义和功能上接近于词缀。从词根词素向词缀词素过渡过程中，一部分词素语义逐渐泛化或曰虚化，逐渐脱离原范畴，与原范畴的中心意义或曰原型意义越来越远，渐渐向外围边缘地带拓展。

2. 俄汉语类词缀语义非范畴化

类词缀词素语义虚实是一个连续统，完全脱离原有意义、割断前后发展的意义联系几乎是不可能的。类词缀又包括类前缀（префиксоид）和类后缀（суффиксоид）。类前缀指兼有词根和前缀特征，功能上类似于前缀，类后缀指兼有词根和后缀特征，功能上类似于后缀。

类前缀гидро-义项为"水、水力、水利"：гидроавиабаза（水上航空基地），гидроавианосец（航空母舰），гидроавиация（水上航空兵），гидроаккумулятор（液力蓄压器），гидроавлический анализ（水力分析），гидроавлический таран（水力冲锤），гидрозагрузка（水力装料），гидрозакладка（水力充填），гидрокинетика（流体动力学），гидроклапан（液压活门），гидроэкстрактор（脱水器，脱水机），гидроэлектростанция（水电站），гидроэлектричество（水力发电），гидроэлектрометр（水静电计），гидроэлектростроительство（水电站建设）等。

类后缀вар-兼充当词根词素，又类似后缀。варить各义项表示：煮、熬、炖；熬制；炼（钢铁），但在мыловар（制皂工人或技师），пивовар（啤酒酿造师），сталевар（炼钢工人），медовар（蜜酒酿造师），квасовар（做克瓦斯的人），клеевар（熬胶工人）等词中，词素вар-充当类后缀，因为它与词缀类似，但语义并没有完全虚化，有时还以词根形式出现。例如：

① Кстати, отмечается, что варили мед специалисы-*медовары*. 顺便说一下，酿蜜的是专业**蜜酒酿造师**。

② *Пивовар* — это руководитель процесса на пивоваренном заводе. **啤酒酿造师**是啤酒厂的领军人物。

汉语语素渐趋虚化是词根向词缀转化的标志之一，尽管可能尚未完全脱离词素语义。语素"家"作为类词缀，语义虚化过程如下：家庭→经营某种行业的人或具有某种身份的人→掌握某种专门知识或从事某种专门活动的人→具有某种特征的人。① 任学良认为："家是词尾，表示几种语法意义的人。"② 家₁读轻声，用在某些名词后面，专指某一类人：老人家、男人家、女人家、姑娘家、孩子家；家₂不读轻声，指掌握某种专门学识或从事某种专门活动的人：作家、画家、专家、文学家、艺术家、科学家、哲学家、思想家、政治家、外交家、社会活动家、野心家，以及经营某种行业的人或具有某种身份的人：农家、渔家、船家、东家、行家；家₃不读轻声，专指学术流派：法家、儒家、道家、佛家、阴阳家等。

语素"准"的语义是："前缀，表示程度上虽不完全够，但可以作为某类事物看待的。"③ "准"参与构词后，原义抽象化了，具有类前缀作用：准尉、准将、准平原、准新郎、准新娘、准大学生、准研究生等。类词缀位置固定且渐趋黏着，词缀必须是定位语素，只能位于其他语素之前或之后。类词缀向词缀过渡过程中，语义渐趋泛化，变得越来越抽象，逐渐脱离原有词根语素范畴，处于词根词素和词缀词素中间地带，即所谓非范畴化，类词缀位置也日趋固定。

一般情况下，俄汉语绝大多数类词缀或仅作为类后缀，如前述中的вар-/家；或仅作为类前缀，如гидро-/准。但语素"热"则前缀和后缀兼而有之，"热"作为类词缀构成新词即为"热"的虚化倾向，通常"加在名词、动词或词组后，表示形成的某种热潮"。④ "热"作为类前缀构成的词语比比皆是：热门、热点、热线、热销、热卖；"热"作为类后缀也俯拾皆是：留学热、登山热、游泳热、足球热、乒乓球热、炒股热、出国热等。

语素"零"可以独立成词，意为"没有""无"。近年来，大众传媒中常出现这样一些词语：零成本、零距离、零风险、零增长、零事故、零就业、零收入、零持有、零容忍、零绯闻、零彩礼等。"零"

---

① 孙淑芳等，俄汉语义对比研究[M]，北京：商务印书馆，2015，第133页。
② 任学良，汉语造词法[M]，北京：中国社会科学出版社，1981，第62页。
③ 现代汉语词典（第7版）[Z]，中国社会科学院语言研究所词典编辑室编，北京：商务印书馆，2016，第1728页。
④ 同上书，第1093页。

获得了极强的构词能力，位于名词性语素或动词性语素以及复合语素之前，位置固定，成为定位语素，且语义渐趋泛化，由词根语素渐近到词缀，直至成为类前缀。试比较：零突破和零的突破。"零突破"中的"零"为类词缀，类词缀的判定之一就是位置固定且渐趋黏着。固定指定位的语素仅能在其他语素之前或之后，且与词根语素关系紧密，其间不能插入其他成分，具有黏着性。而在"零的突破"中，"零"已不再是类前缀。"零突破"和"零的突破"在语义上是不对等的，前者表示没有突破，仍然处在零状态，而后者表示从无到有，相当于"突破了零"。试比较：

① 中方希望多边谈判实现**零突破**。
② 学校力争国家级重大项目实现**零突破**。
③ 罕见病诊治实现了一系列"**零的突破**"。
④ "羲和号"成功发射，意味着我国实现太阳探测**零的突破**，标志着正式步入"探日时代"。

显而易见，例①②中"零突破"指没有突破；例③④中"零的突破"指实现了从零到有、从没有到有的突破。"的"的一字之差，意思却截然相反。

相较于俄语类词缀，汉语类词缀部分地表达附加情感意义，如科学家、专家、名家等具有鲜明的表敬色彩，而虚化程度更高的空想家、投机家、欺骗家、吹牛家等则有明显的轻蔑色彩。"主观评价功能的变化从一个侧面反映了词素意义的虚化。"[①] 表示亲属关系的语素可以转变为类词缀，如的哥、的姐；打工妹、发廊妹；军嫂、空嫂、月嫂；款姐、空姐、富姐等。词根语素所包含的"辈分""系属""血缘""姻亲""长幼"等特征已基本丧失，而"性别"意义则被保留下来。词根语素语义减弱，只保留一定概括性意义，并且出现新的附加性情感意义。

第四节 词素语义与隐喻意义

词素语义演变在构词过程中表现为一种复杂的认知活动，隐喻成为构词语义衍生的重要认知机制。构词语义学聚焦的核心问题之一是

---

① 陈伟琳，现代汉语词缀新探[J]，中州学刊，2006（04）。

派生词与生产词在结构上的语义关系，因为语言学家们发现，派生词既与生产词的直义相关联，又与生产词的形象意义，尤其是隐喻意义相关联。俄汉语大多数词素都可以通过隐喻认知方式获得隐喻意义。词根词素往往具有多义性，边缘意义通过隐喻从中心意义获得，从而形成隐喻意义，再以获得的隐喻意义参与构词，这种现象在语言中非常普遍。以隐喻方式参与构词的词根词素所指称事物往往是具体的、约定俗成的，成为人类认识其他抽象事物的基点。

1. 隐喻与隐喻意义

1.1 隐喻及其成因

隐喻（метафора, metaphor）源于希腊语，meta含有across之意，-phor意为carry，metaphor原意为一种"由此及彼"的运动，是一种转换。隐喻是一种重要的认知模式，与人类思维活动密切相关，"隐喻的产生不是因为需要它，而是没有它是万万不能的，这是人类思维和语言的本质所决定的"。[1]人类由近及远、由实体到非实体、由简单到复杂、由具体到抽象的认知规律构成人类认知世界的基础。戴维·克里斯特尔指出："隐喻在人类语言和认知中具有必不可缺的作用，各种形式的语言活动，包括日常会话，都是通过隐喻来体现世界观的（概念隐喻）。高层次概念被视为语义上根植于身体所经验的各种低层次概念域中。"[2]隐喻是它类事物（来源域）理解和体验该类事物（目标域），来源域的事物是人类所熟悉的、有形的、具体的概念；而目标域的事物往往是陌生的、抽象的概念。

在隐喻结构中，两个通常看起来毫不相干的概念往往被相提并论，这是因为人类在思维认知过程中对两个概念产生了相似联想。人类最为普遍的隐喻就是将具体常见的概念隐喻为抽象概念。"来源域（область-источник）是具体的，以人为中心、与人的感觉体验有关，目标域（область-цель）是抽象的，要求借助具体已知事物理

---

[1] Гак В.Г. Метафора: универсальное и специфическое[A]//Метафора в языке и тексте[C]. М.: Наука, 1988. С. 12.

[2] 戴维·克里斯特尔，现代语言学词典[Z]，沈家煊译，北京：商务印书馆，2000，第63–64页。

解意义。"①不同概念、范畴之间的相似性是形成隐喻的基础。隐喻思维能力是随着人类的认知发展而产生的一种创造性思维能力，是认知发展的高级阶段，是人类认知世界，特别是认知抽象事物不可缺少的一种认知能力。莱考夫（G. Lakoff）对概念隐喻理论（теория концептуальной метафоры）进行了精辟地阐释，他指出："1）隐喻是一种重要机制，根据该机制，人理解并讨论抽象概念；2）隐喻本质上并非语言现象，而是概念现象；3）语言隐喻是概念隐喻的表层体现；4）隐喻概念的形成基于非隐喻概念，即建立在人类感知体验上。"②隐喻形成的主要原因就是所谓的语言贫乏（бедность языка），指在现有词汇系统中缺少合适的词语表达某一特定概念或某一新概念，这时人们往往需要借用语言中现成的词语或手段表达新概念。"由于人的内部世界依照外部物质世界构拟，因此用于第二性隐喻意义的物理词汇成为心理词汇的主要来源。"③语言深深扎根于认知结构中，隐喻成为语言获得新意义的根源。

1.2　隐喻意义

词素语义除基本意义外，通过隐喻能够获得隐喻意义（метафорическое значение）。词素隐喻意义亦称构词隐喻意义，往往以词素基本意义为前提，两者具有相似性，构词隐喻意义也是顺应语言经济原则的需要。人类通过事物之间相似性联想来认知较为抽象的或难以用语言表达的事物或现象。"英语词素构词中意义产生过程反映出人类的认知往往首先是从人自身的身体感知和空间感知开始，然后向内延伸到人的心智，向外延伸到外部环境。这种由身体感知向内到心智、向外到外部环境的体验延伸的实现是因为隐喻及其方向性。"④

派生词隐喻意义形成与生产词语义高度关联。布利诺娃（О.И.

---

① Плотникова А.М. Когнитивные аспекты изучения семантики (на материале русских глаголов)[M]. Екатеринбург: Изд-во Уральского ун-та, 2005. С. 96–97.

② 转引Ченки А. Семантика в когнитивной лингвистике[A]//Современная американская лингвистика: Фундаментальные направления[C]. М.: Едиториал УРСС, 2002. С. 355.

③ Арутюнова Н.Д. Язык и мир человека[M]. М.: Языки русской культуры, 1999. С. 387.

④ 张法春、肖德法，英语词素构词的体验性认知研究[J]，外国语文，2009（4），第34页。

Блинова）提出词的隐喻内部形式（метафорическая внутренняя форма слова）这一概念，认为派生词与生产词在语义上反映出相似关系：вспетушиться 意为"突然发火，像公鸡一样挑衅起来"。[1]科基涅茨（С.Б. Козинец）指出："俄语中大量派生词不是直接与生产词相关联，而是通过形象隐喻方式相关联：змея（蛇）→змеевик（蛇形管，螺旋管，盘管），стекло（玻璃）→стекленеть（变成玻璃状）等。生产词干与派生词干之间的语义联系称为隐喻派生（метафорическая мотивация），派生词是构词隐喻（словообразовательная метафора）标志。"[2]"隐喻派生即为构词隐喻，指与生产词直义相关却转换成隐喻意义的派生词。"[3]这一观点表明，隐喻派生指派生词表示由生产词本义衍生出来的形象意义，是构成派生词过程中对生产词本义以隐喻方式重新认识的结果。"隐喻派生的特点是，某些词干转义只发生在派生词层面及其构词结构中。"[4]换言之，派生词只有转义用法才能构成隐喻派生。"派生词转义指的形态结构改变时在派生行为中发生的转义，以及从生产词或成语中延续的转义。"[5]чугун（生铁，铸铁）→чугунеть（变得铁青[指脸色等]）；втереть очки кому（哄骗）→очковтиратель（哄骗者）等。

　　生产词直义多数情况下在派生词中获得隐喻阐释，隐喻意义不仅表现在某个词语上，而且反映在从生产词直义到派生词隐喻意义形成的构词行为中。概言之，俄汉语大多数词素具有多义性，除了基本意义之外，它们还表示与基本意义相关联的隐喻意义和转喻意义，词素隐喻意义更多地反映在从生产词干到派生词的构词行为中，且由生产词所指称的人已有的具体概念域投射到派生词所指称的抽象概念域。

---

[1] Блинова О.И. Явление мотивации слов: Лексикологический аспект[M]. 3-е изд. М.: Книжный дом «ЛИБРОКОМ», 2011. С. 29.

[2] Козинец С.Б. Почему афиша не афиширует, а вуаль не вуалирует[J]. Русская речь, 2008а (5). С. 70.

[3] Козинец С.Б. Словообразовательная метафора в русском языке[D]. Автореф. дис. док. филол. наук. Москва, 2009. С. 18.

[4] Лопатин В.В. Метафорическая мотивация в русском словообразовании[A]// Современный русский язык. Ч. 2. Словообразование. Морфология[C]. Минск.: БГУ, 2005. С. 18.

[5] Козинец С.Б. Словарь словообразовательных метафор русского языка[Z]. Саратов: Саратовский источник, 2011. С. 3.

正因如此，"隐喻派生较之词汇隐喻（лексическая метафора）更突显人类中心主义思想。首先，隐喻派生的形成多半按照'人→人''物→人'和'人→物'拟人模式（антропоморфные модели）；其次，充当生产词干的大多是一些与人有关的词"。①

2. 构词隐喻意义类别

科济涅茨把俄语派生词隐喻意义方式分为四类：外部构词隐喻、内部构词隐喻、联想构词隐喻和富有表现力构词隐喻。②

2.1 外部构词隐喻

外部构词隐喻（внешняя СМ）为一级隐喻，该类型建立在所比较事物、特征和动作的外部相似基础上。需要注意的是，由于派生词与生产词意指不同的语义现象，因此这种相似并非直接的，而是借助语境来实现，任何一个或一类显性义素（эксплицитная сема）都可以成为转义的基础。③如俄语动词змеиться具有两个义项：1）蜿蜒，弯弯曲曲地移动；2）浮现，掠过（多指微笑）。第一个义项建立在生产词змея（蛇）词义中"长的"和"变成曲线"义素基础上，第二个义项则形成于生产词змея词义中的"滑过"义素。例如：

① Дорога змеилась вдоль реки. 道路沿着河流**蜿蜒**。
② По устам змеилась улыбка. 嘴角**掠过一丝微笑**。

相应，汉语语素"蛇"的隐喻意义也是"蜿蜒曲折"，与其合成的词有"蛇行"；但另一语素义"全身匍匐在地曲折爬行"不是蛇具有的，不体现在以蛇为生产词的派生词词义中。

③ 董存瑞忽而匍匐，忽而滚翻，忽而**蛇形**运动，忽而跃起猛跑。

---

① Козинец С.Б. Словообразовательная метафора в русском языке[D]. Автореф. дис. док. филол. наук. Москва, 2009. С. 8.
② Козинец С.Б. Реализация метафорического потенциала языка в словообразовании[J]. Вестник Нижегородского ун-та им. Н.И. Лобачевского, 2008b (6). С. 246–247.
③ Там же. С. 246–247.

2.2 内部构词隐喻

内部构词隐喻（внутренняя CM）为二级隐喻，该类型是所比较客体隐含的内部特征结果。转义的产生源于边缘义素（периферийные семы）和潜在义素（потенциальные семы）。①词根词素-карман-（袋）基本意义是"缝在衣服上或里面，用来自身携带小物品和钱的口袋"，构成派生词прикарманить（据为己有），表示"攫取，拿给自己，如同揣进自己兜里一样"。在карман→прикарманить构词过程中，派生词意义建立在生产词карман的潜在义素"自己的"基础上，且前缀при-意义表示"有利"。例如：

① Очень нравились им острова, лелеяли мысль их *прикарманить*. 他们非常喜欢群岛，忍不住想要**据为己有**。

② Порой Олег ловил себя на мысли, что было бы неплохо *прикарманить* деньги и скрыться. 有时奥列格会冒出这样的念头：要是能**捞一笔钱**然后消失也不错。

汉语语素"兜"的隐喻意义为"从侧面"。在合成词"兜抄"中，语素"兜"失去指物意义，兜通常缝在衣服两侧，其潜在边缘义素"两侧"进入"兜抄"词义中。此外，手用在"兜"上的常见动作有揣、掏、翻。掏兜或翻兜动作使存放在兜内的东西暴露出来，不再是秘密。因此，在合成词"兜底"中，语素"兜"指揭露，语素"底"指内情。

① 打了好一会，听不见一声还击的枪声，这群鬼子，才又三路向一起靠拢，拉网**兜抄**。

② 萍水相逢，她已经把她家住址、工作单位**兜底**告诉了他。

2.3 联想构词隐喻

联想构词隐喻（ассоциативная CM）为三级隐喻，该类型的形成基于潜在义素或所比较现象的联想关系。多数情况下，确定与生产词清晰的语义联系几乎无法做到，因为联系派生词的理由不是通过词的

---

① Козинец С.Б. Реализация метафорического потенциала языка в словообразовании[J]. Вестник Нижегородского ун-та им. Н.И. Лобачевского, 2008b (6). С. 247.

某一具体义素，而是通过联想进行。①在派生词бросовый（很不好的；劣质的）的语义结构中，词根词素-брос-（扔）可以联想出"扔的原因是不需要的、坏的"。此外，бросовый还表示"无用的（指人）"，相当于汉语语素"渣"的隐喻意义"没有用的"，如"人渣"。语素"渣"基本意义指物品提出精华后剩余的东西，联想意义为"无大用的"。

① На большой голове его торчит *бросовая* гимназическая фуражка с поломанным козырьком. 他那大大的头上戴着一顶**破旧的**学生帽，帽檐已经坏了。

② Многие претенденты распускали слюни, как вожжи. Однако у каждого дома была своя семья. А те, кто без семьи, и вовсе *бросовые мужики*. 许多追求者垂涎三尺。可是每个人都有家室，而那些没有家室的却都是**渣男**。

③ 当一些有钱有势的人发现了这个宝地以后，所有的**人渣**都涌到这里来了。

俄语动词моргать（眨眼睛）指下意识地迅速抬起或垂下眼皮：моргать→проморгать（错过，忽略过去），该词词义能够联想到这样的情境：一个人眨眼时，瞬间看不见东西。汉语语素"眨"基本意义是闭上立刻又睁开，这个物理动作特点是"快"，映射到时间域，与语素"眼"组配，构成"眨眼"，形容极短时间、瞬间。在"眨眼"中，语素"眨"更多指内部隐喻构词。

① Довожу до вашего сведения факт, который мы все *проморгали*. (Шукшин) 告诉您一个我们大家都**忽略了**的事实。

② 他在急流中不知翻了多少身，浮浮沉沉不知喝了多少水，**眨眼**漂出半里多，被一伙打鱼的人捞上了船。

2.4 富有表现力构词隐喻

富有表现力构词隐喻（экспрессивная СМ）为四级隐喻，该类型与联想构词隐喻一样，基于联想和伴随特征所呈现的结果，但与后者不同的是，前者与生产词的语义联系弱化，甚至已感受不到相关性，

---

① Козинец С.Б. Реализация метафорического потенциала языка в словообразовании[J]. Вестник Нижегородского ун-та им. Н.И. Лобачевского, 2008b (6). С. 247.

修辞上往往具有明显的贬义色彩。①动词раздраконить（痛骂、大骂）与词根词素-дракон-（龙）在语义上构成联想关系。在俄罗斯民族意识中，дракон是神话中有翅膀、喷火、吞食人和动物的蛇形怪物，代表邪恶，是人们口诛笔伐的对象。раздраконить词义建立在对事物持否定态度的伴随意义上，前缀раз-指称行为程度强烈。但龙在中国传统文化中具有神圣崇高的地位，它"是我国古代传说中的神异动物，身体长，有鳞，有角，有脚，能走，能飞，能游泳，能兴云降雨。封建时代用龙作为帝王的象征，也用来指帝王使用的东西：龙颜、龙廷、龙袍、龙床"。②事实上，俄语词根词素-дракон-构成的派生词多具有负面意义，汉语由"龙"构成的词组概念多是积极的和正面的，如龙王、龙门、龙头、龙旗、龙心、龙玉，河鲤登龙门等。"水龙""水龙头"中语素"龙"多半不是指物意义，而是伴随意义，即与"水"有关，而"龙头"中语素"龙"的联想意义是"至高至上"。由此可见，不同民族对同一事物命名时，赋予词语的联想意义和伴随意义不尽相同，这些意义有时会体现在该词所构成的派生词词义中。例如：

① Какой бы для него был прелестный повод тут же созвать производственное совещание да всех *раздраконить*. 无论出于什么诱人的理由，他都会立刻召集生产会议，把所有人都**臭骂一顿**。

② 这些**龙头**企业在现代农业发展中起着举足轻重的作用。

3. 隐喻类别与词素语义映射

莱考夫和约翰逊（1980）把隐喻模式分为三类：结构隐喻（structural metaphor）、方位隐喻（orientational metaphor）和本体隐喻（ontological metaphor）。俄语汉语词素在基本意义基础上，通过这三种隐喻模式类别获得构词隐喻意义。

3.1 结构隐喻与词素语义映射

结构隐喻聚焦来源域至目标域的映射，两者之间体现为实体对应（ontological correspondence）与关系对应（epistemic corres-

---

① Козинец С.Б. Реализация метафорического потенциала языка в словообразовании[J]. Вестник Нижегородского ун-та им. Н.И. Лобачевского, 2008b (6). С. 247.

② 现代汉语词典（第7版）[Z]，中国社会科学院语言研究所词典编辑室编，北京：商务印书馆，2016，第840–841页。

pondence）。"实体对应指两个认知域内的要素之间的对应，关系对应指来源域的要素与要素之间的关系与目标域内的要素与要素之间的关系的对应。"①结构隐喻在语言上的表征是，表达一种概念的各方面词语用来表达另一个概念。结构隐喻有助于厘清词素所指称事物内部要素计量以及要素与要素之间的关系。

винт（螺钉）指一段有帽、圆柱形金属杆上带有螺纹的零件。词根词素-винт-进入动态构词时，在静态词素-винт-意义上附加动作，使其获得表示"动作、行为"的语义特征，形成构词派生链：-винт-（螺钉）→винтить（拧）→ввинтить（拧入），且被旋入物体和旋进的对象并不局限于螺丝杆（钉）和木制材料等，可以扩散到其他物体范畴和活动领域，这是映射目标域的扩展。"隐喻的相似性、转喻的临界性机制是通过增减、替换词义元素，或根据某种特征的语义联想突显某一侧面的'分量'，从而实现语义派生。"②这里，-винт-指称的螺钉被旋进某一物体时需要付诸一定的力气，才能更好地固定物体或使被旋入物体与其他物体有机结合，从而发挥各自的潜能，这个物理动作通过隐喻机制被投射到社会活动领域，从而获得新的隐喻意义，派生出ввинчиваться（积极参加），且"付诸力气"通过隐喻方式构成"付出努力"这一新的义素。

① Он жалеет, что в квартире вот эту полочку я прибил, вот этот гвоздик я *ввинтил*. 他后悔我在公寓里钉了这块架子，还**拧**上了这个钉子。

② Мне осталось всего ничего — *ввинтить* лампочки на каждом из этажей. 我唯一要做的事情是给每一层楼**拧**上灯泡。

③ Многие женщины любят *ввинчиваться* в прогресс, любят быть на переднем крае. 许多女性喜欢**跻身**先进行列，热衷成为前沿人物。

汉语语素"吃"指"把食物等放到嘴里经过咀嚼咽下去（包括吸、喝）：吃饭、吃奶、吃药"。③作为谓词性语素，"吃"所指称情

---

① 孙亚，隐喻与话语[M]，北京：对外经济贸易大学出版社，2013，第13页。
② 薛恩奎，俄语中多义现象和语义构词[J]，中国俄语教学，2009，第30页。
③ 现代汉语词典（第 7 版）[Z]，中国社会科学院语言研究所词典编辑室，北京：商务印书馆：2016，第171页。

境参与者包括主体、客体、方式、方位，并在词典释义中体现，即某人（主体）把食物等（客体）放到嘴里（方位）经过咀嚼咽下去（方式）。如果语素"吃"投射到其他方位域，且其他角色题元发生变化，那么语素"吃"便获得了隐喻意义。表示进食行为的语素"吃"投射到军事领域，满足语义自足"吃"的四个要素全部映射在目标域（军事）中，并且实体对应为进食者——胜利者、食物——失败者、牙齿咀嚼——武器装备、口腔——战场，"吃"获得了"消灭"隐喻意义。

① 要干净地把这两个团的敌人**吃掉**。
② 当时只有两个军团合起来，才有可能**吃掉**敌一个整师。

3.2 方位隐喻与词素语义映射

方位隐喻指参照空间方位而组建的一系列隐喻概念。空间方位感知是人类生存最基本的感知能力与认知经验，多数抽象概念是通过空间隐喻得以理解和表达的。"人们将情绪、身体状况、数量、社会地位等抽象概念投射于具体方位的概念上，形成了用方位的词语表达抽象概念的语言。"①

俄语很多前缀具有多义性，大多源于表示空间方位的基本意义，可以从隐喻视角进行科学阐释。前缀под-基本意义是"在下面""向下"，隐含为"不被发现"，由方位意义投射到方式意义，联通两个范畴的语义基础是"秘密地"，借助这一前缀构成相应的派生词：подслушать（窃听），подсмотреть（偷看），подглядывать（偷看），подсказать（偷偷告诉），подбросить（偷偷扔）等。例如：

① И заодно, чтобы под видом мобильного не пронесли какую-нибудь шпионскую аппаратуру с целью *подслушать* переговоры спецслужб в Кремле. 顺便说一下，要防止有人以带手机为幌子携带间谍设备，目的是**窃听**克里姆林宫特工部门之间的通话。

② Очень захотелось посмотреть жениха. Невеста взобралась на печь, стала тихонько *подглядывать*. 新娘很想看看新郎，她爬上炉灶台开始悄悄地**偷看**。

汉语语素"中"是方位词。跟四周的距离相等，居于中心：中央、

---

① 赵艳芳，认知语言学概论[M]，上海：上海外语教育出版社，2001，第107页。

华中、居中。"①语素"中"通过空间隐喻表示数量平均或不偏不倚的品评,喻指"折中",还可映射到语法范畴,表示动作过程进行时的语法意义。"中"跟四周、上下或两端距离位置等同,即为"均衡",如"中和";"中"的语法意义是介于开始与结束之间的过程。

① 大学的力量就在于它能**中和**各种社会因素,确立一种最为公允的立场。(朱学勤《风声·雨声·读书声》)

② 生产车间办了咖啡屋,供职工在工间休息**中**来放松和调节一下。

3.3 本体隐喻与词素语义映射

本体隐喻指根据物质世界的经验来理解和把握抽象范畴及其关系。②戴维·克里斯特尔指出:"隐喻在人类语言和认知中起着不可缺的作用,各种形式的语言活动,包括日常会话,都是通过隐喻来体现世界观的(概念隐喻)。高层次概念被视为在语义上根植于身体所经验的各种低层次概念域中。"③本体隐喻包括身体隐喻与容器隐喻、特征隐喻和方式隐喻。在这些隐喻类别中,身体隐喻与容器隐喻最具典型性。

3.3.1 身体隐喻与容器隐喻

人对客观世界的感知首先是从自己身体开始,再由近及远,了解现实世界的其他事物。人们熟知自己的身体,因此人体范畴更加具体,往往用来隐喻其他较为抽象的范畴。沃尔夫指出:"我们如果不通过与身体有关的隐喻就几乎无法指称哪怕是最简单的非空间情景。"④"人们常借用身体某个器官或部位的功能特点构成隐喻概念,来认知另外一个领域的隐喻概念。"⑤"在构词隐喻认知过程中,具体

---

① 现代汉语词典(第7版)[Z],中国社会科学院语言研究所词典编辑室编,北京:商务印书馆,2016,第1693页。

② 孙淑芳、李海斌,俄汉语构词隐喻类型及意义刍议[J],中国俄语教学,2021(1),第31页。

③ 戴维·克里斯特尔,现代语言学词典[Z],沈家煊译,北京:商务印书馆,2000,第63–64页。

④ 束定芳,认知语义学[M],上海:上海外语教育出版社,2008,第157页。

⑤ 王逢鑫,身体隐喻:构词理据、功能变换、冗赘与错位[J],外语与外语教学,2002(12),第6页。

的身体——空间体验往往是源认知域，抽象的内在心智、外在的自然社会环境体验往往是目的认知域。"①

词根词素-бок-基本意义是"肋"和"胸部的侧面"，潜在义素是"非核心的，边缘的，次要的"，突显该义素的派生词为побочный（附带的，次要的，从属的）。

① Речь шла не о главном, а совершенно *побочном*. 主要的不谈，净谈些**次要的**。

② Правда, сразу выскочил *побочный* вопрос: а что, собственно, обговаривать? 的确，马上就冒出了一个**附带**问题：究竟要讨论什么呢？

胁者，胁之下小肋骨也，俗名软肋。从身体结构看，软肋是薄弱的地方，比较容易受到伤害。从软肋指物意义中抽取并突显潜在义素"薄弱"，从而映射到其他更为抽象的非身体范畴，形成隐喻意义，比喻事物的薄弱环节。

① 该球队的**软肋**是遇弱不强，高开低走。
② 这是他的**软肋**，照准**软肋**出拳，便是成功的开端。

身体隐喻还与容器隐喻密切关联。"当认知上把人的身体隐喻为一个容器，抽象名词是容器内的容纳物时，就构建起了隐喻容器关系，从而获得隐喻容器关系的量性特征。"②通过隐喻容器人们才能理解和描述抽象事物。"人们将抽象的和模糊的思想、感情、心理活动、事件、状态等无形的概念看作是具体的有形的实体，特别是人体本身。"③

俄语词根词素-голов-（头）指人或动物身体的最上部分，但在пустоголовый（没头脑的）一词中失去指称意义，隐喻为容器，容器中的事物隐喻为智能。从生理结构看，мозг（脑）是голова（头）的重要组成部分，主管思维、记忆等活动，通过事物代替功能方式获得转

---

① 张法春、肖德法，英语词素构词的体验性认知研究[J]，外国语文，2009年（4），第34页。
② 李先银，容器隐喻与"有+抽象名词"的量性特征[J]，语言教学与研究，2012（5），第81页。
③ 赵艳芳，认知语言学概论[M]，上海：上海外语教育出版社，2001，第68页。

喻意义"脑力"和"才智"：шевелить мозгами（动脑筋）；而пустой（空的）指没有被填充的，在пустоголовый一词中，词根词素-пуст-实际上是对隐喻为容器的-голов-，以及该容器中隐喻为智能的мозг的否定。同理，词根词素-серд-（心）是专用于表达情感的器官。сердце（心脏）转义是表征内心感受和情绪的器官。-серд-作为感情容器，再由容器转喻容器中的物质，表示善良、关爱、伤感、愤怒等，据此构成派生词：добросердечный（好心肠的，和善的），сердолюбие（痴情；心肠慈悲），сердиться（生气、发怒），сердцещипательный（令人伤感的）等。

① Ныне, сударь, во всем только об одной поверхности стараются, а важности мало думают; так вот отчего у нас *пустоголовых* людей много. 先生，现在凡事都只图表面，而事情的重要性很少有人去想，这就是为啥我们这儿有这么多**没头脑**的人。

② Город небольшой, *добросердечный*, все тут почти всех знают. 城市不大，人人**和善**，这里的人几乎彼此都认识。

汉语在满腹、满腔、满心、满怀等合成词中，指称人体器官的语素"腹""腔""心""怀"隐喻为承载思想情感的容器。抽象事物不是不可名状的，可以置于隐喻容器中量化。与现实容器不同，隐喻容器内抽象事物的量性特征是仅有的一种容纳状态"满"。在合成词"肝火"中，语素"火"指怒气，语素"肝"隐喻为容器，用来容纳"怒气"的理由是"怒伤肝"。隐喻化的容器不同，其容纳物一般也不一样；容纳物对隐喻容器有时具有负面作用，如中医的怒伤肝、喜伤心、忧伤肺、思伤脾、恐伤肾等。

3.3.2 特征隐喻

谢尔巴科娃（Н.Н. Щербакова）指出："形象化隐喻的前提必须是事物意义（предметное значение）转变为特征意义（признаковое значение）。"[①]许多事物独有的特征投射到另一个较为抽象的领域后，使本体具有喻体同样的特征。"特征联想隐喻（признаковая ассоциативная метафора）呈现出一个或几个特征，它们不出现在初

---

① Щербакова Н.Н. Метафора и метафорическая мотивация как способы образования просторечных существительных в русском языке XVIII века[J]. Вестник Омского ун-та, 2004 (4). С. 123.

始称名语义结构中，但通过联想与所指联系展现。"① цыган（吉卜赛人，茨冈人）派生出цыганить（流浪），цыганская жизнь指流浪生活，反映出茨冈人生活位置不固定，四处辗转和流浪。

① Я сам цыган и другим *цыганить* не мешаю. 我自己就是吉卜赛人，也不会妨碍别人**吉卜赛式**的生活方式。

② Здесь оставаться или всем посёлком уйти отсюда и по России *цыганить*? 是留下，还是全村人一起离开这里，去俄罗斯**颠沛流离**？

сова（猫头鹰，夜猫子）转义为"晚上最精神的人"，词素сов-以该转义为基础派生出совать（昏昏欲睡）。因此，描述某人由于熬夜而白天无精打采时，用猫头鹰隐喻最为形象。值得一提的是，由于猫头鹰具有昼伏夜出的习性，因此совать较少与ночь（夜晚）组配，否则违背猫头鹰这种动物的习性，会导致语义异常：К концу обеда дедушка слегка *совеет* и даже начинает дремать（到了午餐快结束时，爷爷有些犯困，甚至打起瞌睡来）。

汉语特征隐喻派生指从生产词词义中抽取一个义素且其他义素中立，从而形成新的、形象的派生词义。墙头草、裹脚条、蝇头等词语在言语交际中更多为比喻意义，而非指物意义，这种品评意义体现在词典释义中。"墙头草"特征是随风势摇摆不定，由植物域投射到人的心智域，即立场不确定，词典释义是："比喻善于随情势而改变立场的人。"② "裹脚布"特征是长而臭，从物体域映射到话语领域，形容言语冗长、不受喜爱。"裹脚布"指物意义记载在词典中，为旧时妇女裹脚用的长布条，也叫裹脚布。"蝇头"指苍蝇的头，用于比喻意义，其特征是东西非常小，由身体域转借到度量衡领域。

① 我自己是没有明确的立场观点的，因而成了**墙头草**。

② 只要话匣子一打开，就东拉西扯得没完没了，既不新鲜也不精彩，像"懒婆娘的**裹脚条**——又臭又长"。

---

① Скляревская Г.Н. Метафора в системе языка[M]. Санкт-Петербург: Наука, 1993. С. 56.

② 现代汉语词典（第7版）[Z]，中国社会科学院语言研究所词典编辑室编，北京商务印书馆：2016，第1049页。

③ 小商品利润大多是**蝇头**小利。他们力争薄利多销，从多销中增利。

3.3.3 方式隐喻

意义间的隐喻联系建立在所指事物、现象、特征和行为相似的基础上。①两个不同主体因其活动方式相似使人建立起心理联想，从而通俗地理解和形象地表达抽象概念。在барабанить（不断敲打）一词中，词根词素-барабан-不再指称"鼓"，而是像敲鼓点似的不断地敲打。在футболить（互相推诿）一词中，词根词素-футбол-表现为从体育运动概念到态度概念的隐喻映射，передавать футбольный мяч от одного к другому（相互传球）在目标为态度的认知域中，转义为"主体之间对某事物拒绝并相互推托，就像踢足球一样"。

① Начальник конторы нетерпеливо *барабанил* пальцами по столу. 办事处主任不耐烦地用手指**敲打**桌子。

② Мои рассказы очень долго *футболили* из одной редакции к другой. 我的那些短篇小说长时间在各个编辑部之间被**推来推去**。

汉语词语"瓜分"由"瓜"和"分"两个词根语素构成。词典释义为："像切瓜一样的分割或分配：～领土｜～钱财｜～资源。"②其中，语素"瓜"的义素是"像切瓜一样"，语素"分"指"分割"或"分配"。分割或分配有利于分割或分配主体的某一疆土、奖金、资源等，被喻为"瓜分"。

① 这种重新**瓜分**领土的战斗有时可以连续数天，直到新来的猴群争到一席之地，方肯罢休。

② 村里的好地段都被这几个人**瓜分**了。

4. 俄汉语词素隐喻意义共性与差异

一般认为，隐喻的内在思维模式建立在自然经验基础之上，而自然经验具有三个基本来源：人对自身身体的感知、人对环境的感知，

---

① Белошапкова В.А. и др. Современный русский язык[M]. 3-е изд., испр. и доп. М.: Азбуковник 1997. С. 200.

② 现代汉语词典（第7版）[Z]，中国社会科学院语言研究所词典编辑室编，北京：商务印书馆：2016，第473页。

以及与本民族文化中其他成员的接触。由于人体构造相同，以人体为喻体的思维模式在各种语言中体现出某些共性特征，而文化差异与思维模式不同影响到人类的认知体验，反映在语言层面上也必然会体现出一定的差异。

4.1 俄汉语词素隐喻意义共性特征

俄汉语词素隐喻意义共性特征是，以相同词素语义所指作为来源域，投射到词素语义所反映的相同目标域。词根词素-глав-和语素"头""首"都表示人体最上部或动物最前部，长着口、鼻、眼等器官的部分，掌控身体其他部位的活动，投射到权力领域，表示"管理"。глав-隐喻化后构成：главарь（魁首，头目，首领），возглавить（主持，领导，率领），обезглавить（使失去首领；使失去领导人）。

① Надежда не могла *возглавить* солдат, она никогда не была на фронте. 娜杰日达当不了士兵的**头儿**，她从未上过前线。

② Он помог мужчине стать президентским помощником и *возглавить* рабочую группу. 他帮助这个男人成为了总统助理并**领导**一个工作组。

汉语"头"隐喻化后，构成头子、头领、头目、头儿、头头等名词，以及带头、领头等动词。例如：

① 在那炮火纷飞的革命战争时期，人们还会记得工农红军走过少数民族地区时的秋毫无犯、红军将领与少数民族**头领**的金兰结义。

② 平常区长总在前边**领头**，所以遇到紧急情况大家都没有跑散过。

词根词素-ног-和语素"脚"都表示人或动物腿部的下端，表示接触地面支撑身体的部分，通过隐喻引申出"物体最下部分"之意。подножие释义为"最低部分"。汉语"山脚"和"墙脚"中"脚"也是隐喻意义。词根词素-ног-对应语素"腿"。词素共同隐喻意义表示"器物上作用像腿的部分"：ножка стола（桌子腿儿），ножка стула（椅子腿儿），ножка кресла（扶手椅的腿儿），ножка дивана（沙发腿儿），ножка самовара（茶炊腿儿）等。

俄汉语表示方位的词素"верх/上"共同隐喻意义表示"最好的"，个人福利的身体基础：幸福、健康、生命和控制力，这些是人美好生命的重要特征，它们都是向上的。

① Девочка *верховодит* соседними ребятами. 小姑娘在左邻右舍孩子当中是个**头头**儿。
② 我要吃一次**上好**的大面，我要尝尝那最好的！
③ 他突然遇上**上调**回城的机会，于是把姑娘抛弃了。

левый基本意义是"左面的"，引申义为"非法牟利的，损公肥私的；干私活得到的"：левый рейс（非法航线，非法航班），левые деньги（外快）等。词根词素-лев-构成的派生词包括：левак（捞外快的人，干私活的人；拉私活的公车），левачить（干私活捞外快，私卖公家东西捞外快）等。其中，левак词典释义为"Работник, незаконно использующий рабочее врмемя, орудия или продукты общественного труда для личной наживы（非法占用工作时间、工具或社会劳动产品使自己获利）。"① 在левак, левачить中，лев-词素语义均指"非法"。

① Теперь я думаю, что какой-то шофер-*левак*, они часто там останавливались и распивали вино, потерял эти деньги. 我在想，这是某个**干私活**的司机；他们经常在那里停车喝酒，把那些钱弄丢了。
② Мытников на риск не идет, он не *левачит*, он честь и спокой оберегает. 梅特尼科夫没去冒险，不**捞外快**，他看中的是名誉和宁静。

语素"左"除表示方位外，还指偏、邪、不正常；错，不对头。由语素"左"合成的词有"相左"，词典释义为：相反，相互不一致。② "左性子"：性情执拗，怪癖：许多事两人意见相左，早知今日，何必当初？

---

① Ожегов С.И., Шведова Н.Ю. Толковый словарь русского языка[Z]. 4-е изд., доп. М.: ООО «А ТЕМП», 2006. C. 321.
② 现代汉语词典（第7版）[Z]，中国社会科学院语言研究所词典编辑室编，北京：商务印书馆：2016，第1429页。

4.2 俄汉语词素隐喻意义差异特征

隐喻是两个概念域的映合或者整合，哪些特征被投射或者整合则很大程度上取决于文化。①不同民族对同一具体事物引发的联想有时也不尽相同，因为不同语言社团的人因地理环境、生活方式、文化传统等形成不同的文化心理模式，这一点也反映在隐喻派生中，俄汉语指称意义相同的词素构成派生词时获得不同的隐喻意义，如动物隐喻（анималистическая метафора）。"动物隐喻建立在人与动物的动作和习性相比较的基础上，这种比较可以借助构词手段来实现。"②也就是说，人类的许多行为和习性可以借助动物的生活习惯通过隐喻方式来理解。俄语词根词素-обезьян-（猴子）和汉语语素"猴"的指物意义并无差别，但在обезьянничать（盲目仿效）和"猴急""猴儿精"中，俄汉两个民族对猴子具有不同的隐喻方式及其表述。猴子具有爱模仿人、聪明、性子急等特征，俄汉两个民族从猴子身上选取不同的特征来理解复杂抽象概念。在обезьяна（好模仿的人）→обезьянничать中，猴子特征之一"爱模仿"被映射到人的身上；而汉语中猴子的另外两个特征"聪明"和"性子急"投射到人的"心智"和"性格"目标域中。隐喻具有形象性和生动性，是形象思维的再现，以感性形象理解与表达抽象概念。有意思的是，在"猴急"和"猴儿精"中，如果去掉语素"猴"，其词义基本上分别等同于急、精，即猴急=急，猴儿精=精，但失去喻体"猴"陪衬的"急"和"精"语素意义比较抽象，在言语中的表现力较之"猴急"和"猴儿精"也相对较弱。

① Я заметила, что она *обезьянничает* с меня и выставляет в смешном виде мои самые святые чувства. (Шагинян) 我注意到，她在**模仿**我，并且以一种滑稽方式表达我最神圣的情感。

② 阿春尖声叫着："哎呀别急啊。没见你那么（**猴**）急的。"

③ 不说别的，你想想，如果成天和（**猴儿**）精的人打交道，生活还能轻松、纯美么？

俄汉两个民族理解和表达同一抽象概念时隐喻方式也不同。表示"轻蔑"意义时，俄汉语习惯上分别用词根词素-плев-（吐痰）和语

---

① 王守元、刘振前，隐喻与文化教学[J]，外语教学，2003（1），第50页。
② Москвин В.П. Русская метафора: очерк семиотической теории[M]. 4-е изд., испр. и доп. М.: Изд-во ЛКИ, 2012. С. 123, 175.

素"白",派生词包括:наплевательский(鄙视的,瞧不起的)/"白眼"等。在《俄语联想词典》(Русский ассоциативный словарь)中,刺激词(слово-стимул)плевать(吐痰)的若干反应词(слово-реакция)构成联想场(ассоциативное поле),其中,反应词на все(一切)在联想场中按频率占第一位,由刺激词плевать和反应词на все共同构成плевать на все(蔑视一切)。刺激词与反应词之间的联想关系反映出民族语言意识,而隐藏在操母语者头脑中的语言意识具有集体性特征:Мы считаем, что наплевательское отношение к памятникам российской истории недопустимо(我们认为,对俄罗斯历史文献嗤之以鼻是不允许的)。

当人们把对颜色的认识和感知映射到其他认识域上,如心智、人的情感、人物性格等范畴时,颜色与这些抽象范畴之间形成某种相似性,引起相似的联想,颜色隐喻得以形成。① 在"白眼"中,语素"白"是动词性语素,指"用白眼珠看人,表示轻视或不满"。②

① 沙莎低着头,用脚踢碰着铁栏杆说,"出来以后,我经常被人说三道四,我受不了人们的**白眼**"。
② 我时常觉得他经常遭受别的同学**白眼**和冷淡。

第五节 词素语义与转喻意义

转喻(метонимия, metonymy)也是人认知万物世界的一种重要方式。如果某一事物与另一事物不相类似,但又密切关联,就可以利用这种关联用某一事物名称代替另一事物名称,一定程度上两者之间语义上具有相接性或相关性。转喻的重点不是"相似",而是"联想",转喻亦称换喻或借代。"一个事物、事件、概念、现象具有若干属性,而人的认知往往更多注意到其最突出的、最容易记忆和理解的属性,即突显属性。人以突显属性取代或曰代替突显所附着的事物。转喻基于人的基本经验,通常倾向于用具体事物取代抽象事

---

① 黄海军、马可云,隐喻认识观照下的颜色隐喻及翻译研究[J],中国翻译,2009(5),第66页。
② 现代汉语词典(第7版)[Z],中国社会科学院语言研究所词典编辑室编,北京:商务印书馆:2016,第23页。

物。有人认为转喻是语义变化的一种隐喻类型，实际上转喻与隐喻还是有区别的，主要表现在'域'的不同。转喻的本体和喻体是一种替代关系，即通过事物的突显特征辨认该事物，事物间有邻近性关系特征。隐喻的本体和喻体是从一个域向另一个域映射，两者属于不同的范畴，对一个事物或现象的理解往往是基于对另一个事物或现象的理解，本体和喻体之间具有相似性特征。"①转喻的投射一般是双向的，事物的突显性呈现在同一域中，并因不同的视觉而转换：радостный человек（快乐的人），радостный шепот（高兴的低语）等，后者即为转喻关系。

1. 俄汉语词素语义转喻构词模式

词素语义与词义之间的语义关系并非各词素语义的简单叠加，它们具有明显的理据关系。俄汉两个民族转喻认知机制既存在共性部分（也就是从某一事物的诸多现象和属性中抽取相同或相似的现象和属性来指代该事物），但也存在差异部分，因为具有不同民族文化背景的人观察事物的视角不同，因此，俄汉两个民族聚焦事物的特征也不同，这就是所谓的"横看成岭侧成峰，远近高低各不同"。俄汉语词素语义通过转喻指称相关特征、相关工具或材料、相关行为和功能、相关处所等，在此也可以借用提喻模式。

1.1 词素语义指称相关特征

беляк →бел-[白色] + -як[事物]（雪兔）（冬季毛色由灰变白），светляк →свет-[光亮] +-як[事物]（萤火虫），синяк → синь-[蓝色]+-як[事物]（青伤痕，青紫斑），четырехглазный →четыр-[四] +-ех + -глаз[眼]+ -н+ -ый <俗、粗>（四眼的，戴眼镜的）；铁窗→铁：铁栅+窗：窗子（监牢），狼烟→ 狼：烧狼粪+烟：烟（借指战火）。②表示相关特征词素的所指与含该词素词的所指虽无相似之处，但它们具有不可分离的逻辑关系，即以关系事物名称代替所说事物，以特征代替特征载体，亦即本体。例如：

---

① 孙淑芳等，俄汉语义对比研究[M]，北京：商务印书馆，2015，第154–155页。
② 现代汉语词典（第7版）[Z]，中国社会科学院语言研究所词典编辑室编，北京：商务印书馆：2016，第778页。

① Матёрой *беляк* покатил по овсам.（Тургенев）一只肥壮的**雪兔**在麦田里跑得飞快。

② 这场景使观众犹如置身于**狼烟四起**、刀枪出鞘的古战场。

③ 其他产品也不敢怠慢，纷纷各显广告才能与促销手段，一时间北京减肥品市场混战一团，**狼烟四起**。

例①中беляк释义为："Вид зайца, имеющего зимой мех белой окраски(в отличие от русака)（冬天时毛色为白色的一种兔子）（区别于灰兔）"① 或者 "Заяц, меняющий зимой темную окраску на белую, светлую（冬天时毛色褪换为白色、浅色的兔子）。"② 词根词素бел-突出该动物的显著特征，以区别于灰兔。例②"狼烟"释义为："古代边防报警时烧狼粪升起的烟，借指战火：~滚滚｜~四起。"③ 例③"狼烟"不再用于军事领域表示战火、战争，而是表示商家为了自身经济利益，彼此之间进行较量，如同在战场上厮杀，已经获得比喻意义。

1.2 词素语义指称相关工具或材料

мешок →мех-[毛皮] + -ок[事物]（口袋），стрелять→ стрел-[箭]+-я+ть（射击），утюжить →утюг-[熨斗] +-и+ть（熨平）；笔墨→笔：写字画图的工具+墨：（写字、绘画或印刷用的某种颜料）指文字或文章，耳目→耳：耳朵+目：眼睛（替人打探消息的人）。表示相关工具或材料的词素指称事物，其所指通过事物与事物之间相关性指代与之相联系的事物。例如：

① Кто и откуда *стрелял*, было ему безразлично — те или другие пытались его убить, и он вынужден был спасаться. 谁从哪儿**开的枪**，对他来说都无所谓了，这些人还是其他人都试图杀死他，他不得不设法逃生。

② 李铭将广大群众比喻为"警方的**耳目**和拳头"，他认为

---

① Евгеньева А.П. Словарь русского языка[Z]. 3-е изд., стереотип. М.: «Русский язык», Т. I. 1985. C. 79.

② Ожегов С.И., Шведова Н.Ю. Толковый словарь русского языка[Z]. 4-е изд., доп. М.: ООО «А ТЕМП», 2006. C. 43.

③ 现代汉语词典（第7版）[Z]，中国社会科学院语言研究所词典编辑室编，北京：商务印书馆：2016，第778页。

"警力有限、民力无限"。

动词стрел-я-ть（射击）和名词стрел-а（箭）的词根词素同为стрел-，两者词素语义完全一致。名词词素стрел-词素语义为"箭"，表示工具，借助这一工具完成的行为指"执行推力或弹力送出"；"箭"这一动作指代"射"时，-я-ть为动词标志。

汉语"耳目"由"耳"和"目"两个语素构成，均为名词语素，表示动作凭借的工具，即用耳朵"听"，用眼睛"看"；同时"耳"和"目"用来指代人时，部分代替整体。"耳目"释义为：替人刺探消息的人：~众多｜安插~。①

1.3 词素语义指称相关行为和功能

город→город-[围住] + Ø（城市），мыло→мыл-[洗] + (о) [工具]（肥皂）；绑腿→绑：捆扎+腿：裹腿的布带，盖儿→盖：遮掩；蒙上+儿：后缀（器物上部起遮蔽、封闭作用的东西）。这类词素通常作为动词性词素表示动作。город词素语义为"城市"，但从词源上看，其意义则是"围"，构成派生动词огородить（筑起围墙，围上）和与其同词根的词可以作为佐证。огородить词素分析形式为о-город-и-ть，词根词素город为动词性词素。与动词性词素语义相关的还可能是该动作所产生的新事物或者执行该动作所凭借的工具。огородить这一动作所产生新的客体是"城市"。крышка（盖子）词根词素为-кры-，词素语义为кры-ть（做盖儿，做顶），закрыть（盖上，关上）。完成"盖"的动作需要借助于一定的工具，即盖子、盖儿，后缀-шк-а表示事物性特征。мыло词根词素为мыл-，完成"洗"的动作需要借助于"肥皂"这一工具。

汉语动词性语素"锥""推""凿"等的所指是相应的具体动作，这三个动词性语素加后缀"子"成为完成动作所凭借的工具，如锥子、推子、凿子。

1.4 词素语义指称相关处所

белодомовский →бел-[白色]+ -о- + дом-[房子, 宫]+ -овск-ий（白宫的），сосед→со-[一起] +сед-[坐]（邻居，邻座的人）；东宫→东：东

---

① 现代汉语词典（第7版）[Z]，中国社会科学院语言研究所词典编辑室编，北京：商务印书馆：2016，第346页。

边+宫：宫殿（在正殿的东面，封建时代太子住的地方），借指太子。五角大楼 →五角+大楼（美国国防部的办公大楼），外形为五角形，常用作美国国防部的代称。

① В этой ситуации надо было бы пересматривать весь *белодомовский* механизм. 在这种情况下，需要重新审视整个**白宫**的机制。

② **五角大楼**是美国国防部的办公大楼，位于华盛顿近郊波托马克河边。它是一座五角形的庞大建筑物，于1943年建成。现在人们把"**五角大楼**"作为美国国防部的代称。

1.5 借助提喻模式

提喻也是转喻，狭义地理解为"部分代替整体"，从指代对象自身组成部分中抽取一两个特征作为突出特征对事物称名。如俄语派生词волосохвост→волос-[头发] +-о-хвост[尾巴]（带鱼），其特征是银白色、背鳍很长、鳞退化、下颌突出等。俄罗斯民族聚焦这种鱼的突出特征是"尾巴像头发一样细长"；中华民族聚焦这种鱼的突出特征则是"形状像带子一样"。中国北方也把带鱼称作刀鱼，这是由于其形状类似"刀"。例如：

①过去山西农民很少吃鱼，如今许多农家过年都买上几斤**带鱼**或鲤鱼。

②她说完话，夹了一块**刀鱼**，一边吐刺，一边细细地咀嚼**刀鱼**的味道，好像同时也在欣赏自己这几句话。

朝夕→朝：早晨+夕：傍晚（天天；时时）。"春秋"词义是年，一年中有四个季节，春、夏、秋、冬，抽取两个季节"春"和"秋"常用来指整个一年，泛指岁月，或指人的年岁。例如：

① 她离开了心爱的学校和**朝夕**相伴的同学。
② 我的姨妈在莫斯科度过了十余个**春秋**。
③ 皇上**春秋**日高，喜怒难测；皇上**春秋**鼎盛，年富力强。

2. 转喻和隐喻共同参与构词

俄汉语一部分词的构词过程均包含了转喻和隐喻两种认知方式。

如твердолобый（顽固的，死硬的），转喻认知机制是借局部"额头"（лоб）指代"头"这一整体，再借"头"这一与思维能力相关的载体指代"思想及心智"，而隐喻机制则是比喻思想守旧：твердолобые консерваторы（死硬的保守分子）。例如：

① Этот *твердолобый* умник вдруг возомнил себя великим стратегом. 这个**固执己见**自作聪明的家伙自以为是伟大的战略家。

② Власть не должна быть *твердолобой*. 机构不应该是**僵化**的。

двурушник 词典释义为 "Человек, который под личной преданности кому-чему-н. действует в пользу враждебной стороны（出于个人的忠诚为敌方做事的人）。"① 或 "Тот, кто под личной преданности кому-н.,чему-н., тайно действует в пользу враждебной стороны.（出于个人的忠诚暗地里为敌方做事的人）。"② 一言以蔽之，是要两面手腕的人、怀二心的人。一方面，通过词根词素 -руш-（手）指代人，如дву-руш-（两只手）指代人前一套、背后一套、不忠心，体现了隐喻的认知成分。在词素分析形式中，дву-руш-ник，三个词素承载了двурушник 的部分义素，其中，руш-、-ник 承载的义素是 тот, кто...（某人），дву- 承载的义素是"表面的"和"实际的"两种行为，意为притворяться преданным（貌似忠诚）。另一方面，дву- 的词素语义并不具体。двурушник 语义结构中始终存在引发人们否定评价的语义因素，它存在于概念意义层面，不是说话者个人的主观评价，而是反映事物的客观属性，但没有借助词素语义体现出来。词素起到了提示词的部分义素作用。一般说来，如果词素语义与词义之间语义关系通过转喻和隐喻机制派生，它们则构成隐性理据或是词的隐含信息，即词素语义不完全涵盖词义必须具备的信息，也就是说，某一词的义素比该词义部分义素更加丰富：Очищать ряды профсоюзов от чуждых, от врагов, от *двурушников*（把异己分子、敌人、**两面派**从工会队伍中清理出去）。

молокосос 词典释义为 "Человек, который слишком молод для

---

① Евгеньева А.П. Словарь русского языка[Z]. 3-е изд. стереотип. Т. I. М.: «Русский язык», 1985. С. 372.

② Ожегов С.И., Шведова Н.Ю. Толковый словарь русского языка[Z] 4-е изд., и доп. М.: стереотип. ООО «А ТЕМП», 2006. С. 154.

суждения о чем-н. для какого-н. дела."（一个人太年轻，无法对某事做出判断）。①该词体现了转喻和隐喻双层认知机制。сосать молоко（吃奶）用这一时期的行为指代婴幼儿时期，其特点是经历少、阅历浅、经验不足等，隐喻意义表示"黄口小儿""乳臭小儿"。例如：

① Слушай, ты еще *молокосос* смеяться надо мной. 听着，你这个**乳臭小儿**竟敢嘲笑我。

②—Убирайся отсюда, молокосос! — сквозь зубы шипит она парню. "从这儿滚开，**臭小子**"她咬牙切齿地对那个男生说。

подкаблучник词典释义为"Муж, находящийся в полном подчинении у жены.（完全屈从妻子的丈夫）"②词素-клубк-指代妻子，под-与-калубк-之间的空间关系意义表示更抽象的概括意义，通过隐喻手段表达"在高跟鞋下→完全屈从妻子的丈夫"：превратиться в подкаблучника（成为怕妻子的人）。例如：

① Доказал, что не *подкаблучник*. 他证明了自己不是**妻管严**。

② Грустный, потерянный человек, *подкаблучник* у стервы, как я понимаю, жены, непьющий, малорослый, трудоголик и бессребреник. 一个悲伤、迷茫的人，一个在悍妇手下的**妻管严**，按我的理解，一个不喝酒、身材矮小、工作狂，而且还视金钱如粪土的人。

汉语也存在转喻和隐喻双层认知机制。汉语用"气管炎"指丈夫怕妻子，含诙谐意，是"妻管严"的谐音。"气管炎"本义是一种气管发炎的病症。"妻管严"和"气管炎"建立起相似联系，"气管炎"就获得了隐喻意义，与俄语подкаблучник词义相当。例如：

①牛大姐，你们解放，我不反对。那也不能拿我们男的都成**妻管严**当奋斗目标吧？

②不断有人向我提出"你是不是一个好妻子、好母亲"这一传统问题，也有人问我丈夫："你在家准是**妻管严**吧？"

---

① Ожегов С.И., Шведова Н.Ю. Толковый словарь русского языка[Z] 4-е изд., доп. М.: ООО «А ТЕМП», 2006. С. 363.

② Там же. С. 536.

汉语用"骨肉"指父母兄弟子女等亲人。[①]以"骨"和"肉"指代人是转喻，以骨和肉紧密相连的关系指代亲人。"骨血"以"骨"和"血"指代人是转喻，因骨髓生血而产生隐喻意义，"多指子女后代"。[②] "手足"比喻弟兄：情同～，～之情，[③]"手"和"足"指代人也是转喻。例如：

① 短短的澳门之行，最感人的还是那血浓于水的**骨肉**同胞之情。

② 虽然他口口声声地表达"儿孙自有儿孙福"，然而那毕竟也是他的**骨血**的一个延绵。

③ 当你知道，他们的父辈是多年的挚友，他们二人两小无猜，**情同手足**，也便足够了。

④ 大哥生了重病，非常危险，请你念兄弟**手足之情**，赶快来探望他。

[①] 现代汉语词典（第7版）[Z]，中国社会科学院语言研究所词典编辑室编，北京：商务印书馆：2016，第468页。
[②] 同上书，第469页。
[③] 同上书，第1204页。

结束语

本书聚焦俄语构词学及构词语义学研究前沿，在继承和发展俄罗斯语言学研究传统优势的基础上，以构词学、词素学、句法学、语义学、语用学、构词语义学、词素组配学、认知语言学、语料库语言学、称名学、术语学等多学科理论与方法为指导，形成构词语义学跨学科综合性研究。本书从构词学理论缘起切入，通过语义综合性全方位动态描写，系统阐释了俄语构词学理论中66个核心术语和构词方法主要类型，揭示了聚合关系与组合关系中构词语义、后缀构词语义和动词前缀构词语义、感知动词语义构建机制、外来动词形式语义构词模式。同时，对俄汉语词素语义配价及认知进行了深入分析，比较了它们的共性与差异。研究得出以下主要结论。

1. 构词学这一术语内涵包含两个方面内容：一是构词系统，即语言的构词层面、构词机制、构词法、生产词本身的总和；二是这一系统的语言学分支。构词学聚焦生产词与派生词各成素之间的语义关系、派生词构建典型模式、构成规则及其他们的语义结构。构词学具有自身的研究对象和对象物，前者把构词学作为语言学分支学科，使构词学研究系统化；后者确定派生词结构语义性能及其构成方式，区分词的各组成要素特点、所处的位置以及关系性质。

2. 随着构词学和语义学研究不断交叉融合，构词语义学成为语义学研究新的领域。构词语义学研究对象为构词单位语义特征及构词语义组成特点，明确构词链中词义之间联系类别及理据关系，包含两个方面内容：其一，探究生产词与派生词之间的语义关系，生产词语义仅指词干意义，派生词语义既指词干意义，又指词缀意义；其二，探究语义构词法。具体而言，构词语义学研究生产词与派生词之间的语义联系、构词词素中同义现象与同音异义现象、构词词素与生产词干组合关系，以及词缀与词干所构成各种词类的语义类别等。

3. 词素语义学某种程度上等同于构词语义学。词素语义学理论包括词素概念及其相关概念的区分、各词素间语义关系及符号聚合体、词素语义系统的形成及其符号结构等问题。传统词素语义研究仅限于语言本身的内部结构，很少涉及语言之外的事实。如果词素语义关系被视为一个语义网,那么该语义网系统中不仅包括词素的不同具体意义和语义机制(也就是词素由一个意义转为另一个意义的规则),还包括词素在语境中表达意义的规则,必须根据词干与语境相结合情况加以确定,进行更高程度的意义抽象。

4. 派生词作为构词意义载体,往往具有心智形象,形成一种构词观念结构。构词观念突显理据对词的内部形式认知。理据作为一种特征是称名基础,指对词的内部形式再认识,反映词的内部形式与词汇意义的相互联系。词素结构、构词结构和理据结构共同组成构词观念要素。构词语义分析总是与构词观念、构词模式、构词意义等概念密切相关。构词语义研究既有助于概括和总结构词过程中内在的语言规律,揭示词汇系统内部的横纵关系,更有助于透析生产词与派生词之间各种理据关系。

5. 自然语言中构词系统的任何描写都应包括对构词词素语义结构、组成要素和特点、组配特征、表达手段等方面的解释。这种描写方法最方便的情况是从形式出发,而从意义出发能够建立语言单位不同的语义类别以及同一语义的不同表达手段。俄语构词系统和构词机制研究离不开对派生词语义构成和类型的分析。一般来说,派生词语义是有理据的,可以从生产词那里得到有关的解释和依据。但是,派生词语义构成远非如此简单,因为派生词语义构成并不是只有一种模式或者使用一种方法。

6. 在派生名词语义结构中,后缀变异意义主要表达指大、指小或表现力、相似、女性、动物幼崽、单个意义、集合等意义;后缀突变意义在语义上具有共同性,表示与生产词所指称事物有关的事物或现象,体现为具体事物意义与具体关系意义。在派生动词语义结构中,前缀语义表达动作空间方向、时间结果、动作持续方式以及各种修辞色彩意义等。前缀语义综合性地将前缀若干构词意义集合在一起。动词前缀不仅表达一定语义内容,语义构成还具有某种规律和特点。

7. 运用认知语言学概念整合理论对感知动词语义构建机制的研究表明,构词整合过程不是形式上的简单组配过程,而是经过合成、完善、更新的复杂过程。整合后派生的新词在语义结构、句法特征、词类属性、修辞特征等方面都发生了变化。外来动词形式语义构词模式研究结果表明,在某些词缀选择上,外来动词显示了自己的独有特征,正是这些特征使外来动词构词系统独自成为一个子系统。厘清生产词与派生词之间语义派生关系,是建立外来动词形式语义构词模式的核心。

8. 语义配价、称名学、范畴化、非范畴化等理论有助于深入细致地揭示俄汉语词素语义共性与差异。以词素为节点的词汇语义网络结构极富能产性，据此可以做出词汇语义推理。随着配价理论应用于构词学研究，词素组配学成为构词学新的分支学科，聚焦词素配价或曰组配性质，以及各词素之间语义关系。词素组配学具有语言集成描写特点，构词语义配价的任务是描写和解释派生词语义结构及其在构词模式中的反映。

构词语义学的形成与发展是构词学与语义学之间相互交叉融合，进一步深化的结果。目前，构词语义学研究除了在斯拉夫语之间偶有论著外，鲜见其他语言的研究，国内在这一领域更是阙如。由于理论性强、跨学科性、内容庞杂、多视角和多层面、国内借鉴文献有限等因素，本课题研究具有相当大的难度，很多问题的研究几乎从零起步。构词学理论最大的困难和难点莫过于术语数量众多，内涵庞杂，表述多样，彼此交叉。尽管我们尝试了对包括构词模式、构词意义、构词理据、构词链、构词观念、构词语义网等核心术语进行理论解释和解读，但对它们深层内涵的挖掘还有提升空间。事实上，俄语构词语义学理论和研究方法对汉语构词语义学研究具有一定借鉴价值。我们尝试了揭示俄汉语词素语义在配价和认知上的共性与差异。俄语构词语义学研究具有广阔的前景，词素组配学作为构词学新的分支学科，涉及许多新的语言学理论和方法，这方面研究国内语言学界关注相对较少。从心理语言学视角探究词素语义、多词素心理表征和词义激活已成为学界聚焦的热点。从俄汉语言对比上看，立足于术语学、社会学、语言文化学、文化语言学等视角研究俄汉语词素语义，将成为俄汉语构词学研究的新趋势。

参考文献

1. Авилова Н.С. Глаголы с суффиксом -ова- и его вариантами -ирова-, -изирова-, -изова- в русском языке[A]//Исследования по грамматике русского литературного языка[C]. М.: Изд-во АН СССР, 1955.
2. Авилова Н.С. Слова интернационального происхождения в русском литературном языке нового времени (глаголы с заимствованной основой)[M]. М.: Наука, 1967.
3. Апресян Ю.Д. Лексикографический портрет глагола выйти[A]//Избранные Труды. Интегральное описание языка и системная лексикография[M]. Т. I. М.: Школа «Языки русской культуры», 1995a.
4. Апресян Ю.Д. Лексическая семантика. Синонимические средства языка[M]. Избранные труды. Т. I. 2-е изд., испр. и доп. М.: «Языки русской литературы», 1995b.
5. Апресян Ю.Д. Языковая картина и системная лексикография[M]. М.: Языки славянских культур, 2006.
6. Араева Л.А. Словообразовательный тип[M]. М.: Книжный дом «ЛИБРОКОМ», 2009.
7. Арутюнова Н.Д. Язык и мир человека[M]. М.: Языки русской культуры, 1999.
8. Бабенко Л.Г. Большой толковый словарь русских глаголов. Идеограф. описание. Синонимы. Антонимы. Английские эквиваленты[Z]. М.: Аст-Пресс Книга, 2009.
9. Бакшеева М.Г. К вопросу о связи морфемного и словообразовательного анализов[J]. Вестник Югорского гос. ун-та. 2016 (1).
10. Бартков Б.И. Количественное представление деривационной подсистемы и экспериментальный словрь 100 словообразовательных формантов русского языка (научный стиль и литературная норма)[A] //Особенности словообразования в научном стиле и литературной норме[C]. Владивосток: ДВНЦ АН СССР, 1982.
11. Бартков Б.И. Корреляционный анализ в дериватологии[A]//Дериватология и дериватография литературной нормы и научного стиля[C]. Владивосток: ДВНЦ АН СССР, 1984.
12. Бахтурина Р.В. Значение и образование отыменных глаголов с суффиксом

-ø-/-и-(ть)[A] //Развитие словообразования современного русского языка[C]. М.: Наука, 1966.
13. Бебчук Е.М. Морфемика и словообразование современного русского языка[M]. Воронеж: ВГУ, 2007.
14. Белошапкова В.А. и др. Современный русский язык[M]. 3-е изд., испр. и доп. М.: Азбуковник, 1997.
15. Блинова О.И. Явление мотивации слов: Лексикологический аспект[M]. 3-е изд. М.: Книжный дом «ЛИБРОКОМ», 2011.
16. Блумфилд Л. Язык[M]. Перевод с английского языка. М.: Прогресс, 1968.
17. Бодуэн де Куртенэ И.А. Избранные труды по общему языкознанию[M]. Т. I. М.: Изд-во АН СССР, 1963.
18. Вараксин Л.А. Семантический аспект русской глагольной префиксации[M]. Екатеринбург: Изд-во Уральского ун-та, 1996.
19. Варбот Ж.Ж., Журавлев А.Ф. Идиоматичность[A]//Краткий понятийно-терминологический справочник по этимологии и исторической лексикологии[Z]. М.: Институт русского языка им. В.В. Виноградова РАН, 1998.
20. Виноградов В.В. Вопросы современного русского словообразования[A]// Избранные труды. Исследования по русской грамматике[M]. М.: Наука, 1975.
21. Виноградов В.В. Словообразование в его отоношении к грамматике и лексикологии (на материале русского и родственных языков[A]//Избранные труды. Исследования по русской грамматике[M]. М.: Наука, 1975.
22. Виноградов В.В. Об основном словарном фонде и его словообразующей роли в истории языка[A]//Известия АН СССР. Отд. литературы и языка[C]. Вып. 3. М.: Изд-во АН ССРР, 1951.
23. Виноградов В.В. Русский язык. Грамматическое учение о слове[M]. М.: Учпедгиз, 1947.
24. Винокур Г.О. Заметки по русскому словообразованию[J]. Известия АН СССР. Отд. литературы и языка. Т. V. вып. 4. 1946.
25. Газизова Р.Ф. Характеристика словообразовательного потенциала классов глагола[A]//Тезисы региональной конференции[C]. Тюмень, 1989.
26. Гак В.Г. Лексикология[A]//Лингвистический энциклопедический словарь[Z]. Под редакцией Ярцевой В.Н. М.: Большая Российская энциклопедия, 2002.
27. Гак В.Г. Метафора: универсальное и специфическое[A]//Метафора в языке и тексте[C]. М.: Наука, 1988.

28. Гак В.Г. Пространство вне пространства[A]//Логический анализ языка. Языки пространств[C]. М.: Языки русской культуры, 2000.
29. Гейгер Р.М. Проблемы анализа словообразовательной структуры и семантики в синхронии и диахронии[M]. Омск: Изд-во ОГУ, 1986.
30. Глинкина Л.А. Русское словообразование в историческом освещении: Материалы к спецкурсу и спецсеминару для филологов-магистрантов и аспирантов[C]. 2-е изд. М.: ФЛИНТА, 2018.
31. Годизова З.И. Формирование семантической структуры приставки за-[J]. Вестник Санкт-Петребургского ун-та. Серия 9. Вып. 2, Ч. II. 2008.
32. Головин В.Г. Очерки по русской морфемике и словообразованию[M]. Воронеж: Изд-во Воронежского ун-та, 1990.
33. Грамматика русского языка[M]. Т. I. М.: Наука, 1952.
34. Грамматика современного русского литературного языка[M]. М.: Наука, 1970.
35. Гумбольдт В. фон. Избранные труды по языкознанию[M]. М.: Прогресс, 1984.
36. Денисов П.Н. Лексика русского языка и принципы ее описания[M]. М.: Русский язык, 1980.
37. Дмитриева О.И., Янковский О.И. Синхронно-диахронный анализ словообразовательных гнезд глаголов движения (на примере корневых морфем -ход-, -ид, -шед-)[J]. Учебные записки Казанского ун-та. Серия: Гуманитарные науки. 2017 (5).
38. Добрушина Е.Р. Корпусные исследования по морфемной, грамматической и лексической семантике русского языка[M]. М.: Изд-во ПСТГУ, 2014.
39. Евгеньева А.П. Словарь русского языка[Z]. 3-е изд., стереотип. В 4 томах. М.: «Русский язык», 1985–1988.
40. Евсеева И.В., Пономарева Е.А. Лексико-словообразовательное гнездо: когнитивное моделирование[M]. Красноярск: Изд-во Сибирского федерального ун-та, 2018.
41. Ермакова О.П. Значение морфем в составе сложных слов[A]//Морфемика: принципы и методы системного описания[C]. Ленинград: ЛГУ, 1987.
42. Ермакова О.П. Лексические значения производных слов в русском языке[M]. М.: Русский язык, 1984.
43. Ефремова Т.Ф. Новый словарь русского языка. Толково-словообразовательный [Z]. В 2-х томах. М.: Русский язык, 2000.
44. Ефремова Т.Ф. Толковый словарь словообразовательных единиц русского

языка[Z]. М.: Русский язык, 1996.
45. Жеребило Т.В. Словарь лингвистических терминов[Z]. 5-е изд., испр. и доп. Назрань: Изд-во ООО «Пилигрим», 2010.
46. Журавлев А.Ф. Технические возможности русского языка в области номинации[A]//Способы номинации в современном русском языке[C]. М.: Наука, 1982.
47. Земская Е.А. Словообразование как деятельность[M]. М.: Книжный дом «ЛИБРОКОМ», 2009.
48. Земская Е.А. Современный русский язык. Словообразование[M]. 3-е изд., испр. и доп. М.: Флинта, Наука, 2011.
49. Земская Е.А. Структура именных и глагольных словообразовательных парадигм в русском языке[A]//Актуальные проблемы русского словообразования[C]. Ташкент: Изд-во Укитувчи, 1982.
50. Земская Е.А. Унификсы (об одном виде морфем русского языка)[A]//Вопросы филологии. К семидесятилетию со дня рождения профессора И.А. Василенко [C]. М.: Московский гос. педагог. ин-т им. В.И. Ленина, 1969.
51. Зенков Г.С. Вопросы теории словообразования[M]. Фрунзе: Изд-во Киргизского ун-та, 1969.
52. Зольникова Н.Н. Структурно-семантические особенности отглагольных существительных русского и немецкого языков[D]. Дис. канд. филол. наук. Челябинск, 2010.
53. Ищенко Н.Г. Потенциал словообразовательной валентности существительных современного немецкого языка[J]. Наукові записки. Серія «Філологічна». Випуск 35, 2013.
54. Кадькалова Э.П. Границы и соотношение словообразовательных и оценочных глаголов с суффиксами -и-ть, -нича-ть, -ствова-ть в русском языке[D]. Автореф. канд. филол. наук. М.: МГУ. 1967.
55. Казак М.Ю. Интегративная теория словообразовательного гнезда: грамматическое моделирование, квантитативные аспекты, потенциал, прогнозирование[D]. Автореф. дис. док. филол. наук. Белгород, 2004.
56. Казакова Т.Е. Словообразование в вузе и в школе[M].Тобольск: Изд-во «Полиграфист», 1999.
57. Караулов Ю.Н. Русский язык. Энциклопедия[Z]. М.: Большая Российская энциклопедия, 2008.

58. Кацнельсон С.Д. Содержание слова, значение и обозначение[M]. М.: Едиториал УРСС, 2011.

59. Козинец С.Б. Почему афиша не афиширует, а вуаль не вуалирует[J]. Русская речь, 2008а (5).

60. Козинец С.Б. Реализация метафорического потенциала языка в словообразовании[J]. Вестник Нижегородского ун-та им. Н.И. Лобачевского, 2008b (6).

61. Козинец С.Б. Словарь словообразовательных метафор русского языка[Z]. Саратов: Саратовский источник, 2011.

62. Козинец С.Б. Словообразовательная метафора в русском языке[D]. Автореф. дис. док. филол. наук. Москва, 2009.

63. Котелова Н.З. Словарь новых слов русского языка 1950–1980 годов[Z]. СПб.: Изд-во «Дмитрий Буланин», 1995.

64. Кронгауз М.А. Приставки и глаголы в русском языке: семантическая грамматика[M]. М.: Языки русской культуры, 1998.

65. Кронгауз М.А. Семантика[M]. 2-е изд., испр. и доп. М.: Издательский центр «Академия», 2005.

66. Крушевский Н.В. Избранные работы по языкознанию (Очерк науки о языке. Заговоры как вид русской народной поэзии)[M]. М.: Наследие, 1998.

67. Крысин Л.П. Социальная маркированность языковых единиц[A]//Современный русский язык. Социальная и функциональная дифференциация[C]. М.: Языки славянской культуры, 2003.

68. Крысин Л.П. Толковый словарь иноязычных слов[Z]. М.: Русский язык, 1998.

69. Крысин Л.П. Современный словарь иностранных слов[Z]. М.: Изд-во «АСТ-Пресс», 2023.

70. Кубрякова Е.С. В поисках сущности языка[M]. М.: Знак, 2012.

71. Кубрякова Е.С. и др. Краткий словарь когнитивных терминов[Z]. М.: Изд-во МГУ, 1996.

72. Кубрякова Е.С. Когнитивная лингвистика[A]//Лингвистический энциклопедический словарь[Z]. Под редакцией Ярцевой В.Н. М.: Большая Российская энциклопедия, 2002.

73. Кубрякова Е.С. О понятии словообразовательного правила[A]//Актуальные вопросы дериватологии и дериватографии[C]. Владивосток: ДВНЦ АН СССР, 1986.

74. Кубрякова Е.С. Ономасиология[A]//Лингвистический энциклопедический словарь[Z]. Под редакцией Ярцевой В.Н. М.: Большая Российская энциклопедия, 2002.
75. Кубрякова Е.С. Словообразование[A]//Лингвистический энциклопедический словарь[Z]. Под редакцией Ярцевой В.Н. М.: Большая Российская энциклопедия, 2002.
76. Кубрякова Е.С. Теория номинации и словообразование[M]. М.: Книжный дом «ЛИБРОКОМ», 2016.
77. Кубрякова Е.С. Типы языковых значений. Семантика производного слова[M]. М.: Наука, 1981.
78. Кубрякова Е.С. Части речи в ономасиологическом освещении[M]. М.: Наука, 1978.
79. Кубрякова Е.С. Язык и знание. На пути получения знаний о языке: Части речи с когнитивной точки зрения. Роль языка в познании мира[M]. М.: Языки славянской культуры, 2004.
80. Кузнецов С.А. Большой толковый словарь русского языка[Z]. СПб.: Норинт, 2008.
81. Лопатин В.В. Метафорическая мотивация в русском словообразовании[A]// Современный русский язык. Словообразование. Морфология[С]. Ч. 2. Минск: БГУ, 2005.
82. Лопатин В.В. Русская словообразовательная морфемика: проблемы и принципы описания[M]. М.: Наука, 1977.
83. Лопатин В.В. Морфемика[A]//Лингвистический энциклопедический словарь[Z]. Под редакцией Ярцевой В.Н. М.: Большая Российская энциклопедия, 2002.
84. Лыткина О.И. Полисемия слова и его словообразовательный потенциал (на материале антонимов разных частей речи)[A]//Человек. Природа. Общество. Материалы XIII международной конференции молодых ученых[С]. СПб.: СПбГУ, 2002.
85. Лыткина О.И. О взаимосвязи факторов словообразовательной активности (на материале непроизводных антонимов в разных частях речи)[A]//Русский язык. Исторические судьбы и современность[С]. М.: МГУ, 2001.
86. Манучарян Р.С. К типологии словообразовательных значений[J]. Известия АН СССР. Серия литературы и языка, 1974 (6).
87. Маслов Ю.С. Морфология глагольного вида в современном болгарском

литературном языке[M]. Л.: Изд-во АН СССР, 1963.
88. Маслова В.А. Когнитивная лингвистика[M]. Минск: ТетраСистемс, 2008.
89. Мельчук И.А. Курс общей морфологии[M]. Т. I. М.: Языки русской культуры, Москва-Вена, 1997.
90. Мельчук И.А., Жолковский А.К. Толково-комбинаторный словарь современного русского языка[Z]. Вена: 1984.
91. Милославский И.Г. Вопросы словообразовательного синтеза[M]. М.: Изд-во МГУ, 1980.
92. Моисеев А.И. Основные вопросы словообразования в современном русском литературном языке[M]. Л.: Изд-во ЛГУ, 1987.
93. Монастыренко Э.А. К проблеме изучения словообразовательных гнезд[A]// Актуальные проблемы русского словообразования[C]. Ташкент: Укитувчи, 1990.
94. Москвин В.П. Русская метафора: очерк семиотической теории[M]. 4-е изд., испр. и доп. М.: Изд-во ЛКИ, 2012.
95. Мусатов В.Н. Деривация и словообразовательная полисемия отглагольных существительных с нулевым суффиксом[M]. М.: ФЛИНТА, 2017.
96. Немченко В.Н. Современный русский язык. Словообразование[M]. М.: Высшая школа, 1984.
97. Никитин М.В. Курс лингвистической семантики[M]. 2-е изд. СПб.: Изд-во РГПУ, 2007.
98. Николаев Г.А. Русское историческое словообразование[M]. М.: Книжный дом «ЛИБРОКОМ», 2009.
99. Николина Н.А., Рацибурская Л.В. Современное русское словообразование: функционально-динамический аспект[M]. М.: ФЛИНТА, 2023.
100. Новиков Л.А. Сема[A]//Лингвистический энциклопедический словарь[Z]. Под редакцией В.Н. Ярцевой. М.: Большая Российская энциклопедия, 2002.
101. Образцова М.Н. Когнитивно-дискурсивное описание гнезда однокоренных слов (на материале пчеловодческой лексики русских народных говоров). Кемерово: Изд-во Кемеровского гос. ун-та, 2016.
102. Овчинникова А.В. О взаимодействии приставочных и словообразовательных значений[A]//Термин и слово[C]. Горький: Изд-во Горьковского гос. ун-та им. Н.И. Лобачевского, 1980.
103. Ожегов С.И., Шведова Н.Ю. Толковый словарь русского языка[Z]. 4-е изд., доп. М.: ООО «А ТЕМП», 2006.

104. Осильбекова Д.А. Соотношение значений и функций словообразовательных аффиксов в современном русском языке[M]. М.: ФЛИНТА, 2018.
105. Падучева Е.В. Глаголы действия: толкование и сочетаемость[A]//Логический анализ языка. Модели действия[C]. М.: Наука, 1992.
106. Петрова З.Ю., Северская О.И. Международная научная конференция «Словообразование и Интернет» Комисии по славянскому словообразованию при Международном комитете славистов[J]. Вопросы языкознания, 2016 (6).
107. Плотникова А.М. Когнитивные аспекты изучения семантики (на материале русских глаголов)[M]. Екатеринбург: Изд-во Уральского ун-та, 2005.
108. Поливанова А.К. Морфема[A]//Лингвистический энциклопедический словарь[Z]. Под редакцией Ярцевой В.Н. М.: Большая Российская энциклопедия, 2002.
109. Попова Т.В. Русские непроизводные глаголы: морфемная структура и деривационные особенности[M]. Екатеринбург: Изд-во УрГУ, 1996.
110. Попова Т.В. Словообразовательная семантика русского глагола в зеркале когнитивной лингвистики[J]. Известия Уральского гос. ун-та. Серия: Гуманитарные науки, 2004 (33).
111. Реформатский А.А. Введение в языковедение[M]. М.: Аспент Пресс, 1996.
112. Русская грамматика АН СССР[M]. Т. I. М.: Наука, 1980.
113. Сахарный Л.В. Психолингвистические аспекты теории словообразования[M]. Л.: Изд-во ЛГУ, 1985.
114. Свечкарева Я.В. О деривационном потенциале слова как языковой категории[J]. Вестник Томского гос. ун-та, 2006 (111) .
115. Селезнева Л.Б. Современный русский язык: Система основных понятий[M]. Волгоград: Изд-во ВолГУ, 1999.
116. Серебренников Б.А. Языковая номинация (виды наименований)[M]. М.: Наука, 1977.
117. Сидорова Т.А. Взаимосвязь членимости, производности и мотивированности внутренней формы слова[J]. Филологические науки, 2006 (1).
118. Скляревская Г.Н. Метафора в системе языка[M]. Санкт-Петербург: Наука, 1993.
119. Скляревская Г.Н. Толковый словарь русского языка конца XX века[Z]. СПб.: Изд-во «Фолио-Пресс», 1998.
120. Скребцова Т.Г. Семантика глаголов физического действия в русском языке[D]. Дис. канд. филол. наук. Санкт-Петербург, 1996.

121. Смирницкий А.И. Лексикология английского языка[M]. М.: Альянс, 2018.
122. Соболева П.А. Аппликативная грамматика и моделирование словообразования. Автореф. дис. док. филол. наук[D]. Москва, 1970.
123. Соболева П.А. Словообразовательная полисемия и омонимия[M]. М.: Наука, 1980.
124. Соколов О.М. Некоторые семантические свойства глаголов несовершенного вида[M]. Томск, 1976.
125. Сорокин Ю.С. Развитие словарного состава русского литературного языка. 30–90-е годы XIX века[M]. М.: Наука, 1965.
126. Степанов Ю.С. Семантика[A]//Лингвистический энциклопедический словарь[Z]. Под редакцией Ярцевой В.Н. М.: Большая Российская энциклопедия, 2002.
127. Степанова М.Д. Словообразование современного немецкого языка[M]. М.: Изд-во литературы на иностранных языках, 1953.
128. Телия В.Н. Номинация[A]//Лингвистический энциклопедический словарь[Z]. Под редакцией Ярцевой В.Н. М.: Большая Российская энциклопедия, 2002.
129. Тихонов А.Н. Морфемно-орфографический словарь. Русская морфемика[Z]. М.: Школа-Пресс, 1996.
130. Тихонов А.Н. Новый словообразовательный словарь русского языка для всех, кто хочет быть грамотным[Z]. М.: АСТ, 2014.
131. Тихонов А.Н. Словообразовательное гнездо как единица системы словообразования и как единица сравнительного изучения славянских языков[A]//Сопоставительное изучение славянских языков[C]. М.: Наука, 1987.
132. Тихонов А.Н. Словообразовательный словарь русского языка[Z]. В 2-х томах. М.: Русский язык, 1985.
133. Тихонов А.Н. Школьный словообразовательный словарь русского языка[Z]. 3-е изд. М.: Культура и традиции, 1997.
134. Тихонова Е.Н. Современный русский язык. Морфемика. Словообразование[M]. М.: Изд-во МГУП им. Ивана Федорова, 2014.
135. Улуханов И.С. Единицы словообразовательной системы русского языка и их лексическая реализация[M]. М.: Изд-во РАН, 1996.
136. Улуханов И.С. Мотивация в словообразовательной системе русского языка[M]. 2-е изд., испр. и доп. М.: Книжный дом «ЛИБРОКОМ», 2010.
137. Улуханов И.С. Словообразование. Морфонология. Лексикология[M]. М.: Изд-во «Логос», 2012.

138. Улуханов И.С. Словообразовательная семантика в русском языке и принципы ее описания[M]. 5-е, Изд. испр. и доп. М.: Книжный дом «ЛИБРОКОМ», 2011.
139. Улуханов И.С. Состояние и перспективы изучения исторического словообразования русского языка[A]//Исследования по историческому словообразованию[C]. М.: Ин-т рус. яз. РАН, 1994.
140. Успенский В.А. К понятию диатезы[A]//Проблемы лингвистической типологии и структуры языка[C]. Л.: Наука,1977.
141. Уфимцева А.А. Знак языковой[A]//Лингвистический энциклопедический словарь[Z]. Под редакцией Ярцевой В.Н. М.: Большая Российская энциклопедия, 2002.
142. Ушаков Д.Н. Большой толковый словарь современного русского языка[Z]. М.: Альта-Принт, 2008.
143. Фортунатов Ф.Ф. Избранные труды[M]. Т. I. М.: Учпедгиз, 1956.
144. Фролова О.П. Словаообразование в терминологической лексике современного китайского языка[M]. М.: Восточная книга, 2011.
145. Холодович А.А., Мельчук И.А. К теории грамматического залога[J]. Народы Азии и Африки, 1970 (4).
146. Храковский В.С. Диатеза[A]//Лингвистический энциклопедический словарь[Z]. Под редакцией Ярцевой В.Н. М.: Большая Российская энциклопедия, 2002.
147. Храковский В.С. Залоговые конструкции в разноструктурных языках[M]. Л.: Наука, 1981.
148. Ченки А. Семантика в когнитивной линвистике[A]//Современная американская лингвистика[C]. М.: Едиториал УРСС, 2002.
149. Щербакова Н.Н. Метафора и метафорическая мотивация как способы образования просторечных существительных в русском языке XVIII века[J]. Вестник Омского ун-та, 2004 (4).
150. Юсупова Н.Г. Структура словообразовательных парадигм имен существительных в современном русском языке[D]. Автореф. дис. канд. филол. наук. Москва, 1980.
151. Ягафарова Г.Н. Основные ономасиологические понятия[J]. Вестник Челябинского гос. ун-та. 2010 (13).
152. Янда Л.А. Русские приставки как система глагольных классификаторов[J]. Вопросы языкознания, 2012 (6).
153. Янко-Триницкая Н.А. Словообразование в современном русском языке[M]. М.:

Индрик, 2001.

154. Ярцева В.Н. Лингвистический энциклопедический словарь[Z].М.: Большая Российская энциклопедия, 2002.

155. Alexander Onysko, Sascha Michel. Cognitive perspectives on word formation[C]. Berlin Mouton de Gruyter, 2010.

156. Dirven R., Verspoor M. Cognitive Exploration of Language and Linguistics[M]. Amsterdam/philadelphia: John Benjamins Publishing Company, 1998.

157. Fauconnier G., Turner M. Conceptual Integration Networks[J]. Cognitive Science, 1998 (2).

158. Ullmann S. Semantics: An Introduction to the Science of Meaning[M]. Oxford: Basil Blackwell. 1962.

159. Winograd, T. Language as a Cognitive Process, Volume 1: Syntax. Reading[M]. Mass.: Addison-Wesley, 1983.

160. 布龙菲尔德，语言论[M]，袁家骅、赵世开、甘世福译，北京：商务印书馆，1985。

161. Л.П.克雷欣，社会语言学与现代俄语[M]，赵蓉晖译，北京：北京大学出版社，2011。

162. 戴维·克里斯特尔，现代语言学词典[Z]，沈家煊译，北京：商务印书馆，2000。

163. 曹炜，现代汉语词义学[M]，上海：学林出版社，2001。

164. 曹勇，英汉词汇理据性差异及其构词体现[J]，郑州大学学报（哲学社会科学版），2007（1）。

165. 陈曦，俄汉称名对比研究[M]，天津：天津人民出版社，2007。

166. 陈忠，认知语言学研究[M]，济南：山东教育出版社，2006。

167. 陈伟琳，现代汉语词缀新探[J]，中州学刊，2006（04）。

168. 杜桂枝，20世纪后期的俄语学研究及发展趋势1975-1995[M]，北京：首都师范大学出版社，2000。

169. 房红梅、严世清，概念整合运作的认知理据[J]，外语与外语教学，2004（4）。

170. 国家语言资源监测与研究中心，中国语言生活状况报告（2007）下编[M]，北京：商务印书馆，2008。

171. 华劭，语言经纬[M]，北京：商务印书馆，2005。

172. 黄海军、马可云，隐喻认识观照下的颜色隐喻及翻译研究[J]，中国翻译，2009（5）。

173. 兰盖克，认知语法基础（Ⅰ）理论前提[M]，北京：北京大学出版社，2004。

174. 李开，现代词典学教程[M]，南京：南京大学出版社，1990。

175. 李勤、孟庆和，俄语语法学[M]，上海：上海外语教育出版社，2006。

176. 李先银，容器隐喻与"有+抽象名词"的量性特征[J]，语言教学与研究，2012（5）。

177. 刘芬，概念整合中的类属空间及映射解析[J]，湘潭大学学报（哲学社会科学版），2012（4）。

178. 刘丹青，语法调查研究手册[M]，上海：上海教育出版社，2008。

179. 刘正光，Fauconnier的概念合成理论：阐释和质疑[J]，外语与外语教学，2002（10）。

180. 刘正光，语言非范畴化——语言范畴化理论的重要组成部分[M]，上海：上海外语教育出版社，2006。

181. 陆国强，现代英语词汇学[M]，上海：上海外语教育出版社，1983。

182. 戚雨村等，语言学百科词典[Z]，上海：上海辞书出版社，1993。

183. 任学良，汉语造词法[M]，北京：中国社会科学出版社，1981。

184. 邵志洪，英汉语研究与对比[M]，上海：华东理工大学出版社，1997。

185. 束定芳，认知语义学[M]，上海：上海外语教育出版社，2008。

186. 苏宝荣，论语素的大小与层级、融合与变异[J]，中国语文，2007（3）。

187. 苏新春，词汇计量及实现[M]，北京：商务印书馆，2010。

188. 孙淑芳、毛京京，俄罗斯认知话语范式理论阐释与应用探索[J]，外语学刊，2024（2）。

189. 孙淑芳、孙敏庆，俄语感知动词构词语义问题探究[J]，外语学刊，2013（5）。

190. 孙淑芳、党晖，梅里丘克的形态学思想及其语言符号观[J]，当代语言学，2020（1）。

191. 孙淑芳、李海斌，俄汉语构词隐喻类型及意义刍议[J]，中国俄语教学，2021（1）。

192. 孙淑芳，俄语词素语义配价探究[J]，中国俄语教学，2019（1）。

193. 孙淑芳，俄语构词学的术语问题[J]，俄罗斯语言文学与文化研究，2012（3）。

194. 孙淑芳，俄语构词学研究综观[J]，俄罗斯语言文学与文化研究，2014（2）。

195. 孙淑芳，构词语义学中若干问题探究[J]，中国俄语教学，2007（3）。

196. 孙淑芳等，俄汉语义对比研究[M]，北京：商务印书馆，2015。

197. 孙淑芳，认知视角下的派生词语义问题[J]，外语学刊，2006（3）。
198. 孙亚，隐喻与话语[M]，北京：对外经济贸易大学出版社，2013。
199. 索绪尔，普通语言学教程[M]，高名凯译，北京：商务印书馆，1985。
200. 谭景春，词典释义中的语义归纳与语法分析——谈《现代汉语词典》第6版条目修订[J]，中国语文，2012（2）。
201. 万献初，汉语构词论[M]，武汉：湖北人民出版社，2004。
202. 王寅，认知语言学[M]，上海：上海外语教育出版社，2007。
203. 王艾录、司富珍，语言理据研究[M]，北京：中国社会科学出版社，2002。
204. 王超尘等，现代俄语理论教程（上册）[M]，上海：上海外语教育出版社，1989。
205. 王逢鑫，身体隐喻：构词理据、功能变换、冗赘与错位[J]，外语与外语教学，2002（12）。
206. 王洪明、关月月，俄汉动词语义对比理论与实践[M]，哈尔滨：黑龙江大学出版社，2020。
207. 王铭玉，谈语言符号学理论系统的构建[J]，外语学刊，2007（1）。
208. 王守元、刘振前，隐喻与文化教学[J]，外语教学，2003（1）。
209. 王正元，概念整合理论的发展与理论前沿[J]，四川外语学院学报，2006（6）。
210. 吴克礼，俄语构词词素词典[M]，上海：上海外语教育出版社，1991。
211. 吴仁甫，语素和词义[J]，华东师范大学学报（哲学社会科学版），1995（3）。
212. 中国社会科学院语言研究所词典编辑室编，现代汉语词典（第7版）[M]. 北京：商务印书馆，2016。
213. 黑龙江大学俄罗斯语言文学与文化研究中心辞书研究所编，新时代俄汉详解大词典[M]. 北京：商务印书馆，2014。
214. 徐英平，俄语词语组合分析化趋势解析[J]，中国俄语教学，2006（4）。
215. 徐英平，俄语构词成素衍变与构词模式衍生[J]，外语研究，2007（4）。
216. 许余龙，对比语言学[M]，上海：上海外语教育出版社，2002。
217. 薛恩奎，俄语中多义现象和语义构词[J]，中国俄语教学，2009（4）。
218. 杨振兰，试论词义与语素义[J]，汉语学习，1993（6）。
219. 姚喜明、张霖欣，英语词典学导论[M]，上海：复旦大学出版社，2008。
220. 张法春、肖德法，英语词素构词的体验性认知研究[J]，外国语文，2009（4）。

221. 张会森，俄汉语对比研究（上下册）[C]，上海：上海外语教育出版社，2004。
222. 张家骅，俄罗斯语义学[M]，北京：中国社会科学出版社，2011。
223. 张家骅，新时代俄语通论（第2版）[M]，北京：商务印书馆，2023。
224. 赵彦春，认知词典学探索[M]，上海：上海外语教育出版社，2003。
225. 赵艳芳，认知语言学概论[M]，上海：上海外语教育出版社，2001。
226. 郑述谱，俄汉词汇对比引论[A]//张会森，俄汉语对比研究（下卷）[C]，上海：上海外语教育出版社，2004。
227. 郑述谱，构词的语义问题[A]//张会森，俄汉语对比研究（下卷）[C]，上海：上海外语教育出版社，2004。
228. 郑述谱，新时代大俄汉词典[Z]。黑龙江大学俄罗斯语言文学与文化研究中心辞书研究所编，北京：商务印书馆，2019。
229. 朱彦，汉语复合词语义构词法研究[M]，北京：北京大学出版社，2004。

俄汉术语对照表

А

аббревиатура 缩写词

аббревиация 缩略构词法

адвербиализация 副词化

адъективация 形容词化

актант 题元

алломорф 形素变体

аллофон 音位变体

альтернативность 互斥性

альтернационный ряд 交替列

антропоморфная модель 拟人模式

аспектология 体学

ассоциативная СМ 联想构词隐喻

аффикс 词缀

аффиксальная морфема 词缀词素

аффиксальное словообразование 词缀构词法

аффиксальный способ словообразования 词缀构词法

аффиксация 词缀构词法

аффиксоид 类词缀

Б

базовое слово 基础词

бедность языка 语言贫乏

безаффиксальное словообразование 无词缀构词法

бинарное образование 二元对立关系

более абстрактное инвариантное значение 更抽象的常体意义

большое гнездо 巨词族

В

валентность 配价
вариант морфемы 词素变体
вещественное значение 实质意义
внешняя валентность слова 词的外部配价
внешняя СМ 外部构词隐喻
внутренний синтаксис слова 词内句法
внутренняя валентность слова 词内配价
внутренняя СМ 内部构词隐喻
внутрисловная валентность 词内配价
вторичная номинация 间接称名
выводимое слово 派生词，理据词
высокая продуктивность 高度能产

Г

глагол восприятия 感知动词
глагол физического действия 物理动作动词
грамматическая морфема 语法词素
грамматический процесс 语法过程
грамматическое модификационное значение 语法变异意义

Д

двойственность 双重性
дезаффиксация 逆向构词法
дериватема 派生词干
деривационная система 构词系统
деривационное значение 派生意义，构词意义
деривационный аффикс 构词词缀
деривационный потенциал 派生能力
диатеза 配位结构
диахроническое словообразование 历时构词学
дизъюнктивность 互斥性
дистрибутивное значение 分布意义

З

заимствованные суффиксы и префиксы 外来后缀和前缀

знание о мире 认知世界

знание о ситуации 认知语境

знание о языке 认知语言

значение аннулирования результата 结果取消意义

значение единичности 单个意义

значение морфемы 词素意义，词素语义

значение отделения 分离意义

значение собирательности 集合意义

значение увеличительности 指大意义

значение уменьшительности 指小意义

значение экспрессивности 表现力意义

И

идиоматическое приращение 熟语性增值

идиоматичность 熟语性

идиоматичность семантики 语义熟语性

изменяющийся актант 变元

изоморфизм 同构现象

инвариант 常体

инвариантный аффикс 常体词缀

ингрессив 起始动词

инициальный способ 词首缩略法

интерфикс 中缀，间缀

интерфиксация 间缀法

инхоатив 起始动词

инхоативный глагол 起始动词

инцептив 起始动词

историческое словообразование 历史构词学

историческое чередование 历史语音交替

исходное слово 原始词，原词

К

категориальное значение 范畴意义

категоризация 范畴化

каузативное значение 使役意义

качественное значение 性质意义

когнитивная лингвистика 认知语言学

когнитивная структура 认知结构

количественный метод 定量法

комплексный знак 复合符号

композиционная семантика 构造语义学

композиция 复合构词法，合成法；构造

конверсивная транспозиция 间接转换

конверсия 转换构词法

конкретноотносительное значение 具体关系意义

конкретнопредметное значение 具体事物意义

конкретнореляционное значение 具体相关意义

концептуализация 概念化

концептуальная структура 概念结构

корень 词根

кореферентное значение 共指意义

корневая морфема 词根词素

Л

лексикология 词汇学

лексико-семантическая группа 词汇语义群

лексико-семантический вариант 词汇语义变体

лексико-семантический способ словообразования 词汇语义构词法

лексико-семантическое поле 词汇语义场

лексико-синтаксическое словообразование 词汇句法构词法

лексическая деривация 词汇派生

лексическая метафора 词汇隐喻

лексическая морфема 词汇词素

лексический дериват 词汇派生词

лексическое ограничение 词汇限制

лексическое словообразование 词汇构词（法）

линейная единица 线性单位

линейное образование 线性构造

линейное синтагматическое отношение 线性组合关系

M

макрогнездо 巨词族

межсловная валентность 词间配价

метафора 隐喻

метафорическая внутренняя форма слова 词的内部形式隐喻

метафорическая мотивация 隐喻派生，隐喻理据

метафорическое значение 隐喻意义

метонимия 转喻，换喻，借代

микрогнездо 微词族

микросистема 微系统

модификационное значение 变异意义

модификация 变异意义

морф 形素

морфема 词素

морфема связи 连接词素

морфематическое словообразование 词素构词法

морфемика 词素学

морфемная семантика 词素语义学

морфемная структура 词素结构

морфемное значение 词素语义，词素意义

морфемный анализ 词素分析

морфемоид 类词素

морфологический способ словообразования 形态构词法

морфологическое словообразование 形态构词法

морфология 词法学，形态学

морфолого-синтаксический способ словообразования 形态句法构词法

морфотактика 词素组配学

мотивационная структура 理据结构

мотивация 理据

мотивированная основа 派生词干

мотивированное слово 理据词，派生词

мотивированность 理据性

мотивирующая основа 生产词干

мотивирующая часть 理据部分

мотивирующее слово 生产词

мутационное значение 突变意义

Н

наполненность 丰度

направленность действия 动作方向

неграмматическая морфема 非语法词素

неинвариантный аффикс 变体词缀

неинвариантный формант 变体标志

нелинейное образование 非线性构造

немотивированное слово 非理据词

немотивирующая часть 非生产部分，派生部分

неоднородность 非均质性

неполная словообразовательная цепочка 不完整构词链

непроизводное слово 非派生词

непродуктивный словообразовательный тип 非能产构词模式

нерегулярный аффикс 非常规词缀

нечленимая основа 不可切分词干

нулевое словообразоваине 零位构词法

нулевой аффикс 零位词缀

О

область-источник 来源域

область-цель 目标域

облигаторная валентность 必需配价

образец 模式

образование 构造

образование слова 词组，词的构造

обратная деривация 逆向构词法

обратное словообразование 逆向派生法，逆向构词法

объект 对象物

общее понятие 共同概念

общее словообразовательное значение 普遍构词意义

общеотносительное значение 概括关系意义

общепредметное значение 概括事物意义

обязательная валентность 必需配价

обязательный семантический компонент 必须语义要素

ограничение валентности морфем 词素配价限制

окказиональный способ словообразования 随机构词法

окончание 词尾

омонимичный аффикс 同音异义词缀

ономасиология 称名学，专名学

ономасиологическая категория 称名范畴

ономасиологическая структура 称名结构

ономасиологический базис 称名基础

ономасиологический признак 称名特征

ономасиологическое направление 称名学派，表义学派

описательное словообразование 描写构词学

основа слова 词干

основа словоформы 形干

основное значение 基本意义，具体意义

основосложение 合干法

отдельность 分离性

относительное значение 关系意义

отсылка к мотивирующему слову 援引生产词

отсылочная часть 援引部分

П

парадигматическая связь 聚合关系

парадигматическое отношение 聚合关系

первичная номинация 直接称名

первое пространственное значение 第一性空间意义

переход слов других частей речи в междометия 感叹词化

переход слов других частей речи в служебные слова 虚词化
периферийная сема 边缘义素
перцептивный глагол 感知动词
подсистема 分系统
полная словообразовательная цепочка 完整构词链
постфикс 尾缀
постфиксальный способ 尾缀法
постфиксация 尾缀法
потенциальная сема 潜在义素
прагматический процесс 语用过程
предел действия 动作界限
предел пространства 空间界限
предмет 事物；对象
предметное значение 事物意义
префикс 前缀
префиксально-постфиксальный способ 前缀尾缀法
префиксально-суффиксально-постфиксальный способ 前缀后缀尾缀法
префиксально-суффиксальный способ 前缀后缀法
префиксальный способ 前缀法
префиксация 前缀法
префиксоид 类前缀
префиксы, представленные двумя морфами 双形素前缀
префиксы, представленные одним морфом 单形素前缀
признак 特征
признаковая ассоциативная метафора 特征联想隐喻
признаковое значение 特征意义
приставка 前缀
приставка-квалификатор 前缀标类词素
продуктивный словообразовательный тип 能产构词模式
производитель действия 行为发出者
производная основа 派生词干
производное слово 派生词
производность 派生性
производящая основа 生产词干

производящее слово 生产词

простая основа 简单词干

простейшее гнездо 最简单词族

простой аффикс 简单词缀

простой способ словообразования 简单构词法

прототип 原型

процедура наследования 继承过程

процессуальный признак 过程性特征

прямая транспозиция 直接转换

психология речи 言语心理学

Р

радикс 自由词根

радиксоид 类词根

размещение 配置，分布

расположение 配置，分布

регулярный аффикс 常规词缀

редеривация 逆向构词法

реляционное значение 关系意义，相关意义

реляционный аффикс 构形词缀

речемыслительная деятельность 言语思维活动

родственные связи однокоренных слов 同根词亲属关系

С

самостоятельная морфема 实词素

свободный корень 自由词根

связанный корень 粘着词根

сема 义素

семантика 语义学

семантика морфемы 词素语义，词素义

семантика мотивирующего слова 生产词语义

семантика производного слова 派生词语义

семантика словообразования 构词语义学

семантика способов словообразования 语义构词法

семантико-комбинаторные условия 语义组合条件

семантическая валентность 语义配价

семантическая величина 语义量

семантическая деформация 语义变化

семантическая доминанта 语义轴心

семантическая обусловленность 语义制约性

семантическая операция 语义机制

семантическая сеть 语义网

семантическая совместимость 语义相容性

семантический инвариант 语义常体

семантический процесс 语义过程

семантический способ словообразования 语义构词法

семантическое ограничение 语义限制

семантическое согласование 语义协调

семантическое содержание 语义内容

семаобразование 语义构词

семасиология 词汇语义学

семема 义位

симультанность 共现性

синонимичный аффикс 同义词缀

синтагматическая связь 组合关系

синтагматическое отношение 组合关系

синтаксическая валентность 句法配价

синтаксическая деривация 句法派生

синтаксический дериват 句法派生词

синтаксическое словообразование 句法构词

синхронное словообразование 共时构词学

система деривации 构词系统，派生系统

система словообразования 构词系统

слияние 融合法

слово 词

слово, мотивированное глаголом 动词派生词

слово, мотивированное именем числительным 数词派生词

слово, мотивированное именем существительным 名词派生词

слово, мотивированное прилагательным 形容词派生词
словоизменительная морфема 词变词素
словообразование 构词学
словообразование для текста 话语构词
словообразовательная валентность 构词配价
словообразовательная группа 构词词群
словообразовательная единица 构词单位
словообразовательная лакуна 构词缺环
словообразовательная метафора 构词隐喻
словообразовательная модель 构词模式
словообразовательная модификация 构词变异
словообразовательная морфема 构词词素
словообразовательная мотивация 构词理据，构词派生
словообразовательная омонимия 构词同音异义现象
словообразовательная пара 构词对偶
словообразовательная парадигма 构词聚合体
словообразовательная связь 构词联系
словообразовательная семантика 构词语义学
словообразовательная система 构词系统
словообразовательная структура 构词结构
словообразовательная схема 构词模式
словообразовательная цепочка 构词链
словообразовательное гнездо 构词词族
словообразовательное значение 构词意义
словообразовательное ограничение 构词限制
словообразовательное средство 构词手段
словообразовательно-семантическая парадигма 构词语义聚合体
словообразовательный анализ 构词分析
словообразовательный аффикс 构词词缀
словообразовательный класс 构词类别
словообразовательный концепт 构词观念
словообразовательный образец 构词模式
слововообразовательный потенциал 构词能力
словообразовательный процесс 构词过程

словообразовательный разряд 构词种类
словообразовательный ряд 构词序列
словообразовательный тип 构词模式
словообразовательный формант 构词标志
словосложение 复合构词法，合词法
словоформа 词形
слоговый способ 音节缩略法
сложение 复合法
сложная основа 复合词干
сложное слово 复合词
сложносокращенное слово 复合缩略词
сложный аффикс 复合词缀
служебная морфема 虚词素
смешанный способ словообразования 混合构词法
смешанный тип, состоящий как из начальных частей слов, так и из начальных звуков 词首音节混合缩略法
смысловое приращение 语义增值
смысловой оттенок 意味
совместная встречаемость 共现性
соединительное словообразовательное значение 组合构词意义
сокращение 缩短法
составное слово 合成词
социальная маркированность 社会标记性
специализация морфем 词素专门化
способ морфемного анализа 词素分析法
способ словообразования 构词法
способ словообразовательного анализа 构词分析法
способ, состоящий из начальной части слова и целого слова 词首部分与整词缩略法
сращение 融合法
степень семантической связанности 语义关联度
стилистическая несовместимость 修辞不相容
стилистическая окраска 修辞色彩
стилистическое ограничение 修辞限制

структура словообразовательного гнезда 构词词族结构
ступень словообразования 构词层级
субморф 次形素
субстантивация 名词化
супплетивная основа 异根词干
суффикс 后缀
суффиксально-постфиксальный способ 后缀尾缀法
суффиксальный способ 后缀法
суффиксация 后缀法
суффиксоид 类后缀

Т

текст для словообразования 构词话语
теория мотивации 理据理论
транспозиционное значение 转换意义

У

узуальное слово 惯用词
узуальный словообразовательный тип 惯用词构词模式
унирадиксоид 孤类词根
уровень конструкта 构拟层次
уровень наблюдения 可见层次
усечение 截短法

Ф

факультативная валентность 可选配价
факультативный компонент 可选要素
флексия 词尾
фон 音素
фонема 音位
фонетика 语音学
фонология 音位学
форма 形式
форма слова 词的形式

формально-конвертирующее словообразование 形式转换构词

формальное ограничение 形式限制

форматная часть 词缀部分

формообразующая морфема 构形词素

формообразующий аффикс 构形词缀

фразеологизация 成语化

фразеологичность 熟语性

фразеологичность семантики 语义熟语性

функционально-семантическое словообразование 功能语义构词学

функциональное значение 功能意义

Ч

частное словообразовательное значение 具体构词意义

чисто реляционное значение 纯相关意义

чистое сложение 纯复合法

чистый способ словообразования 纯构词法

членимая основа 可切分词干

членимость 可切分性

Э

эксплицитная сема 显性义素

экспрессивная СМ 富有表现力构词隐喻

энантиосемичное слово 反训词

энантиосемия 反训现象

Я

языковая деятельность 语言活动